21世纪IT类专业实训系列教材

电子商务教程

DIANZI SHANGWU JIAOCHENG

主　编　骆泽顺　许国柱
副主编　张书莲　袁琰星

华南理工大学出版社
SOUTH CHINA UNIVERSITY OF TECHNOLOGY PRESS
·广州·

图书在版编目（CIP）数据

电子商务教程/骆泽顺，许国柱主编. —广州：华南理工大学出版社，2019.8
ISBN 978 -7 -5623 -6088 -9

Ⅰ.①电…　Ⅱ.①骆…②许…　Ⅲ.①电子商务-教材　Ⅳ.①F713.36

中国版本图书馆 CIP 数据核字（2019）第 174428 号

电子商务教程
骆泽顺　许国柱　主编

出 版 人：卢家明
出版发行：华南理工大学出版社
（广州五山华南理工大学 17 号楼，邮编 510640）
http://www.scutpress.com.cn　　E-mail：scutc13@scut.edu.cn
营销部电话：020 -87113487　87111048（传真）
责任编辑：唐燕池　张　颖
印 刷 者：广州市穗彩印务有限公司
开　　本：787mm×1092mm　1/16　**印张**：20　**字数**：525 千
版　　次：2019 年 8 月第 1 版　2019 年 8 月第 1 次印刷
定　　价：56.00 元

前　言

电子商务作为Internet的主要应用领域之一，正以难以估量的速度发展，影响和改变着社会经济生活的各个方面。它突破了传统的商务及交易模式，使得今天的商务活动不再受时间和地域的限制，而且具有互动性、即时性、全球性及低成本的特点。电子商务知识是现代商务人士的基本必备知识，电子商务课程是高校经济类专业的基础课程或专业课程。

本书结合大量的案例，系统地阐述了电子商务的基础知识及其应用。本书的设计理念是“立足网上开店，实施项目教学，提升创业技能”，采用“基于工作过程导向——工作过程系统化”“任务驱动”“项目教学”等模式设计教学内容。主要内容包括：电子商务的概念、内涵、实质与特点等基础知识，电子商务运作系统，网上开店与经营，电子交易，电子支付，电子商务物流，网络营销，电子商务安全技术，移动电子商务，电子商务网站建设等。

本书的主要特点如下：

（1）力求体现“以职业活动为导向，以职业技能为核心”的指导思想，突出职业培训特色，明确电子商务行业从业人员所应掌握的理论知识和操作技能。

（2）以能力培养为主线，按照“工作要求什么、教师教什么、学生会什么”的理念，实现教、学、做的有机结合；突破学科式教育的教材体系模式，依据工作过程或案例引发、项目导向、任务驱动的思路对教学内容进行整合、有序化，构建全新的教材体系。

（3）本书配有网络课程，网址是：http://dzsw.gdsdxy.cn/。网络课程的教学内容（包括课程设计、教学方案）与教材完全对应。网络平台上课程标准、学习方法、考核方法、实训及指导、案例分析、习题集、试题库、动画教学、在线测试、拓展学习、网上开店与经营教程、任务单等电子商务学习功能一应俱全。

本书内容详实，结构合理，由案例引入，深入浅出。本书适合作为培养应用型人才的本科和高职高专院校的电子商务课程教材；也可供中、高层次的技术人员，商务专家，企业界、商业界人士和对电子商务感兴趣的读者参考。

本书由骆泽顺、许国柱担任主编，由张书莲、袁琰星任副主编。

由于我们水平有限，书中难免有不足之处，欢迎读者批评指正。

编者

2019年5月28日

目 录

项目一　认识电子商务

【引例】中国钢铁现货网

2006 年，中国钢铁现货网推出了“24 小时现货资源搜索”服务，首次将钢材现货资源搬到互联网上，以资源推动钢贸企业营销，打破了当时钢铁行业网站单一的信息服务格局，开始融入真正的网络营销尝试，为我国钢铁行业真正的电子商务之旅打开了一扇大门。

进入互联网营销之后，钢铁行业下一步需要思考的便是如何实现营销落地。经过几年的用户沉淀，从 2010 年开始，更多的钢铁电商人开始思考在线交易的可行性。对于交易大宗商品的钢贸行业，资源、资金的安全保障是最大的难题。中国钢铁现货网率先在钢铁电商领域引入“保证金”模式，联合国内最大的大额在线支付平台——国付宝，成功打造了钢铁现货超市，引入在线交易理念，通过平台对接钢厂、流通商、终端用户这传统钢市的三大角色。当前的钢铁电商服务多为免费模式，这类平台的目标并不在于对交易本身的收费，更多的是在于通过交易服务不断沉淀真实的市场数据，为以后的产业链延伸，如提供决策支持、融资服务等衍生增值服务打下基础。

中国钢铁现货网大胆地提出全方位放开交易门槛，以“高端的保证金模式 + 平民化的无保证金模式”双轨并行；为适应中国国情，将另一个目标对准数十万钢贸从业人员，提出以成熟的 B2C 模式来演绎传统的 B2B 模式。中国钢铁现货网开创了行业内全民电商的新时代。中国钢铁现货网在 2014 年初改版上线、推出“双轨”业务模式之后，首日成交即实现近百笔，成交量达到 7 865 吨，其中以中小型散单为主。

钢铁电商金融服务也许将成为钢铁行业“输血”的绿色通道。中国钢铁现货网正式借助于数年来积累的庞大用户数据库，在提供第三方支付、安全监管等服务之后，又引入银行机构，开创性地推出专项贷款融资模式，尽可能地降低传统钢铁企业参与电商的风险和成本，钢铁行业的互联网金融服务模式初具雏形。与此同时，为帮助行业改变贷款难、融资成本高的现状，中国钢铁现货网在银行专项贷款的基础上，首次提出“货权”融资概念，即平台与银行、钢厂合作，共同为用户提供贷款融资支付服务。用户通过中国钢铁现货网向钢厂下单后，申请将未来的货物所有权抵押给银行，从而获取银行提供的短期贷款，缓解资金周转的困难，并最终实现买卖交易活动，极大地解决了资金流转率和大额支付安全隐患的问题。传统钢铁贸易融资难的问题在钢铁电商平台上迎刃而解。

此外，互联网移动化还催生了钢铁电商移动模式。2013 年的互联网中，移动互联是当之无愧的龙头，电子商务也乘机加速布局移动端。钢铁电商平台在不断锤炼 PC 端在线交易服务与金融服务的同时，对移动钢铁电商的布局亦开展得如火如荼。从 APP 新闻客户端开始，中国钢铁现货网正在一步步地探索，借助平台完善的在线交易服务体系，在行业内再次开创性地提出“一只手机即可实现在钢铁超市找货、看货、在线交流谈判、订购、支付”等全套线上信息流过程的新电商模式。集资源营销、商务谈判、合同协定、下订单、融资服务功能于一体，APP可以说是移动互联网领域最有前景和最有商机的方向，移动钢铁电商对APP的引入是一种伟大的进步。当然，在这条科技探索的道路上，中国钢铁现货网的研究团队还将不断努力，力争把线上的钢铁超市变成一个随时随地提供服务的空中超市。

曾经，马云的一句“要通过共享资源，建立共荣的生态圈”为中国的电子商务指引了新的方向；现在，各钢铁电商平台也在思索如何将线下的行业生态圈优化升级，搬到互联网上来。钢铁产业无疑是庞大的，围绕着“交易”这个核心，生产者、流通者、深加工者、消费者构成了一个较为完整的圈子。如何让这个圈子中的每一个角色在钢铁电商平台上互惠互利地生存下去，这是钢铁电商生态圈的研究课题。中国钢铁现货网在实现钢铁在线交易的同时，依托“钢铁超市”产生的真实、有效的数据，通过专业化、纵深化为行业提供市场决策支持，使得钢铁电商平台逐步形成“现货资源搜索+在线交易服务”“信息决策支撑服务+金融服务”等较为完善的生态体系。通过这个钢铁电商生态圈，企业可以方便快捷地共享真实的市场信息，加快圈内个体之间的沟通与合作；可以衍生出产业集群的协作关系，从上游原料供应商到生产商、分销商，再到钢贸商和终端用户，再到其中各个环节的信息衔接服务，整个产业链条及围绕在这个产业链所需的服务都可以通过这个生态圈得以实现。当然，这不是单纯依靠某个平台就能实现的，还需要整个产业的共同协作与推动。

【学习目标】

- 科学理解电子商务的概念
- 熟知电子商务产生和发展的条件
- 认识电子商务对企业产生的影响

任务一　科学理解电子商务的概念

一、电子商务的概念

（一）什么是电子商务

“电子商务”是一个发展的概念，迄今为止也没有一个统一、全面、权威的定义。世界各国政府、企业或学者等都是根据自己所处的地位和在电子商务中不同的参与程度，对电子商务给出不同的定义，但其定义中的关键都是“以信息网络技术为手段，以商品交换为中心的商务活动”。

电子商务活动又可以分为狭义和广义两方面。

狭义的电子商务也称作电子交易（electronic commerce，简称EC），主要是指利用Web提供的通信手段在网上进行的交易，如网上购物、网上股票交易、电子贸易、电子银行、网上纳税、网上报关等。

广义的电子商务又称为电子商业（electronic business，简称EB）包括电子交易在内的利用Web进行的全部商业活动，主要包括网上的广告、订货、付款、客户服务和货物递交等销售、售前和售后服务，以及市场调查分析、财务核计及生产安排等多项利用Internet 开发的商业活动。

一般而言，电子商务应包含以下五点含义。

（1）采用多种电子方式，特别是通过 Internet；

（2）实现商品交易、服务交易（其中含人力资源、资金、信息服务等）；

（3）包含企业间的商务活动，也包含企业内部的商务活动（生产、经营、管理、财务）；

（4）涵盖交易的各个环节，如询价、报价、订货、售后服务等；

（5）采用形式是电子方式，主要目的是跨越时空、提高效率。

综合以上分析，我们可以为电子商务做出如下定义：

电子商务是指通过互联网和各种数字化传媒技术等电子方式构拟的空间和媒体，以数字的形式表达各种信息而进行的商务活动。具体而言，电子商务就是利用计算机技术、网络技术和远程通信技术以及其他数字化传媒技术，借助国际互联网进行联系，有效地组织商务贸易活动，从而实现商务（买卖）过程中的电子化、数字化和网络化。在这个词汇中，“电子”是技术平台，是一种手段，而“商务”则是核心和目的，一切手段最终都是为目的而服务的。

（二）科学理解电子商务的概念

要从电子商务的特性、目的、涵盖范围、参与者、使用的技术手段等方面对电子商务进行分析，才能对其有一个科学全面的理解。

（1）电子商务是整个贸易活动的自动化和电子化，是利用各种电子工具和电子技术从事各种商务活动的过程。其中电子工具是指计算机硬件和网络基础设施（包括 Internet、Intranet、各种局域网等）；电子技术是指处理、传递、交换和获得数据的多技术集合。

（2）电子商务渗透到贸易活动的各个阶段，因而内容广泛，包括信息交换、售前售后服务、销售、电子支付、运输、虚拟企业组建、资源共享等等。

（3）电子商务的参与者包括消费者、销售商、供货商、企业雇员、银行等金融机构以及政府等各种机构或个人。

（4）电子商务的目的就是实现企业乃至全社会的高效率、低成本的贸易活动。

人类最早的交易采取“以物易物”的商品交换方式，此时没有资金流，商品所有权的转换是紧紧伴随着物流的。随着货币的产生，人类的交易链中出现了第一层中介——货币。人们开始用钱来买东西，不过这时是“一手交钱，一手交货”，商品所有权的转换仍然紧随物流。后来随着社会分工的日益细化和商业信用的发展，专门为货币做中介服务的第二层中介出现了。一些专门的机构（如银行）开始从事货币中介服务和货币买卖。自此，物流和资金流开始分离，产生了多种交易付款方式：交易前的预先付款，信用证担保付款；交易中的托收、支票、汇票；交易后的付款，如分期付款、延期付款等。这就意味着商品所有权的转换和物流分离开来，这种情况下，信息流的作用就突出地表现出来了。比如交易前要知道对方的商品质量信息、价格信息、支付能力、支付信誉等。在交易中，付款前要签订合同、要有担保、要有法律保障；付款后要有运输部门负责运输、要有商检部门验货。

随着电子技术和网络的发展，电子中介作为一种工具被引入到生产、交换和消费中，但人们进行贸易的顺序并没有改变。还是有交易前、交易中和交易后几个阶段。但这几个阶段中人们进行联系和交流的工具变了，比如以前我们用纸面单证，现在改用电子单证。这只是一个最简单的应用，但不要小看这种改变。正如机器的出现使人类从手工业社会进入到工业社会那样，生产工具的变化必定会引起生产方式的变化，而这种生产方式的变化必将形成新的经济秩序。在这个过程中，有的行业会兴起，有的行业会没落，有的商业形式会产生，有的商业形式会消失。这就是为什么人们说电子商务是一次社会经济革命。仅从交换这个角度来看，电子工具通过改变中介机构进行货币中介服务的工具而改变了其工作方式，从而使它们产生了新的业务，甚至出现了新的中介机构。这个阶段的一个突出特点就是信息流处于极为重要的地位，它站在一个更高的角度对商品流通的全过程进行控制，所以电子商务与现代社会正逐步兴起的信息经济是密不可分的。

总之，从宏观角度说，电子商务是计算机网络带来的又一次革命，旨在通过电子手段建立一种新的经济秩序。它不仅涉及电子技术和商业交易本身，而且涉及诸如金融、税务、教育等其他社会层面。从微观角度说，电子商务是指各种具有商业活动能力的实体（生产企业、商贸企业、金融机构、政府机构、个人消费者等）利用网络和先进的数字化传媒技术进行的各项商业贸易活动。这里要强调两点，一是活动要有商业背景，二是网络化和数字化。

二、电子商务的基本属性

电子商务是有别于传统商务活动的一种新兴商务活动模式，它本身具有一些特殊的性质，概括地说，主要体现在商务性、全球性、服务性、集成性、快捷性、可扩展性、安全性和协调性等几个方面。

（1）商务性。电子商务提供了崭新的贸易、服务的手段和机会，这也是电子商务最基本的功能特性。电子商务不但提供了一种全新的方便、快捷和低廉的商务通道，创造了新的市场和新的商机；还开创了全新的、虚拟的市场，由于网络可以说是一个全新的通路以及消费渠道，在这个市场中，没有时间、空间和人力等条件的限制，市场具有更强的可塑性。

（2）全球性。由于电子商务是基于 Internet 的，而 Internet 是一个全球连接的极为庞大的互联网，因此，电子商务轻而易举地跨越了地域的限制，成为全球性的商务活动。而传统的电子商务多以区域性为主，仅一些跨国公司有全球性业务。使用基于 Internet 的电子商务，中、小型公司只要上网就能经营全球性的业务，要解决的问题仅仅是语言问题，以及采用统一的国际标准的问题。

（3）服务性。提供及时、方便、高质量的服务。在电子商务环境下，企业可超越时间和空间的限制为客户提供全天候的优质服务，将本地市场迅速方便地扩大为全球市场。企业利用 Internet 技术能自动处理商务过程，使客户能以一种比过去便捷的方式获得服务。

（4）集成性。电子商务以计算机网络为主线，对商务活动的各种功能进行了高度的集成，同时也对参加商务活动的商务主体的各方进行了高度的集成。它集成了广告、洽谈、订货、收款、付款、客户服务、货物递交等各种商务活动功能，还将客户、企业、分销商、银行、海关、税务部门等作为商务主体的各方集成在一起。高度的集成性使电子商务进一步提高了效率。

(5) 快捷性。商务通信是开展商务活动的重要条件。传统的商务通信是通过邮件、报纸等印刷品或通过电台、电视台等广播方式来传递信息的，这些方式的缺点是传递速度缓慢，或只能单向传递，效率较低。电子商务由于采用了计算机网络，Internet的交互性使单向的通信变成了双向通信，因此商务通信的速度大大加快，使人们几乎可以用思维的速度来进行商务活动。

(6) 可扩展性。要使电子商务正常运行，必须确保其可扩展性。Internet上有数以亿计的用户，而传输过程中，时不时地会出现高峰拥堵状况。一旦出现访问高峰，就要求可通过扩展服务器来方便地扩充系统功能。对于电子商务来说，可扩展的系统才是稳定的系统。

(7) 安全性。即利用加密机制、签名机制、安全管理、存取控制、防火墙等措施建立安全的电子商务环境。

(8) 协调性。电子商务能使客户、供应商、生产制造商、银行、海关、税务各部门之间协调一致。为了加强协调、提高效率，许多组织或部门都通过提供交互式的协议，使电子商务活动可以在这些协议的基础上进行。在提高效率的同时，也缩短了商品进入市场的时间，有效地降低了成本。

三、电子商务与传统商务的区别

电子商务将传统商业活动中物流、资金流、信息流的传递方式利用网络科技整合，企业通过全球信息网（WWW）、企业内部网（Intranet）或外联网（Extranet）直接与分布在世界各地的客户、员工、经销商及供应商连接，创造更具竞争力的经营优势。

（一）电子商务的主要优势

1. 交易虚拟化

通过以Internet为代表的计算机互联网络进行贸易，贸易双方从贸易磋商、签订合同到支付等，无须当面进行，均通过计算机互联网络完成，整个交易完全虚拟化。对卖方来说，可以到网络管理机构申请域名，制作自己的主页，组织产品信息上网。而虚拟现实、网上聊天等新技术的发展使买方能够根据自己的需求选择广告，并将信息反馈给卖方，通过信息的推拉互动，签订电子合同，完成交易并进行电子支付。整个交易都在网络这个虚拟的环境中进行。

2. 交易成本低

电子商务使得买卖双方的交易成本大大降低，具体表现在：

(1) 距离越远，网络上进行信息传递的成本相较于信件、电话、传真而言就越低。此外，缩短时间及减少重复的数据录入也降低了信息成本。

(2) 买卖双方通过网络进行商务活动，无须中介者参与，减少了交易的环节。

(3) 卖方可通过互联网络进行产品介绍、宣传，避免了在传统方式下做广告、印发纸质宣传单等大量费用。

(4) 电子商务实行“无纸贸易”，可减少90%的文件处理费用。

(5) 互联网使买卖双方可以及时沟通供需信息，使无库存生产和无库存销售成为可能，从而使库存成本降为零。

(6) 企业利用内部网（Intranet）可实现“无纸办公（OA）”，提高了内部信息传递的效率，节省时间，并降低管理成本。通过互联网络把其公司总部、代理商以及分布在其他国家的子公司、分公司联系在一起，及时对各地市场情况做出反应，即时生产，即时销售，降低存货费用，采用产效快捷的配送公司提供交货服务，从而降低产品成本。

（7）传统的贸易平台是实体店铺，新的电子商务贸易平台则是网吧或办公室。

3．交易效率高

由于互联网络将贸易中的商业报文标准化，使商业报文能在世界各地瞬间完成传递与计算机自动处理，使原料采购、产品生产与销售、银行汇兑、保险、货物托运及申报等过程无须人员干预，并能在最短的时间内完成。而在传统贸易方式中，用信件、电话和传真传递信息、必须有人的参与，且每个环节都要花不少时间。有时由于人员合作和工作时间的问题，还会延误传输时间，失去最佳商机。电子商务克服了传统贸易方式费用高、易出错、处理速度慢等缺点，极大地缩短了交易时间，使整个交易非常快捷与方便。

4．交易透明化

买卖双方从洽谈、签约到支付货款、通知交货的整个交易过程都在网络上进行。通畅、快捷的信息传输可以便于各种信息的核对，防止伪造信息的流通。例如，在典型的许可证 EDI 系统中，由于加强了发证单位和验证单位的通信、核对，假的许可证就不易漏网。海关 EDI 也可帮助杜绝边境的假出口、兜圈子、骗退税等行径。

（二）运作方法的区别

传统商务与电子商务的交易过程都由交易前的准备、贸易磋商、合同与执行、支付与清算等环节组成，但是交易具体使用的运作方法是完全不同的。

1．交易前的准备

对于商贸交易过程来说，交易前的准备就是供需双方宣传或获取有效的商品信息的过程，即商品信息的发布、查询和匹配过程。在传统商务中，商品供应方的营销策略是通过报纸、电视、户外媒体等广告形式宣传自己的商品信息；对于商品的需求者来说，也是通过传统方法得到所需的商品信息，来充实自己的进货渠道。

在电子商务中，交易的供需信息的沟通都是通过交易双方的网站和网络主页完成的，双方信息的沟通具有快速和高效的特点。

2．贸易磋商

在商品的供需双方都了解有关商品的供需信息后，就开始进入具体的贸易磋商过程，贸易磋商实际上是贸易双方进行口头磋商或纸质贸易单证的传递过程。纸质贸易单证包括询价单、订购合同、发货单、运输单、发票、收货单等等，各种纸质贸易单证反映了商品交易双方的价格意向、营销策略管理要求及详细的商品供需信息。在传统商贸活动的贸易磋商过程中使用的工具有电话、传真或邮寄等，因为传真件不足以作为法庭仲裁依据，故各种正式贸易单证主要通过邮寄方式传递。

电子商务中的贸易磋商过程在网络和系统的支持下将纸质单证变成了电子化的记录、文件和报文在网络上的传递过程，并且由专门的数据交换协议保证了网络信息正确、安全、快速地传递。

3．合同与执行

在传统商务活动中，贸易磋商过程经常通过口头协议来完成，但在磋商过程完成后，交易双方必须要以书面形式签订具有法律效力的商贸合同，来确定磋商的结果和监督执行，并在产生纠纷时通过合同由相应机构进行仲裁。

电子商务环境下，交易双方签订电子合同。网络协议和电子商务应用系统的功能保证了交易双方所有贸易磋商文件的正确性和可靠性，并且在第三方授权的情况下具有法律效力，可以作为在执行过程中产生纠纷的仲裁依据。

4. 支付与清算

传统商贸业务中的支付一般有支票和现金两种方式。支票方式多用于企业的商贸过程，用支票方式支付涉及双方单位及其开户银行；现金方式常用于企业对个体消费者的商品零售过程。

电子商务中交易的资金支付采用信用卡、电子支票、电子现金和电子钱包等形式，以在网上支付的方式进行。

表1－1和图1－1分别为传统商务与电子商务运作方法的对比和传统商务通信与电子商务通信的对比。

表1－1 传统商务与电子商务运作方法的对比

商务模式	交易环节			
	交易前的准备	贸易磋商	合同与执行	支付与清算
传统商务	商品信息的发布、查询和匹配通过传统方法完成	单证是口头或纸质形式，使用的工具有电话、传真或邮寄	以书面形式签订具有法律效力的纸质商贸合同	主要是支票和现金两种方式
电子商务	交易的供需信息的沟通都通过交易双方的网站和网络主页完成	单证是电子化的记录、文件和报文，使用的工具是网络	具有法律效力的电子贸易合同	网上支付，包括信用卡、电子支票、电子现金和电子钱包等

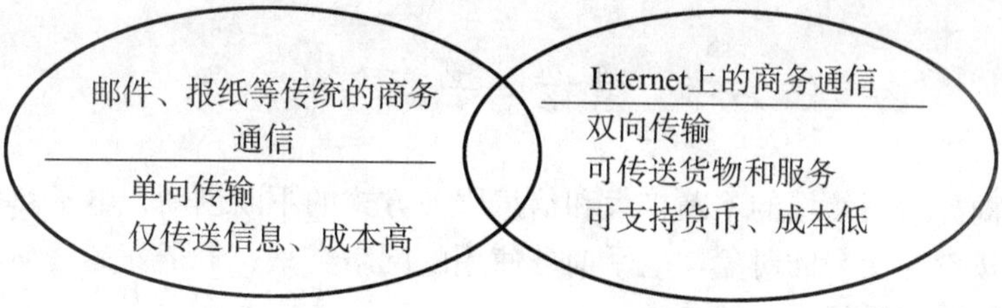

图1－1 传统商务通信方式与电子商务通信方式的对比

四、电子商务的功能

电子商务可提供网上交易和管理等全过程的服务，因此它具有广告宣传、咨询洽谈、网上订购、网上支付、电子账户、服务传递、意见征询、交易管理等各项功能。

（1）广告宣传。企业可以通过利用Web服务器建立网上主页（home page）或电子邮件（e-mail）等方式在Internet上开展广告宣传或发布信息。Internet也被称为第四媒体，与传统的媒体比较，电子商务的广告宣传具有灵活、及时、成本低、范围广、信息量大等特点。

（2）咨询洽谈。电子商务的交易各方可借助非实时的电子邮件、新闻组和实时的讨论组（chat）、网上的白板会议来了解市场和商品信息、洽谈交易事务。网上的咨询和洽谈能超越空间的限制，提供多种方便的异地交谈形式。

（3）网上订购。在电子商务活动中，企业或顾客可以通过访问网上商店进行网上订购。网上订购通常会在产品的介绍页面上提供十分友好的订购提示信息和订购交互格式框。当客户填完订购单后，系统会回复确认信息单来保证订购信息的收悉。同时，订购信息一般会采用加密的方式，使顾客和商家的商业信息不会泄漏。

（4）网上支付。在电子商务过程中，网上支付是重要的环节。网上支付就是通过网络直接采用电子支付手段实施支付。这种支付手段可省去传统支付手段中所需的人员开销。当然，网上支付必须要有可靠的信息传输安全性，以防欺骗、窃听、冒用等非法行为。

（5）电子账户。电子账户是银行、保险公司等金融机构提供的可在网上操作的资金账户。信用卡号或银行账号都是电子账户的一种标志。电子账户操作的安全性需要通过数字凭证、数字签名、加密等技术措施来保证。

（6）服务传递。对于已付款的客户，应尽快将其订购的货物传送给他们。电子商务能通过网络进行物流配送，当然，要完成货物传送还需要相关运输企业的协作。而最适合在网上直接传递的货物是一些非实物的信息产品，如软件、电子读物、信息服务等，它们能直接从电子仓库中被发送到用户端。

（7）意见征询。电子商务能十分方便地采用网页上的表单来收集用户对销售服务的反馈意见。这种意见征询方式省时省力，并能满足个性化的需求。客户的反馈意见不仅能提高售后服务的水平，更使企业获得改进产品、发现市场的机会。

（8）交易管理。交易的管理涉及企业和企业、企业和客户及企业内部等各方面的协调和管理。电子商务为企业提供了商务活动全过程的管理。

任务二　掌握电子商务的分类

随着电子商务应用领域的不断扩大和信息服务方式的不断创新，电子商务的类型也层出不穷，可以按参与交易的对象、电子商务使用的网络类型、电子商务活动的范围和电子商务交易对象等对其进行不同的分类。

一、按参与交易的对象分类

按电子商务中参与交易的对象的不同，电子商务的运作模式有企业对消费者的电子商务（business to consumer，B to C，B2C）、企业间的电子商务（business to business，B to B，B2B）、消费者对消费者的电子商务（consumer to consumer，C to C，C2C）、企业对政府的电子商务（business to government，B to G，B2G）、消费者对企业的电子商务（customer to business，C to B，C2B）等五类。

1. 企业对消费者的电子商务

企业对消费者的电子商务，即B2C，就是企业通过网络销售产品或服务给个人消费者，即通过网上商店（电子商店）实现网上在线商品零售和为消费者提供所需服务的商务活动。

企业厂商直接将产品或服务推上网络，并提供充足资讯与便利的接口吸引消费者选购，这也是目前最常见的作业方式。如网络购物、证券公司网络下单作业、一般网站的资料查询作业等，都是属于企业直接接触顾客的作业方式。

企业对消费者的电子商务引发了商品营销方式的重大变革，无论企业还是消费者都从中获益匪浅。

网上商店的出现，让消费者可以足不出户，通过自己的计算机或手机在网上寻找、购买所需的商品，获得商家提供的一系列服务。通往全球的 Internet 使消费者购物的选择范围被最大化地扩展；网络多媒体技术可以对商品由内到外进行全面介绍，便于消费者选择；Internet 网上高速度、低费用的信息传递可以让消费者高效、便捷、低成本地完成网上购物过程。尤其值得称道的是，网上购物为现代社会消费时尚的个性化进一步提供了便利，消费者不再只能被动地购买已生产出的商品，而是可以通过网络向商家提出个人要求，甚至可以描述出自己想象中的商品，商家获取信息后，就可能满足消费者独特的消费愿望。

对于商家而言，建立网上商店，完全更新了原有的市场概念，传统意义上的商圈被打破，客户扩展到了全国乃至全世界，形成了真正意义上的国际化市场，赢得了前所未有的商机。另外，网上商店交易成本比起传统店铺销售成本大大降低，因为在线销售可以避免有形商场及流通设施的投资，将依靠人工完成的交易活动转化成数字化的信息传送过程，节省大量商流费用，这就带来了经营成本的降低，使商家更具竞争力。

2．企业与企业之间的电子商务

企业对企业的电子商务，即 B2B，是指在 Internet 上采购商与供应商谈判、订货、签约、接收发票和付款以及索赔处理、商品发送管理和运输跟踪等所有活动。企业间的电子商务具体包括以下的功能。

• 供应商管理：减少供应商、订货成本及周转时间，用更少的人员完成更多的订货工作；

• 库存管理：缩短“订货－运输－付款（order－ship－bill）”环节，从而降低存货，促进存货周转；

• 销售管理：网上订货；

• 信息传递：交易文档管理，安全及时地传递订单、发票等所有商务文档信息；

• 支付管理：网上电子货币支付。

企业间的电子商务又可以分为两种。一种是非特定企业间的电子商务，它是在开放的网络中对每笔交易寻找最佳伙伴，并与伙伴进行从订购到结算的全面交易行为。另一种是特定企业间的电子商务，它是过去一直有交易关系而且今后要继续进行交易的企业间围绕交易进行的各种商务活动，买卖双方既可以利用大众公用网络进行从订购到结算的全面交易行为，也可以利用企业间专门建立的网络完成买卖双方的交易。

3．企业与政府之间的电子商务

企业与政府之间的电子商务，即 B2G，涵盖了政府与企业间的各项事务，包括政府采购、税收、商检、管理条例发布、法规政策颁布等。政府一方面作为消费者，可以通过

Internet发布自己的采购清单，公开、透明、高效、廉洁地完成所需物品的采购；另一方面，政府通过网络以电子商务方式更能充分、及时地发挥对企业宏观调控、指导规范、监督管理的职能。借助于网络及其他信息技术，政府职能部门能更及时全面地获取所需信息，做出正确决策，做到快速反应，能迅速、直接地将政策法规及调控信息传达至企业，起到管理与服务的作用。在电子商务中，政府还有一个重要作用，就是对电子商务的推动、管理和规范作用。在发达国家，发展电子商务主要依靠私营企业的参与和投资，政府只起引导作用，而在像我国这样的发展中国家中，则更需要政府的直接参与和帮助。与发达国家相比，发展中国家企业规模偏小，信息技术落后，债务偿还能力低，政府的参与有助于引进技术、扩大企业规模和提高企业偿还债务能力。另外，许多发展中国家的信息产业都处于政府垄断经营或政府管制之下，没有政府的积极参与和帮助将很难快速地发展电子商务。此外，由于电子商务的开展涉及很多方面，没有相应的法规予以规范也是难以进行的；而对于法规的制定、法规实施监督及违法的制裁，政府发挥着不可替代的作用。总之，电子商务中政府有着两重角色：既是电子商务的使用者，进行购买活动，属商业行为；又是电子商务的宏观管理者，对电子商务起着扶持和规范的作用。对企业而言，政府既是电子商务中的消费者，又是电子商务中企业的管理者。

4．消费者与消费者之间的电子商务

消费者与消费者之间的电子商务，即C2C，就是通过为买卖双方提供一个在线交易平台，使卖方可以主动提供商品上网拍卖，而买方可以自行选择商品进行竞价。

C2C是指消费者与消费者之间的互动交易行为，这种交易方式是多变的。例如，消费者可在拍卖网站中共同在线上出价，由价高者得；或由消费者自行在BBS上张贴布告，出售二手货品甚至新品；诸如此类由消费者间的互动而完成的交易，就是C2C的交易。

目前竞标拍卖已经成为决定稀有物价格最有效率的方法之一，古董、名人物品、稀有邮票……只要是需求大于供给的物品，就可以使用拍卖的模式决定最佳市场价格。拍卖品的价格因为欲购者的彼此相较而逐渐升高，最后由最想买到商品的买家用最高价买到，而卖家则以市场所能接受的最高价格卖出商品，这就是传统的C2C竞标模式。

在C2C竞标网站中，竞标物品是多样化且毫无限制的，商品提供者可以是邻家的小孩，也可能是顶尖跨国大企业；货品可是自制的糕饼，也可能是毕加索的真迹名画。且C2C并不局限于物品与货币的交易，在这虚拟的网站中，买卖双方可选择以物易物，或以人力资源交换商品。例如，一位家庭主妇以准备一桌筵席的服务，换取心理医生一节心灵澄静之旅。这就是参加网络竞标交易的魅力。网站经营者不负责物流，而是协助市场资讯的汇集，以及建立信用评价等制度。买卖两方看对眼，自行商量交货和付款方式，每个人都可以创造一笔惊喜的交易。

5．消费者对企业的电子商务

消费者对企业（即C2B）的电子商务中，通常情况为消费者根据自身需求定制产品和价格，或主动参与产品设计、生产和定价。产品、价格等彰显消费者的个性化需求，生产企业进行定制化生产。消费者也可以通过聚合为数量庞大的用户，形成一个强大的采购集团，以此来改变B2C模式中用户一对一出价的弱势地位，享受以大批发商的价格买单件商品的利益。

二、按电子商务使用的网络类型分类

1．基于 Intranet 的电子商务

基于 Intranet（企业内部网）的电子商务就是利用企业内部网络进行电子交易。Intranet 是在 Internet 基础上发展起来的企业内部网，是在原有局域网上附加一些特定的软件，将局域网与 Internet 连接起来，从而形成的企业内部的虚拟网络。

2．基于电子数据交换网络的电子商务

电子数据交换（electronic data interchange，EDI）网络是一种专用网络或增值网络，属早期电子商务，由于其安全、稳定、可靠，至今仍在使用。EDI 是指将商业或行政事务按照一个公认的标准，形成结构化的事务处理或文档数据格式，以及从计算机到计算机的电子传输方法。

3．基于 Internet 的电子商务

基于 Internet 网络的电子商务就是利用 Internet 进行电子交易。Internet 是一种采用 TCP/IP 协议组织起来的、松散的、独立的、国际合作的国际互联网络。

三、按电子商务活动的范围分类

1．本地电子商务

本地电子商务通常是指利用本市或者本地区的信息网络实现的电子商务活动，电子交易的范围较小。本地电子商务系统是利用 Internet、Intranet 或者专用网络将下列系统联系在一起的网络系统，如：①差价交易各方的电子商务信息系统，包括买方、卖方以及其他各方的电子商务信息系统；②银行等金融机构的电子信息系统；③保险公司的信息系统；④商品检验信息系统；⑤本地区 EDI 中心系统。

本地电子商务系统是开展国内电子商务和全球电子商务的基础系统，因此，建立和完善本地电子商务信息系统是厂家实现全球电子商务的关键。

2．远程国内电子商务

远程国内电子商务是指在本国范围内进行的网上电子交易活动，其交易的地域范围较大，对软硬件和技术要求较高，要求在全国范围内实现商业电子化、自动化，实现金融电子化，要求交易各方具备一定的电子商务知识、经济能力和技术能力，并具有一定的管理水平和能力等。

3．全球电子商务

全球电子商务是指在全世界范围内进行的电子交易活动，参加电子交易的各方通过网络进行贸易。涉及的系统包括：①买方国家进出口公司系统；②海关系统；③银行金融系统；④税务系统；⑤运输系统；⑥保险系统。

全球电子商务业务内容繁杂，数据来往频繁，要求电子商务系统严格、准确、安全、可靠，应制定出全球统一的电子商务标准和电子商务（贸易）协议，使全球电子商务得到顺利发展。

四、按电子商务交易对象分类

1. 有形商品电子商务

有形商品指的是占有三维空间的实体类商品，这类商品的交易过程中所包含的信息流和资金流可以完全实现网上传输。卖方通过网络发布商品广告、供货信息及咨询信息，买方通过网络选择欲购商品并向卖方发送订单，买卖双方在网上签订购货合同后又可以在网上完成货款支付。但交易的有形商品必须由卖方通过某种运输方式送达买方指定地点。可以看到电子商务已经破除了商家对各种商品批量购进、集中存储、坐店销售的方式，商品需要直接送到消费者手中。这种商品交割方式的变化，说明网上购物使传统的物流配送向消费者端延伸。因此，有形商品电子商务还必须解决好货物配送的问题。电子商务中的商品配送特点有：范围大、送货点分散、批量小、送货及时。对商家来说，由于这些特点引起销售成本大大增加，可能导致其在商务面前驻足不前。有形商品交易电子商务由于三流（信息流、资金流、物流）不能完全在网上传输，可称非完全电子商务。

2. 无形商品电子商务

无形商品指包括软件、电影、音乐、电子读物、信息服务等可以数字化的商品。无形商品网上交易与有形商品网上交易的区别在于前者可以通过网络将商品直接送到购买者手中。也就是说无形商品的三流（信息流、资金流、物流）完全可以在网络上实现，因而这类电子商务属完全电子商务。

五、其他新型电子商务模式

1. 线上与线下相结合的电子商务

线上与线下相结合的电子商务（online to offline，O2O）通过网购导购机，把互联网与地面店完美对接，实现互联网落地。让消费者在享受线上优惠价格的同时，又可享受线下贴心的服务。中国较早转型O2O并成熟运营的企业代表为在家具网购市场领先的美乐乐，其O2O模式具体表现为线上家具网与线下体验馆的双平台运营。

2. BOB模式

BOB（business-operator-business），即供应方（business）与采购方（business）通过运营者（operator）达成产品或服务交易的一种新型电子商务模式。其核心目的是帮助那些有品牌意识的中小企业或渠道商能够有机会打造自己的品牌，实现自身的转型和升级。BOB模式是由品众网络科技推行的一种全新的电商模式，它打破过往电子商务固有模式，提倡将电子商务平台化向电子商务运营化转型，不同于以往的C2C、B2B、B2C等商业模式，BOB模式将电子商务以及实业运作中品牌运营、店铺运营、移动运营、数据运营、渠道运营五大运营功能板块升级和落地。

3. B2Q模式

B2Q模式（企业网购引入质量控制，enterprise online shopping introduce quality control），从本质来说是在B2B和B2C模式的基础上，创造性地引入了质量控制（quality control）的创新模式，是一种站在巨人肩膀上的创新，也是一种应对市场需求的创新。B2Q模式的交易中，双方在网上先达成意向交易合同，签单后根据买方需要可引入第三方（验货、验厂、设备调试）工程师进行商品品质检验及售后安装调试服务。

买方：根据需要可以在平台内选择有资质的第三方工程师，对买卖双方达成的交易商品进行校验，第三方工程师利用自身的专业能力和经验，最大程度地向买方（雇主）提供商品质量校验后的信息来获取佣金，供买方（雇主）参考商品是否符合之前双方的约定要求，决定双方是否成交。

卖方：根据商品类型的不同可以在平台内选择有资质的第三方（安装、调试）工程师加入，对销到异地的商品提供现场安装、调试及后续的设备售后服务，卖方可节省大量的人力、物力、经济成本。

第三方工程师：入驻卖家都需要经过严格的审核，并且在原则上只允许生产型企业以及拥有区域总代理权的企业入驻。第三方工程师的入驻，同样要经过严格的审核，包括对工程师资质和工作能力经验的认定。注册到本平台内的各类工程师均以兼职的方式与平台合作，分布在全国各地。通过平台实现线上接单，线下为雇主提供专业、高效的服务。

只有这种在交易环节中把关产品质量的交易模式才能有效杜绝电商产品假货泛滥的问题。因为要验货，所以假货无处可逃。

任务三　熟知电子商务产生与发展过程

一、企业信息化发展过程

（一）手工处理阶段

在计算机用于企业信息管理之前，信息是由手工进行处理的：手工统计，手工填写各种原始记录，手工记账、算账、报账。手工处理信息速度缓慢，错误率高，缺乏一致性，需要大量的人力、物力、财力，在工作量较大时还需要更加具体的分工，以提高处理效率。因而，在这一阶段，企业内部的各个环节，包括进料、生产、销售都是完全独立的，环节之间的联系需要大量的手工工作完成。在一个工作环节内部，由于工作量大，造成了分工，因此存在着多个处理层次和多个工作层次，工作人员较多，工作效率仍处于极其落后的阶段。而在企业外部，信息的传递工作更是完全处于自发、独立和分散的无管理状态。

（二）MIS 阶段

管理信息系统 MIS（management information system），是一个由人、计算机等组成的能进行信息的收集、传送、储存、维护和使用的系统，能够实测企业的各种运行情况，并利用过去的历史数据预测未来，从企业全局的角度出发辅助企业进行决策，利用信息控制企业的行为，帮助企业实现其规划目标。这里给出的定义强调了管理信息系统的功能和性质，也强调了管理信息系统中的计算机对企业管理而言只是一种工具。管理信息系统是信息系统的重要分支之一，经过几十年的发展，已经成为一个具有自身概念、理论、结构、体系和开发方法的覆盖多学科的新学科。

从 20 世纪 60 年代简单的 MIS 开始，企业管理信息化已走过了几十年的发展历程。企业信息化的发展是与管理科学、信息技术的发展息息相关的，企业信息化的发展史在一定程度上也可以说是企业管理理念和信息技术的发展史。企业管理信息化的发展经历了MRP、MRPⅡ、ERP和CIMS几个阶段。将来，企业管理信息化会进一步向知识管理等方向发展。

1. MRP

自18世纪产业革命以来，手工业作坊迅速向生产工厂的方向发展，出现了制造业。随后，几乎所有企业追求的基本运营目标都是要以最少的资金投入而获得最大的利润。追求这一目标的结果是给制造业提出了诸多要求，主要表现在：①生产计划的合理性；②库存的合理管理；③设备的充分利用；④作业的均衡安排；⑤财务状况的及时分析。为了解决这些问题，20世纪60年代人们在计算机上实现了物料需求计划MRP（material requirements planning），如图1-2所示，它主要用于库存控制。可在数周内拟定零件需求的详细报告，可用来补充订货及调整原有的订货，以满足生产变化的需求；到了70年代，为了及时调整需求和计划，出现了具有反馈功能的闭环MRP（closed MRP），把财务子系统和生产子系统结合为一体，采用计划-执行-反馈的管理逻辑，有效地对各项生产资源进行规划和控制。MRP成为人们公认的物料管理的好方法。

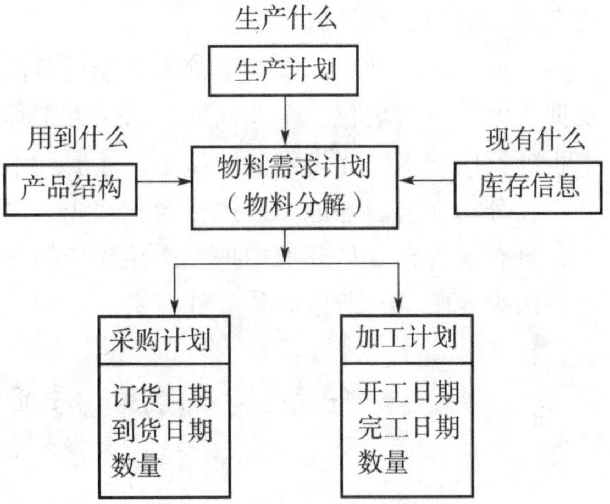

图1-2　物料需求计划MRP

2. MRPⅡ

20世纪80年代末，人们将生产活动中的销售、财务、成本、工程技术等主要环节与闭环MRP集成为一个系统，成为管理整个企业的一种综合性的制定计划的工具。美国的Oliver Wight把这种综合的管理技术称为制造资源计划MRPⅡ（manufacturing resource planning）。它是一种以MRP为核心、覆盖企业生产活动所有领域、有效利用资源的生产管理思想和方法。它可在周密的计划下有效地利用各种制造资源，控制资金占用，缩短生产周期，降低成本，实现企业整体优化，以最佳的产品和服务占领市场。此外，可使管理人员从复杂的事务中解脱出来，真正把精力放在提高管理水平上，去解决管理中的实质性问题。

3. ERP

企业资源计划ERP（enterprise resources planning）作为一种企业管理思想，是一种新型的管理模式；而作为一种管理工具，它同时又是一套先进的计算机管理系统。为此，它很快就被人们认同和接受，并为许许多多的企业带来了丰厚的收益。这一观念最初是由美国的Gartner Group公司在20世纪90年代初期提出的，并就其功能标准给出了界定。ERP是一种基于“供应链”的管理思想，它在MRPⅡ的基础上扩展了管理范围，给出了新的结构，把客户需求和企业内部的制造活动以及供应商的制造资源整合在一起，体现了完全按用户需求制造的思想。ERP 的基本思想是将制造业企业的制造流程看作是一个紧密连接的供应链，其中包括供应商、制造工厂、分销网络和客户等；将企业内部划分成几个相互协同作业的支持子系统，如财务、市场营销、生产制造、质量控制、服务维护、工程技术等，还包括对竞争对手的监视管理。ERP 是一种面向企业供应链的管理思想，可对供应链上的所有环节有效地进行管理，如订单、采购、库存、计划、生产制造、质量控制、运输、分销、服务与维护、财务管理、人事管理、实验室管理、项目管理、配方管理等。

4．CIMS

计算机集成制造系统 CIMS（computer integrated manufacturing system）是 1973 年美国 J. Harrington 博士首次提出的，它是未来制造业企业的生产管理模式。它把以往企业相互分离的自动化孤岛（MRP Ⅱ，CAD/ CAM，GT Ⅱ…）和人员通过计算机有机地综合起来，使企业各项业务相互协调地进行，以提高企业对多变竞争环境的适应能力。

CIMS 是在自动化技术、信息技术及制造技术等的基础上，通过计算机及其软件，将制造工厂全部生产活动所需的各种分散的计算机软、硬件有机地集成起来，用于多品种、中小批量生产的高效益、高柔性的人机制造系统。它不单纯是 MRP Ⅱ/ERP 技术的发展，而且可以看作是其外延功能的一种扩展和集成。CIMS 在企业经营管理方面的优越性表现在：它使得企业的经营决策和生产管理科学化，资金周转率大大提高。

在 MIS 阶段，企业内部的信息处理由计算机进行部分的代替和辅助，将原来大量繁琐的简单劳动交给计算机完成，并通过建模、模拟等技术手段协助管理人员进行决策，大大提高了企业内部各个环节的工作效率，去除了原来手工处理信息时人为划分的多种层次，将它们重新合并在一起，使企业结构趋向于扁平化和清晰化。同时提高了劳动生产率，降低了成本，增强了市场的活力。但是，企业外部的信息仍然处于独立、分散的状态，MIS 与 MIS 之间仍然是独立的。在整个供应链上，各阶段仍然是分散的，对手工处理阶段的贸易格局没有太多的改变，凡是涉及外部实体的地方，尚需人为地管理和协调，比如进料、产品外销都需要人为地处理，没能和企业内部管理工作集成起来。各阶段之间联系仍然是靠采购人员、销售人员“跑断腿、磨破嘴”，仍然依靠中介。

在上述的手工阶段和 MIS 阶段中，由于企业无法与最终消费者直接联系，整个供应链的中心是生产厂商。企业生产什么，消费者消费什么，仍是生产引导消费的经济模型。在整个供应链中的信息传递是人为活动，必然存在延迟，使得消费者的需求信息经过一段时间才能传递到企业当中，甚至有时还会出现错误，使企业与整个市场总是处于一定程度的脱节状态。

（三）EDI 阶段

随着网络技术的发展，EDI 逐步出现在一些企业的 MIS 系统之间。EDI 是一种直接应用到商业报文的传递方式。它建立了一套完全标准化的商业报文格式，并通过使用专用增值网（VAN），在不需要人工干预的情况下，从企业内部的计算机应用系统（如 MIS）中直接自动产生所需报文，并传向相应的贸易伙伴。通过简化商业过程，EDI 能够帮助企业通过缩短供应链、压缩库存和减少各个环节的人工来控制成本、提高效率，通过减少延迟和错误来提高企业生产质量和服务水平。

这种 EDI 技术下的新的企业模式以一种虚拟联盟为中心，其中包括企业与更加广泛的合作伙伴（如供应商、分销商）之间的联盟，企业与相关金融机构（如买卖双方银行）之间的联盟，以及行业和政府部门（如海关等）之间的联盟。在这些联盟中，所有的成员为共同的利益而进行信息交换和共享，并因此为企业带来了更高的效率、适应性和对市场需求的反应能力。

然而，这种联盟模式要求一种深层次的集成，即要求不同组织内部信息系统之间的互联。为了实现企业间互联，企业必须首先做到内部信息系统的集成。为了实现内部信息系统的集成，企业必须首先做到内部过程、管理及信息系统的优化。因此，EDI 在促成了企业变革的同时，也对旧的孤立的企业过程和内部系统造成了广泛冲击。这种冲击必然引起企业内、外两部分过程的重组，企业内部的应用系统直接与其贸易伙伴的应用系统联接在一起，企业过程发生了很大的简化。因此，它要求企业有一个面向 EDI 的全面策略。

实现行业联盟状态的先决条件为：①拥有足够大的行业规模；②市场集中于行业内有限的品牌；③行业的市场化运作程度较高。显然，能够满足这些条件的只有大行业和大企业。而且，EDI 使用的是专用增值网（VAN），需要架设专门线路，成本较高。这两方面的因素都使得大量的中小型公司和企业无法进入，在一定程度上限制了企业合作的范围，而且专用网的使用也限制了最终消费者对企业过程的介入，它仅仅停留在企业之间的合作关系上。同时，由于企业不能直接面对最终消费者，企业所处的市场仍然是一个旧的市场模型——即生产商设计的模型，所有的产品都取决于生产商和生产商的伙伴想让市场需要什么。而后面的一个发展阶段——电子商务的出现，正是为了解决这些局限。

（四）电子商务阶段

企业运行的一个理想状态是：原材料可以在需要之前的一个恰当的时候被运到生产厂家，而成品能在顾客需要时甚至在顾客需要而他自己还没意识到他需要时就能送到他手中。这样，就不存在库存成本、脱销或商品过剩的问题了。这个目标可能在从前几乎是无法实现的，而电子商务出现的意义就在于实现这个理想。在十几年前，EDI 还是一个帮助了一些企业与其他合作伙伴进行交易的全新的方法，随着 EDI 本身和公共网络的发展，EDI 进入到电子商务阶段，彻底改变了所有企业的生存和发展环境。

1. 电子商务比 EDI 具有更广泛的意义

电子商务是一个贯穿全球的贸易熔炉，它在信息技术高度发展的基础上，尤其是在 WWW 和 Internet 的基础上，通过使用电子化的贸易手段将贸易过程中的各方连接到一起。它不仅仅是收发订单或其他单证，以使企业运作更加有效，它包括的是一个更加广泛的领域，是组织到组织、企业到消费者的整个贸易过程中所有相关角色之间建立的完美的合作策略。电子商务通过基础设施服务（包括网络集成、安全和目录服务）、应用集成（包括企业资源计划和已有软件）及其 Internet 的企业应用重组将供应链上所有角色集合到一个环境下，使生产、推销、广告、洽谈、成交、支付、税收等一切过程都集成在一个完善的电子商务系统之中，是从生产到消费的整个供应链的一种高度信息化的结果。

2. 电子商务技术对 EDI 局限性的克服

（1）企业与企业之间：由于电子商务建立在开放的公共网络之上，一方面，大大降低了企业信息处理成本，进一步促进了即时生产（JIT）策略，大大压缩了供应链中的存货；另一方面，使得一些小规模的企业可以方便地加入到大企业的贸易联盟中，从而进一步扩大了企业的合作范围。

（2）企业与消费者之间：企业在开放的公共网络上可以与最终消费者进行直接的对话，一方面消费者通过访问企业主页了解企业贸易状况、与企业进行信息交流或直接进行交易；另一方面，企业可以通过对零售情况的快速反应，为不同消费者定制不同风格的浏览内容，以更好地满足或引导消费者的需求。

（3）市场模型：由于电子商务将最终消费者直接带到企业面前，使旧的生产商驱动的市场模型变为以消费者为中心的消费者驱动的新型市场，大大提高了企业的反应速度。市场中的需求开始真正对生产提出指令，从而达到全球市场的良性循环。

3．电子商务对企业信息系统的影响

在EDI阶段，企业信息系统与EDI系统集成到一起，不同的企业的信息系统集成到一起，但这样的企业联盟都局限在一个行业范围内的独立环境中，并且将中小型企业和最终消费者隔绝于外。而电子商务需要的是全部贸易角色、贸易手段的集合。处于世界贸易之中的每一个企业都应是环球企业（global enterprise）。企业原有的内部管理系统和EDI系统都必须集成到全球的公共网络中去，这样才能与原来的盲区联接起来。

因此，企业内部信息系统也必将直接或间接地成为公共网络上的一部分。原来的MIS和各种管理软件集成到了Intranet（企业内部网）中，企业间的EDI系统发展成为Extranet（企业外部网），这些网络都是符合Internet标准的企业信息系统。这样，所有企业的全部信息系统都转移到Internet之上，形成比前面任何一个阶段都更复杂、更全面的集成系统，以保证从任何一个部分都可以顺利地进入公共网络，而在公共网络的任何角落也都可以看到权限允许范围内的企业信息。

二、电子商务发展简史

按照各个时期有代表性的技术，我们可以将电子商务的发展历程划分成EFT时代、电子报文传送技术时代、联机服务时代和WWW时代四个阶段。

1．EFT时代

20世纪70年代，银行间电子资金转账（EFT）开始在安全的专用网络上推出，它改变了金融业的业务流程。电子资金转账是指通过企业间通信网络进行的账户交易信息的电子传输，它以电子方式提供汇款信息，从而使电子结算实现了最优化。这是电子商务最原始的形式之一，也是最普遍的形式。

2．电子报文传送技术时代

从20世纪70年代后期到80年代早期，电子商务以电子报文传送技术（如电子数据交换EDI）的形式在企业内部得到推广。电子报文传送技术减少了文字工作并提高了自动化水平，从而简化了业务流程。电子数据交换（EDI）使企业能够用标准化的电子格式与供应商交换商业单证（如订单）。例如，如果将电子数据交换与准时化（JIT）生产相结合，供应商就能将零件直接送到生产现场，节约了企业的存货成本、仓储成本和处理成本。

多年来，EDI已经演进成了几种不同的技术，依靠网络实现的业务活动如图1－3所示。

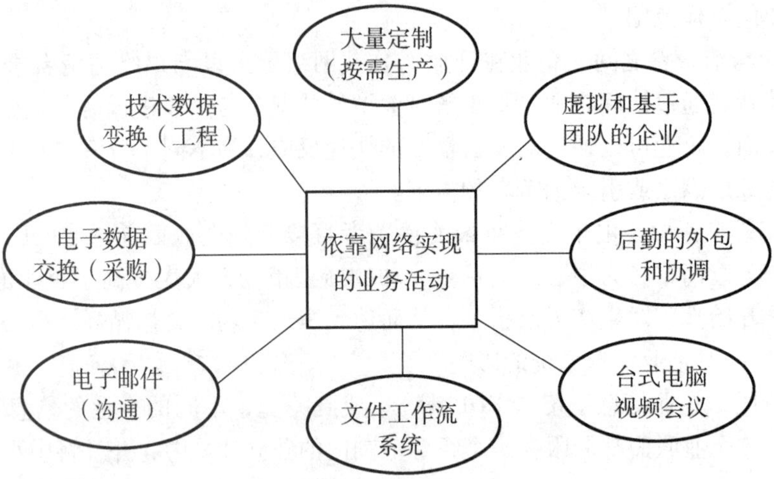

图 1－3　使用网络的业务活动

20 世纪 80 年代晚期到 90 年代早期，电子报文传送技术成为工作流技术或协作计算系统（也称为群件）中不可分割的部分。群件的主要功能就是将现有的非电子方法“嫁接”到电子平台上去，以提高业务流程的效率。

3．联机服务时代

在 20 世纪 80 年代中期，联机服务开始风行，它提供了新的社交交互形式（如聊天室），还提供了知识共享的方法（如新闻组和 FIP）。这就为互联网用户创造了一种虚拟社区的感觉，逐渐形成了“地球村”的概念。同时，信息访问和交换的成本已降得很低，而且范围也在空前扩大，全世界的人都可以相互沟通。

4．WWW 时代

20 世纪 90 年代中期到现在，互联网上出现了 WWW 应用，这是电子商务的转折点。WWW 为信息出版和传播方面的问题提供了简单易用的解决方案。WWW 带来的规模效应降低了业务成本，它所带来的范围效应则丰富了企业业务活动的多样性。WWW 也为小企业创造了机会，使它们能够与资源雄厚的跨国公司在平等的技术基础上竞争。

三、我国电子商务的发展

自从 20 世纪 90 年代电子商务概念引入我国之后，在我国政府及信息化主管部门的指引下，电子商务的发展经历了三个阶段。

1．认识电子商务阶段（1990—1993 年）

我国 20 世纪 90 年代开始开展 EDI 的电子商务应用，从 1990 年开始，原国家计委（发改委）、科委（科学技术部）将 EDI 列入“八五”国家科技攻关项目。1991 年 9 月由国务院电子信息系统推广应用办公室牵头，会同原国家计委、科委、外经贸部（商务部）等 8 个部委局，发起成立“中国促进 EDI 应用协调小组”。同年 10 月成立“中国 EDIFACT 委员会”并参加亚洲 EDIFACT 理事会。我国政府、商贸企业以及金融界认识到电子商务可以使商务交易过程更加快捷、高效，成本更低，肯定了电子商务是一种全新的商务模式。

2．广泛关注电子商务阶段（1993—1998 年）

在这一阶段，电子商务在全球范围迅猛发展，引起了各界的广泛重视，我国也掀起了电子商务热潮。从 1994 年起，我国部分企业开始涉足电子商务，并取得了喜人的成绩。以现代信息网络为依托的中国商品交易中心（CCEC）、中国商品订货系统（CGOS）等电子商务系统也陆续投入运营；1995 年，中国互联网开始商业化；1996 年 6 月，中国公用计算机互联骨干网（CHINANET）工程建成开通；1997 年 6 月，中国互联网络信息中心（CNNIC）完成组建，开始行使国家互联网络信息中心职能；1998 年 3 月 6 日，我国国内第一笔网上电子商务交易成功；1998 年 10 月，原国家经贸委与信息产业部（工业和信息化部）联合宣布启动了以电子贸易为主要内容的“金贸工程”，这是一项推广网络化应用、开发电子商务在经贸流通领域的大型应用试点工程。政府、商家和消费者都意识到，电子商务的兴起，既面临着机遇也面临着诸多的挑战。如何探索一条适合中国国情的电子商务发展模式，是政府、商家和消费者共同考虑的问题。发展电子商务需要政府的推动和企业的积极参与，一是要有完善的信息基础设施，政府对此给予了高度的重视，从 20 世纪 90 年代初开始，相继实施了“金桥”“金卡”“金关”等一系列“金字工程”；二是要有安全可靠的保障措施，需要建立必要的法律法规和技术标准；三是要克服文化障碍，提高消费者的网上购物意识。

3．电子商务应用发展阶段（1999 年以后）

在这个阶段中，国家信息主管部门开始研究制定中国电子商务发展的有关政策法规，启动政府上网工程，成立国家计算机网络与信息安全管理中心，开展多项电子商务示范工程，为实现政府与企业间的电子商务奠定了基础，为电子商务的发展提供了安全保证，为在法律法规、标准规范、支付安全和信息设施等方面总结经验，逐步推广应用。同时，企业的电子商务蓬勃发展，1999 年 3 月阿里巴巴网站诞生；同年 5 月 8848 网站推出并成为当年国内最具影响力的 B2C 网站。2000 年 6 月，中国金融认证中心（CFCA）成立，专为金融业务各种认证需求提供书证服务。2001 年，我国正式启动了国家“十五”科技攻关重大项目“国家信息安全应用示范工程”。2005 年，电子商务爆发出迅猛增长的活力。2005 年初国务院 2 号文件的发布，为 2005 年中国电子商务市场的持续快速增长奠定了良好的基础；《电子签名法》的实施和《电子支付指引》的颁布，进一步从法律和政策层面为电子商务的发展保驾护航；第三方支付平台的兴起，带动了网上支付的普及，为电子商务应用提供了保障；B2B 市场持续快速发展，中小企业电子商务应用逐渐成为主要动力；B2C 市场尽管略显平淡，但互联网用户人数突破一亿大关，为 B2C 业务的平稳增长奠定了坚实的用户基础；C2C 市场则由于淘宝网和易趣网的双雄对立，以及腾讯和当当的进入，进一步加剧了市场竞争。2005 年也因此被称为“中国电子商务年”。

四、电子商务产生与发展的条件

综上所述，电子商务产生和发展的重要条件主要有以下几方面。

（1）计算机的广泛应用。近 50 年来，计算机的处理速度越来越快，处理能力越来越强，价格越来越低，应用越来越广泛，这为电子商务的应用提供了基础。

（2）网络的普及和成熟。由于 Internet 逐渐成为全球通信与交易的媒体，全球上网用户呈指数增长趋势，快捷、安全、低成本的特点为电子商务的发展提供了应用条件。

(3) 信用卡的普及应用。信用卡以其方便、快捷、安全等优点而成为人们消费支付的重要手段，并由此形成了完善的全球性信用卡计算机网络支付与结算系统，使“一卡在手、走遍全球”成为可能，同时也为电子商务中的网上支付提供了重要的手段。

(4) 电子安全交易协议的制定。1997 年 5 月 31 日，由美国 VISA 和 Mastercard 国际组织等联合制定的电子安全交易协议（secure electronic transfer protocol，SET）出台，该协议得到大多数厂商的认可和支持，为在开发网络上的电子商务提供了一个关键的安全环境。

(5) 政府的支持与推动。自 1997 年欧盟发布了欧洲电子商务协议、美国随后发布《全球电子商务纲要》以后，电子商务受到世界各国政府的重视，许多国家的政府开始尝试网上采购，建立和完善电子商务法律，这为电子商务的发展提供了有力的支持。

任务四　认识电子商务对企业的影响

随着电子商务魅力的日渐显露，虚拟企业、虚拟银行、网络营销、网上购物、网上支付、网络广告等一大批前所未闻的新词汇正在为人们所熟悉和认同，这些词汇同时也从另一个侧面反映了电子商务正在对社会和经济产生的影响。

一、电子商务对企业市场的影响

（一）电子商务对市场进入条件的影响

因特网是一个开放式的大市场，中小企业无须有庞大的商业体系，无须支付高昂的广告费用，无须售佣众多的销售人员，就可以加入到全球国际大市场，参与市场竞争，接触这个市场中的广大客户，从以前被大企业垄断的市场份额中分取一杯羹。近年来，依靠高科技力量，以高科技人才为主体的公司走向成功的例子数不胜数，中国的联想、北大方正、清华同方等以及国外的康柏、戴尔等都是白手起家。我们似乎可以看见其中的奥秘：资本的投入已经落在知识的投入的后面，知识可以帮助那些中小企业直接进入国际市场，获取财富。

在因特网上，机会是均等的，任何一家小公司都可能获得与 IBM 这种巨人公司一样的机会与地位。网上的客户关心的不是公司的大小，而是给他们提供的产品或服务的价值。如果一家企业有绝对的竞争优势，客户就会选择该企业的产品或者服务。这一点对小公司来说极为有利，在传统的产业经济中，这是不可能的。

这种市场进入方式的变化，降低了市场进入的壁垒。机会与挑战是并存的，如何建设一个具有竞争优势的电子商务方案，如何加强企业的竞争优势，是决策管理部门要解决的关键问题。

（二）电子商务对市场结构的影响

1. 迂回经济与直接经济

工业经济的市场模式有许多的中间环节。企业的生产、流通都需要一个很漫长的过程，而且有很多的中间环节，因此被称为是迂回经济。

信息经济的市场模式取消了工业经济的市场模式的中间环节，从间接的中间渠道销售到直接的网络销售，从实体办公室到虚拟办公室，从纸币到电子货币，从中间管理制度到知识管理，从依靠硬件到依赖知识，从普通服务到网络增值服务。由于更加直接，因此有人称这种经济市场模式为直接经济。

电子商务大大缩短了生产厂家与消费者之间供应链的距离，改变了传统市场的结构。从电子商务的交易方式可以看出，电子商务拉近了厂商与客户的距离，企业可以跳过传统的经销商而与客户直接联系，客户的需求直接转换为企业生产的指令。它大大地加强了企业与消费者的联系，并且因减少了中间环节而大大降低了企业的经营管理成本。这种从厂家到消费者的市场模式，是一种间接经济到直接经济的变革，是工业经济向信息经济的一种转变。

2．商业结构

在电子商务的推动下，由于市场结构的变化，商业活动也发生了改变，从原来在传统商场开展的商业发展出一种通过网络进行购物的商业。

传统商业把生产者与消费者在时间和空间上分割开来，充当生产者与消费者的中介。生产者生产的产品需要通过商场的沟通才能到达消费者手中。如果没有商场，厂家不知道该到哪里去找买主，买主也不知道该到哪里去找所需的产品，他们之间缺乏有效沟通的手段。而商场是专业化的物质流（以货物为主）和信息流（以价格为主）汇集的中枢，这几乎是商场存在的唯一理由。

在工业经济中，离开了传统商业作中介，生产和消费就会既不方便又缺乏效率。但在信息经济中，商场存在的最主要理由却被动摇了。越来越多的厂家拥有自己的网上主页，在其上不仅可以发布价格信息，而且可以展示产品的视觉形象，提供详尽的产品信息。甚至像美国汽车公司（USM），可以让顾客直接参与设计和定型，根本不需要商家在中间传递信息和销售商品，而消费者也不需要花费大量的时间去逛商场，可以在网络上从容地选择商品，在几十家厂家的产品中挑选出自己喜欢的商品，然后登记自己的个人信息，厂家按照客户的信息送货即可完成整个交易。

在互联网上，价格的透明度较高，客户只要通过价格检索和比较软件，就可以选择合适的商品。

在信息经济中，零库存成为现实。亚马逊网上书店的库存就很少，几乎为零，但它能很快地将货物送到客户手中，因为它的库存都在出版商那里，它可以通过距离客户最近的出版商将书很快地送到客户手中。这样，没有库存成本，经营成本大大降低，而厂家也可以依据实际情况降低价格，使消费者受益，以培养消费者的购买忠诚度。

二、电子商务对企业内部结构与行业结构的影响

1．电子商务对企业内部结构的影响

以因特网为基础的电子商务给传统的企业组织形式带来了很大的冲击。它打破了传统职能部门依赖于分工与协作完成整个工作的过程，而形成了并行工程的思想。在电子商务的构架里，除了市场部和销售部可以与客户打交道外，企业其他的职能部门也能够通过电子商务网络与客户频繁接触，从而改变了过去间接接触的状况。

在电子商务的条件下，原有的工作单元间的界限被打破，而重新组合形成了一个直接为客户服务的工作组。这个工作组直接与市场接轨，以市场的最终效果衡量自己的生产流程的组织状况，以市场的最终效果衡量各组织单元之间协作的好坏。实际上，这已经发展

成一种新的管理模式，企业间的业务单元不再是封闭式的金字塔式层次结构，而是相互沟通、相互学习的网状结构，这种结构打破了原来的业务单元之间的壁垒，业务单元之间广泛进行信息交流，共享信息资源，减少内部摩擦，提高工作效率。

在电子商务的构架下，企业组织信息传递的方式由单向的“一对多式”向双向的“多对多式”转换。可以看出，网络式的企业组织结构里，信息传递的方式是“多对多式”，信息无须经过中间环节就可以达到沟通的双方，大大提高了工作效率。这种组织结构的管理模式被称为“第5代管理”，这是21世纪信息时代的新管理模式——信息模式。这种管理模式下的电子商务主要具有两个特点。

（1）电子商务构造了企业的内部网、数据库，所有的业务单元可以通过网络直接快捷地交流，管理人员之间沟通的机会大大增加，组织结构分布化和网络化。电子商务使得中间管理人员获得更多的直接信息，大大提高了他们在企业管理决策中的作用，从而实现了扁平化的组织结构。

（2）电子商务模式下的企业结构变革的另一个特点是由集权制向分权制转换。电子商务的推行，使企业过去高度集中的决策中心组织改变为分散的多中心决策组织。传统组织结构下单一决策中心的许多缺点（官僚主义、低效率、结构僵化、沟通壁垒等）都在多中心的组织模式下不再存在。企业的决策都由跨部门、跨职能的多功能型的组织单元来制定。这种多组织单元共同参与、共担责任，并由共同利益驱动的决策过程使员工的参与感和决策能力大大提高，充分发挥了员工的主观能动性，从而提高了整个企业的决策能力。

在电子商务的模式下，企业的经营活动打破了时间和空间的限制，出现了一种新型企业——虚拟企业。这种虚拟企业打破了企业之间、产业之间、地域之间的一切界限，把现有的资源组合成为一种超越时空、利用电子手段传输信息的经营实体。虚拟企业可以是企业中间几个要素的重新组合，也可以是不同企业之间的要素组合。虚拟企业的管理由原来的相互控制转向相互支持，由监视转向激励，由命令转向指导。随便在IBM、HP、SUN、DELL的网站上走一圈，就会发现他们都有客户支持系统这一个模块。

2. 电子商务对行业结构的影响

电子商务的发展不仅影响了企业的内部结构，也影响了外部行业结构，主要表现在以下两个方面。

（1）电子商务使得新的以服务为主的行业产生。一些头脑聪明的企业家纷纷将眼光放到电子商务上来，纷纷成立以电子商务服务为主的企业与公司，例如网络交易中心、电子商场、电子商务咨询服务公司、电子商务应用软件开发公司等。这已成为21世纪的热门行业之一，这些公司的人员构成表现为几个特点：年轻化、高素质、跨学科、跨文化。他们大都是工商管理、金融财经、信息管理、计算机网络专业的综合人才。所以，这些公司的发展异常迅速。

（2）跨国管理成为现实。电子商务系统的创立，使得大规模的跨国、跨地区的商业活动成为可能。一些著名的零售业纷纷扩大营业范围和规模，组织跨地区、跨国界的商业活动，以降低成本和抢占市场份额。一些大的连锁商店如西尔斯、麦当劳、沃尔玛等都在网络上创立了自己的虚拟连锁商店，改变传统的商业结构和布局，以适应新的管理模式。

三、电子商务对企业管理的影响

企业是经济领域中最小也是最重要的组织，信息化对经济活动的影响，最终还是会反映到企业的经营管理上。在这一方面，电子商务改变了企业的竞争方式、企业的竞争基础和企业的竞争形象。

1. 电子商务改变企业的竞争方式

与传统的商业结构相比，现代信息技术使企业的竞争方式发生了变化。信息技术与管理相结合发展的本质是实现高效率、自动化的流程管理，以信息流动代替物质和能量的流动。也就是透过技术的实现，帮助人们实现业务流程的优化，降低内耗，提高经营效率。我们可以将爱因斯坦的质能方程应用到信息技术管理上来：

管理效率＝全面品质控制×商务信息利用的平方

可见，管理效率的提高依赖于对产品和服务的全面品质控制和对商务信息资源的充分利用。商务信息的影响大大超出了其他因素的影响。这使企业的竞争方式也必须进行重新定位，以扩大竞争优势。

总体来说，电子商务对企业的竞争方式的影响主要体现在以下几个方面：

(1) 电子商务改变了企业之间的合同形式。准确及时的信息交流使企业合同的稳定性增加，加强了企业之间的合同管理。

(2) 电子商务给了企业更多的开拓市场的机会。电子商务为消费者提供了更多的消费机会选择，为企业提供更多的开拓市场的机会，而且也提供了更加密切的信息交流场所，从而提高了企业把握市场和消费者需求的能力。

(3) 电子商务促进了企业开发新产品和提供新型服务的能力。电子商务使企业决策者能及时地了解消费者的爱好、需求和购物习惯，从而促进了企业开发新产品的能力，缩短了企业开发新产品的周期。

(4) 电子商务扩大了企业的竞争领域。电子商务使竞争从常规的广告、促销、产品设计与包装等扩大到无形的虚拟市场的竞争。

(5) 电子商务消除了企业竞争的无形壁垒。主要表现在降低了中小型企业和新型企业进入市场的初始成本。

2. 电子商务改变企业的竞争基础

电子商务作为信息产业的一个模块，使企业的竞争基础也发生了改变。

(1) 这种改变首先体现在信息化的程度上。电子商务是以信息为基础的，企业信息化程度的高低首先决定了企业的市场竞争力。信息化的程度越深，竞争力越强。美国硅谷的高科技企业在这一点上尤为突出。高技术含量、高技术人才、信息的高速处理与创新使其竞争力大大增强。在未来，对信息的处理、接纳能力的高低是企业竞争力高低的一种体现。

(2) 电子商务改变了企业的生产、交易成本，使得产品的价格竞争异常激烈。对网上交易而言，原材料的便利采购、中间渠道的缩短、广告促销费用的降低、管理成本的降低，都使企业的成本大大降低。同时，由于网上客户的挑选余地较大，企业之间也开始了新的价格战。在网上交易中，除服务外，价格是最重要的一环。例如，如果亚马逊的图书价格较高，访问者有可能在阅读完亚马逊书店精彩的书评后，一走了之，去亚马逊的竞争对手那里购买图书，因为那里的价格较这里低。

(3) 电子商务的开展消除了时空限制。企业可以随时做好准备，为客户提供即时服务。企业有可能在凌晨3点接到客户的需求订单，所以，每周7天、每天24小时的客户支持，是企业竞争力的另一种体现。

(4) 电子商务也使企业规模的影响力发生了变化。只有两个人管理的在线书店与传统的200人管理的书店在效率上没有什么区别，而且，两人管理的在线书店还可能给客户提供更多的图书信息（因为有在线数据库查询）。只要服务和价格好，没有哪位客户会在意公司的规模的大小。

通过以上几点，企业应该充分意识到自己的竞争优势在于哪个方面，并明白如何做出战略决策，提高自己的竞争优势。

3. 电子商务改变企业的竞争形象

电子商务为企业提供了一种全面展示自己产品和服务的虚拟空间，制造良好的网络广告方案有利于提高企业的知名度和商业信誉，达到提高企业的竞争形象的目的。如何通过网络这种成本低廉的新型媒体宣传企业、提高企业形象是决策者们必须考虑的问题。

网络调查表明，品种齐全的产品、灵活的折扣条件、可靠的安全性能、友好的用户访问界面、完善的技术支持是一个网络公司取得竞争优势的成功秘诀。

【同步训练】

一、判断题

1. 电子商务是商务（买卖）过程中的电子化、数字化和网络化，因此“电子化、数字化和网络化”是电子商务的核心和目的。 (　　)

2. 电子商务不仅可以应用在交易方面，而且可以贯穿企业运营的其他环节。 (　　)

3. 企业实施电子商务实质上就是要在互联网上建立企业网站。 (　　)

4. 电子商务就是电子交易（e-commerce）。 (　　)

5. 经营规模不受空间限制不是电子商务的特点。 (　　)

二、单选题

1. 对电子商务的概念描述不正确的是（　　）

A. 电子商务就是把传统的商业活动放在新兴的通信网络上运作，或者说是在 Internet 上进行的商务活动

B. 电子商务是用 Web 提供的通信手段在网上进行的交易

C. 电子商务的参与者只包括消费者、销售商、供货商

D. 电子商务是整个贸易活动的自动化和电子化

2. 下列表述中不是电子商务的特点是（　　）。

A. 交易虚拟化　　B. 交易成本低　　C. 交易透明化　　D. “一手交钱、一手交货”

3. 下列表述中不是电子商务运作方法的是（　　）。

A. 贸易磋商过程中单证是电子化的记录、文件和报文，使用的工具是网络

B. 具有法律效力的电子贸易合同

C. “白纸黑字，立据为凭”

D. 网上支付：包括信用卡、电子支票、电子现金和电子钱包等

4. 电子商务的交易模式为（　　）。

A. “以物换物”　　B. “一手交钱、一手交货”

C. 具有“中介人”的商品交易模式　　D. 信息网络成为“中介”的商品交易模式

5. 下列关于 EC、EB 说法不正确的是（　　）

A. EC 是指在 Internet 上建立一个企业网站，进行产品市场宣传或通过 Web 进行一般的商业交易活动。

B. EB 是一个更广泛的范畴，它将改变企业的传统业务运作模式，使企业通过 Internet 来管理企业与客户的关系，改变企业的业务处理流程，加强对企业信息资源的有效利用、辅助管理与决策。

C. EC 包括 EB

D. EB 包括 EC

三、多选题

1. 在电子商务中，“电子化”是（　　）

A. 技术手段　　B. 为商务服务的　　C. 核心和目的　　D. 以上都不对

2. 电子商务产生和发展的重要条件包括：（　　）

A. 计算机的广泛应用　　B. 网络的普及和成熟

C. 电子安全交易协议的制定　　D. 政府的支持与推动

四、问答题

1. 什么是电子商务？其特点是什么？
2. 简述电子商务的分类。
3. 传统商务与电子商务有哪些主要区别？
4. 电子商务的优势在哪里？
5. 举出几个你身边电子商务运用的例子，说明电子商务是如何改变人们的生产或者生活的。

五、实训题

1. 结合教材内容，登录电子商务相关网站，查询国内外电子商务的发展过程及现状，写出调查报告。

2. 登录亚马逊网上书店，了解网上书店与传统书店的异同点，分析电子商务与传统商务的区别。

项目二　电子商务运作系统

【引例】中国人自己的神话——阿里巴巴

阿里巴巴作为中国电子商务界的一个神话，从创业之初就开始了它的传奇发展。阿里巴巴集团由私人持股，现服务来自240多个国家和地区的互联网用户，该集团及其关联公司在大中华区、印度、日本、韩国、英国及美国的70多个城市共有25 000多名员工。2018年7月19日，全球同步发布了《财富》世界500强排行榜，阿里巴巴集团排名第300位。2018年12月，阿里巴巴入围2018世界品牌500强。

阿里巴巴集团经营多元化的互联网业务，包括促进B2B国际和中国国内贸易的网上交易市场、网上购物搜索引擎、网上零售和支付平台，以及以数据为中心的云计算服务。此外，阿里巴巴也从关联公司的业务和服务中取得经营商业生态系统上的支援。业务和关联公司的业务包括：淘宝网、天猫、聚划算、全球速卖通、阿里巴巴国际交易市场、1688（阿里巴巴网站）、阿里妈妈、阿里云、蚂蚁金服、菜鸟网络等。

以阿里巴巴最早的业务，阿里巴巴网站为例，阿里巴巴网站的目标是建立全球最大最活跃的网上贸易市场，不同于早期互联网公司以技术为驱动的网络服务模式，它从一开始就有明确的商业模式。阿里巴巴具有明确的市场定位，在发展初期专做信息流，绕开物流，前瞻性地观望资金流并在恰当的时候介入支付环节。它的运营模式遵循了循序渐进的过程，依据中国电子商务界的发展状况来准确定位网站。首先抓基础，然后在实施过程中不断捕捉新的收入机会。

从最基础的替企业架设站点，到随之而来的网站推广以及对在线贸易资信的辅助服务、交易本身的订单管理，不断延伸。阿里巴巴出色的盈利模式符合盈利的强有力、可持续、可拓展的特点。

阿里巴巴网站的运营模式主要有以下几个特点。

第一，专做信息流，汇聚大量的市场供求信息，信息更新快，信用度高，吸引了不少企业。

第二，采用本土化的网站建设方式，针对不同国家采用当地的语言，简易可读，这种便利性和亲和力将各国市场有机地融为一体。

第三，网站门槛低，以免费的方式吸引企业登录平台注册用户并成为会员，汇聚商流，活跃市场，源源不断的信息流创造了无限商机。因为注册会员的人或企业越来越多，信息源源不断更新，流量越来越大，也因此让阿里巴巴成为全球最大的B2B网站。

第四，阿里巴巴通过增值服务为会员提供了优越的市场服务，这些增值服务一方面加强了这个网上交易市场的服务项目功能，另一方面又使网站能有多种方式实现直接盈利。

综合以上分析，阿里巴巴目前能够有这样的成功，可以总结为：良好的定位，稳固的结构，优秀的服务。

阿里巴巴网站是一个成功的网上交易平台，它提供来自全球的商业机会信息以及商人交流社区，其所有的供求信息由买卖双方主动登录提供，会员之间以自由开放的形式在这个平台上寻找贸易伙伴，磋谈生意。在互联网上建立了一个无地理和时间障碍的自由贸易市场，用户从中可获得前所未有的商机。阿里巴巴的盈利模式是组合盈利拳，是进化盈利链，是动态发展的盈利模式。

从阿里巴巴独特的商业模式我们可以得出结论，真正开放的、内容具有本土化特色、信息全球性和协同性强的电子商务是具有强大的生命力的。但是像这种 e-market 要生存和发展，必须本着为企业提供公平竞争空间的原则，融合参与企业信息资源，达到规模经济效果。

【学习目标】

- 掌握电子商务的概念模型
- 熟知电子商务系统的运作环境
- 掌握 EDI 电子商务系统及其运行
- 熟知电子商务系统的应用

任务一　掌握电子商务系统结构

一、电子商务的概念模型

电子商务的概念模型是对现实世界中电子商务活动的一般抽象描述，它由电子商务实体、电子市场、交易事务和商流、信息流、资金流、物流等基本要素构成，如图2－1所示。

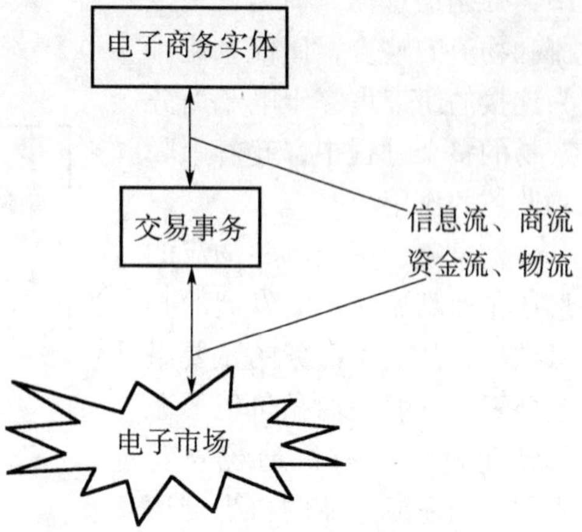

图2－1　电子商务的概念模型

（1）电子商务实体：即交易主体，是指能够从事电子商务活动的客观对象，可以是企业、银行、商店、政府机构、科研教育机构和个人等。

（2）电子市场：电子市场是指电子商务交易主体从事商品和服务交换的场所，由各种各样的商务活动参与者，利用各种通信装置，通过网络连接成一个统一的经济整体。

（3）交易事务：交易事务是指电子商务交易主体之间所从事的具体商务活动的内容，例如询价、报价、转账支付、广告宣传、商品运输等等。

电子商务的任何一笔交易都由商流、资金流、物流、信息流等四个基本部分组成。

（1）商流（交易流通）：指商品在购销之间进行的交易和商品所有权转移的运动过程，具体是指商品交易的一系列活动。

（2）物流（物的流通）：物流主要是指商品和服务的配送和传输。对于大多数商品和服务来说，物流可能仍然经由传统的经销渠道实现；然而对有些商品和服务来说，可以直接以网络传输的方式进行配送，如各种电子出版物、信息咨询服务、有价信息等等。

(3) 资金流：资金流主要是指资金的转移过程，包括付款、转账、兑换等过程。它始于消费者，止于商家账户，中间可能经过银行等金融部门。资金具有时间价值，因此资金的加速流动具有财富的创造力。商务活动的价值是通过资金流来体现的，企业商务活动的最终目的是资金流。传统商务活动中资金流的方式主要有现金、支票、银行汇票、汇兑等。电子商务活动中资金流的方式是依靠金融网来实现的，主要有电子现金、电子支票、信用卡等。

(4) 信息流：前面叙述的“三流”中都有信息流。信息流既包括商品信息的提供、促销营销、技术支持、售后服务等内容，也包括诸如询价单、报价单、付款通知单、转账通知单等商业贸易单证，还包括交易方的支付能力，支付信誉、中介信誉等内容。

信息流是指电子商务交易各主体之间信息的传递过程，是电子商务的核心要素。这里的“信息”指在信息经济环境下，贯穿经济流动中的各个环节的主要内容。在企业中，信息流分为两种，一种是纵向信息流，发生在企业内部；另一种是横向信息流，发生在企业与其上下游的相关企业、政府管理机构之间。不管是哪种信息流，它们都覆盖了企业生产－流通过程的各个环节。在传统的生产管理模式下，对信息流的处理都是以各式各样的表格形式在企业中流转的，而且是一种典型的直线型结构。到了信息化社会，在电子商务的模式下，各种信息流的处理都是在网络环境下以数字化的方式处理与实现的。

四流的基本功能如图2－2所示。

在电子商务的概念模型中，强调信息流、商流、资金流和物流的整合，而信息流作为连接的纽带贯穿于电子商务交易的整个过程中，起着串联和监控的作用。

信息流、资金流和物流的形成是商品流通不断发展的必然结果，是电子商务的重要组成要素。它们在商品价值形态的转化过程中有机地统一起来，共同完成企业的再生产过程。由信息流提供及时准确的信息，由资金流有计划地完成商品价值形态的转移，由物流根据信息流和资金流的要求完成商品使用价值的转移过程。在商品价值形态的转移过程中，物流进行的是一个正向的流程，即从原材料供应商到制造商，再经经销商或配送中心

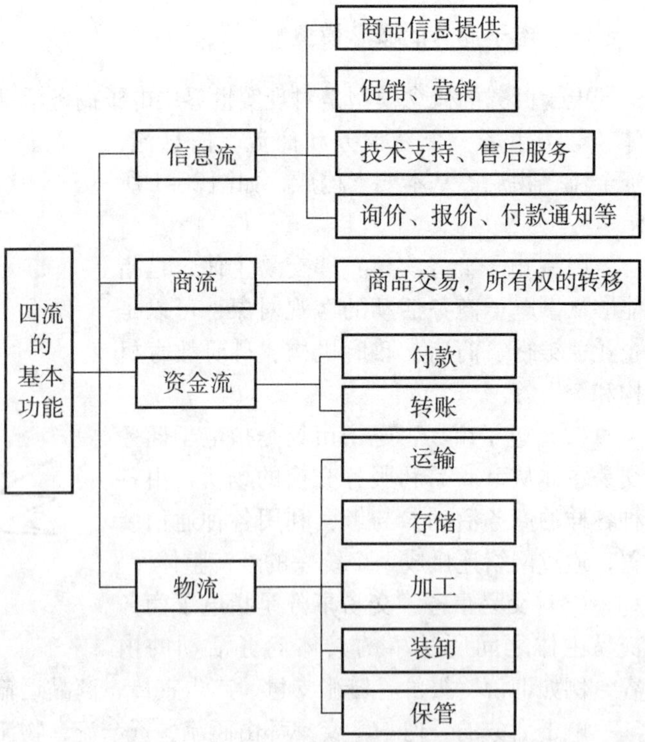

图2－2　四流的基本功能

到顾客。而资金流进行的是一个反向的流程，即从顾客到经销商，再到原材料供应商。信息流进行的则是双向流程，电子商务各主体之间不断进行信息的双向传递与交流。三流的关系可以表述为：以信息流为依据，通过资金流实现商品的价值，通过物流实现商品的使用价值。物流应是资金流的前提与条件，资金流应是物流所依托的价值担保，并为适应物流的变化而不断进行调整，信息流对资金流和物流运动起着指导和控制作用，并为资金流和物流活动提供决策的依据，直接影响控制着商品流通中各个环节的运作效率。

二、电子商务系统的基本组成

电子商务涉及用户、商家、银行、认证中心、配送中心各方面的关系。图2－3为电子商务网络示意图。

1. 网络

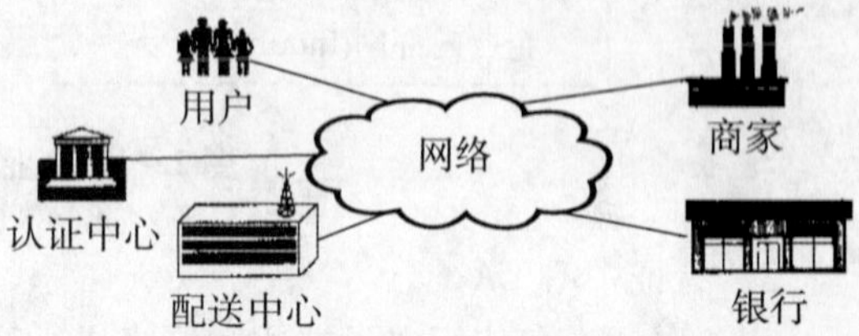

图2－3　电子商务网络示意图

网络包括 Internet、Intranet、Extranet。Internet 是电子商务的基础，是商务、业务信息传送的载体。它是进行交易的平台，交易中所涉及的信息流、物流和资金流都与信息系统紧密相关。Internet 信息系统是指企业、组织和电子商务服务商在 Internet 的基础上开发设计的信息系统，它可以成为企业、组织和个人消费者之间跨越时空进行信息交换的平台，在信息系统的安全和控制措施保证下，通过基于 Internet 的支付系统进行网上支付，通过基于 Internet 物流信息系统控制物流的顺利进行，最终保证企业、组织和个人消费者之间网上交易的实现。因此，Internet 信息系统的主要作用是提供一个开放的、安全的和可控制的信息交换平台，它是电子商务系统的核心和基石。

Intranet 是企业内部商务活动的场所。

Extranet 是企业与企业以及企业与个人进行商务活动的纽带。

2. 用户/商家

电子商务用户可以是企业、组织与个人消费者。

一般说来，组织与个人消费者上网比较简单，因为他们主要使用电子商务服务商提供的 Internet 服务来参与交易。

作为商家的企业上网则是非常重要而且是很复杂的。这是因为，一方面企业作为市场交易一方，只有上网才可能参与网上交易；另一方面，企业作为交易主体，必须为其他参与交易方提供服务和支持，如提供产品信息查询服务、商品配送服务、支付结算服务。因此，企业上网开展网上交易，必须进行系统规划，建设好自己的电子商务系统。

图2－4是一个基于 Internet 的企业电子商务系统的组成结构图。企业电子商务系统由基于 Intranet（企业内部网）的企业管理信息系统、电子商务站点和企业经营管理组织人员组成。

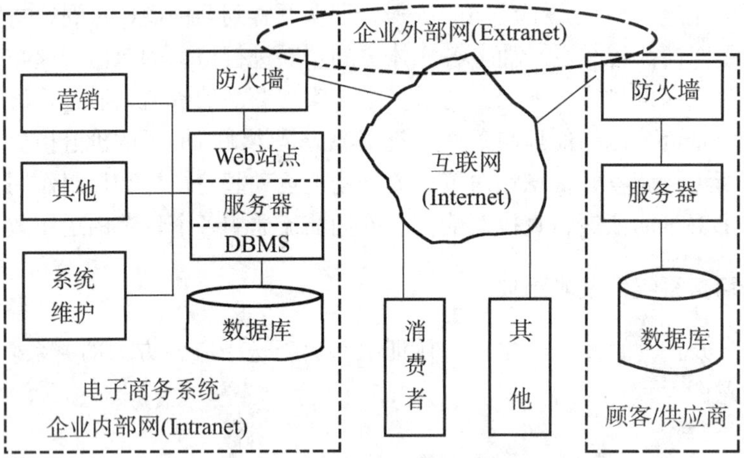

图2－4　企业电子商务系统

3．认证中心CA

由于电子商务使用电子方式和网络进行商务活动，通常参与各方是互不见面的，因此身份的确认与安全通信变得非常重要。解决方案就是建立中立的、权威的、公正的电子商务认证中心——CA认证中心，它所承担的角色类似于网络上的“公安局”和“工商局”，给个人、企事业单位和政府机构签发数字证书——“网上身份证”，用来确认电子商务活动中各自的身份，并通过加解密方法实现网上安全的信息交换与安全交易。

认证中心是受法律承认的权威机构，负责发放和管理电子证书，使网上交易的各方能互相确认身份。电子证书是一个包含证书持有人、个人信息、公开密钥、证书序号、有效期、发证单位的电子签名等内容的数字文件。

4．配送中心（物流中心）

配送中心按商家的送货要求，组织运送无法从网上直接得到的商品，跟踪产品的流向，将商品送到消费者手中。

5．网上银行

网上银行在Internet上实现传统银行的业务，为用户提供24小时实时服务：与信用卡公司合作，发放电子钱包，提供网上支付手段，为电子商务交易中的用户和商家服务。

上述五个方面构成了电子虚拟市场交易系统的基础，它们是有机结合在一起的，缺少任何一个部分都可能影响网上交易的顺利进行。Internet信息系统保证了电子虚拟市场交易系统中信息流的畅通，它是电子虚拟市场交易的顺利进行的核心。企业、组织与消费者是网上市场交易的主体，实现其信息化和上网是网上交易顺利进行的前提。缺乏这些主体，电子商务则失去存在意义，也就谈不上网上交易。电子商务认证中心是保证网上交易安全的手段。实物配送和网上支付是网上交易顺利进行的保障。缺乏完善的实物配送及网上支付系统，将阻碍网上交易的完成。

三、电子商务的基本框架结构

电子商务的框架结构是指电子商务活动环境中所涉及的各个领域以及实现电子商务应具备的技术保证。从总体上来看，电子商务框架结构由三个层次和两大支柱构成，如图2

-5 所示。其中，电子商务框架结构的三个层次是网络层、信息发布与传输层、电子商务服务和应用层，两大支柱是指社会人文性的公共政策和法律规范以及自然科技性的技术标准和安全网络协议。

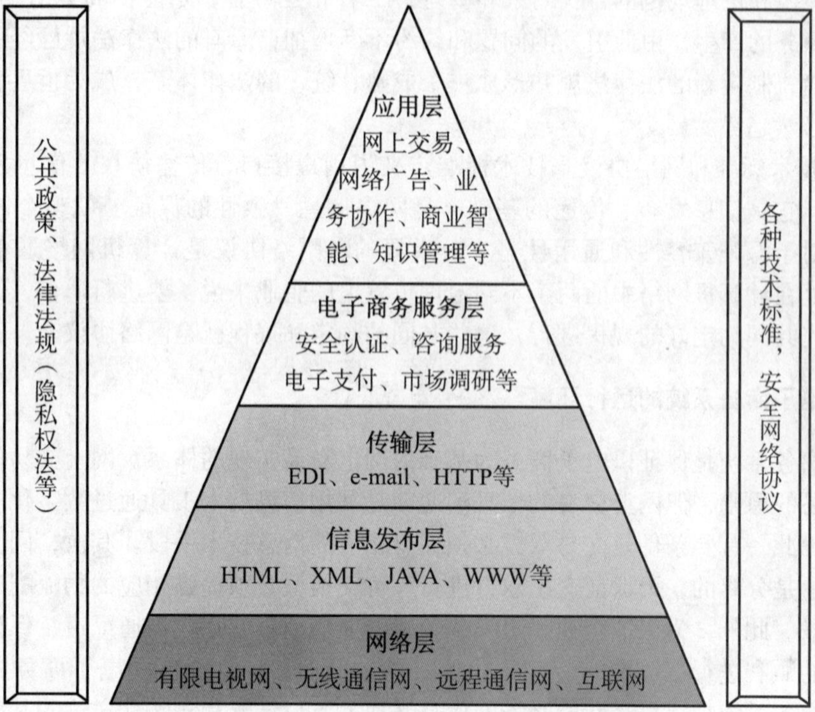

图 2-5　电子商务的框架结构模型

（1）网络层。网络层指网络基础设施，是实现电子商务的最底层的基础设施，它是信息的传输系统，也是实现电子商务的基本保证。它包括远程通信网、有线电视网、无线通信网和互联网。因为电子商务的主要业务是基于 Internet 的，所以互联网是网络基础设施中最重要的部分。

（2）信息发布与传输层。网络层决定了电子商务信息传输使用的线路，而信息发布与传输层则解决如何在网络上传输信息和传输何种信息的问题。目前 Internet 上最常用的信息发布方式是在 WWW 上用 HTML 语言的形式发布网页，并将 Web 服务器中发布传输的文本、数据、声音、图像和视频等多媒体信息发送到接收者手中。从技术角度而言，电子商务系统的整个过程就是围绕信息的发布和传输进行的。

（3）电子商务服务和应用层。电子商务服务层实现标准的网上商务活动服务，如网上广告、网上零售、商品目录服务、电子支付、咨询服务、安全认证（CA 认证）、商业信息安全传送等。其真正的核心是 CA 认证。

在基础通信设施、多媒体信息发布、信息传输以及各种相关服务的基础上，人们可以进行各种实际应用。如供应链管理、企业资源计划、客户关系管理等各种实际的信息系统，以及在此基础上开展企业的知识管理、竞争情报活动。而企业的供应商、经销商、合作伙伴以及消费者、政府部门等参与电子互动的主体也是在这个层面上和企业产生各种互动的。

(4) 公共政策和法律规范。法律维系着商务活动的正常运作，对市场的稳定发展起到了很好的制约和规范作用。进行商务活动，必须遵守国家的法律法规和相应的政策，同时还要有道德和伦理规范的自我约束和管理，二者相互融合，才能使商务活动有序进行。随着电子商务的产生，由此引发的问题和纠纷不断增加，原有的法律法规已经不能适应新的发展环境，制定新的法律法规并形成一个成熟、统一的法律体系，成为世界各国发展电子商务的必然趋势。

(5) 技术标准和网络协议。技术标准定义了用户接口、传输协议、信息发布标准等技术细节。它是信息发布、传递的基础，是网络信息一致性的保证。就整个网络环境来说，标准对于保证兼容性和通用性是十分重要的。网络协议是计算机网络通信的技术标准，对于处在计算机网络中的两个不同地理位置上的企业来说，要进行通信，必须按照通信双方预先共同约定好的规程进行，这些共同的约定和规程就是网络协议。

四、电子商务系统的运行环境

电子商务系统是保证以电子商务为基础的网上交易实现的体系。网上交易依然遵循传统市场交易的原则，但网上交易的信息沟通却是利用信息技术工具通过数字化的信息渠道实现的，因此，首要条件是交易双方必须拥有相应的信息技术手段。其次，网上的交易双方在空间上是分离的，为保证交易双方进行等价交换，必须提供相应的物流配送手段和支付结算手段。此外，为保证企业、组织和消费者能够利用数字化沟通渠道，保证交易的配送和支付的顺利进行，需要有专门提供服务的中间商参与，即需要电子商务服务商。最后，电子商务系统在提供交易所必需的信息交换、支付结算和实物配送这些基础服务的同时，还将面临使用信息技术作为交易平台带来的新问题，如信息安全、身份识别等问题；所以，还需要公钥基础设施（public key infrastructure，PKI）来加强电子商务交易的信息安全。

一个完整的电子商务系统运行环境应该包括企业内部电子商务系统、电子商务服务商、实物配送、支付结算和公钥基础设施五个部分。这五个部分有机地结合在一起，才能够保证网上交易的顺利进行。

（一）企业内部电子商务系统

企业内部电子商务系统是指企业、组织和电子商务服务商在Internet的基础上开发设计的信息系统。交易中所涉及的信息流、物流和资金流都与信息系统紧密相关。在信息系统安全措施的保证下，通过支付系统进行网上支付，通过物流系统控制物流的顺利进行，最终保证企业、组织和消费者之间网上交易的实现。因此，企业内部电子商务系统的作用是提供一个开放、安全和可控制的信息交换平台，是电子商务系统的核心和基石。

企业内部电子商务系统由以下三个部分组成。

1. 企业内部网络系统

企业内部网又称为Intranet，是将Internet技术应用于企业或组织内部信息网络的产物，其主要特点是企业信息管理以Internet技术为基础，它是企业内部信息传输的媒介。企业在组建电子商务系统时，应该考虑企业面对的客户是谁，如何采用不同的策略与这些客户进行联系。一般来说，可以将客户分为三个层次并采取相应的策略。对于特别重要的战略合作伙伴，企业允许他们进入企业的 Intranet 系统直接访问有关信息；对于与企业业务相关的合作企业，企业同他们共同建设 Extranet，实现企业之间的信息共享；对普通客户，则可以通过 Internet 进行联系。

2. 企业管理信息系统

管理信息系统是一个用系统思想建立起来的，以人为主导的，以计算机硬件、软件、网络通信设备以及其他办公设备为手段，进行信息的收集、传输、加工、储存、更新和维护，支持组织高层决策、中层控制、基层运作的集成化的人机系统。简单来说，管理信息系统是一个由人和计算机等组成的，能进行管理信息的收集、传输、存储、加工、维护和使用的系统。大多数情况下，企业在建设电子商务系统时企业内部已经有了自己的管理信息系统，在这种情况下，企业管理信息系统应该作为电子商务系统的一个重要组成部分。

不同管理信息系统的功能、目标、特点和服务对象是不同的，所以从层次上它可以分为业务信息系统、管理信息系统和决策支持系统。

根据系统的功能和服务对象，管理信息系统可分为国家经济信息系统、企业管理信息系统、事务型管理信息系统、行政机关办公型管理信息系统和专业型管理信息系统等。企业管理信息系统是为了实现企业的整体目标，对管理信息进行系统、综合的处理，辅助各级管理决策的计算机硬件、软件、通信设备、规章制度及有关人员的统一体。现代企业组织结构复杂，管理工作按职能、按决策层次、按产品或服务内容以及按地域分门别类，管理信息量大、种类繁多，因此，企业管理信息系统是一个规模庞大、结构复杂的大系统。

3. 电子商务网站

电子商务网站是企业拓展网上市场的窗口，也是企业进行电子交易的主要手段，它起着连接企业内外部的桥梁作用。一方面，它可以直接连接到 Internet，顾客或者供应商可以直接通过网站了解企业信息并与企业进行交易；另一方面，它将市场信息同企业内部的管理信息系统连接在一起，将市场需求信息传送到企业的管理信息系统，使企业可以根据市场的变化组织经营管理活动。

（二）电子商务服务商

Internet 作为一个蕴藏巨大商机的平台，需要有一大批专业化分工者进行相互协作，为企业、组织与消费者在 Internet 上进行交易提供支持，电子商务服务商就起着这种作用。电子商务服务商主要有以下四种。

（1）接入服务商（Internet access provider，IAP），它主要提供 Internet 通信和线路租借服务。

（2）内容服务提供商（Internet content provider，ICP），它主要为企业提供信息内容服务，如财经信息搜索引擎。

（3）应用服务提供商（application service provider，ASP），它主要是为企业、组织建设电子商务系统提供解决方案。

（4）服务提供商（Internet service provider，ISP），它主要为企业建立电子商务系统提供全面支持。一般企业、组织与消费者上网时只通过 ISP 接入 Internet，由 ISP 向 IAP 租借线路。

（三）实物配送

实物配送是指电子商务交易中的物流配送。进行电子商务交易时，如果用户与消费者通过 Internet 订货、付款，商家就必须要及时送货上门，以满足消费者的需求。因此，一个完整的电子商务系统必须要有一个高效的物流配送系统支撑，否则，它就难以维系交易的顺利进行。

（四）支付结算

一个完整的电子商务交易，它的支付也应该是在网上进行的。但由于目前网上交易尚处在演变过程中，诸多问题尚未解决，如信用问题及网上安全问题，因而许多交易并不是完全在网上完成支付的。

（五）公钥基础设施

为了保证参与电子商务交易的各个角色身份的真实性和交易的安全性，防止欺诈的发生，人们进行了多年的研究，初步形成了一套完整的电子商务安全解决方案，即公钥基础设施 PKI。公钥基础设施即公钥体系，利用非对称密码算法（即公开密钥算法）原理和技术为电子商务的开展提供一套安全基础平台的技术和规范，它利用公钥加密技术为电子商务、电子政务、网上银行和网上证券的开展，提供一整套安全保证的基础平台。

一个安全、有效的公钥基础设施系统主要提供认证、数据完整性、数据保密性、不可否认性、公正及时间戳等方面服务，所以它应该具有的功能包括：公钥数字证书的管理、密钥的备份和恢复、证书撤销表的发布和管理、自动管理历史密钥、自动更新密钥、支持交叉认证。

为了实现以上的功能，公钥基础设施系统至少应该由认证中心 CA、证书和证书库、Web 安全通信平台、安全的 WWW 服务器、x. 500 目录服务器等几部分组成。在这些组成部分中，认证中心是 PKI 的核心执行机构，是 PKI 的主要组成部分，它是一个交易各方都信任的、具有权威性和公正性的第三方机构。

任务二　掌握 EDI 电子商务系统及其运行

一、什么是 EDI 商务

（一）EDI 商务概念

EDI 是英文 electronic data interchange 的缩写，中文可译为“电子数据互换”。

按照国际标准组织的定义，EDI 商务是“将商务或行政事务按照一个公认的标准，形成结构化的事务处理或文档数据格式，从计算机到计算机的电子传输方法”。简单地说，EDI 就是按照商定的协议，将商业文件标准化和格式化，并通过计算机网络，在贸易伙伴的计算机网络系统之间进行数据交换和自动处理。构成 EDI 商务系统的三个组成部分是 EDI 软件和硬件、通信网络以及数据标准化。

电子商务的应用最早是从 EDI 电子商务系统开始的。EDI 作为最早用于商务的数据通信平台，它的发展应用推动了信息技术早期在商务应用的推广，为 Internet 电子商务系统的发展打下了坚实的商务应用基础。目前，EDI 技术与 Internet 的融合发掘了 EDI 电子商务系统更大的作用和更广的使用领域。

EDI 用于电子计算机之间商业信息的传递，包括日常咨询、计划、采购、到货通知、付款等，还用于安全、行政、贸易伙伴、规格等信息交换。目前人们正在开发适用于政府、广告、保险、教育、娱乐等领域的EDI标准。因此，EDI的应用远不止贸易活动，它可以广泛地应用到各个经济、行政等部门，仅把EDI电子商务认为是“无纸贸易”是片面的。

（二）EDI商务的四个要素

从EDI电子商务的定义可知，组成EDI的四个要素是：公司之间、计算机到计算机、标准贸易事务、标准格式。

1）公司之间

电子数据传输是在公司之间进行的。为了成功地传输和接收数据，贸易伙伴双方必须有同等的通信能力。由于各个公司执行业务的方式几乎没有标准可言，最终结果是，采用EDI第三方服务或增值网（VAN）的形式作为他们的通信中介。增值网是支持各种通信协议和线速度的一种服务网站，利用增值网，各个EDI贸易伙伴传递信息时只需支持一种通信协议。

2）计算机到计算机

传统的贸易过程通常是参与贸易的有关各方通过电话、电传、传真和邮递等方式进行贸易磋商、签约和执行，有关的贸易文件的制作和传输要通过人工来进行处理和邮寄，一个贸易过程要经过如银行、海关、商检、运输等环节，含有同样交易信息的不同文件要经过多次重复的处理才能完成。这不仅增加重复劳动量，同时还增加了额外的开支，增加了出错的机会。同时由于邮寄的延误和丢失，常常给贸易双方造成意想不到的损失。

在EDI环境中，发送方的业务几乎不变，业务合同的生成可以通过键盘输入来扩充。合同以电子传输方式传递给接收方，接收方将接收到的数据直接应用接收程序进行处理。

3）标准贸易事务

电子数据交换处理的事务是替代书面贸易方式的商业事务，EDI强调机器阅读方式而不是人工阅读的书面格式。EDI要尽可能以言简意赅的形式传递足够恰当的信息，以便处理日复一日的业务。发送方和接收方必须达成一致的表达方式，以保证用EDI传输的事务中编排的信息格式双方都认可。为此，贸易伙伴之间需要进行广泛的讨论与合作，让每次信息交换中包含的商业信息及其存放位置一致，这就是EDI传输数据时所依据的标准格式。

4）标准格式

为了让输入的数据能被接收方应用程序识别，传输的事务（也称为报文）必须以预定格式表示。由于公司之间、行业之间，甚至国家之间在处理业务时对数据要求的相似性，建立一个通用的标准是可行的。目前，一些行业的行业标准和跨国标准已经建立。在北美，随着ANSI X.12被广泛接受为跨行业贸易事务的标准，多数初次使用EDI的行业都选择了这个标准，而不是自行设计自己的标准。对于世界范围内的国际行业集团，如欧洲、亚洲、太平洋地区，通常使用EDIFACT国际标准。

（三）EDI的特点

EDI具有以下几个特点。

（1）EDI的使用对象是具有固定格式的业务信息和具有经常性业务联系的单位。

（2）EDI所传送的资料是一般业务资料，如发票、订单等，而不是一般性的通知。

（3）采用共同标准化的格式，如UN/EDIFACT标准。

（4）尽量避免人工的介入操作，由收发双方的计算机系统直接传送、交换资料。

正是由于EDI用统一的标准编制资料，利用电子方法传送数据，是计算机的应用系统之间的连结，使得EDI区别于传真、电传、电子邮件和中介交换。

传真、电传、电子邮件是人—人的通信，是自由格式的，它们一般都不关心单据的内容，即使单据的内容不完整，也能被人们理解。另外，传真、电传、电子邮件是为眼球—眼球的通信设计的，而EDI是计算机应用程序—计算机应用程序的通信，是有严格的格式要求的。EDI非常关心单据的内容，在传递前后要对单据的内容进行核对，既核对数据的准确性，又核对数据的格式是否符合标准。EDI能对单据的数据自动进行处理，并自动产生新的单据，而传真、电传、电子邮件则不能处理数据。

中介交换是指信息资料被储存在磁带、磁盘和激光盘等中间载体上，再被投送到贸易伙伴那里。EDI则是通过网络直接电子传递商业资料。

（四）EDI的作用

（1）降低了与贸易事务处理的有关费用。由于EDI在商业领域的大量使用，越来越多的商业单证是由计算机应用程序生成的。因此，EDI变成了计算机应用程序之间所进行的信息交换。EDI所支持的电子转账（EFT）和电子支付系统的广泛应用，将使支票和其他的传统纸质付款凭证大量减少。EDI不仅大大简化了纸质单据的处理，节省了纸张，而且正在使银行的运作出现转型。

（2）加快处理速度。通过消除邮寄服务和缩短贸易事务处理所需的时间，应用EDI可使信息交换的速度明显提高。

（3）缩短“订货—接收—支付”循环周期。如果接收方接收EDI订单事务能够快速、正确、完整，那么商品的提货、装运就可以快速实现，从而让发送方更快地收到付款。由于缩短了发放订单和收到订货之间的日期间隔，公司可以降低库存水平。

（4）增进贸易伙伴间的关系。EDI对商业领域的另一个重要影响是EDI使商业伙伴之间的关系更加密切，进而使企业销售人员的角色发生了一些微妙的变化。例如，网上在线订单系统和网上在线客户信息系统将会对拥有庞大对外销售业务的行业产生重要影响，EDI会使企业的营销功能变得越来越重要。EDI无疑会促使未来商业伙伴之间的运作方式发生根本性的转变。所以，从商业角度去看，EDI作为一项高级信息技术应用，是未来世界经济发展中的一个重要的基础设施，因为它不仅是一种新的通信技术和传递方式，而且也是联系国际生产和国际商务活动的一个重要桥梁。

二、EDI电子商务的工作流程

（一）EDI商务系统的工作流程

EDI电子商务的工作流程可以划分为三大部分，如图2－6。

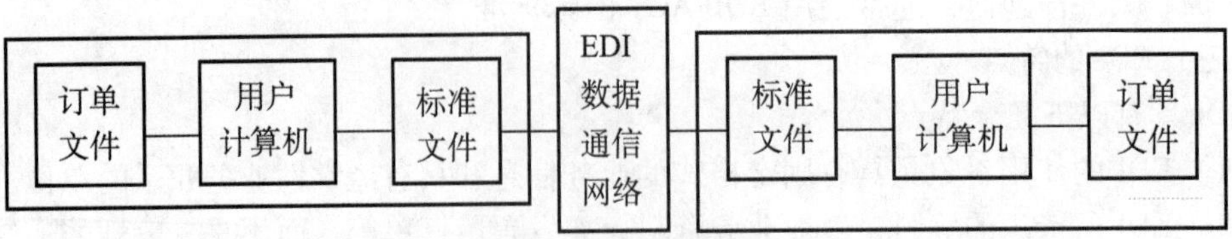

图2－6　EDI工作流程

（1）文件的结构化和标准化处理。用户首先将原始的纸质商业或行政文件，经计算机处理，形成符合 EDI 标准的、具有标准格式的 EDI 数据文件。

（2）传输和交换。用户用自己的本地计算机系统将形成的标准数据文件，经过 EDI 数据通信和交换网，传送到登录的 EDI 服务中心，继而转发到对方用户的计算机系统。

（3）文件的接收和自动处理。对方用户计算机系统收到发来的报文之后，立即按照特定的程序自动进行处理。系统的自动化程度越高，人的干预越少。如有必要，则输出纸质文件。

（二）EDI 贸易的工作步骤

对于企业来说，其 EDI 电子商务系统的工作过程可以描述为：

企业收到一份 EDI 订单后，系统自动处理该订单，检查订单是否符合要求；然后通知企业内部管理系统安排生产，向零配件供应商订购零配件，向交通运输部门预订货运集装箱，向海关、商检等部门报关、报检，通知银行并给订货方开 EDI 发票，向保险公司申请保险单等；从而使整个商贸活动在最短时间内准确完成。

图 2－7 所示为企业间 EDI 电子商务系统工作过程。

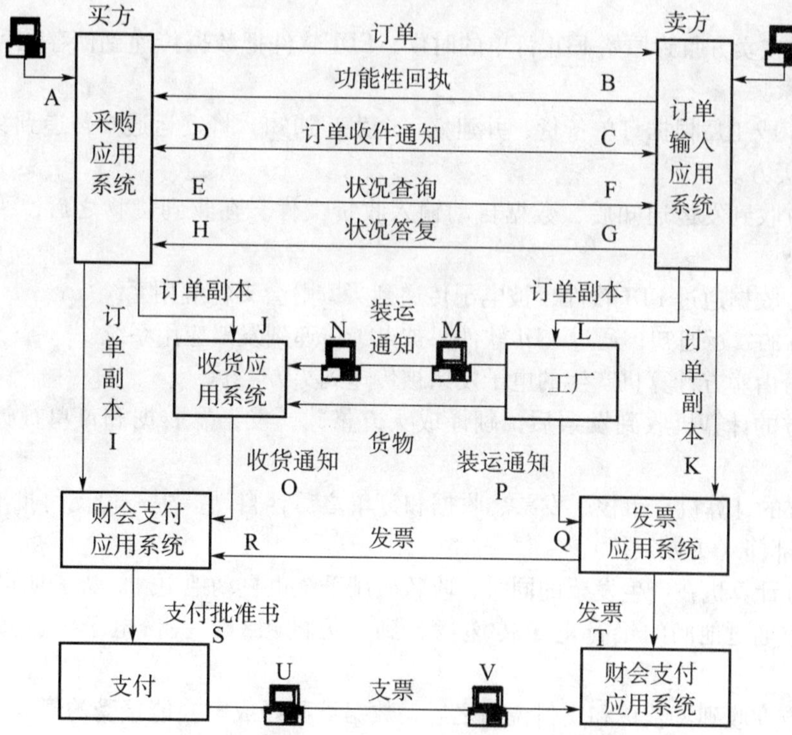

图 2－7　企业间 EDI 电子商务系统工作过程

A：买方标明要购买的货物的名称、规格、数量、价格、时间等，这些数据被输入采购应用系统，该系统的翻译软件制作出相应的 EDI 电子订单，这份订单被电子传送到卖方。

B：卖方的计算机接到订单后，EDI 软件把订单翻译成卖方的格式，同时自动产生一份表明订单已经收到的功能性回执，这份回执被电子传递到买方。

C：卖方也许还会产生并传递一份接受订单通知给买方，表示供货的可能性。

D：买方计算机收到卖方的功能性回执及接受订单通知后，翻译软件将它们译成买方的格式，这时订单被更新了一次。

E：买方根据订单的数据，产生一份电子的“了解情况”文件，并电子传递到卖方。

F：卖方的计算机收到了买方的“了解情况”文件，把它翻译成卖方的格式，并核查进展情况。

G：卖方的应用系统产生一份“情况汇报”，并被电子传递给买方。

H：卖方的“情况汇报”被买方的计算机收到，并被翻译成买方格式，用此“情况汇报”，更新买方的采购文件。

I：在买方的原始EDI订单建立的时候，EDI软件就把数据传递到财会支付应用系统，在那里将数据自动输入系统。

J：同样在原始EDI订单建立的时候，EDI软件把数据传递到收货应用系统，更新系统中的文件。

K：在卖方收到原始EDI订单的时候，EDI软件把数据传递到发票应用系统，更新发票文件。

L：同样在卖方收到原始EDI订单的时候，EDI软件把数据传递到储存该种货物的仓库或生产厂家。

M：仓库或工厂根据订单备货，并建立一个发运通知，将发运通知传递到买方，同时将货物运到买方。

N：买方收到发运通知后，数据自动输入收货文件。在收到货物之后，买方再输入收据。

O：买方收据通过EDI软件，被电子传递到买方财会支付应用系统。

P：卖方的发运通知，通过EDI软件，被电子传递到发票应用系统。

Q：一份由卖方计算机产生的电子发票被传递到买方。

R：买方的计算机收到发票后，翻译成买方格式，发票、收据和订单被计算机自动审核。

S：买方的计算机在审核了发票、收据和订单之后，自动产生一份支付批准书，并被传递到支付部门（买方银行）。

T：卖方计算机在产生发票的同时，收款应用系统也自动地更新，以表明可以收款。

U：买方通过他们的银行电子传递货款到卖方的银行。一份电子汇款单被传递到卖方。

V：卖方在收到汇款单和支付说明之后，数据被翻译成财会能接受的形式，卖方的存款记录被自动更新，同时买方被授予信誉。

三、EDI软件系统结构与数据处理流程

（一）EDI系统的功能模型

在EDI工作过程中，所交换的报文都是结构化的数据，整个过程都是由EDI系统完成的。EDI系统功能模型如图2-8所示。

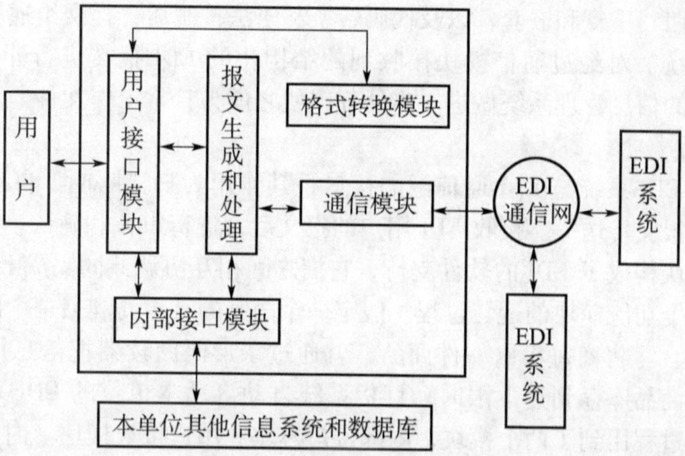

图 2-8 EDI 系统功能模型

EDI 用户系统的功能模型包括用户接口模块、内部接口模块、报文生成和处理模块、格式转换模块、通信模块五部分。

1）用户接口模块

业务管理人员可用用户接口模块进行输入、查询、统计、中断、打印等，及时地了解市场变化，调整策略。

2）内部接口模块

使用 EDI 系统的用户，在某种程度上都有自己的计算机应用，也就是前面述及的企业内部 MIS。内部接口模块是 EDI 系统和本单位内部其他信息系统及数据库的接口。一个单位的信息系统应用程度越高，内部接口模块也就越复杂。一份来自外部的 EDI 报文，经过 EDI 系统处理之后，大部分相关内容都需要经内部接口模块送往其他信息系统，或查询其他信息系统，才能给对方 EDI 报文以确定的答复。例如，一份到货通知到达后，EDI 系统可以通过内部接口模块修改财务、库存等 MIS 系统的记录，使新数据立刻在这些系统中得到反映。

3）报文生成和处理模块

报文生成和处理模块的作用有两点，第一是接受来自用户接口模块和内部接口模块的命令和信息，按照 EDI 标准生成订单、发票、合同以及其他各种 EDI 报文和单证，经格式转换模块处理之后，由通信模块经 EDI 网络转发给其他 EDI 用户。在生成 EDI 单证的过程中，要把用户常见的单证格式转换成有序的、标准的格式化数据，以便格式转换模块能够处理。

报文生成和处理模块的另一个作用，也是更复杂的工作，就是自动处理由其他 EDI 系统发来的 EDI 报文。按照不同的 EDI 的报文类型，应用不同的过程进行处理，如订单处理、发票处理等。在处理过程中要与本单位其他信息系统相互作用。一方面从信息系统中取出必要的信息回复给发来单证的 EDI 系统，同时将单证中的有关信息送给本单位的其他信息系统，例如，将顾客加工特殊图形式样传送给 CAD/CAM 等。

4）格式转换模块

格式转换模块将各种 EDI 报文，按照 EDI 结构化的要求进行结构化处理，根据 EDI

语法规则进行压缩、重复和嵌套，以及代码转换和语法控制后，提交给通信模块，发送给其他 EDI 用户系统。对经过通信模块接收到的结构化的 EDI 报文进行非结构化的处理，以便本单位内部的信息管理系统做进一步处理，使之成为日常工作文件。

5）通信模块

通信模块是 EDI 系统与 EDI 通信网的接口，其作用为扫描呼叫、自动转发、地址转换、差错检测和报文传送等。接收 EDI 用户的报文后，进行审核和确认。

上述五个模块构成了 EDI 的软件支持，它们之间相互协调共同完成 EDI 的系统功能。下面举例分析五个功能模块的运转过程。假定一个国家的零售商和另一个国家的生产厂家建立了 EDI 网络。零售商每卖出一件商品，就通过条形码阅读器把信息传给商店库存订货信息系统，当商品库存到达下限时，订货系统自动启动本单位的 EDI 系统向生产厂家发出订单。这一过程用到了两个模块，内部接口模块和用户接口模块。内部接口模块同本单位的库存订货信息系统连接在一起，以库存数据的下限为触发启动条件，再通过用户接口模块产生订单。生产厂家接到 EDI 订单后，EDI 系统自动处理该订单，检查其合法性和完备性，回复确认订单，通知本单位的生产管理系统或 CIM 系统，以便安排生产，并同时向供应商发出 EDI 订单订购原材料或零件，向交通运输单位发出预订货物运输集装箱 EDI 订单，向海关、商检等有关部门申请出口的 EDI 证书，向收货方（即零售商）开出 EDI 交货通知和发票，通知银行结算等，以上单证都是由报文生成和处理模块完成的。对于不同国家的制造商和零售商，以及不同行业之间的 EDI 单证的传递，通信双方所用的通信网络及计算机的文件格式不尽相同，需要通过格式转换模块将各自的 EDI 报文转换成统一标准的格式。在报文传输的过程中，自然离不开通信模块与网络系统打交道。

在上述例子中，零售商和生产厂家都是计算机应用程度比较高的单位，很多工作都可以自动处理，这更能体现使用 EDI 的优点。在实际使用中，EDI 系统不一定都是高度的自动化，允许存在不同程度的人工干预。所以用户接口模块的作用和地位显得尤为重要，它不仅要有一个漂亮的界面，还要有强大和灵活的与用户交互的能力。

（二）EDI 的数据处理流程

一般来说，通信模块和格式转换模块对于所有的 EDI 系统应该是相同的，而接口模块、报文生成和处理模块因不同国家、地区和行政单位而有所不同，但是随着 EDI 标准化技术的发展，这些功能也将逐渐规范化。EDI 技术实现的是结构化标准报文在计算机应用系统之间的自动交换和处理。图 2－9 所示为 EDI 的单证处理过程。

（1）映射——生成 EDI 平面文件。用户应用系统将用户的应用文件（如单证、票据等）或数据库中的数据取出，通过映射（mapping）程序把用户格式的数据变换为一种标准的中间文件。这个中间文件称为平面文件（flat file），这一过程称为映射。平面文件是一种普通的文本文件，其作用在于生成 EDI 电子单证，以及用于内部计算机系统的交换和处理等。应用文件是用户通过应用系统直接编辑、修改和操作的单证和票据文件，可直接阅读、显示和打印输出。

（2）翻译——生成 EDI 标准格式文件。将平面文件通过翻译软件生成 EDI 标准格式文件。EDI 标准格式文件，就是所谓的 EDI 电子单证，或称电子票据。它是 EDI 用户之间进行贸易和业务往来的依据，具有法律效力。它是按照 EDI 数据交换标准（即 EDI 标准）的要求，将单证文件（平面文件）中的目录项，加上特定的分隔符、控制符和其他信息，生成的一种包括控制符、代码和单证信息在内的只有计算机才能阅读的ASCⅡ码文件。

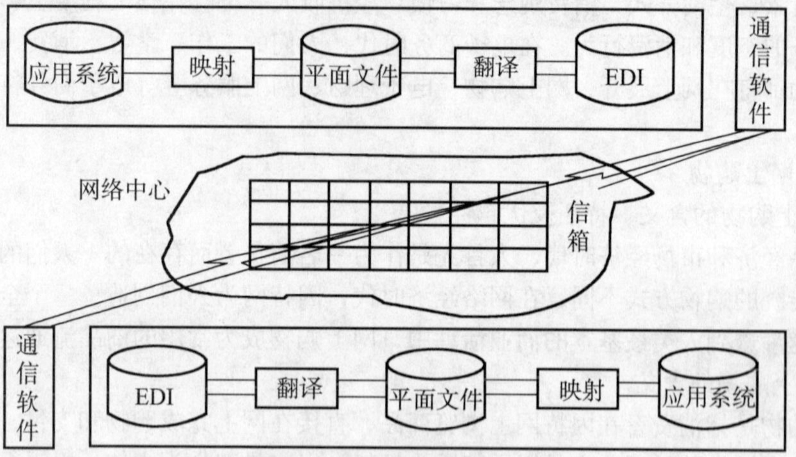

图2－9　EDI单证处理过程

（3）通信——接收方经过通信线路到网络中心得到该数据。这一步由用户端计算机通信软件完成。通信软件将已转换成标准格式的EDI报文，经通信线路传送至网络中心，将EDI电子单证投递到对方的信箱中。信箱系统自动完成投递和转接，并按照X.400（或X.435）通信协议的要求，为电子单证加上信封、信头、信尾、投送地址、安全要求及其他辅助信息。

（4）EDI文件的接收和处理。接收和处理过程是发送过程的逆过程。用户首先需要通过通信网络接入EDI信箱系统打开自己的信箱，将EDI报文接收到自己的计算机中，经格式检验、翻译和映射，还原成应用文件，最后对应用文件进行编辑、处理。

任务三　熟知电子商务系统的应用

电子商务应用能够全面渗透到各行各业。以因特网的应用为例，由于因特网涉及很多传统产业，促使人们转变思想，重组业务流程，实施行业的电子商务。各大银行增加了网上银行业务，证券业也开通了证券网上交易，传统商家纷纷建立自己的网站，通过网上商城卖东西。与此同时，传统经济没有的新行业也应运而生，如身份认证机构（CA）、网络服务商（ISP）、内容服务商（ICP）、数据中心（IDC）等。所以，从应用角度来看，电子商务的整体架构如图2－10所示。

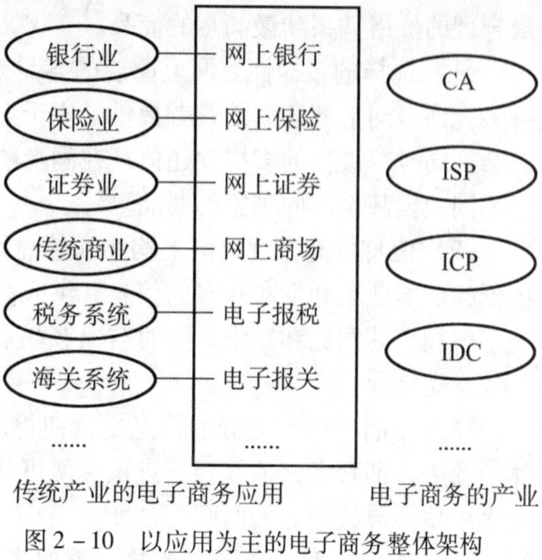

图2－10　以应用为主的电子商务整体架构

一、消费者的应用

无论是传统商务还是电子商务，消费者都是不可缺少的一环。电子商务不仅大大改变了消费者的购物方式，而且也正在逐步改变着人们的生活方式并改变整个社会的就业结构。文化背景、生活方式、消费观念和习惯、经济收入等都会在很大程度上影响消费者对待电子商务的态度和消费行为。在电子商务时代，人们的工作、学习、消费、娱乐等许多方面的活动都将在网上展开，网上购物、电子理财、网上服务等等电子商务将在消费者中广泛应用。

（一）网上购物

1. 网上购物的含义、特征及优越性

在商品经济和市场经济时代，人首先是作为一名消费者而存在的。人们的消费离不开购物，与传统的购物方式不同，在网络经济时代，因特网为人们创造了一个全新的信息空间，并迅速渗透到人类最基本的商业活动中，网上购物成为常用的商品流通途径。

1）网上购物的含义

网上购物是指消费者在因特网上浏览商品，直接在网上完成购物和支付，由商家将商品送到消费者手中的过程。它是以因特网为框架、以交易双方为主体、以银行在线支付和结算为手段、以客户数据为依托的购物，它是网络经济时代个人购物的一种方式。

2）网上购物的特征

与传统的购物方式不同，网上购物的主要特征是通过因特网来进行交易。消费者足不出户，只需通过电脑网络在线选购商品；厂商只需将商品的目录、形象、价格及相关说明以多媒体的方式，通过因特网呈现在消费者的电脑屏幕上；消费者在网上获取信息，并做出购买决策。网上购物摆脱了时空的限制，超越了地区、国界的局限，使消费者可以快速地实现购物。

3）网上购物的优越性

网上购物目前还处在发展过程中，其特点还远未定型，但与传统的购物方式相比，它有无法比拟的优越性，能给消费者带来诸多的好处和便利。可以说，网上购物是商业活动的一次革命，它改变了消费者的消费理念，通过快速、便捷而又时尚的购物，消费者能以最合理的价格购买到最满意的商品。

（1）选择的多样性。网上商店的容量是无限的，它能存列的商品比普通的超市要多得多。许多网上商店为消费者提供了成千上万种商品，这无疑增加了消费者选择的范围和机会。同时，选择的多样性还体现在网上购物打破了时空的局限上，消费者在网上可以选择不同地区甚至不同国家的商品。

（2）信息的充分性。网上购物在信息流方面具有得天独厚的优势，它通过因特网以极低的成本获取和发布众多的信息，供应商通过因特网与顾客实现即时的互动沟通，及时地了解顾客的意见和需求，随时与顾客联系并为其提供个性化的服务，为消费者提供充分的信息支持。

（3）节省时间。充分的信息支持使得网上购物不必像传统购物那样花很多时间去实体的商店，消费者只需轻轻一点鼠标便可从一家商店转到另一家商店，而无须东奔西走，大大缩短了寻找商品的时间。

（4）质优价廉。在网上购物，消费者不仅可以在多样性的选择中选购质优的商品，而且可以享受价格的优惠。因为网上商店与传统商店相比少了很多中间环节，其商品价格中也就减少了不必要的中间费用，因此价格相对低廉。另外，网上竞标、网上拍卖都使商品的价格降低，同时很多网上商店提供的商品经常打折，使消费者得到较多的实惠。

2. 网上购物发展应具备的条件

网上购物的实现及发展必须具备以下条件。

（1）以先进的信息技术为基础。因特网的建立以及网民数量的增加是网上购物的技术和主体要求，没有信息技术基础的快速发展和因特网的广泛建立，网上购物将失去技术保障；没有上网人数的不断增加，就没有网上购物的消费群体，网上购物将成为空中楼阁。

（2）以快捷的电子支付为手段。与快捷、先进的信息技术相适应，网上购物必须以电子支付为手段，这是网上购物的关键环节，也是电子商务得以顺利发展的基础条件。只有实现银行系统的网络化、电子化，才能缩短支付时间，促使交易的尽快实现。

（3）以完善的信用体系为依托。信用是电子商务的灵魂，没有成熟、完善的信用支持，电子商务的任何先进系统都将形同虚设，电子商务本身也会因得不到客户信任而不能长足发展。因为，在电子商务的虚拟世界里，商业交易出现了与现实截然不同的状况。人们往往无法确知对方的真实身份，也无法依靠感官和生活经验去感知和判断交易商品的真实性，甚至无法预期交易的有效性、合法性。其交易的实现有一个前提假设，即交易双方相互信任、信守承诺，否则交易就无法实现。所以，成功、有效的网上购物有赖于信用的支持。

（4）以发达的配送系统为保障。网上购物虽然以“电子”为手段，但其最终完成必须落实到商品的“交割”上，除信息商品以外，一切实体商品都必须通过物流中心配送。电子商务讲求快捷、同步、顺畅，因此，与传统的商品流通不同，网上购物下的物流必须以高效发达的物流系统为保障，即通过电子化、信息化、综合化、社会化、多功能化的现代化物流系统来完成。没有现代化的物流，任何轻松、快捷、方便的信息流、商流和资金流都将流于形式，网上购物也将失去存在的必要。

（二）电子理财

电子理财是指运用计算机、因特网、语音处理技术和电话信号数字化技术等高科技手段，进行理财信息查询、分析以及金融交易等一系列理财活动，其内容包括对汇率、利率、股价、期货、金价及基金等理财信息的查询和分析，如存取款、外汇买卖、股票交易、期货交易、基金买卖等。

1. 电子存取款

随着电子网络的形成，各银行纷纷采用这一先进技术拓展业务，推出个人自助服务，其项目包括银行自动柜员机（ATM）、现金存款机（CDM）、现金存取款机（CRS）、电话银行、网上银行和多媒体终端，从而实现个人理财的自我服务。个人自助服务既不受银行营业时间的限制，又能让用户体会到自己动手的乐趣。

2. 网上证券交易

网上证券是一个应用大量现代高科技信息技术的行业，其交易主机系统、数字卫星通信系统、成交撮合和数据清算软件等，都保障着证券交易快速和准确地进行，也为消费者的证券交易带来了便利。

（三）网上服务

随着电子技术和网络技术的发展及人们生活水平的提高，网上服务早已走进人们生活的方方面面，在网上人们不仅可以获取有用的经济信息，也可以进行新知识的学习，还可以上网娱乐。

1. 网上咨询

因特网上有关经济方面的信息可谓包罗万象，大到世界经济形势，小到个人购物及就业，可以说无所不有。现在人们上网的形式也越来越多，如有线上网、无线上网、手机上网、掌上电脑上网，等等。在因特网上几乎每一个综合性网站都提供经济信息，还有许多专业网站及咨询公司网站也提供这方面的信息。网上咨询方便快捷，超越时空限制，大大降低了获取信息的成本，使供求信息趋于对称，提高了社会资源的配置效益。

2. 网上学习

世界经济合作与发展组织（OECD）在一份报告中把人类迄今创造的所有知识分为四大形态，即事实知识（know-what）、原理知识（know-why）、技能知识（know-how）和人力知识（know-who）。现在看来，第二类知识完全可以通过电子方式从网上直接获得，第四类大多也可以从网上获得。目前来看，网上新知识的学习主要有两种途径。

1）网上教育

计算机信息网络技术的不断成熟和进步，使得基于网络技术的远程教育成为可能。现代网络通信技术与多媒体技术结合，广泛应用于各种成人高校和中小学的教育系统，网络学院/学校也应运而生。由于其采用与传统教育方式不同的交互式学习方式，得到了广泛的好评。

网上教育的形式包括：实时远程教育系统、远程考试系统、远程教育解答系统、远程交流系统、虚拟环境（virtual reality modeling language，VRML）教育中心等。

2）网上图书馆、电子数据库及电子刊物

现在国家图书馆和各大城市的图书馆多数都可以在网上提供服务，国内许多大学都购买了中国知网、万方数据库等知识服务平台的服务，通过其提供的搜索引擎可以找到我们想要了解的资料。因特网上还有许多免费电子刊物，读者可以从中了解和学习许多知识。因特网上还有许多科学探索网站，供科学爱好者们进行浏览和交流。

3. 网络社区

网络社区是指包括论坛、贴吧、公告栏、群组讨论、在线聊天、交友、个人空间、无线增值服务等形式在内的网上交流空间，同一主题的网络社区集中了具有共同兴趣的访问者。网络社区就是社区网络化、信息化，简而言之就是一个以成熟社区为内容的大型规模性局域网，涉及到金融经贸、大型会展、高档办公、企业管理、文体娱乐等综合信息服务功能需求，同时与所在地的信息平台在电子商务领域进行全面合作。“信息化”和“智能化”是提高物业管理水平和提供安全舒适的居住环境的技术手段。

二、企业的应用

从电子商务应用的类别来看，所涉及的企业主要可以划分为三类：生产制造型、流通贸易型和服务型。

（一）生产制造型企业的电子商务应用

大到飞机小到纽扣、粗到钢条细到针头的各类产品的设计、制造、装配等企业都可以参与到电子商务活动中来，开展电子商务的应用。

生产制造型企业在生产前的准备和生产后的销售中要发生大量的商务活动，如采购、生产、销售等一系列的以生产产品为中心的活动。电子商务在生产领域中的应用表现在电子化采购、零库存与准时化生产、协同设计与生产、网络营销和客户关系管理等方面。

1. 电子化采购

原材料采购是生产企业经营运作的主要组成部分，它是有计划地进行生产建设、实现企业经营目标、提高经济效益的重要保证。

原材料的采购是一个复杂的过程：了解和确认采购需求；寻找、选择、确认供应商；审查、批准、协商、下达采购清单；跟踪、协调供应商供货过程；接收采购材料；财务结转处理及问题交涉处理；对采购过程的审查、评价、考核和有关数据信息的积累和维护。在大多数企业中，当以上的正常交易次序有变动时，整个过程会变得更加复杂。

在上述采购过程中，应力求做到质量合格、供货及时、成本最低，以最经济合理的价格获得所需的物料，并尽量缩短采购周期和降低库存；此外，还应尽量寻找质量更好、价格更低、供货更及时和稳定的新型代用物料的来源和渠道，尽量收集、分析与采购有关的信息和资料，预测有关物料的未来市场供应趋势和走向。

为了使成本尽可能降低，企业希望采购材料的价格最低，而为了保证生产商品的质量，就必须保证所购买材料的质量。那么，这时候就需要借助电子工具来进行原材料价格、质量的综合调查比较和分析，通过筛选实现采购，这就是电子化采购。

2. 零库存与准时化生产

库存管理是企业管理的重要组成部分。库存的主要功能是在供给和需求之间建立缓冲，缓冲供需矛盾。库存的主要职能是供给各项物料，以保证原材料—半成品—成品—用户的物流畅通。

在企业的经营过程中，库存物资所占用的资金数量都是巨大的。因此，企业要降低成本，可以从库存入手，最理想的状态是无库存。在电子商务时代，实现无库存是企业竞争的主要领域。

通过电子商务，企业可以形成上下游之间的供应链管理，实现原材料无库存、产品无库存和准时化生产（just in time，JIT）。在需要的时间和地点，生产符合要求的数量和质量的零部件，以杜绝超量生产，消除无效劳动和浪费，达到用最少的投入实现最大产出的目的。

3. 协同设计与生产

向市场投入新产品是制造企业有力的竞争手段，但新产品的开发是一个费时、费力的过程。以汽车的研发为例，一般汽车公司先建成整车模型以确定其在实际生活中的样式，然后花上几个月的时间进行革新；模型被通过后，将用手工制作单个或几个汽车原型以确定各个部件是否能配套或是确认汽车的造价是否划算；当原型准备就绪后，工程师们会设计和制作部件的模具并进行加工。如果进展顺利的话，工程组就会装配汽车并检查是否有问题。最后，经过再一次的修正，汽车才会投入大批量生产。而在电子商务的开发环境下，汽车设计师、工程师、供货商、生产加工员都是一个工作组的成员，从头至尾都在一起工作。由于工作的电子化，以前得花上好几周或好几个月的步骤现在几天就可以完成。利用计算机及网络技术共享信息，使工作组中的不同成员一起为某个项目进行工作，而不像以往那样需等待一个成员完成他的那一步之后，再进行下一步工作。通过使用计算机辅助设计（CAD）、计算机辅助加工（CAM）以及计算机辅助工程（CAE）系统，整个工作组可看到各个部件是否吻合，不再需要用手工制作原型，各个部件的改进也可以在计算机上完成，不再需要制作样本模具和零件。当最后的设计被通过后，CAM 的信息被装入制作模具和原型零件的机器中。使用相同的技术可以改进和制作流水线生产的模具。团体协作和共享电子信息可以让开发与制造一种新型汽车的时间大大缩减。

4. 网络营销

在电子商务环境下，网络强大的通信能力和电子商务系统便利的商品交易环境改变了传统的营销方式，时间和空间的概念、市场的性质、消费者的概念和行为等都发生了深刻的变化。网络营销的范围大大突破原商品的销售范围和消费者群体，打破地域界限，不再受到空间的限制；产品订货会没有了地点和统一时间的概念，取而代之的是一个网址和客户希望的任何时间，群体集会变成了个体根据自己的需要来访问和处理；消费者了解产品信息的途径由被动接受为主，演变为主动在网络上搜寻信息。因特网信息的多媒体双向传播特点，个性化的信息需求风潮和推拉互动的信息供需模式使生产厂商和消费者可以通过网络（电子商务系统）进行商品交易。这种交易避开了某些传统的商品流通环节，因而更加直接“面对面”和自由化。它对传统的产品营销观念、营销模式和营销手段都产生了巨大的冲击。

一般来说，电子商务给制造业在营销方面带来了强大的功能，包括信息收集、市场调研、交易、促销、售后服务和网络品牌形象。

5. 客户关系管理

自人类有商务活动以来，客户关系就一直是商务活动中的一个核心问题，也是商务活动成功与否的关键因素之一。随着电子商务的迅速发展，客户关系管理对以电子商务为基本模式的现代企业活动来说，更有了重要的意义。它不仅是一个企业经营的概念，同时在电子商务环境下，企业只有运用客户关系管理概念和技术，才能快速搜集、追踪和分析每一个客户的信息，进而了解整个市场走势，并确切知道谁是客户、什么是客户的需要、客户需要什么样的产品和服务、如何才能满足客户的要求，以及满足客户要求的一些重要限制因素，使企业与客户的关系及企业盈利都得到最优化。

（二）流通贸易型企业的电子商务应用

流通领域是商务活动过程中必不可少的应用环节。各类商场、市场以及贸易公司是首先开展电子商务应用的场所，它们在电子商务的应用中将会起到越来越重要的作用，并形成一系列的虚拟市场。

1. 外贸中的电子商务应用

外贸电子商务是电子商务在外贸领域的应用。外贸企业不仅仅满足于传统的营销模式，而希望用更多的方法来挖掘客户、开展业务。随着电子商务的兴起，电子商务打破传统的时空限制，使交易透明化、简单化，能够节省人力、物力的优点越来越受到外贸公司的青睐。借助电子商务，也更多地满足了外贸企业的业务拓展需求，因此不少传统外贸公司开始重视市场的变化，逐渐走上外贸电子商务之路。外贸公司通过电子商务拉动业务，主要采用两种手段，一是依靠第三方电子商务平台，二是搭建属于自己的独立的外贸网站。随着电子商务的渗透影响，越来越多的企业也开始考虑搭建独立的外贸电子商务网站。

2. 批发业中的电子商务应用

1）批发业的三种模式

批发业可以归结为三种基本类型。一是连锁零售主导型，批发功能由连锁组织或集团总部行使，集中采购再分销配送到各商店；常见于日用品、小商品、食品等的交易中。二是品牌厂家主导型，批发及售后服务安排都掌握在生产厂家手中，通过授权代理商、经销商进行销售；常见于耐用品、名牌商品等的交易中。三是市场中介主导型，多以批发市场等交易场所形式出现，在物流、商流、资金流上起中转和信用保障作用；常见于大宗原料、生产资料等的交易中。当然，传统的批发公司、贸易商社还有其发展的空间，但就规模而言，它们已不再是批发业的主流形式。

2）批发业中实施电子商务的三种方式

批发业的三种类型对应着电子商务三种实施方式。对于连锁零售主导型，切入点是企业资源的优化整合，用电子商务技术将顾客信息、店堂信息转化为最佳的采购信息，通过合理配送来优化供应链结构。对于品牌厂家主导型，切入点是客户关系的集中管理，在电子商务平台上实现定向销售，提高资金周转和物流效率。而市场中介主导型与前两者不同，不是由内而外地搞电子商务，而是在尚未建立自己的储运体系之前，就从提供信息服务和信用中介入手，开展网上交易。还有一点重要的区别在于，零售主导型和厂家主导型应用电子商务的侧重点在采购及销售的其中一方，是一对多的企业间关系；而市场中介主导型对采购方或销售方都是平等的，是多对多的企业间关系。在此意义上，市场中介主导型更符合网络全方位开放的特性。起中介作用的批发市场建起的网络更像门户信息网站，更易达到电子商务要求的虚拟市场境界。

3. 零售业中的电子商务应用

1）零售业电子商务适合的产品范围

按商品信息化的难易程度，利用网络信息优势的不同方式，适合上网销售的商品大体上可以分为6类：①信息、媒体商品及在线服务。②需求高度个性化的商品。③独特的产品，如创新产品或地方特产等。④购买目标不明确和搜寻成本较高的商品，如书籍等。⑤名牌日用消费品，如名牌家电、名牌化妆品等。⑥适合竞价的商品，如原材料、汽车等。

2）零售电子商务的经营主体及经营方式

（1）网上商店。网上商店又称“虚拟商店”“网上商场”“电子空间商店”或“电子商场”，是电子零售商业的典型组织形式，是建立在因特网上的商场。网上商店让顾客可以在家中通过网络购物，让商人可以在网上贩卖产品服务、缩减维护实际店面营销成本。网上商店是最为简单的一种电子商务模式，其只不过是将传统商务模式中的商店或超市直接搬到了网上，产品的制造商和中间商都可以通过这种电子商务模式运营。

（2）开展直销业务的厂商。对于直销企业而言，它关注的是与顾客建立起一种直接的关系。通过互动式的沟通，按照客户的订单制造出完全符合顾客需求的、有竞争力的定制产品，并提供最佳的服务。如戴尔计算机公司通过网络销售产品，让用户根据自己的喜好，选择不同的配置和送货方式，网上销售在全行业一路领先。由于有了这样一个直线销售的模式，戴尔公司可以随时根据最新的技术变动，按照订单制造出最新的产品，实现零库存的大规模定制生产。对这类直销企业而言，网上销售不仅仅是为了赚取流通中的利润，也是未来企业的一种生存方式。没有这种大规模的定制生产能力，就会有大量的库存和积压产品，生产成本必定高于采用定制生产方式的竞争对手。

（3）传统商店自办网上商店。传统商店出于未来生存所迫纷纷上网经营，传统零售商或批发商，如沃尔玛、凯玛特、西尔斯等大型商店，都开设了网上商店，但有些企业并没有明确的经营方略。纵观发达国家的传统零售企业，在上网开店问题上多数是比较慎重的。尽管发达国家传统的商品零售企业在信息化、网络化方面水平已相当高，但他们在电子网络营销方面并没有急于冲到前面。他们并不是没有看到网络营销的好处，而是忧虑网上商店与传统商店面对的是一个共同的市场，电子商务的网上市场与店铺销售有可能形成竞争和相互间的挤出效应。目前已开设网上商店的传统零售商，大都采用了互补性的经营战略和“错位经营”的手法。一是立足于顾客服务，通过建立网站，宣传形象，吸引网上顾客，以进一步扩大有形店铺的销售。二是与网络机构联手，建立图书等信息类产品的销售网络，或者专门销售高档商品，与现有的经营业务不相重合。

3）连锁经营的电子商务

从已有的实践和对发展趋势的分析来看，连锁经营与电子商务的联姻会给流通领域带来新的发展机遇。运用电子网络支持现有的连锁经营系统，可以使之运作得更加有效，这也是连锁业发展电子商务的主要方向和目标。因此，加强信息系统建设，进一步利用因特网加强需求分析、服务开发和信息开发是今后连锁店网络建设的重点和必然选择。比如加强与供应商的供应链管理，降低库存及流通费用，通过建立网站加强与客户的联系，进行有效的客户资源分析，提供订货与送货服务等，都是可以采用的手段。

充分利用现有连锁店的有形网络系统，并以此为支撑，开办网上商店，可以拓展经营品种与业务范围，开发新的服务项目与新的服务领域，使现有的连锁店朝着商务中心、社区服务中心等多功能、综合服务的方向发展。这样，不仅连锁经营现有的网络会给电子商务的发展以强有力的运作体系支持，而且依靠电子商务的手段，连锁店会在各类商品的销售方面继续得到扩大发展，还可以把有限的店铺与无限的经营品种有机结合起来，实现新的突破。

比如说，每家连锁便利店店铺的营业面积一般都不大，然而便利店一旦与因特网结合，即可突破店铺面积的限制而大大扩展其营业范围，给消费者带来了极大的便利。人们通过网络获取信息，来到附近的便利店交款取货，就可十分便利省时地完成购物活动。另一方面，连锁便利店遍布全国的配送中心又为电子商务提供了有形的物流平台，形成了电子网络对信息流进行“对接”、连锁店对物流进行“配送”的协作关系。同时，由于有了接近消费者的便利店作为结算和交割商品的窗口，在很大程度上还消除了纯电子商务难以克服的缺陷，即顾客对结算与交货的担心。

电子商务的网上技术，还使连锁企业可以利用因特网将自己的企业形象、自有品牌、经营特色、服务保证以及商品信息，迅速地宣传介绍到世界各地，将市场拓展到全球。同时，利用因特网还可以与世界各地的生产商、供应商接洽，将供应链、需求链延伸到全国乃至全世界，最终实现全球采购和全球销售。这样，就能做到在适当的时候，以最低的价格组织市场适销的商品，迅速地销往出价最高的地区和消费者的手里。总之，电子化与连锁化的结合，是电子商务发展在商品零售领域的一个重要方向。

（三）服务型企业的电子商务应用

服务型企业包括金融服务型、信息服务型、餐饮服务型、旅游服务型等，其中金融服务型企业可以说具有双重角色：一方面从资金流的角度为电子商务的应用提供电子商务中介服务保障；另一方面也作为主体直接从事电子商务应用，比如从事网上证券交易（证券电子商务）的证券机构。这里主要介绍证券、保险、旅游服务业的电子商务应用。

1．证券业电子商务的应用

随着通信和网络技术的进步，以因特网为主要载体的电子商务迅速发展，证券交易因其无纸化交收的特殊性成为电子商务中的热点。证券电子商务是证券行业以互联网络为媒介为客户提供的一种全新商业服务，它是一种信息无偿、交易有偿的网络服务。其基本内容包括：

（1）证券电子商务能为企业及投资者提供全方位的投资理财服务。

（2）证券电子商务所需条件是互联网络的普及、货币电子化和解决网络安全问题（微观、宏观）等；由于不需要物流，证券电子商务能够更快更好地实现。

（3）证券电子商务能够为投资者提供国际经济分析、政府政策分析、企业经营管理分析、证券板块分析、证券静态动态分析等方面的服务。

（4）证券电子商务能够以每日国内外经济信息、证券行情、证券代理买卖、投资咨询、服务对象的辅助决策分析及提供特别专题报告等方式来为投资者服务；同时也提供外汇、期货等方面的辅助服务。

2．保险业电子商务的应用

1）电子商务与保险的结合——网络保险

电子商务应用于保险业，便赋予了保险新的形式，从而产生了网络保险。从狭义上讲，网络保险是指保险企业通过网络开展电子商务，如通过因特网买卖保险产品和提供服务；从广义上讲，网络保险还包括保险企业的内部，保险企业之间，保险企业与非保险企业之间以及与保监委、税务部门等政府相关机构之间的信息交流和活动。因此，网络保险是指保险企业采用网络来开展一切活动的经营方式，它包括在保户、政府及其他参与方之间通过电子工具来共享结构化和非结构化信息，并完成商务活动、管理活动和消费活动。

2）网络保险的优势

与传统的保险企业经营方式相比，网络保险具有许多特点和优势，主要体现在以下几个方面。

（1）快捷方便，不受时空限制。通过因特网开展保险业务，保险公司只需支付低廉的网络服务费，就可以一天24小时在全球范围内进行经营，同时免去了代理人、经纪人等中介环节直接与保户进行业务往来，大大缩短了投保、承保、保费支付和保险金支付的时间。而对于保险公司，通过网络就可以有效地与各种人群相互联系，特别是中介人无法接触或不愿接触的客户，这样就能获取更多的业务，规模经济将更加突出，因而从理论上更加符合“大数法则”，有利于保险企业的经营稳定性。可以说，网络保险不仅增加了业务量，而且在质的方面也得到了优化。

（2）降低经营成本。美国某公司的一份研究报告表明：网络将导致整个保险价值链降低成本60%以上，特别是在销售和客户领域的成本会大大减少，成本的降低加上便利和客户化的服务，将促使顾客以电子方式购买保险单。该公司还计算出经营财产和意外保险、健康和人寿保险的保险公司通过因特网向客户出售保单或提供服务，将比通过电话或代理人出售保单节省58%～71%的费用。保险公司通过网络能快捷、低成本地获取各方面的信息资料，既赢得了时间，又减少了机会成本，因而能够抓住更多更好的发展机遇。成本的降低，不仅使保险公司增加赢利，而且由于各种费用的减少，降低了各险种的保险费率，从而也让保户受益。

（3）为客户创造和提供更加高质量的服务。网络保险拉近了保险公司与保户之间的距离，二者不需通过第三方就能直接双向交流。通过自助式网络服务系统，保户足不出户就可以方便快捷地从保险服务系统上获得从公司背景到具体险种的详细情况，还可以自由选择所需的保险公司险种，进行对比，瞬间做到货比三家，这样还避免了与代理人打交道的麻烦及可能存在的误导。保险公司通过因特网设立站点及建立网页，在网上介绍保险知识，解答保险疑问，以及提供家庭理财、保单设计、投保技巧等相关资料和信息。

（4）利用网络进行保险企业管理，提高经营效率。先进的企业管理方法是保险企业能持续、快速、高质量发展的“法宝”。随着网络的发展，这一现代信息技术将会对保险企业管理方式产生深远的影响。具体体现在：利用网络可方便、迅速、全面地收集各种资料，利用远程通信技术和各区域人员保持联络，共同进行分析、预测、决策和控制，实现企业所制定的计划；通过网络制定人事计划、招聘、员工培训、薪资管理和福利管理等；营销管理方面包括收集销售信息、支持销售决策、保户档案管理、中介人管理、广告管理、售前后服务管理等；财务管理方面主要有现金管理、资产管理、成本费用管理、费效分析和获利能力分析等；在投资管理方面，保险企业投资应符合安全性、收益性和流动性三个原则，在瞬息万变的现代社会，要做到投资决策正确、投资结构合理，就必须充分利用信息技术，方可达到投资目标；在偿付能力管理方面，主要包括偿付准备金的管理及承保风险能力的控制，还有其他各种风险因素的管理。国家可借助现代通信技术加强对保险企业的有效监管，而保险企业同样可以保持对自身偿付能力的管理。

3．旅游业电子商务应用

旅游电子商务是利用先进的计算机网络及通信技术和电子商务的基础环境，整合旅游企业的内部和外部的资源，扩大旅游信息的传播和推广，实现旅游产品的在线发布和销售，为旅游者与旅游企业之间提供一个知识共享，增进交流与交互平台的网络化运营模式。

旅游电子商务系统就是把相关的旅游服务机构的营业平台延伸到因特网上的系统。一个完善的旅游电子商务系统至少应该提供如下功能：

（1）信息查询服务。包括旅游服务机构相关信息（如饭店、旅行社以及民航航班等信息）、旅游景点信息、旅游线路信息以及旅游常识等。

（2）在线预订服务。主要提供酒店客房、民航班机机票、旅行社旅游线路等方面的实时、动态的在线预订业务。

（3）客户服务，提供可实现在线旅游产品预订的客户端应用程序。利用这种预订方式，客户（指通过系统进行预订的个人以及相关团体）可以与代理人（指上述酒店、民航、旅行社等相关旅游服务机构）进行实时的网上业务洽谈，管理自己的预订记录。

（4）代理人服务。通过给酒店、民航、旅行社等提供多种旅游产品的代理端应用程序，代理人可以与客户实时洽谈网上业务、管理其旅游产品的预订记录、查阅账目等。

通过上述服务，使旅游者在家中、办公室时就能在网上查询到前往城市的相关旅游信息（如城市简介常识，旅游景点和线路，酒店、票务代理中心、旅行社等），并可以根据自己的需要和旅行预算选择并预订入住酒店及相关服务（如娱乐、餐饮、交通以及接待等）、旅行社的旅游线路和导游服务以及往返机票等。整个过程既方便快捷，又节省费用。

一个好的旅游电子商务系统还应该提供旅游电子地图及网上导游。使用者可以通过在地图上划定范围来查看该区域的旅游资源，也可以通过选定名称在地图上定位。电子地图能够随意放大、缩小及移动，按需要动态选择旅游资源（酒店、景点、旅行社、商场、饮食、文化娱乐场所等）、交通场所（机场、港口、火车站，口岸、边检站等）、标志性建筑、道路等。

【同步训练】

一、判断题

1. 电子商务的概念模型是对基于电子信息技术的商务运作活动的具体描述。（ ）

2. 电子商务系统的三层框架结构中，底层是网络平台，包括CA认证、支付网关、客户服务中心三个部分，其核心是CA认证。（ ）

3. Intranet是企业内部网，Extranet是企业外部网，Extranet是企业与企业以及企业与个人进行商务活动的纽带。（ ）

4. 在EDI商务中，为了让输入的数据能被接收方的应用程序识别，传输的事务（也称为报文）必须以标准格式表示。（ ）

5. EDI翻译软件的功能是把平面文件（flat file）转换成标准报文文件。（ ）

二、单选题

1. “指商品信息的提供、促销行销、技术支持、售后服务等内容，也包括诸如询价单、报价单、付款通知单、转账通知单等商业贸易单证以及交易方的支付能力和支付信誉”，这句话指的是电子商务交易组成中4个基本流的（ ）

A. 信息流　B. 商品流　C. 资金流　D. 物流

2. 在电子商务的概念模型中，强调信息流、商品流、资金流和物流的整合，其中（ ）作为连接的纽带贯穿于电子商务交易的整个过程中，起着串联和监控的作用。

A. 信息流　B. 商品流　C. 资金流　D. 物流

3. 从电子商务的结构来看，认证中心属于（ ）。

A. 电子商务的社会环境　B. 电子商务应用

C. 网络平台　D. 电子商务基础平台

4. Extranet是（ ）。

A. 企业内部商务活动的场所

B. 企业、组织和个人消费者之间跨越时空进行信息交换的平台

C. 企业与企业以及企业与个人进行商务活动的纽带

D. 基于Internet物流信息系统控制的物流

5. 下面关于EDI的说法，（ ）最准确。

A. EDI就是无纸贸易

B. EDI和e-mail都是通信双方通过网络进行的信息传递方法，所以二者的本质相同

C. EDI是一种采用计算机通过数据通信网络将标准化文件在通信双方之间进行自动交换和处理的

工作方式

D. 以上说法都不对

三、多选题

1. 电子商务的概念模型由电子商务实体、电子市场、交易事务，（　　）和资金流等基本要素构成。

A. 信息流　　B. 物流　　C. 商流　　D. 安全管理

2. 在以下选项中，属于EDI软件的是（　　）。

A. 转换软件　　B. 翻译软件　　C. 办公软件　　D. 通信软件

四、问答题

1. 什么是信息流、资金流、物流，三者之间的关系是什么？
2. 电子商务系统由哪些部分组成？阐述各部分功能和作用。
3. 什么是EDI商务？简述其工作流程。
4. 个人消费者在电子商务系统中能做哪些事？
5. 企业如何应用电子商务？

五、实训题

1. 登录下列知名电子商务网站，认识各种类型的电子商务网站。

（1）B2C模式网站：美国亚马逊网、我国的当当网。

（2）C2C模式网站：易趣网。

（3）B2B模式网站：阿里巴巴网。

2. 企业通过实施电子商务来实现企业经营目标，需要电子商务系统能提供网上交易和管理等全过程的服务。因此，电子商务系统应具有广告宣传、咨询洽谈、网上订购、网上支付、网上银行、货物及信息传递、意见征询、业务管理等各项功能。浏览一个商业网站并分析该网站提供的功能及其功能的实现。

项目三　网上开店与经营

【引例】淘宝村：电商推动农村经济转型

2018年10月27日，在第六届中国淘宝村高峰论坛上，阿里研究院发布《中国淘宝村研究报告（2018）》。报告显示：2018年全国淘宝村达3202个，淘宝镇达363个。淘宝村呈现裂变式扩散、集群化发展的特征，在东部沿海地区尤其明显。浙江（1172个）、广东（614个）、江苏（452个）、山东（367个）、福建（233个）、河北（229个）数量领先，合计占比超过95%。河南淘宝村数量（50个）位居中西部之首，辽宁淘宝村数量（9个）位居东北地区之首。

开网店比打工更"给力"

80后胡伟是山东"草柳编织品之乡"博兴县湾头村最早开淘宝店的"传奇"人物之一。在2005年时，胡伟的工作是在县城修摩托车，虽然工资还不错，但总觉得那不是自己想要的生活。2006年时胡伟有了孩子，同时也试着开了淘宝店，在接到了几单生意后，他觉得做淘宝还挺"靠谱"，虽然家人全部反对，但他还是毅然把原来的工作辞了，专职做淘宝。仅用了两年，胡伟就已经靠开网店赚来的钱买了栋房子，一下子就从老一辈眼中的"不务正业"变成了"出人头地"。

胡伟等少数年轻人开淘宝店赚钱的故事很快在湾头村传开了。2010年，贾春建、贾实锋和他们20多个长年在外打工的同龄人集体从原来的工地辞职，回到家里专职开淘宝店。目前这20多个人中已经有8人的店铺做到了皇冠店铺以上，其他的都是5钻店铺，年交易额达到100万元左右。其中的大部分人买了车，建了房。

据了解，目前湾头村已经有500多户人家在淘宝、天猫等平台开网店，年销售额在百万元以上的有20～30家，其中交易额最高的"目暖草编家居店"在2012年的销售额已经突破了300万元，预计今年的成交额能够达到800～1000万元。村子里年轻人开淘宝店的传奇也刺激着更多的年轻人返乡，同时还吸引了一些来自陕西、济南的外地创业者来到这里，"在外东奔西跑，不如在家淘宝"。

国家信息化专家资源委员会委员方瑜评价道："湾头这样的地方充满了正能量，这里让我想到了二十世纪五六十年代知青下乡的时代。不过这里的年轻人是自发回来的，他们通过新的技术手段改变了自己的生活，让老工艺得以传承的同时，也改变了乡村原本的产业环境与面貌。"

推动农村经济转型

在淘宝村，电子商务促进产业兴旺，支持创业，带动就业。阿里研究院数据显示，过去一年，全国淘宝村网店年销售额超过2200亿元，在全国农村网络零售额中的占比超过10%，活跃网店数超过66万，带动就业机会数超过180万。淘宝村分布在330多个县区，这些县区人口超过2亿人。淘宝村带动周边村镇，进一步促进本地产业发展、企业转型、人才返乡、收入增长，经济、社会综合价值日益显著。

【学习目标】

- 熟知网上开店的准备工作
- 掌握网上开店的基本流程
- 熟悉网店经营管理的相关知识
- 掌握淘宝网网上购物的流程

任务一 网上开店——准备入门

工欲善其事，必先利其器。要想把网店经营好，首先要做好开设网店前的准备工作。这些准备工作包括必要的硬件条件、软件条件及认识常见的电子商务平台。

一、网上开店必备的硬件条件

除了电脑和互联网这两个网店必不可少的硬件条件之外，还需要配备数码相机、扫描仪、电话、传真机、打印机等设备。

（1）电脑和互联网。开网店对电脑的配置不需要太高，能够通畅上网，能够进行图形图像处理即可。互联网一般选择能够长时间稳定上网的网络，如宽带 ADSL、Cable Modem 等方式。为了节省成本，最好采用无时间限制的包年计费方式。

（2）数码相机。数码相机用来给网店陈列的商品拍照。由于产品大多采用微距模式进行拍摄，要求数码相机的微距性能要好，最小微距应该在 3 cm 以下。有条件的卖家最好购买一台单反相机，学习一些常用的照相技巧，以获得满意的商品照片。

（3）扫描仪。扫描仪主要用来扫描网店商品的宣传图片和资料，用扫描仪扫描的图片效果要优于用数码相机拍摄的照片。

（4）传真机和打印机。如果卖家的网店规模较大，买家可能会大规模购买或单位采购，这时一台能够收发合同的传真机就很有必要了。而打印机可以打印一些商品的相关资料，而且有些电子文本资料也需要书面保存。

二、网上开店必备的软件条件

网上开店离不开电脑，因此卖家也需具备必要的电脑知识，如应熟悉收发电子邮件、进行网络聊天、图像处理、常用办公软件使用及网上安全防护等。

（1）收发电子邮件。电子邮件是一种比较重要的沟通方式，在网店商品目录宣传和客户关系管理等方面，电子邮件起到了相当重要的作用。

（2）运用聊天工具。买家在购买商品前，一般习惯向网店的客服询问商品的相关事宜。熟练地运用聊天工具，比如 QQ 和阿里旺旺等，可以很好地促进网店的销售。

（3）使用图像处理软件。学会使用图像处理软件，比如 Photoshop、光影魔术手、美图秀秀等。客户在浏览网店商品时，一张精美的商品宣传图片可以吸引很多客户浏览，激发其购买欲望。

（4）常用办公软件的使用。最常用的是微软的 Microsoft Office 软件和金山的 WPS Office 软件。

（5）进行网上安全防护。一旦电脑被黑客或病毒侵袭，轻则会造成电脑运行缓慢，重则会造成电脑中重要数据的泄露和丢失，甚至会造成网店密码、银行卡号及密码等个人资料的泄露。因此安装必要的杀毒软件和防火墙，比如卡巴斯基、金山、瑞星、360安全卫士等，是确保网店安全的重点手段。

三、认识网上开店的交易平台

1. 网上开店的三种主要模式

目前，网上开店主要有以下三种模式。

（1）注册会员模式：即在京东、天猫、当当、淘宝等专业网站上注册会员，开设个人的网店。这种方式的网上开店相当于传统经营中在商场里租用一个店铺或柜台做生意，目前，国内C2C网上开店基本都是采用这种方式。

（2）自立门户模式：经营者自己开发一个网站或者委托他人进行网站开发，完全依靠经营者个人的宣传来吸引浏览者。自立门户模式的网店缺点是建设及维护费用较高，同时还需要投入经费进行网站宣传；优点是网店的内容不需要受到固定格式的限制。如宜家网上商城、华为商城、小米商城等网站。

（3）前两种方式的结合模式：既依托第三方平台开设自己的网店，又有自身独立的网站。这种方式将前两者的优点集合，不足之处是投入会相对较高。

2. 网上开店的交易平台

目前国内的网上开店平台越来越多，比如阿里巴巴（1688）、天猫、淘宝、京东商城、1号店、苏宁易购、唯品会、微店等。

1）阿里巴巴（1688）（https：//www.1688.com/）

马云于1999年创办了阿里巴巴网站，即1688的前身。1688现为阿里集团的旗舰业务，是中国领先的小企业国内贸易电子商务平台。作为阿里集团旗下子公司，1688在CBBS电子商务体系中代表企业的利益，为全球数千万的买家和供应商提供商机信息和便捷安全的在线交易，也是商人们以商会友、真实互动的社区。1688以批发和采购业务为核心，通过专业化运营，完善客户体验，全面优化企业电子商务的业务模式。目前1688已覆盖原材料、工业品、服装服饰、家居百货、小商品等16个行业大类，提供原料采购、生产加工、现货批发等一系列的服务。

截至2018年3月底，近50万中小企业通过1688跨境平台，为速卖通、亚马逊、Wish、eBay、lazada等平台提供服务，业务分布在全球220个国家和地区；一年时间内，跨境专供市场的交易规模和买家增长超过4倍。

2）天猫商城（https：//www.tmall.com）

天猫商城（Tmall）原名淘宝商城，是一个综合性购物网站。2012年1月淘宝商城正式宣布更名为“天猫”，天猫是阿里巴巴集团全新打造的B2C平台。其整合数万家品牌商、生产商，为商家和消费者之间提供一站式解决方案。截至2018年5月，天猫已经拥有4亿多买家、5万多家商户、7万多个品牌。

3）淘宝网（http：//www.taobao.com）

淘宝网是亚太地区较大的网络零售商圈，由阿里巴巴集团在2003年5月创立。淘宝网是中国深受欢迎的网购零售平台，拥有近5亿的注册用户数，每天有超过6000万的固定访客，同时每天的在线商品数已经超过了8亿件，平均每分钟售出4.8万件商品。淘宝网拥有“支付宝”在线支付平台，可为用户提供安全的网上支付服务。

4）京东商城（http：//www.jd.com）

京东是中国的综合网络零售商，是中国电子商务领域受消费者欢迎和具有影响力的电子商务网站之一，在线销售家电、数码通信设备、电脑、家居百货、服装服饰、母婴用品、图书、食品等十二大类数万个品牌百万种优质商品。京东已经建立华北、华东、华南、西南、华中、东北六大物流中心，同时在全国超过360座城市建立核心城市配送站。

5）1号店（http：//www.yhd.com/）

1号店是国内首家网上超市，在系统平台、采购、仓储、配送和客户关系管理等方面大力投入，打造自身的核心竞争力，以确保高质量的商品能以低成本、快速度、高效率进行流通，让顾客充分享受全新的生活方式和实惠方便的购物。

6）苏宁易购（https：//www.suning.com）

苏宁易购是苏宁易购集团股份有限公司旗下新一代B2C网上购物平台，现已覆盖传统家用电器、日用百货等品类。2018年7月，苏宁易购集团股份有限公司再度入围《财富》杂志公布的2018年度世界500强榜单，年度营收约合人民币1883亿元，并以487.8%的利润增长率在所有上榜中国企业中排前三。

7）唯品会（https：//www.vip.com/）

唯品会是垂直B2C电商，主营业务为互联网在线销售品牌折扣商品，涵盖名品服饰鞋包、美妆、母婴用品、居家用品等各大品类。唯品会在中国开创了“名牌折扣+限时抢购+正品保障”的创新电商模式，并持续深化为“精选品牌+深度折扣+限时抢购”的正品特卖模式，这一模式被形象地誉为“线上奥特莱斯”。

8）微店

微店是一种云销售模式，利用微信平台实现用户免费在手机上开店销售。微店作为移动端的新型产物，任何人通过手机号码即可开通自己的店铺，并通过一键分享到SNS平台来宣传自己的店铺，促成成交。微店降低了开店的门槛和复杂手续，回款周期为1～2个工作日，且不收任何费用。

微店有以下管理功能。

（1）商品管理：轻松添加、编辑商品，并能一键分享至微信好友、微信朋友圈、新浪微博、QQ空间。

（2）微信收款：不用事先添加商品，和客户谈妥价钱后，即可快速向客户发起收款，促成交易。

（3）订单管理：新订单自动推送、免费短信通知，扫描条形码输入快递单号，管理订单事半功倍。

（4）销售管理：支持查看30天的销售数据，包括每日订单统计、每日成交额统计、每日访客统计。

（5）客户管理：支持查看客户的收货信息、历史购买数据等，有助于卖家分析客户喜好，有针对性地进行营销。

（6）查看收入：支持查看每一笔收入和提现记录。

（7）促销管理：设置私密优惠活动，吸引买家，让商品价格更加灵活。

（8）推广：多种推广方式，给店铺带来更多的流量，提高销售额。

（9）卖家市场：包括批发市场、转发分成、附近微店等功能。

任务二 网上开店的基本流程

一、策划你的网店

要在网上开店，首先要有适合通过网络销售的商品。寻找好的市场，自己的商品有竞争力才是成功的基石。目前在网络上销售的商品品种繁多，要从中找到适合自己网店经营的商品，才能在激烈的竞争中脱颖而出。根据业内人士的建议，结合对网上出售商品的细分研究发现，适合网上开店销售的商品一般具备以下特点。

（1）体积较小。主要是方便运输，降低运输的成本。

（2）具备独特性或时尚性。与众不同、紧跟时尚潮流的商品在网上销售通常都比较好。比如具有原创性的产品或热映电影、电视剧的周边衍生品。

（3）价格较合理。产品价格一般要低于线下实体店的售卖价格，否则就不会有人选择网上购买。

（4）附加值高。价值低于运费的单件商品通常是不适合网上销售的。

（5）通过网上了解就可以激起浏览者的购买欲并成交。如果某种商品必须要亲眼见到才可以达到购买所需要的信任，就不适合在网上开店销售。

（6）本地市场没有，只有网上才能买到。比如外贸订单产品或直接从国外带回来的产品。

二、寻找好的货源

对于网上开店，寻找货源是一个十分重要的环节，一个稳定和物美价廉的货源是网店成功开办和可持续发展的保证。本小节主要结合网店卖家寻找货源的心得，简单总结了几个进货的主要途径。

（1）从批发市场进货。这是最常见的卖家进货渠道，通过批发市场，可以拿到第一手的流行货品，保证网上销售的低价位。关于调换货及售后保修等事宜应事先与批发商协商好，以免日后产生纠纷。

（2）从厂家进货。正规的厂家货源充足，态度较好，如果长期合作的话，一般都能争取到以滞销商品换新款。但一般而言，厂家的起批量较高，不适合小本经营的卖家。

（3）买入品牌积压库存或清仓处理商品。有些品牌商品的库存积压很多，一些商家为了提高资金的流转，干脆把库存全部卖给网络卖家。品牌商品在网络商品销售中属于备受关注的热卖商品之一，如果卖家有一定的资金量，能以低廉的价格买下库存商品，一定能获得丰厚的利润。

（4）关注外贸商品。外贸公司和出口企业通常都有因生产尾货、订单退货、临时取消订单等原因产生的库存，通常这类商品的品质和设计都优于国内同类产品。企业为了及时清库，很乐意低价抛售，一般为正常价格的 2 ～ 4 折。外贸产品因其质量、款式、面料、价格等优势，一直是网上销售的热门品种。

（5）从阿里巴巴等 B2B 的电子商务网站进货。这是目前很多刚起步的卖家热衷的方式。阿里巴巴等网站的注册会员中有许多大批发商或中小企业，它们都十分乐意发展零售商或分销商。刚起步的卖家或兼职卖家可以用较少的资金进货甚至作为分销商要求企业一件代发，降低网店卖家的经营风险。

三、淘宝网开店

（一）淘宝网注册

要在淘宝网上开店，必须先在淘宝网注册，其操作步骤如下。

（1）打开淘宝网（http：//www. taobao. com），点击“免费注册”，如图 3 – 1 所示。

图 3 – 1　点击“免费注册”

（2）在弹出的注册协议中，点击红色按钮“同意协议”，如图 3 – 2 所示。

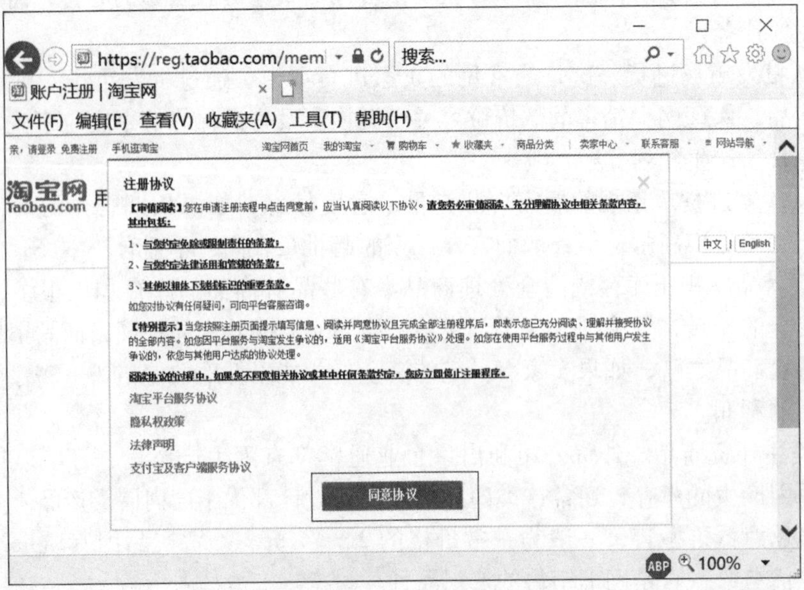

图 3 – 2　注册协议

（3）进入注册页面后，选择所在的地区，填写该地区手机（该手机号码就是淘宝用户的登录名或账号），拖动滑块验证手机号码是否能用于注册，如图3－3所示。

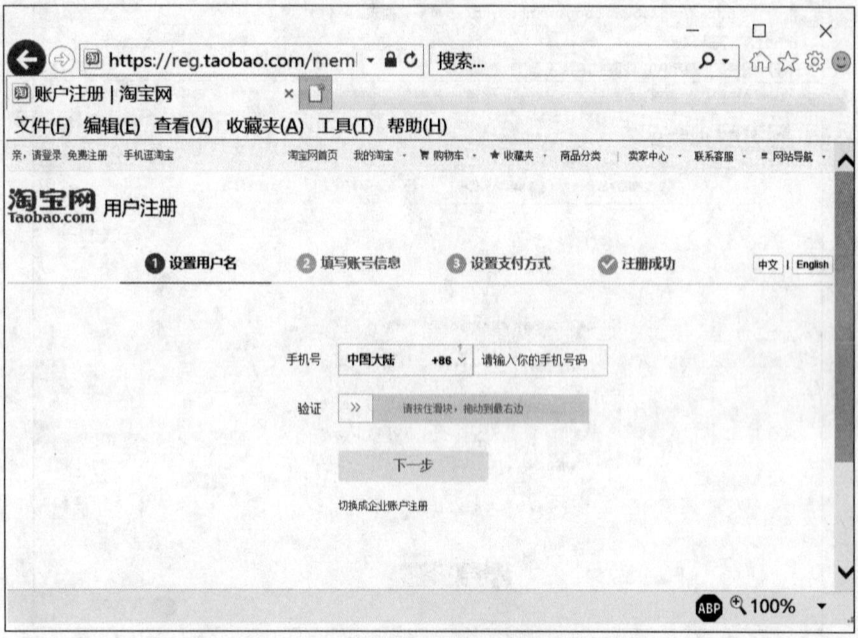

图3－3　设置用户名

（4）手机验证（绑定手机作为联系方式）：填写手机号码，必须是未被注册使用的手机号，接收校验码短信，并填写进行验证，如图3－4所示。

图3－4　手机验证

（5）短信验证完毕后，设置登录密码、会员名等账户信息（注意：会员名一旦设置无法更改)，然后点击“提交”按钮，如图 3－5 所示。

图 3－5　设置账户信息

(6) 设置支付方式，填写银行卡号、持卡人姓名、身份证号码和银行卡预留手机号码，预留手机号验证后，点击“同意协议并确定”按钮，即可注册成功，如图 3－6 所示。

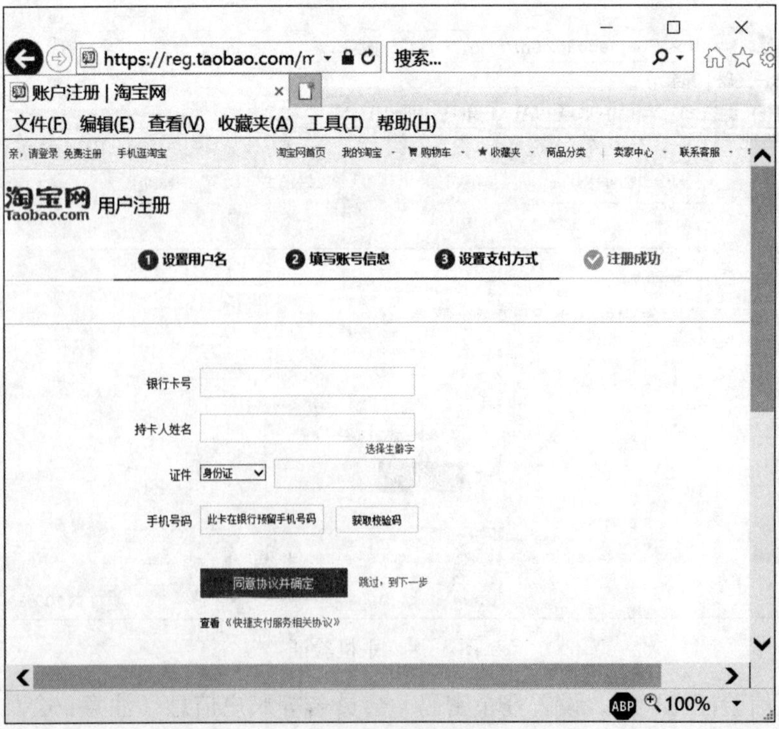

图 3－6　设置支付方式

（二）申请开店

淘宝网开设店铺及发布商品的一般步骤如下。

(1) 打开淘宝首页，点击“千牛卖家中心”，在其下拉式菜单中，点击“免费开店”，如图3－7所示。

图3－7　免费开店

(2) 选择个人开店还是企业开店，如果是个人开店，选择“创建个人店铺”，如图3－8所示。

图3－8　选择开店类型

(3) 阅读开店须知后，点击“我已了解，继续开店”，如图3－9所示。

图3-9　阅读开店须知

（4）申请开店认证，这一步需要进行“支付宝实名认证”和“淘宝开店认证”，如图3-10所示。如果支付宝实名认证已经通过，点击“淘宝开店认证”中的“立即认证”。如果支付宝实名认证未通过，需要先进行支付宝实名认证，具体方法参看项目五任务四中的支付宝操作。

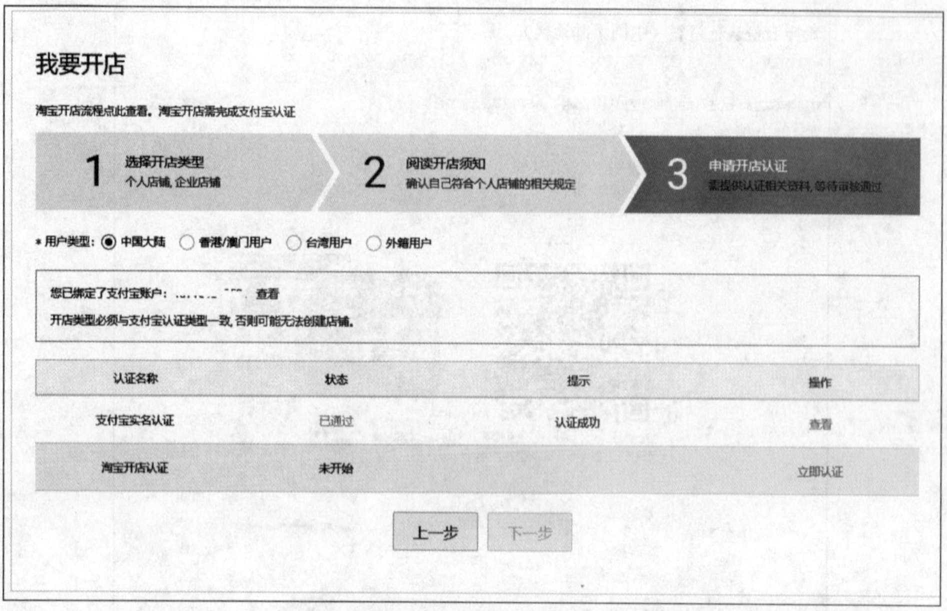

图 3－10 申请开店认证

进入“淘宝网身份认证”的页面，如图 3－11 所示，再次点击“立即认证”。

图 3－11 淘宝网身份认证

（5）下载并安装手机淘宝客户端，通过“扫一扫”功能扫描二维码，完成“验证手机号”“填写联系地址”“拍摄证件照片”等操作，完成身份认证，如图 3－12 所示。

图 3－12　在手机淘宝客户端上完成身份认证

(6) 认证完成后，点击“创建店铺”，进入店铺基本信息设置，店铺即创建成功了。

(三) 发布商品

店铺创建好后，就可以发布商品了，发布商品操作步骤如下。

(1) 进入“我的淘宝”页面，在左侧导航栏里找到“我是卖家”下的“我要卖”按钮，点击进入，如图 3－13 所示。

图 3－13　点击“我要卖”按钮

（2）商品发布方式有“一口价”和“拍卖”两种方式。“一口价”主要是由卖家设定固定价格出售商品；“拍卖”即让买家竞价购买。淘宝上大部分商品都是一口价商品。本书主要以发布一口价商品为例。如图3－14所示。

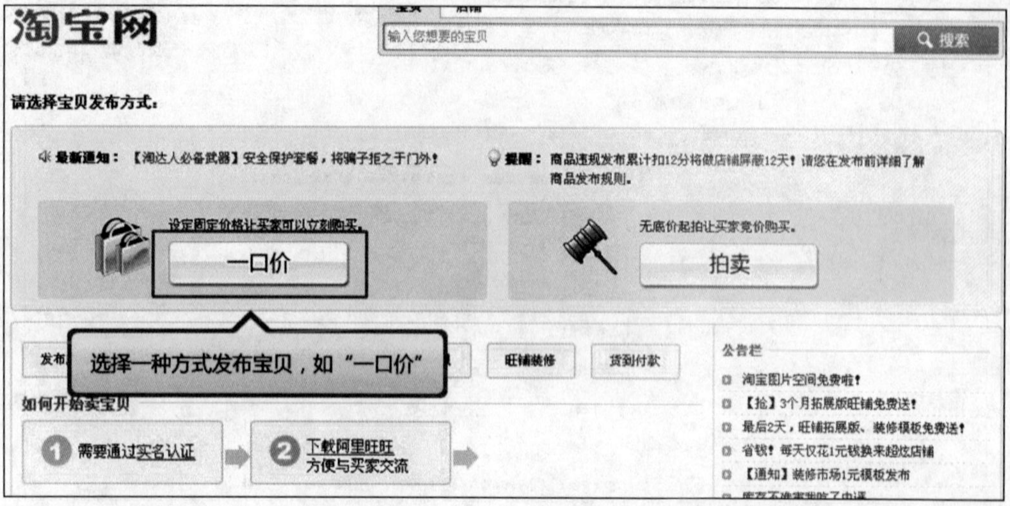

图3－14 选择“一口价”

（3）如图3－15所示，选择发布商品的所在类目，点击“好了，去发布宝贝”。

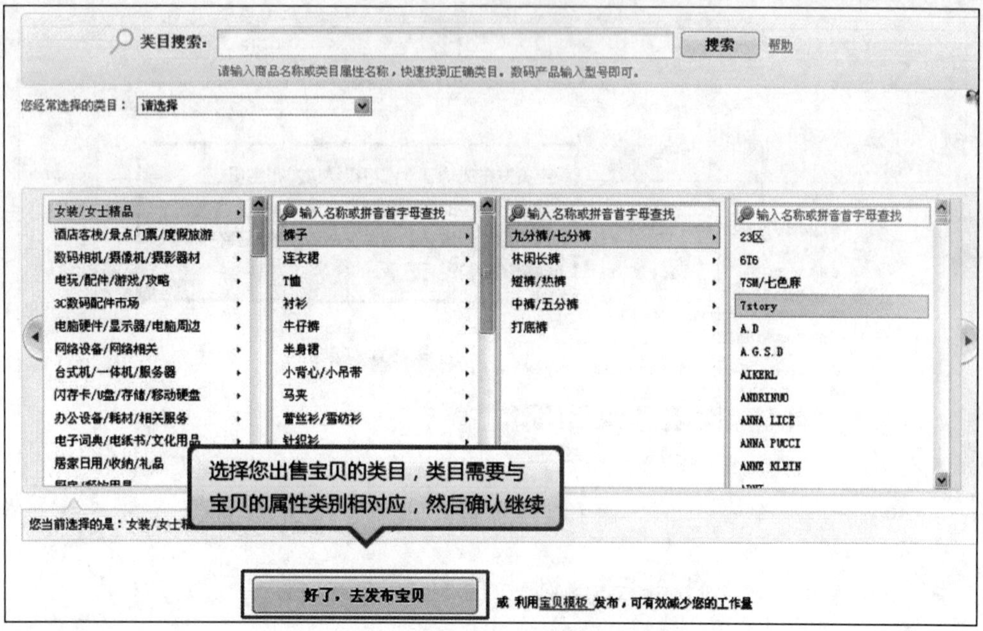

图3－15 选择发布商品的所在类目

（4）如图3－16所示，认真填写商品的详细信息，以便买家能更快地找到商品。注意：带＊号的部分为必填项目。

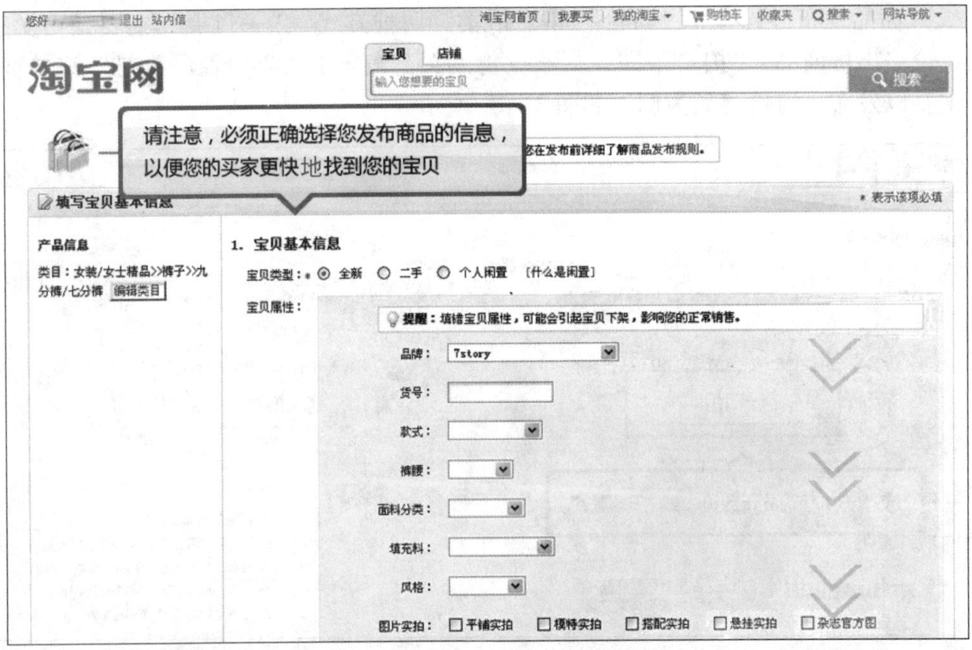

图 3－16　填写商品的详细信息

（5）填写好商品详细信息后，点击“预览”按钮可以预览发布后的效果，确认可点击“发布”按钮。此时商品将正式发布，如图 3－17 所示。

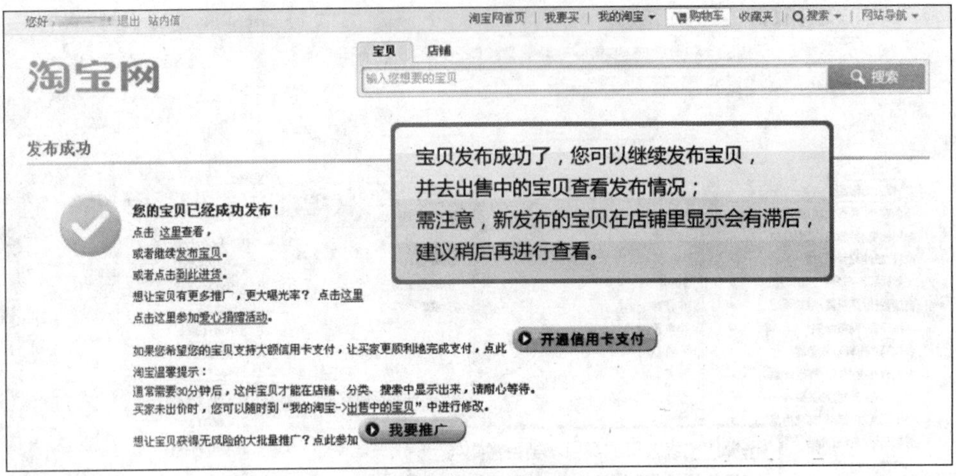

图 3－17　商品成功发布

任务三　网上店铺经营管理

一、网店的商品配送

1. 常用商品配送方式

目前网上开店采用的送货方式主要有以下几种。

（1）普通包裹。邮局的普通包裹根据不同的目的地寄达时间需 7 ～ 15 天。对于普通快递到达不了的地方，建议使用邮政服务，部分买家为了节省邮费会选择使用邮费相对较便宜的邮政普通包裹服务，淘宝网上称为平邮。

（2）快递包裹。网店最常用的快递公司有申通、圆通、宅急送及顺丰公司等。每家快递公司的收费和服务的范围都有细微的差别，一般快递公司都有全国统一客服电话并且提供上门收件的服务，快件寄达时间一般在48小时以内。

（3）EMS服务及E邮宝服务。当普通快递到达不了，买家又要求保证速度时，可以选择邮政特快专递EMS服务或者E邮宝服务。EMS与E邮宝的邮寄流程相同，EMS服务安全可靠，送货上门，寄达时间更快，只是费用较高；E邮宝的价格低于EMS的价格，但是EMS的服务范围覆盖全国，E邮宝则范围受限，只有开通了E邮宝的地方才能使用E邮宝发件。

（4）同城专人送货服务。如果顾客就在本市，卖家可以考虑直接送货上门或约定地点交易。

2. 网店发货流程

一般买家在网上购物后都十分期盼能很快收到商品，因此卖家应及时处理已付款的交易。卖家在淘宝网上发货流程如下。

（1）登录淘宝店铺，点击“千牛卖家中心”，进入“千牛卖家工作台”。

（2）在“千牛卖家工作台”找到“交易管理”，然后点击“已卖出的宝贝”。

（3）在“已卖出的宝贝”中，查看交易，在这一步就可看到所有交易订单了，买家拍下商品，付款至支付宝，交易状态变更为“买家已付款”。

（4）在要发货的具体订单中选择发货方式。有以下三种发货方法可选：推荐物流发货，自己联系物流发货，无须物流或虚拟商品发货。

（5）发货前要仔细查看商品信息及买家留言，勿发错商品，以免造成不必要的麻烦，确认无误后就可以点击蓝色字体“发货”了。

（6）选择“在线下单”，在所选的物流公司后点击“选择”。再点击“确认”后，将通知物流公司上门取货。

注意：如果填写了正确的运单号后确认，交易状态就会变为“卖家已发货”。如果下单时没有运单号，也可以在物流公司取件后再填写运单号。

如果是自己发货的，就进入到发货操作平台选择“自己联系物流”，联系好快递公司，等快递员来收货或者送货给快递员。然后把快递号复制过来，粘贴到对应公司的框内，填好后点击“确定”，确定后就会提示发货成功。

二、网店的交易管理

网店的经营者应及时跟踪每天的交易，随时准备解答问题，完成交易。店铺的留言、商品页面上的留言和聊天工具上的留言，都要及时回复，收到的邮件咨询也应该尽快回复，尽量当天的交易当天处理。

对于已经付款的等待发货的交易，直接打包发货就行了；已经出价但没付款的，可能需要和买家站内短信或邮件联系一下，了解买家是否忘记付款还是由于某些原因不便于付款，或是不想购买商品了；已经发货很久但是还没确认收货的，可能需要先了解是否物流环节出了问题或联系买家询问是否存在问题。

如果在交易备注中有说明，比如商品颜色、索要发票等，在处理时要仔细检查。宁愿慢一点，也要再三确认，因为如果出现失误，轻则浪费来回的邮费和时间，重则损害卖家的信誉和发展。

三、网店的客户管理

卖家对于已成交客户，应该及时建立买家资料库，汇总好所有买家的信息将有助于卖家分析自己的买家群体，也可以根据不同的特性进行分类，发送相应的促销信息，如利用邮件、短信和旺旺软件定期给买家发送有针对性、买家感兴趣的商品信息。卖家应该在店铺内制定出 VIP 客户的优惠政策，如让老客户享受减免邮费或试用新品优惠，或者实行积分制，积分达到一定数值时，可以享受优惠或者产品的折扣等。此外，卖家要定期回访顾客，用打电话、旺旺聊天或发送邮件的方式关心客户，与他们建立起良好的客户关系，同时也可以聆听客户的意见和建议。但是，无论采用何种方式，均应适可而止，避免对客户的日常生活造成不便，引起客户的反感。

四、网店管理工具简介

随着网店生意交易量增加，日常的管理工作也会越来越多，这时就需要使用一些专门的网店管理软件来帮助卖家对店铺进行系统化的管理。下面就简单介绍一些市面上较为常见的网店管理工具。

（1）阿里软件网店版。阿里软件网店版是面向淘宝网店卖家量身定做的一款在线管理软件，卖家可以用它进行买家详情搜索、批量修改商品、批量打印快递单和发货单、库存管理、批量评价和买家分级等功能操作，以提高网店管理的效率。凡是信用等级 3 星以上的卖家都可以开通网店版服务。

（2）网店管家。网店管家是一款面向 B2C、C2C 商家，专注于电子商务订单管理的软件。系统以提供高效的订单处理手段为目标，提供了一套包括采购、销售、仓储、客户关系、账款和售后服务等全面管理功能的综合业务管理系统，基本涵盖了电子商务企业和个人卖家在业务运营过程中面临的管理需求。

（3）网店小秘书。网店小秘书是国内最早通过易趣开发人员计划认证的卖家销售工具软件，是美国 eBay“开发者联盟”成员。网店小秘书个人免费版、专业钻石版和企业网络版是专门针对易趣等主流 C2C 网站量身打造的网上电子商务交易全过程管理信息系统平台，将传统进销存管理、财务管理、客户关系管理功能和网上交易流程充分结合，适用于各类型卖家。

（4）其他网店管理软件。除了上面介绍的几款管理软件外，常见的管理工具还有阿里旺旺、淘宝助理、掌柜助手、淘宝旺铺、图片空间、多媒体中心（视频展示）、淘宝贷款、网店管理专家和淘宝网店销售管理系统等。

【同步训练】

一、判断题

1. 诚信、市场、搜索、支付和物流是阿里巴巴 2006 年的集团策略，也形成了阿里巴巴完整的商业

服务体系。 （ ）

2. 支付宝已发展成为中国最大的第三方电子支付服务提供商，其用户覆盖整个 B2B、C2C、B2C 领域。 （ ）

3. 阿里会员可以通过阿里旺旺（贸易通版）进行商机发布。 （ ）

4. 无论是进行中的，还是已结束的订单，都可以进行删除的操作。 （ ）

5. 为了方便使用者对比和询价，阿里中国站搜索结果页面给我们提供了批量询价和对比产品的功能。 （ ）

二、单选题

1. 目前国内网上商店常采用的网上支付卡不包括（ ）。

A. 招商银行一网通　　B. 招商银行一卡通

C. 中行长城电子借记卡　　D. 中国工商银行牡丹信用卡

2. 企业间网络交易是电子商务的哪一种基本形式（ ）。

A. G2B　　B. G2C　　C. B2C　　D. B2B

3. 电子支付是采用先进的技术通过（ ）来完成信息传输的。

A. 现金的流转　　B. 票据的转让

C. 银行的汇兑　　D. 数字的流转

4. 网上售后服务不包括（ ）。

A. 网上产品支持服务　　B. 网上产品技术服务

C. 网上产品增值服务　　D. 网上产品开发服务

5. 在 HTML 中，（ ）标记不可出现在 <body> 和 </body> 标记符之间（ ）。

A. <hr>　　B.
　　C. <title>　　D. <!--…-->

6. 网上购物的一般流程是：进入网上商城→查找选购商品→查看→（ ）→继续购买产品→结算→订单生成→订单跟踪。

A. 订单查询　　B. 网上支付　　C. 修改购物车　　D. 送货上门

7. 下面哪一个标记是用于插入背景音乐的（ ）。

A. <MUSIC>　　B. <SWF>　　C. <A>　　D. <BGSOUND>

8. 请指出下面正确的说法是（ ）。

A. 背景音乐标记符号通常插在 <body>… </body> 之间

B. 可以在 JavaScript 语句之间插入背景音乐

C. 背景音乐最好使用 MP3 格式

D. 用 SRC 属性指明声音文件地址

三、多选题

1. 下列是视频文件的是（ ）。

A. jpg 文件　　B. avi 文件　　C. mov 文件　　D. mpg 文件

2. 网络商务信息收集的方法有（ ）。

A. 搜索引擎　　B. 远程访问　　C. 邮件列表　　D. 新闻组

3. 网页内容的设计方法包括（ ）。

A. 自顶向下　　B. 自底向上　　C. 不断精简　　D. 不断增补

4. 适合电子商务的业务流程包括（ ）。

A. 汽车购销　　B、激光唱片购销　　C. 在线金融服务　　D. 图书购销

5. 电子钱包可以装入（　　）。

A. 电子货币　　B. 电子零钱　　C. 电子信用卡　　D. 电子汇票

6. 邮件列表的应用范围很广，具体形式有（　　）。

A. 即时通信　　B. 发布消息

C. 电子邮件邮购业务　　D. 专题讨论组

7. 商店生成系统主要可分为几大模块，包括（　　）。

A. 前台商务系统　　B. 商家店面管理系统

C. 站点后台管理系统　　D. 用户关系管理系统

8. 网络营销主要可以在（　　）方面发挥作用。

A. 网络品牌、网址推广　　B. 信息发布、销售促进

C. 销售渠道、顾客服务　　D. 顾客关系、网上调研

四、简答题

1. 淘宝网凭借哪些手段发挥后发优势，打败易趣网？
2. 淘宝网存在哪些缺陷？
3. 请用图框描述卖家发货、退货的流程。

五、实训题

1. 针对个人情况，写一份详细的网上开店策划书。
2. 在淘宝上注册用户，以买家身份体验网上购物流程。
3. 在淘宝上开设网店，至少运营一个月后写一份实训报告。

项目四　电子交易

【引例】电子合同是否有效？

一名刚上小学二年级的男童，在某购物网站以他父亲李某的身份证号码注册了客户信息，并且订购了一台价值1000元的小型打印机。但是，当该网站将货物送到李某家中时，曾经学过一些法律知识的李某却以“其子未满10周岁，是无民事行为能力人”为由，拒绝接收打印机并拒付货款。由此交易双方产生了纠纷。

李某主张，电子商务合同订立在虚拟的世界，但却是在现实社会中得以履行，应该也能够受现行法律的调控。而依我国现行《中华人民共和国民法通则》第12条第2款和第55条的规定，一个不满10周岁的未成年人是无民事行为能力人，不能独立进行民事活动，应该由他的法定代理人代理民事活动。其子刚刚上小学二年级，未满10周岁，不能独立订立货物买卖合同，所以该打印机的网上购销合同无效；其父母作为其法定代理人有权拒付货款。

对此，网站主张：由于该男童是使用其父亲李某的身份证登录注册客户信息的，从网站所掌握的信息来看，与其达成打印机网络购销合同的当事人是一个有完全民事行为能力的成年人，而并不是此男童。由于网站是不可能审查身份证来源的，也就是说网站已经尽到了自己的注意义务，不应当就合同的无效承担民事责任。

那么，在这个案例中，当事人是否具有行为能力？电子合同是否有效呢？

这个案例反映出对电子合同主体进行必要限制的意义。对于网络交易来说，合同当事人在网络上根本无法看到或辨别交易相对人的民事行为能力，即便网络中心要求交易相对人输入身份证号码及出生日期或信用卡号以证实其为成年人，但仍有伪造或提供不实资料的可能性，故网络中心或利用网络进行交易的销售者基本上无从得知对方当事人究竟是成年人还是限制民事行为能力或无民事行为能力人。因此，如何判断网上交易的当事人是具有完全民事行为能力、限制民事行为能力还是无民事行为能力，以及与这些限制民事行为能力人或无民事行为能力人订立的合同是否有效，有无必要对通过网上订立交易合同的当事人的主体资格加以限制，成为电子合同订立过程中的难题。

本案中是李某未满10周岁的儿子在网络上订立了买卖合同。根据《中华人民共和国民法通则》的规定，一个未满10周岁的儿童是无民事行为能力者。无民事行为能力人订立的合同无效，所以李某拒付货款的行为本来也无可厚非。但是，由于孩童是以其父的身份证登录客户信息，如果网站有充分的证据证明其已经尽到了必要的注意义务，那么完全无视网站利益受到侵害的事实则有失公平。另一方面，李某作为其子的监护人和其身份证的合法持有人，没有尽到相应的管教义务和保管义务，导致其子滥用其身份证进行登录注册，应当对合同无效给网站造成的损失承担赔偿责任。所以，应该认定购物网站有权要求李某承担货物的往返运费和其他交易费用。

【学习目标】

- 熟悉电子商务交易过程及其工作内容
- 掌握网络商品直销与网络商品中介交易的业务流程
- 熟知网络单证并能设计、签订网上单证
- 掌握电子商务合同的特点和签订过程
- 熟悉常用电子交易模式

任务一　掌握电子商务的交易流程

一、电子交易的阶段过程

不管是哪一种电子交易模式，电子交易的过程一般都可以分为交易前、交易中和交易后三个阶段，如图4-1所示。

1. 交易前

交易前主要是指买卖双方和其他参加交易的各方在签订贸易合同前的准备活动，包括以下几方面内容：

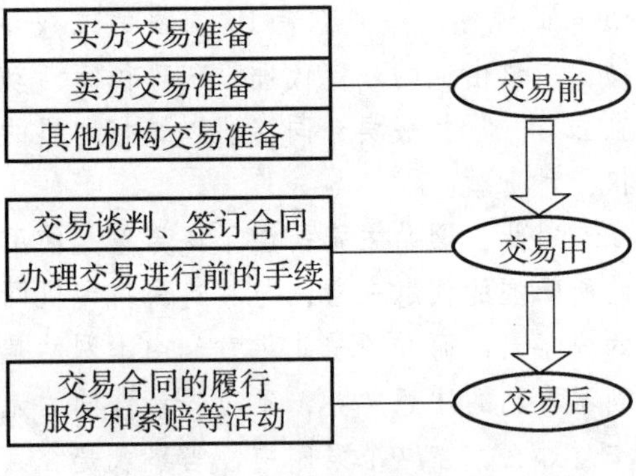

图4-1　电子交易的过程

（1）买方根据自己要买的商品，准备购货款，制订购货计划，进行资源市场调查和市场分析，反复进行市场查询，了解各个卖方国家的贸易政策，反复修改购货计划，确定和审批购货计划。再按计划确定购买商品的种类、数量、规格、价格、购货地点和交易方式等，尤其要利用Internet和各种电子商务网络寻找自己满意的商品和商家。

（2）卖方根据自己欲销售的商品，全面进行市场调查和市场分析，制订各种销售策略和销售方式，了解各个买方国家的贸易政策，利用Internet和各种电子商务网络发布商品信息，寻找贸易合作伙伴和交易机会，扩大贸易范围和商品所占市场的份额。

（3）其他参加交易的各方，如中介、银行金融机构、信用卡公司、海关系统、商检系统、保险公司、税务系统、运输公司也都应为进行电子商务交易做好准备。

2. 交易中

交易中主要是指买卖双方的谈判、签订贸易合同活动以及办理合同开始履行之前的相关手续。

（1）交易谈判、签订合同。主要是指买卖双方利用电子商务系统对所有交易细节进行网上谈判，将双方磋商的结果以文件的形式确定下来，以电子文件形式签订贸易合同。明确在交易中的权利，所承担的义务，所购买商品的种类、数量、价格、交货地点、交货期、交易方式和运输方式、违约和索赔等合同条款，合同双方可以利用电子数据交换（EDI）进行签约，也可以通过数字签字等方式签约。

（2）办理交易进行前的手续。主要是指买卖双方签订合同后到合同开始履行之前办理各种手续的过程，也是双方贸易前交易准备的过程。交易中涉及有关各方，即可能要涉及中介方、银行金融机构、信用卡公司、海关系统、商检系统、保险公司、税务系统、运输公司等，买卖双方要利用EDI与有关各方进行各种电子票据和电子单证的交换，直到办理完可以将所购商品从卖方按合同规定开始向买方发货的一切手续为止。

3. 交易后

交易后主要是指交易合同的履行、服务和索赔等活动。这一阶段是从买卖双方办完所有手续之后开始，卖方要备货、组货、发货，买卖双方可以通过电子商务服务器跟踪发出的货物，银行等金融机构也按照合同处理双方收付款、进行结算、出具相应的银行单据等，直到买方收到自己所购商品，完成整个交易过程。索赔是在买卖双方交易过程中出现违约时需要进行违约处理的工作，受损方要向违约方索赔。

不同类型的电子商务交易，虽然都包括交易前、交易中和交易后三个阶段，但其具体流程不同。就电子商务流程而言，大致可以分为两种基本的流程：商品直销的业务流程和商品中介的业务流程。

二、网络商品直销业务流程

网络商品直销，是指消费者和生产者或者需求方和供应方，直接利用网络形式所开展的买卖活动，B2C电子商务基本属于网络商品直销的范畴。这种交易的最大特点是供需直接交易，环节少，速度快，费用低。

1. 无认证中心的网络商品直销（B2C或C2C）

由图4－2可以看出，网络商品直销过程可以分为以下六个步骤。

（1）消费者进入因特网，查看在线商店或企业的主页；

（2）消费者通过购物对话框填写姓名、地址、商品品种、规格、数量、价格；

（3）消费者选择支付方式，如信用卡，也可选用借记卡、电子货币或电子支票等；

（4）在线商店或企业的客户服务器检查支付方服务器，确认是否认可汇款额；

（5）在线商店或企业的客户服务器确认消费者付款后，通知销售部门送货上门；

（6）消费者的开户银行将支付款项传递到消费者的信用卡公司，信用卡公司负责发给消费者收费清单。

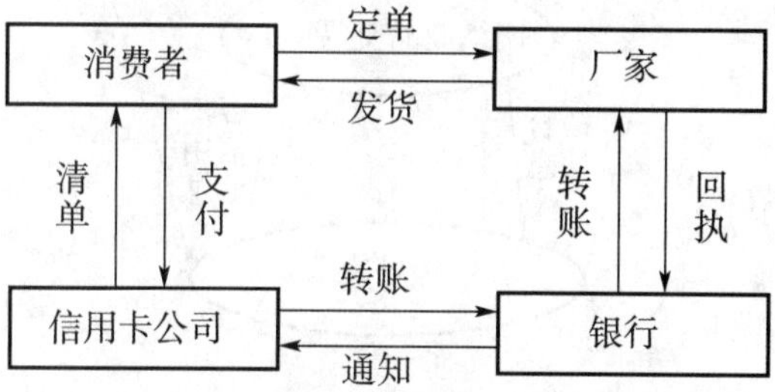

图4－2　无认证中心的网络商品直销流程

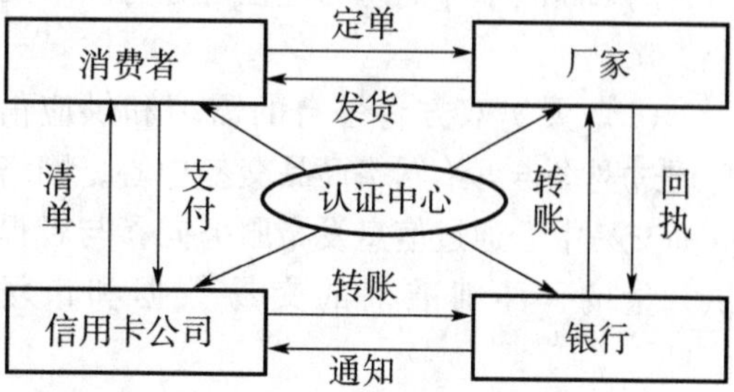

图4－3　有认证中心的网络商品直销流程

2. 认证中心存在下的网络商品直销（B2C）

为保证交易过程中的安全，需要有一个认证机构对在因特网上交易的买卖双方进行认证，以确认他们的真实身份。这时，图4－2演变为图4－3。

网络商品直销的诱人之处，在于它能够有效地减少交易环节，大幅度地降低交易成本，从而降低消费者所得到的商品的最终价格。在传统的商业模式中，企业和商家不得不拿出很大一部分资金用于开拓分销渠道。分销渠道的扩展，虽然扩大了企业的分销范围，加大了商品的销售量，但同时也意味着更多分销商的参与。无疑，企业不得不出让很大一部分的利润给分销商，用户也不得不承担高昂的最终价格，这是生产者和消费者都不愿看到的。电子商务的网络直销可以很好地解决这个问题：消费者只需输入厂家的域名，访问厂家的主页，即可清楚地了解所需商品的品种、规格、价格等情况，而且主页上的价格既是出厂价，同时也是消费者所接受的最终价。这样就达到了完全竞争市场条件下出厂价格和最终价格的统一，从而使厂家的销售利润大幅度提高，竞争能力不断增强。

另一方面，网络商品直销还能够有效地减少售后服务的技术支持费用。许多使用中经常出现的问题，消费者都可以通过查阅厂家的主页找到答案，或者通过电子邮件（e-mail）与厂家技术人员直接交流。这样，厂家可以大大减少技术服务人员的数量，减少技术服务人员出差的次数，从而降低了企业的经营成本。

网络商品直销的不足之处主要表现在两个方面：第一，购买者只能从网络广告上判断商品的型号、性能、样式和质量，对实物没有直接的感知，在很多情况下可能产生错误的判断，而某些生产者也可能利用网络广告对自己的产品进行不实的宣传，甚至可能打出虚假广告欺骗顾客；第二，购买者利用信用卡进行网络交易，不可避免地要将自己的密码输入计算机，由于新技术的不断涌现，犯罪分子可能利用各种高新科技的作案手段窃取密码，进而盗窃用户的钱款，这种情况不论是在国外还是在国内，均有发生。

三、网络商品中介交易业务流程

网络商品中介交易是通过商品交易中心，即虚拟市场进行的一种商品交易方式，它通过先进的网络技术、软件技术，将厂商、供应商紧密地联系起来，形成一个供应链，为客户提供市场信息、商品交易、仓储配送、付款结算等全方位服务。交易流程如图4－4所示。

网络商品中介交易的流程可分为以下几个步骤。

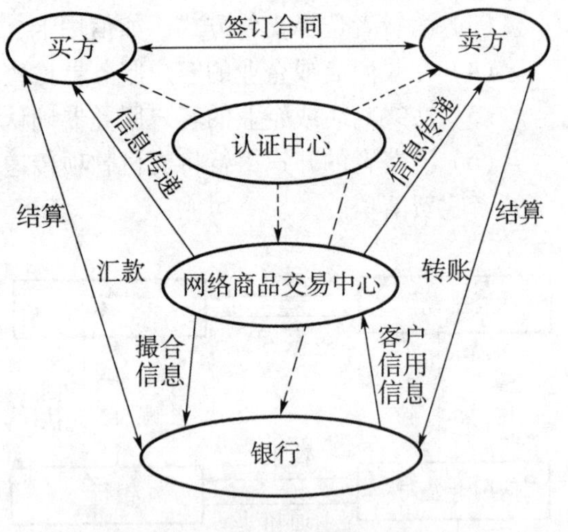

图4－4　网上商品中介的流程

（1）买卖双方将各自的需求和供应信息通过网络告诉给网络商品交易中心，网络商品交易中心通过信息发布服务向参与者提供大量的、详细准确的交易数据和市场信息；

（2）买卖双方根据网络商品交易中心提供的信息，选择自己的贸易伙伴；

（3）网络商交易中心从中撮合，促使买卖双方签订合同；

（4）买方在网络商品交易中心指定的银行办理转账付款手续；

（5）指定银行通知网络交易中心买方货款到账；

（6）网络商品交易中心通知卖方将货物发送到设在买方最近的交易中心配送部门；

（7）配送部门送货给买方；

（8）买方验证货物后通知网络商品交易中心货物收到；

（9）网络商品交易中心通知银行买方收到货物；

（10）银行将买方货款转交卖方；

（11）卖方将回执送交银行；

（12）银行将回执转交买方。

网络商品中介交易有许多突出的优点：

第一，网络商品中介为买卖双方提供了一个庞大的市场。以中国商品交易中心为例，这个中心连接从中心到各省、区、市分中心的所有计算机系统，构成了覆盖全国范围的“无形市场”。而且，这样的网络商品中介还与因特网相连接，进而形成全球性的大市场。在这个网络中，能够储存全国乃至全球的几千万种商品信息资料，可联系千万家商贸单位。每一个参加者都能够充分地宣传自己的产品，及时地沟通交易信息，最大程度地完成商品交易。

第二，网络商品中介可以有效地解决传统交易中“拿钱不给货”或“拿货不给钱”的问题。在买卖双方签订合同之前，网络商品中介可以协助买方对商品进行检验，只有符合质量标准的商品才可入网。这样就杜绝了商品的“假冒伪劣”问题，使买卖双方不会因质量问题产生纠纷。合同签订后便被输入网络系统，网络商品中介开始对合同的履行情况进行监督。如果出现一方违约现象，系统将自动报警，合同的执行就会被终止，从而使买方或卖方免受损失。如果合同履行顺利，网络商品中介将协助买方验收。买方验收合格后，在24小时内将货款转到卖方账户才可提货。

第三，网络商品中介采用安全的资金结算方式。网络商品中介在指定的商业银行开设统一的结算账户，对结算资金实行统一管理，这样就有效地避免了多形式、多层次的资金截留、占用和挪用的问题，提高资金的风险防范能力。

第四，网络商品中介交易有利于形成更加详细的分工。交易中心可以专注于交易的实现和配送，而厂家也可以专注于生产。

网络商品中介仍然存在一些需要解决的问题。例如，合同文本中使用买卖双方签字交换的方式如何过渡到电子合同，并在法律上得到认可；整个交易系统的技术水平如何与计算机网络技术保持同步发展；如何推动更多的厂商参与，充实信息资料等。

任务二 熟知电子单证与电子合同

一、网上单证

1. 网上单证的含义

所谓网上单证，就是在电子交易中使用的表格和单证。它是计算机网络的数据库与用户之间的联系界面，是电子交易信息流的逻辑载体。它可以通过网页的形式来表现和传播，向用户收集和传递必要的商务信息。从表面形式上看，它与纸质单证没有区别，但实际上，它通过计算机程序与数据库紧密相连，并可通过计算机根据不同的需求，进行不同的处理，从而实现交易的自动化。

2. 网上单证的设计原则

网上商店的单证是商家与用户之间交易的凭证，一个设计完美的单证体系既要做到让用户能体会到在本商店网上购物的方便性，也要让网上商店的管理者能够在对订单数据进行处理时保持准确性。下面是在进行网上单证设计时需要注意的地方和可以采用的技巧。

（1）尽力使客户在购物时感到方便。当一个消费者在某网上商店购物时感到麻烦或不顺利，下次他就不会再光顾，而且还会加以宣传，这一点对网上商店确实是最重要的和不可忽视的问题。网上商店的单证设计者必须把自己放在顾客的立场上来测试设计，把那些可能阻碍用户成功购买的地方和问题列举出来，并一一加以解决。就像下面这些问题：

- 客户完成一次购买需要翻阅多少页面和完成多少次点击？
- 相对于第二次购买，客户最初需要填写多少信息？能减少一些吗？
- 客户能直接在主页上快速完成购买吗？
- 商店能确认用户的行为并为用户所进行的购买行为及时提供清晰的、简明的反馈吗？

（2）使客户对商店产生强烈的第一印象。网上商店要尽可能使客户对本商店产生强烈的第一印象，这是商店与客户进行交流、说服客户开始购买和激发他们的购买欲的重点。从这方面来说，突出商店的商标是第一位也是最重要的事情。其次，一个很重要的问题是要为商店所经营的商品种类或门类提供一个清楚的、形象的名称和定义，并且在单证中或在导航条中加以应用。为客户设计的商品查找特征必须显著地放在公司商标附近或几乎所有网页的顶部和底部；可以考虑在网站的主页上突出热销或特价的商品以激发客户购买的欲望。提供适当的链接来提供有益的信息也可以增加吸引力。

（3）把干扰减少到最小，广告不一定总是必需的。可以考虑不在主页和整个购买过程的单证中提供任何的广告，因为主页和单证的设计目的是鼓励和方便客户的购物操作，而客户在购物的过程中点击另一公司的广告将会阻碍和终止他们的购物。当然也并非绝对不能登广告，可以把有关商品的广告信息以某种方式加到顾客的购物车上。其结果是，由于产品信息与顾客的个人信息在单证上联系在一起，可以使顾客更倾向于购买它们，并且感受到在你商店购物的便利。当客户在结束购物并要求付账时，排除干扰、清除阻碍顾客完成购物过程的无关按钮和导航元素十分重要。

（4）个性化和问候语。努力在单证的设计时寻找与客户建立一种非常和谐的亲密关系的方式，例如，可以在顾客作为一个购物者或成员注册后，在相关的单证中利用客户的信息为他们提供一些个性化的服务。比如使用客户的姓名信息在主页或不同部分的单证页面提供个性化的问候，如："欢迎你，Mickeal，祝你购物愉快!"。商店的单证还可以向客户提供一个需要密码的私人空间，在那里每个顾客能检查自己过去的订单、订单状态、需求商品列表和赠品证书等等。

（5）避免冗长的说明。在网上商店的单证中完全不需要长篇大论来说明如何使用单证和进行购买，客户希望依靠最少的说明，甚至在相关的单证中不需要说明就能快速完成购买，因为大多数客户将不会阅读长篇的说明，只会在一片迷惘中转身离开。

（6）提供可视化的线索和与购物车链接。对于有几个不同部分的商店，可以通过改变导航条或背景页的颜色，通过使用文本或图形提供不同的标题，创立一种不同位置的感觉，提供可视化的线索。如果有可能，在商品介绍的页面为每个商品提供三个尺寸的图片：小的、中等的和大的。小图最好用于有多个产品的列表页面。在单个产品的页面中，则应提供中等尺寸的图像，并能单击观看产品的放大版图像。当然，对于商品的细节提供得越多越好，而如果关于产品信息的网页很长，要确保在信息正文的顶部和底部都提供让客户能随时购买或添加到购物车的选项。

（7）在长列表中使用交替背景色。使单证中的长项目列表的可读性更好，更好的方法是在每行或每项之间交替使用明亮的背景色。

（8）给客户一个暂时存放的地方。为客户在购物时提供一个购物车或一个暂存货架，帮助顾客在正式购买前存放考虑购买的商品。不要让顾客在一次购物中不止一次地填写冗长的付款、收货信息和其他表格。可以在商品页面上提供一个链接进行付款，另有一个链接在客户继续购买时可以添加商品到自己的购物车中。

3. 网上单证格式的设计方法

1）设计本商店网上单证的种类和格式内容

步骤一，按照一般网上商店在网上销售、交易双方信息交互的需要，列出所需的网上单证种类的名称，如客户注册单证、商品信息表、购物车等。

步骤二，列出各种单证的有关数据项并确定项名，以及定义其数据类型和长度等。

步骤三，画出各种单证的表格样张。

步骤四，确定客户在填写单证时各数据项的特性，如是必选的还是可选的。

2）设计本商店网上单证的风格

步骤一，列出各网上单证中为方便客户所需要的提示语内容。

步骤二，确定本商店网上单证统一的风格，包括色彩、字体、字形等。

步骤三，确定各单证中的问候语和广告语的内容。

3）设计本商店各网上单证功能和链接

步骤一，确定各网上单证应出现在哪些相关网页及其具体位置。

步骤二，设计各网上单证之间的相互关系，包括数据调用和链接关系。

步骤三，设计各网上单证的有关功能，例如购物车中的商品的确认和删除等。

步骤四，设计对客户输入数据的核对功能。

4. 网上购物车的功能

伴随网络消费者在网上商店进行购物的是网上商店提供的购物车，商店最后按照客户购物车的信息确定客户的订单。因此，网上电子商城提供的购物车能完成的功能是否合理和完整对于客户订单的最后确定十分重要。

一般网站向客户提供的网上购物车应该具备如下功能：

（1）自动跟踪并记录消费者在网上购物过程中所选择的商品，并在购物车中显示这些商品的清单，以及这些商品的一些简要信息如品名、编号、单价、数量等。

（2）允许购物者随时更新购物车中的商品，包括修改商品的数量或者删除某种已选择的商品等，同时所涉及的相关商品的信息也应该同步被修改。

（3）自动累积客户购物的总金额，并按消费者选择的送货方式和资金结算方式计算相应的服务费用，最后显示该客户本次消费的总金额。

（4）完成对数据的校验、确认，并将订单存档，同时对数据库进行实时更新。

（5）完成和支付网关（payment gateway）接口的接通。

对于网上电子商城，由于整个电子商城有几十上百家网上商店，这些商店共用网站提供的同一个电子购物车软件系统，而且每个网上商店又都有各自的结算方式和支付方式，因而购物车还要求能完成以下功能：

（1）根据不同的网上商店生成相应的订单，其中包括不同的支付方式、送货方式和所购商品规定的送货区域等，具体表现为由若干张小订单构成一张商城级的大订单。

（2）由于电子商城中还有如网上宾馆和饭店的预订业务等其他内容，因此，除了开展网上购物之外还包括网上订餐和网上订房等，因而要求购物车能同时支持网上订餐和网上订房等业务。比如针对客户消费者在网上订餐，购物车至少还应包含吃饭的人数、时间和地点等，对网上订房应包含客房标准、人数、时间、天数等，其他的业务还要视具体情况而定。

（3）对同一消费者在本电子商城的不同网上商店购买的商品，还要按不同商店的规定分别进行核算和支付。

（4）具有良好的扩展性和接口，以支持以后可能开展的网上新业务。

5. 网上订单的各种状态

（1）未处理。表示客户的订单刚刚提交，还没有进行配送处理。

（2）待确认。表示客户提交的订单采用货到付款方式，但由于订单的信息如收货人地址、姓名、电话不详等原因，需要得到客户的确认。订单处理员会依据不同的情况给客户发送 e-mail，请求客户尽快回信确认，以便商店尽快安排发货。

（3）已确认。表示客户提交的订单采用的是货到付款方式，并且已经被商店的订单处理员视为有效订单，进入配货流程。

（4）已收款。表示客户提交的订单采用的是在线支付、邮局汇款、银行电汇、预付款支付等结算方式，货款已到，订单处理员已将其视为有效订单，进入配货流程。

（5）已取消。表示客户提交的订单已经被取消。

（6）全部发货。表示客户提交的订单中所有商品全部配货成功，已经为客户发货。

（7）部分发货。表示客户提交的订单中所有商品只有部分配货成功，而且已经发货。商店会按客户在提交订单时选择的“缺货处理方案”进行后续处理。

（8）交易完成。表示客户已经收到这份订单订购的商品，并已点击确认 e-mail 或者“购物信息”内的“确定”按钮，将这个订单设置为“交易完成”。商店将以此统计该客户的购物记录，并核算应当返还给客户的优惠如购物券或小礼品等。

6. 网上订单的后台处理

网络消费者在进行网上购物时将面对并填写一张又一张不同的网上单证，而最终的结果是要完成并提交成功一份有效的网上购物订单。相应地，网上商店也要对来自于客户填写的单证信息完成必要的并且是正确的处理流程，才能使一笔网上交易成功。

不同的网站对于网上商店的单证后台处理的流程是不同的，一般来说，网上订单的后台处理的过程主要包括以下五个部分：①订单准备；②订单传递；③订单登录；④按订单供货；⑤订单处理状态追踪。

二、电子合同

1. 电子合同的概念

《中华人民共和国合同法》（下文简称《合同法》）第二条规定，“合同是平等主体的公民、法人、其他组织之间设立、变更、终止民事权利义务关系的协议。”合同反映了双方或多方意思表示一致的法律行为。现阶段，合同已经成为保障市场经济正常运行的重要手段。

合同形式主要有两种，口头形式和书面形式。口头形式是指当事人采用口头或电话等直接表达的方式达成的协议。书面形式是指合同书、信件和数据电文（包括电报、电传、传真、电子数据交换和电子邮件）等可以有形地表现所载内容的形式（《合同法》第十一条）。

电子合同是通过计算机网络系统订立的，以数据电文的方式生成、储存或传递的合同。

这里，“‘数据电文’系指经由电子手段、光学手段或类似手段生成、储存或传递的信息，数据电文包括但不限于电子数据交换（EDI）、电子邮件、电报或传真所传递的信息”（联合国国际贸易法委员会《电子商务示范法》第二条a项）。

2. 电子合同与传统合同的区别

（1）电子合同是一种民事法律行为。电子合同这种民事法律行为是双方或者是多方民事主体的法律行为，当事人之间以电子的方式签订合同，以设立、变更、终止财产性民事权利义务为目的。当事人之间签订的这种合同是合同的电子化，是合同的新形式。根据《电子商务示范法》中有关规定，电子合同是以财产性为目的的协议。

（2）电子合同交易主体的虚拟化和广泛化。电子合同订立的整个过程所采用的是电子形式，通过电子邮件、EDI等方式进行电子合同的谈判、签订及履行等。这种合同方式大大地节约了交易成本，提高了经济效益。电子合同的交易主体可以是地球村的任何自然人和法人及其相关组织，这种交易方式当然需要提供一系列的配套措施，如建立信用制度，让交易的相对人在交易前知道对方的资信状况。在世界经济全球化的今天，信用权益必将成为一种无形的财产。

（3）技术化、标准化。电子合同是通过计算机网络进行的，有别于传统的合同订立方式，电子合同的整个交易过程都需要一系列的国际国内技术标准予以规范，如：电子签名、电子认证等。这些具体的标准是电子合同存在的基础，如果没有相关的技术与标准，电子合同是无法实现和存在的。

（4）电子合同订立的电子化。我国《合同法》规定合同的订立需要有要约和承诺这两个过程，电子合同同样也需要具备这些要件。传统合同的要约和承诺采用的方式不同于电子合同，电子合同中的要约和承诺均可以用电子的形式完成，只要输入的相关信息符合预先设定的程序，计算机就可以自动做出相应的意思表示。

（5）电子合同中的意思表示电子化。意思表示的电子化，是指在合同订立的过程中通过相关的电子方式表达自己的意愿的一种行为，这种行为的表现方式是通过电子化形式实现的。《电子商务示范法》中将电子化的意思表示称为“数据电文”。

3. 电子合同的分类

电子合同分类的目的在于通过分类来掌握一类合同的共同特征，以更好地进行研究和指导实践。电子合同作为一种民商事合同，自然可以按传统合同的分类标准来划分。然而，它又是一种特殊形式的合同，具有自己的特殊性，可以按照自身的特点加以分类。

1）信息产品合同与非信息产品合同

根据标的的不同，合同可分为货物贸易合同、服务贸易合同及知识产权贸易合同三大类。电子商务包括了传统商务的电子化，如在线进行货物买卖、在线信息服务等，这类电子合同的标的与传统合同的标的并无二致。但同时电子商务也产生了一类新的合同，即信息产品合同。

所谓信息产品，是指可以被数字化并通过网络来传播的商品。例如，我们在网上花店为朋友定购一束花，如果我们要求网上花店在指定的时间将鲜花送给这位朋友，这是一个实物产品的买卖合同，其标的就是一束现实的鲜花；如果我们定购的是一束数字化的花，要求花店按时送给那位朋友，此时标的并非是鲜花，可以说，我们买的花是图片或一串特定的电子数据，实际上它就是信息产品。与此类似，软件、数据库、书刊、音像等可以在线传播的都是信息产品。

因此，我们可以把电子合同的标的分为两类，一类是信息产品，另一类是非信息产品，从而产生信息产品合同与非信息产品合同。

2）有形信息产品合同与无形信息产品合同

在信息产品合同中，根据数字化的信息否具有实体形式，可分为有形信息产品合同与无形信息产品合同。数字化信息附着在有形载体上，如附着在音乐碟片、软件光盘上，可以称为有形信息产品。此类产品可以在网上订购和付款，但不能从网上下载，必须有现实的产品交付，对应的购买合同可称为有形信息产品合同。数字化信息保持数字形式通过网络进行传播，购买方可以直接从网上下载，这类信息产品可称为无形信息产品，对应的购买合同可称为无形信息产品合同，即从合同的订立到履行都在网上进行。

区分这两类合同的意义在于合同的履行方式不同。有形信息产品的交付可以根据《合同法》的有关规定执行，而无形信息产品在履行的时间、履行的完毕确认、风险承担、检验、退货等方面有其特殊性。

3）信息许可使用合同与信息服务合同

根据合同标的性质的不同可区分为信息许可使用合同与信息访问合同。信息许可使用合同是指以转移信息产品的使用权为标的的合同，如音乐、软件的所有权人许可他人下载，在离线后仍可使用；信息服务合同是指以提供信息服务为标的的合同，如信息访问、认证服务、交易平台服务等。

4. 电子合同成立的时间与地点

合同成立的时间是对双方当事人产生法律效力的时间，传统合同一般以当事人签字或者盖章的方式表示合同生效，而数据电文的生效时间即为到达生效的时间。联合国《电子商务示范法》第15条和我国的《合同法》第16条的规定基本相同。如收件人为接收数据电文而指定了某一信息系统，该数据系统进入该特定系统的时间，视为收到时间；如收件人没有指定某一特定信息系统，则数据电文进入收件人的任一信息系统的时间为收到时间。对于什么是“进入”，一项数据电文进入某一信息系统的时间应是在该信息系统内可投入处理的时间，而不管收件人是否检查或者是否阅读传送的信息内容。

合同的成立地点，是指合同成立的地方。确定合同成立的地点涉及发生合同纠纷后由哪地、哪级法院管辖及其适用法律问题。我国《合同法》第34条规定，传统合同的生效地点一般为合同成立的地点，而采用电子意思表示形式订立的合同，以收件人的主要营业地为合同成立的地点，没有主要营业地的，其经常居住地为合同成立的地点，当事人另有约定的从其约定。我国立法对电子意思表示采取的是“到达主义”，所以规定以收到地点为合同成立的地点，其原因是考虑到当事人意思自治原则和特殊性问题。我国《合同法》第34条之所以这样规定，主要是因为电子交易中收件人接收或者检索数据电文的信息系统经常与收件人不在同一管辖区内，上述规定确保了收件人与视为收件地点的所在地有着某种合理的联系，可以说我国《合同法》这一规定充分考虑了电子商务不同于普遍交易的特殊性。

5. 电子签名与电子认证

电子合同成立是双方当事人意思一致的结果，在传统的合同订立过程中，国际上通行的做法是用双方当事人的签字来确定双方的意思表示。我国的《合同法》第32条规定：“当事人采用合同形式订立合同，自双方当事人在合同书上签名或者加盖公章时合同成立。”当事人的签字或者盖章，意味着自然人或者法人在合同书上签名或者是加盖公章后合同才发生法律效力。在电子商务合同中，要在这种合同书上签字或者盖章是很困难的。所以，在实践中用何种技术来解决签名和盖章问题是电子合同成立与生效的关键。

传统的签字盖章方式被电子签名所代替，电子签名主要是指通过一种特定的技术方案来赋予当事人一个特定的电子密码，确保该密码能够证明当事人身份，而同时确保发件人发出的资料内容不被篡改的安全保障措施。电子签名的主要目的是利用技术的手段对数据电文的发件人身份做出确认及保证传送的文件内容没有被篡改，以及解决事后发件人否认已经发送或者是收到资料等问题。因此，验证解密得到的结果与经过计算后的结果必然不同，从而保证了电子信息的真实性与完整性。

电子认证与电子签名一样，都是电子商务中的安全保障机制，是由特定的机构提供的，对电子签名及其签署者的真实性进行验证的服务。电子认证，是指由特定的第三方机构通过一定的方法对签名及其所做的电子签名的真实性进行验证的一种活动。电子认证主要应用于电子交易的信用安全方面，保障开放性网络环境中交易人的真实与可靠。电子认证可以确定某个人的身份信息或者是特定的信息在传输过程中未被修改或者替换。电子认证既可以在当事人相互之间进行，也可以由第三方来做出鉴别。电子商务活动常常是跨国境的，各个参与方需要由不同的国家的认证机构对各自的身份进行认证，并向电子商务活动的相对方发放认证证书，这在实践中就需各国相互承认对方国家认证机构发放的电子认证证书的效力。

在认证机构的设立上，必须强调认证机构是一个独立的法律实体，能够以自己的名义从事数字服务，并且能够以自己的财产提供担保，能在法律规定的范围内自己承担相应的民事责任。它必须保持中立，并具有可靠性、真实性和公正性。电子认证机构一般不得直接和客户进行商业交易，也不能在当事人之间的交易活动中代表任何一方的利益，而只能通过发布公正的交易信息促成当事人之间的交易。它必须能被当事人接受，也就是说，它应当在社会具有相当的影响力和可信度，并足以使人们在网络交易中愿意接受其认证服务。当事人对电子认证机构的接受可能是明示的，也可能是在网络交易中默示承认或者是基于成文法律的要求。另外，电子认证机构不能以盈利为目的，应当是一种类似于承担社会服务功能的公用事业，其营业的宗旨应该是提供公正、安全的交易环境，保护第三人的合法权益，促进电子合同交易，加快电子商务的发展。

任务三 熟悉常用电子交易模式

电子商务从不同的角度出发，有不同的分类方法，并且由于电子商务的参与者众多，如企业、消费者、政府、接入服务的提供商（ISP）、在线服务的提供者、配送和支付服务的提供机构等。他们的性质各不相同，可以分为 B（business），C（customer），G（government）。由此形成了以下电子商务交易模式：B2B、B2C、C2C、B2G、C2G 等。目前应用范围比较广泛的是 B2C、B2B、C2C 三大类。

一、B2C 交易模式

B2C 电子商务是指企业与消费者之间以 Internet 为主要服务提供手段进行的商务活动。它是一种电子化零售模式，采用在线销售，以网络手段实现公众消费和提供服务，并保证与其相关的付款方式电子化。它是随着 WWW 的出现而迅速发展起来的，目前在 Internet 上遍布各种类型的网上商店和虚拟商业中心，提供从鲜花、书籍、饮料、食品、玩具到计算机、汽车等各种消费品和服务。WWW 网上有很多这一类型电子商务成功应用的例子，如全球最大的虚拟书店 Amazon. com，为了获得消费者的认同，网上销售商在“网络商店”的布置上往往煞费苦心。网上商品不是摆在货架上，而是做成了电子目录，里面有商品的图片、详细说明书、尺寸和价格信息等。

网上购买引擎和购买指南还不时帮助消费者在众多的商品品牌之间做出选择。消费者对选中的商品只要用鼠标轻轻一点，再把它拖到网络的“购物车”里就可以了。在付款时消费者需要输入自己的姓名、家庭住址以及支付信息，点击“回车”，一次网上购物就算完成。为了消除消费者的不信任感，大多数网上销售商还提供免费电话咨询服务。

（一）B2C 在线交易流程

以消费者进行网上购物为例，B2C 交易的过程如下：

（1）消费者使用自己的计算机或其他连网电子设备，通过互联网搜索想要购买的商品。

（2）消费者在网上浏览，选购所需的商品放入购物车内，提交订单，系统自动生成订单，其中包括商品名称、数量、单价、总价等信息，消费者可另外注明将此商品何时送到何地以及交给何人等详细信息（或使用事先设置的默认收件信息）。

（3）服务器与有关商店联系并取得应答，告知消费者所购货物的单价、应付款数、交货时间地点等信息。

（4）消费者确认上述信息后，选择付款。以信用卡支付为例，输入自己的账号信息及密码口令，进行付款。

（5）信用卡号码被加密发送到相应的银行，网上商店收到订购单，等待银行的付款确认。当然商店不知道、也不应该知道顾客的信用卡信息，无权也无法处理信用卡中的钱款。

（6）如果付款不成功，说明信用卡上的钱款已经超过透支限额或者是上了黑名单，消费者已不能使用该卡。消费者可尝试其他付款方式。

（7）如果经银行证明信用卡有效并已授权，网上商店就可发货，同时销售商店留下整个交易过程中发生往来的财务数据，并出示一份电子收据发送给消费者。

（8）上述交易完成后，网上商店就按照消费者提供的电子订单，将货物在指定地点交到消费者指明的收货人手中。

就上述电子购物而言，在实际进行过程中，即从顾客输入订单后开始到拿到销售商店出具的电子收据为止的全过程仅用 5 ～ 20s 的时间。这种电子购物方式十分省事、省力、省时。购物过程中虽经过信用卡公司和商业银行等多次进行身份确认、银行授权、各种财务数据交换和账务往来等，但所有业务活动都是在极短的时间内完成的。总之，这种购物过程彻底改变了传统的面对面交易和一手交钱一手交货等购物方式，是一种新颖有效、保密性好、安全保险、可靠的电子购物过程，利用各种电子商务保密服务系统，就可以在Internet 上使用自己的信用卡放心地购买自己所需要的物品。

（二）B2C 网站实例

亚马逊网站（http：//www. amazon. com）如图 4－5 所示，是国外较成功的 B2C 网站。亚马逊的绝大部分顾客都是个人购买者，最初主要经营图书和音乐产品，现在则已成为全球商品品种最多的网上零售商。在书籍和音乐在线零售商间的竞争十分激烈的情况下，由于书籍和音乐都是标准化产品，因此消费者更看重的主要是低价格、快速送货、良好的退货政策以及有用的客户服务等。

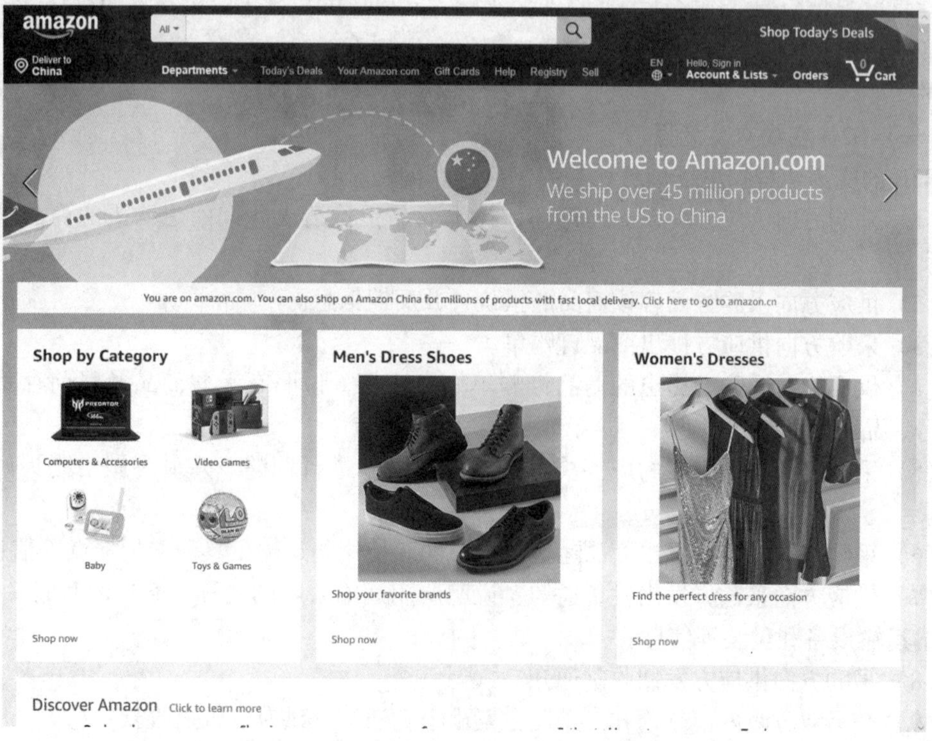

图 4－5　亚马逊网上书店首页

从作为网上书店的时期起，亚马逊就有了自己的特色服务。亚马逊的关键特色有方便快捷的浏览和搜索、专家书评、针对个人的购买建议、较低的价格、电子钱包及安全支付系统等。亚马逊网站还提供其他服务以使得在线购物更加有趣。如随季节而变的礼品创意与服务、向顾客提供免费的电子动画贺卡等。

亚马逊借助其高度自动化的、高效率的后台系统，实现客户关系管理和保持顾客亲密度。当顾客再次访问亚马逊网站时，系统将识别顾客身份，并显示类似“欢迎再次光临，梅里尔”这样的欢迎语，同时根据该顾客以前购买的书籍种类推荐新书。亚马逊网站跟踪顾客的购物历史，并通过电子邮件寄发购买建议，以吸引回头客。亚马逊还提供详细的产品描述和产品评级以帮助顾客做出购买决定。这些努力带来了令人满意的购物体验，并促使顾客再次访问该网站。

二、B2B 交易模式

B2B 电子商务是商业对商业，或者说是企业间的电子商务交易模式，即企业与企业之间通过互联网进行产品、服务及信息的交换。目前，世界上 80% 的电子商务交易额是在企业之间，而不是企业和消费者之间完成的。

B2B 电子商务模式包括两种基本模式。

第一种是面向制造业或面向商业的垂直 B2B。垂直 B2B 可以分为两个方向，即上游和下游。生产商或商业零售商可以与上游的供应商之间形成供货关系；生产商与下游的经销商可以形成销货关系。

第二种是面向中间交易市场的 B2B。这种交易模式是水平 B2B，它是将各个行业中相近的交易过程集中到一个场所，为企业的采购方和供应方提供了一个交易的机会。B2B 只是企业实现电子商务的一个开始，它的应用将会得到不断发展和完善，并适应所有行业的企业的需要。

（一）B2B 在线交易流程

B2B 的交易流程按电子商务交易要求应遵循的基本程序有：

（1）采购方向供应方发出交易意向，提出商品报价请求并询问想购买的商品的详细信息。

（2）供应方向采购方回答该商品的报价，并反馈信息。

（3）采购方向供应方提出商品订购单。

（4）供应方对采购方提出的商品订购单做出应答，说明有无此商品及目前存货的规格型号、品种、质量等信息。

（5）采购方根据供应方的应答决定是否对订购单进行调整，并最终做出购买商品的决定。

（6）采购方向供应方提出商品运输要求，明确使用的运输工具和交货地点等信息。

（7）供应方向采购方发出发货通知，说明所用运输公司的名称、交货的时间、地点、所用的运输设备和包装等信息。

（8）采购方向供应方发回收货通知。

（9）交易双方收发汇款通知。采购方发出汇款通知，供应方告之收款信息。

（10）供应方备货并开出电子发票，采购方收到货物，供应方收到货款，整个 B2B 交易流程结束。

如果是外贸企业，中间还将涉及海关、商检、国际运输、外汇结算等业务。

（二）B2B 交易平台上交易商品的特点

B2B 交易模式与 B2C 模式相比较有很多特点，如 B2B 交易次数少，交易金额大，适合企业与供应商、客户之间大宗货物的交易与买卖活动。另外，B2B 模式交易对象广泛，它的交易对象可以是任何一种产品，即中间产品或最终产品。因此，B2B 是目前电子商务发展的推动力和主流。

下面以面向中间交易市场的水平 B2B 为主介绍交易商品的特点。

（1）在 B2B 交易平台上交易的商品覆盖种类齐全。这是因为企业和企业间的交易是大额交易，不像普通消费者以日用、休闲、娱乐等消费品为主，单宗交易数额小、交易量大。

（2）B2B 交易在线下完成，这和企业间的大额交易特点有关。B2B 只是一个交易平台，将交易双方汇聚在一起撮合双方的交易。

（3）交易品的种类不受网络交易的限制。

三、C2C 交易模式

C2C 电子商务是消费者对消费者的交易，简单地说就是消费者本身提供服务或产品给消费者。C2C 商务平台就是通过为买卖双方提供一个在线交易平台，使卖方可以主动提供商品上网拍卖，而买方可以自行选择商品进行竞价。

（一）C2C 在线交易流程

以交易者网上竞拍为例，C2C 交易流程如下：

（1）交易者登录 C2C 类型网站，注册相关信息。

（2）卖方发布拍卖商品的信息，确定起拍价格和竞价幅度、截止日期等信息。

（3）买方查询商品信息，参与网上竞价过程。

（4）双方成交，买方付款，卖方交货，完成交易。

（二）C2C 交易商品的特点

C2C 交易平台上交易产品丰富、范围广并且以个人消费品为主。因为 C2C 交易本质上也是网上撮合成交，通过网上或者网下的方式进行交易。

【同步训练】

一、判断题

1. 电子商务的交易过程根据签订合同的时间为界限，大致可以分为交易前、交易中、交易后三个阶段。（　　）

2. 买卖双方在交易过程中由于违约所进行的受损方向违约方索赔的行为，不属于电子商务的交易过程。（　　）

3. 网络商品直销，是指消费者和生产者或者需求方和供应方，直接利用网络形式所开展的买卖活动，这种交易的最大特点是供需直接交易，环节少，速度快，费用低，没有任何不足之处。（　　）

4. 网络商品交易中心可以有效地解决传统交易中“拿钱不给货”和“拿货不给钱”两大难题。（　　）

5. 网上商店的单证是商家与用户之间交易的凭证，一般来讲，网上单证是一个网上商店必须具有的。（ ）

二、单选题

1. 网上购物流程中，一般网上商店首先要求用户一定要做的是（ ）。

A. 用户注册　　B. 浏览产品

C. 选购产品　　D. 选择送货和支付方式

2. 以下对网上购物车的说法错误的是（ ）。

A. 伴随网络消费者在网上商店进行购物的是网上商店提供的购物车，商店最后按照客户购物车的信息确定客户的订单

B. 网上电子商城提供的购物车能完成的功能是否合理和完整对于客户订单的最后确定十分重要

C. 购物车应完成和支付网关接口的接通

D. 禁止购物者随时更新购物车中的商品，以免客户删除已购买的商品

3. “表示客户提交的订单采用的是货到付款的方式，并且已经被商店处理员视为有效订单，进入配货流程”，这句话描述的网上订单状态是（ ）。

A. 全部发货　　B. 已确认　　C. 部分发货　　D. 已收款

4. 以下关于网上单证的说法中，不正确的是（ ）。

A. 为了减少干扰，所以网上单证的操作流程中不宜添加广告

B. 单证中长项目列表的每行或每项之间交替使用明亮的背景色可以增加可读性

C. 网上单证的设计主要考虑网上商店的管理者对订单数据处理的准确性、完整性需要

D. 网上单证应避免冗长的说明，力求简洁明了

5. 以下有关电子合同的说法中，不正确的是（ ）。

A. 在B2B交易中，一般都要签订正式的电子合同

B. 电子合同的成立、变更和解除无须采用传统的书面形式，具有电子化的特点

C. 电子合同的履行与支付较传统合同简便得多

D. 电子合同是通过计算机网络系统订立的，以数据电文方式生成、储存或传递的合同

三、多选题

1. 网上单证面对网络消费者，所以必须做到：（ ）。

A. 格式简洁　　B. 界面风格友好　　C. 添加广告　　D. 功能完整

2. 以下有关电子合同的说法中，正确的是（ ）。

A. 在电子合同中，传统的签字盖章方式被电子签名所代替

B. 在电子合同中，以收件人的主营业地为电子合同成立的地点

C. 在电子合同中，收件人指定特定系统接收数据电文的，该数据电文进入该特定系统的时间，视为到达时间（即生效时间）

D. 在电子合同中，未指定接收系统的，数据电文进入收件人的任何系统的首次时间，视为到达时间

四、问答题

1. 电子交易过程一般分为哪些阶段？各阶段交易双方要做哪些工作？

2. 电子交易市场有哪些优点？

3. 网上单证设计中有哪些要求？

4. 什么是电子合同？有哪些特点？

5. 常用电子交易模式有哪几种？

五、实训题

1. 分析 B2B、B2C 和 C2C 这几种模式的电子商务网站面向的对象有何不同。

2. 登录阿里巴巴网站和海尔企业购网站，分析两种不同类型的 B2B 电子商务模式的交易方式、交易流程的区别。

项目五　电子支付

【引例】OPPO 成为首家支持 3D 人脸支付的安卓手机厂商

2018 年 6 月 8 日，OPPO 广东移动通信有限公司与蚂蚁金服宣布达成战略合作伙伴关系。双方将成立联合创新实验室，探索硬件和软件底层技术的深度整合，为用户打造完整的数字金融服务场景。该合作关系包括 OPPO 智能手机支持支付宝的性能优化和高频支付场景的一步直达，以及实现基于结构光技术的 3D 人脸支付。双方还将共同开展人工智能（AI）和增强现实（AR）等技术领域的研究，为未来产品的竞争力创造技术条件。双方将一起努力，为用户提供更加智能、便捷的服务，让服务更加扁平和直观。通过软硬件技术能力和蚂蚁金服生态系统，共同探索整合度更高的可能性，为用户带来更便捷、安全的移动支付和服务体验。

在联合创新实验室的推动下，OPPO 与支付宝团队已完成 3D 人脸支付的技术准备工作，支持该功能随时应用于 OPPO 未来智能手机产品。OPPO 日前已宣布 3D 结构光技术将于 6 个月内实现正式商用，此次宣布也让 OPPO 成为首家支持 3D 人脸支付的 Android 手机厂商。

以结构光为硬件基础，并结合 OPPO 基于深度学习的人脸智能识别自研算法，3D 人脸支付可以精确比对用户录入与识别的信息，实现高达百万分之一的支付精度，而主流的指纹识别精度约为五万分之一。OPPO 3D 人脸支付系统的结构光点阵数量达到 1.5 万，并支持高达 30 万的分辨率，可以实现快至 0.1s 的极速支付。用户可以在未来 OPPO 智能手机中利用这一技术，以面部替代指纹、密码或 PIN 码作为支付宝应用的主要验证方式。产品合作带来更多人性化服务，而双方底层的技术合作可以释放更多想象空间。OPPO 研究院与蚂蚁金服在 AI 预加载、光学字符识别（OCR）以及 AR 领域等底层技术的创新结合，将为双方未来产品的竞争力创造充分的技术条件。

【案例思考】

（1）什么是电子支付，它与传统支付有何异同?

（2）电子支付的发展将给人们的生活和工作带来哪些好处，又将带来哪些风险和挑战?

【学习目标】

- 掌握电子支付的方法
- 熟悉常用电子支付工具的操作
- 掌握个人网上银行操作方法
- 熟悉第三方支付工具，掌握支付宝操作方法

任务一　认识电子支付系统

一、电子支付

1. 电子支付的含义

电子支付，英文一般描述为 electronic payment，或简称 e-payment，是指电子交易的当事人（包括消费者、厂商和金融机构）以商用电子化设备和各类交易卡为媒介，以计算机技术和通信技术为手段，二进制（0，1）为存储形式，通过计算机网络系统进行的货币支付或资金流转。

2. 电子支付的特点

电子支付与传统的支付方式相比具有以下特点。

（1）电子支付是采用先进的技术通过数字流转来完成信息传输的，电子支付的各种支付方式都采用数字化的方式进行款项支付；而传统的支付方式则是通过现金的流转、票据的转让及银行的汇总等物理实体流来完成款项支付的。

（2）电子支付的工作环境基于一个开放的系统平台，即 Internet；而传统支付则是在较为封闭的系统中运作。

（3）电子支付使用的是最先进的通信手段，如 Internet、Extranet；而传统支付则使用较为封闭的通信媒介。电子支付对软、硬件设施的要求很高，一般要求有联网的微机、相关的软件及其他一些配套设施；而传统支付则没有这么高的要求。

（4）电子支付具有方便、快捷、高效、经济的优势。用户只要拥有一台上网的 PC 机，便可足不出户，在很短的时间内完成整个支付过程，支付费用仅相当于传统支付的几十分之一，甚至几百分之一。

3. 电子支付的发展阶段

我国电子支付产业发展经历了以下三个阶段。

第一阶段：网银时代。2003 年以前，中国的电子支付发展较为缓慢，主要参与方为各大银行机构，支付方式以网上银行为主，发展速度较为缓慢。

第二阶段：第三方支付机构崛起时代。2003 年后，以支付宝为代表的第三方支付机构涉足支付业务，电子支付市场开始快速发展。

第三阶段：全面移动支付时代。2010 年，随着移动智能终端的普及，各大银行开始推出手机银行 APP；同时，以支付宝、微信支付为代表的互联网巨头纷纷发力移动支付市场，依靠其强大的线上生态场景优势抢占市场份额。2018 年，我国银行业金融机构共处理电子支付业务 1751.92 亿笔，金额 2539.70 万亿元，电子支付在国家金融体系中占据了重要的地位。

二、电子支付系统的构成

电子支付系统是指电子交易的当事人（包括消费者、厂商和金融机构）使用安全的电子支付手段，通过网络进行货币支付或资金流转的系统。即把新型支付手段包括电子现金（e-cash）、信用卡（credit card）、借记卡（debit card）、智能卡（smart card）等的支付信息通过网络安全传送到银行或相应的处理机构，实现电子支付，是融购物流程、支付工具、安全技术、认证体系、信用体系以及现在的金融体系为一体的综合大系统。电子支付系统主要涉及七大要素：

（1）客户。一般是指互联网上与某企业或商家有商务交易关系并且存在未清偿的债权、债务关系的单位和个人。客户用自己拥有的网络支付工具（如电子钱包、信用卡、电子支票）进行支付，是电子商务支付体系运作的原因和起点。

（2）商家。是指拥有债权的商务交易的除客户之外的另一方。可以根据客户发出的支付指令向中介金融机构请求获取货币的给付，即请求结算。商家一般设置一台专门的服务器来处理这一过程，包括身份认证及在不同网络支付工具的处理。

（3）客户开户行。是指客户在其中拥有资金账户的银行，客户所拥有的网络支付工具主要是由开户行提供的。客户开户行在提供网络支付工具的时候，同时提供一种银行信用，即保证支付工具是真实并可以兑付的。在利用银行卡进行网络支付的体系中，客户开户行又被称为发卡行。

（4）商家开户行。是指商家在其中开设资金账户的银行，其账户是整个支付与结算过程中资金流向的目的地。商家将收到的客户支付指令提交至其开户行后，就由开户行进行支付授权的请示，并且进行商家开户行与客户开户行之间的清算工作，商家开户行是依据商家提供的合法账单（客户的支付指令）来工作的，因此又被称为收单行或接收行。

（5）支付网关（payment gateway）。是 Internet 公用网络平台和银行内部的金融专用网络平台之间的安全接口，网络的电子信息必须通过支付网关进行处理后才能进入银行内部的支付结算系统，从而完成安全支付的授权。支付网关的建设关系着整个网络支付结算的安全和银行自身的安全，关系着电子商务支付结算的安全及金融系统的风险，这就要求支付网关必须由商家、客户以外的第三方银行或委托的信用卡发行机构来建设相应的支付结算服务。

（6）金融专用网。是银行内及各个银行之间进行沟通的专用网络，不对外开放，因此有很高的安全性。在我国国家金融专用网上，运行着中国国家现代化支付系统、中国人民银行电子联行系统、中国工商银行电子汇兑系统、银行卡授权系统等。我国传统商务中的电子支付与结算应用如信用卡 POS 支付结算、ATM 资金存取、电话银行系统，均运行在金融专用网上。

（7）CA 认证中心。是网上商务的准入者和市场的规范者，它和传统商务中工商局的作用有点类似，是一个第三方的公正机构。它主要负责为 Internet 上参与网上电子商务活动的各方发放与维护数字证书，以确认各方的真实身份，也发送公共密钥和提供数字签名服务支付等，保证电子商务支付与结算的安全有序进行。

三、电子支付系统分类

根据系统中使用支付工具的不同，大致可以将电子支付系统分为三大类：①电子信用卡支付系统，如 CyberCash、First Virtual Holding 等；②电子现金支付系统，如 Mondex、NetCash 和 Digicash 等；③电子资金传输/电子支票支付系统，如 E－check、NetBill、Net-check 等。

1. 电子信用卡支付系统

信用卡就是一种常见的银行卡。信用卡具有购物消费、信用借款、转账结算、汇兑储蓄等多项功能。信用卡可在商场、饭店等许多场合使用。可采用刷卡记账、售货终端机POS结账、自动柜员机ATM提取现金等多种支付方式。其他银行卡还有借记卡（debit card）、灵通卡、专用卡等。其基本功能都是用于支付，只是存在着一些业务范围的差异。信用卡与其他银行卡的一个重要差别在于，信用卡不仅是一种支付工具，同时也是一种信用工具。使用信用卡可以透支消费，给用户带来了方便，但这同时也给银行带来了恶意透支的问题。

目前我国信用卡主要在银行专用网络中使用，电子商务中更先进的方式是在Internet环境下通过特殊协议进行网上支付。电子信用卡支付系统的特点是：每张卡对应着一个账户，资金的支付最终是通过转账实现的；由于在消费中实行“先消费，后付款”的办法，因此对信用卡账户的处理是滞后于货款支付的。也就是说，购物支付是通过银行提供消费信贷来完成的，对信用卡账户的处理还是其后的事情，因此属于“延迟付款”一类，与电子转账有实质上的不同。电子信用卡支付系统需采用在线操作，可以透支。

2. 电子现金支付系统

电子现金即数字现金，它是以数字化形式存在的电子货币，其发行方式包括存储性质的预付卡和纯电子形式的用户号码数据文件等，使用灵活简便，无须直接与银行连接便可使用。电子现金支付系统的特点是不直接对应任何账户，持有者事先预付资金，便可获得相应货币值的电子现金（智能卡或硬盘文件），因此可以离线操作，是一种“预先付款”的支付系统。在网上付款方式上，数字现金可能是最主要取代纸钞的付款方式，它所具备的特性是具有金钱价值（受现金、银行授权信用或银行证明的本票所担保，若没有适当的银行证明，数字现金就有在存款时因资金不足而被拒绝的风险）、互通性（可和其他数字现金、纸钞、货物或服务、信用贷款限额、银行账户存款、银行票据或契约、电子利益转移等交换）、可取得性（远程的储存和取得可以让客户在家里、办公室或旅行时交换电子现金，甚至可以储存在远程的计算机内存里、智能卡上或其他方便携带或特别设计的装置上）和安全性（可实现预防或检测数字现金的复制和重复使用，以使数字现金不容复制或篡改）。

电子现金的发行方式包括带存储性质的预付卡和纯电子形式的用户号码数据文件等。用户可以购买特定销售方可接受的预付卡。预付卡和储蓄卡一般用于小额支付，很多商家的POS机上都可受理，如银行发行的具有数字化现金功能的智能卡、各种储蓄卡等。纯电子化现金没有明确的物理形式，以用户的数字号码的形式存在，这使它适用于买方和卖方物理上处于不同地点的网络和Internet事务处理。付款行为就是从买方的电子现金中扣除并传输到卖方。

电子现金的特点和现实中的现金一样，可以存、取和转让，适用于小的交易量；使用电子现金的三方——客户、商家和银行都需使用电子现金软件；而银行和商家之间有协议和授权关系，由银行负责客户和商家之间资金的转移；因此，使用电子现金对客户来讲是匿名的，具有很好的个人隐私保护功能。客户在开展电子现金业务的银行开设账户并在账户内存钱后，使用口令和个人识别码将电子现金下载到自己计算机的硬盘中，就可以在接受电子现金的商店购物了。

3. 电子支票支付系统

电子支票是网络银行常用的一种电子支付工具。支票一直是银行大量采用的支付工具之一，将支票改变为带有数字签名的电子报文，或利用其他数字电文代替传统支票的全部信息，就是电子支票。利用电子支票，可以使支票的支付业务和支付过程电子化。网络银行和大多数银行金融机构，通过建立电子支票支付系统，在各个银行之间发出和接收电子支票，向用户提供电子支付服务。电子支票系统的特点是支付过程中操作直接针对账户，对账户的处理即意味着支付的进行，是一种"即时付款"的支付办法。在支付过程中由于发起人不同又可分为付款人启动的支付和接收人启动的支付。在此系统中，付款人对支付的确认意义十分重大，这就需要一些确认的手段，如支票。于是这一系统又包括直接转账的支付系统和电子支票支付系统。由于涉及账户，此系统也必须在线操作，不允许透支。

电子支票包含三个实体，即购买方、销售方以及金融机构。当购买方与销售方进行完一次交易处理后，销售方要求付款。此时，购买方从金融机构那里获得一个唯一的付款证明（相当于一张支票），这个电子形式的付款证明表示购买方账户欠金融机构钱，购买方在购买时把这个付款证明交给销售方，销售方再转交给金融机构。整个事务处理过程就像传统的支票查证过程。当它作为电子方式进行时，付款证明是一个由金融机构出示证明的电子流。更重要的是，付款证明的传递和传输以及账户的负债和信用几乎是同时发生的。如果购买方和销售方没有使用同一家金融机构，通常将由国家中央银行或国际金融组织协同控制。

电子支票方式的付款可以脱离现金和纸张进行。购买者通过计算机或 POS 机获得一个电子支票付款证明，而不是寄张支票或直接在柜台前付款。电子支票传输系统目前一般是专用网络系统，国际金融机构通过自己的专用网络、设备、软件及一套完整的用户识别、标准报文、数据验证等规范化协议完成数据传输，从而控制其安全性。这种方式已经较为完善，主要问题是如何扩充到 Internet 网络，以 Web 方式操作。今后的发展趋势将逐步过渡到公共 Internet 上进行传输。

四、电子支付系统数据流

电子支付系统的数据流可以分为基于商家转发的和基于非商家转发两种模式，目前我国电子商务交易采用基于非商家转发的模式。从客户发起购买请求到客户收到商品、商家收到资金，完成整个交易过程，需要经过如下的支付流程。

（1）用户浏览电子商务网站，选择中意的商品，向商家提出购买请求。

（2）商家将经用户核对后的订单进行数字签名，提交到支付系统。

（3）支付网关调用支付界面，要求用户填写账户信息。

（4）用户用支付系统支付网关的公开密钥对账户信息进行加密，传递给支付系统的支付网关；

（5）支付系统支付网关核对用户提供的账户信息进行数据转换，通过金融专网或者专线发给金融机构，要求核对用户账户信息。

（6）金融机构将核对的结果和用户用于支付确认的信息传递给支付系统。

（7）支付系统将金融机构传递来的用户支付确认信息传递给支付确认系统，要求进行支付确认。

(8) 支付确认系统接收到要求确认的信息后，进行支付确认预处理，然后按事先选择好的确认方式通知用户（实时确认、分时确认）进行确认。

(9) 用户根据选择的确认方式，进行相应的确认资料的填写，填写好后提交给支付确认系统。

(10) 支付确认系统比较金融机构和用户提交的支付确认信息，如果一致，进行下一步的确认，否则返回错误，最后支付确认系统将确认结果返回给支付系统支付网关。

(11) 确认成功，以 e-mail 的方式告知用户他的支付请求被认可，资金已经从他的账户上划出，否则以 e-mail 的方式告知用户，他的支付请求不被认可。

(12) 确认成功，数字签名金融机构的返回结果发送给商家，并通知商家发货，否则通知商家交易失败。

(13) 确认成功，要求金融机构划款。

(14) 金融机构返回数字签名的划款信息，完成交易。

五、基于 Internet 平台的网上支付一般流程

(1) 客户接入因特网，通过浏览器在网上浏览商品，选择货物，填写网络订单，选择应用的网络支付结算工具，并且得到银行的授权使用，如银行卡、电子钱包、电子现金、电子支票或网络银行账号等。

(2) 客户机对相关订单信息，如支付信息进行加密，在网上提交订单。

(3) 商家服务器对客户的订购信息进行检查、确认，并把相关的、经过加密的客户支付信息转发给支付网关，直到银行专用网络的银行后台业务服务器确认，以从银行等电子货币发行机构验证得到支付资金的授权。

(4) 银行验证确认后，通过建立起来的经由支付网关的加密通信通道，给商家服务器回送确认及支付结算信息，为了进一步的安全，给客户回送支付授权请求（也可没有）。

(5) 银行得到客户传来的进一步授权结算信息后，把资金从客户账号上转拨至开展电子商务的商家银行账号上，借助金融专用网进行结算，并分别给商家、客户发送支付结算成功信息。

(6) 商家服务器收到银行发来的结算成功信息后，给客户发送网络付款成功信息和发货通知。至此，一次典型的网络支付结算流程结束。商家和客户可以分别借助网络查询自己的资金余额信息，以进一步核对。

以上的网上支付一般流程只是对目前各种网上支付结算方式的应用流程的普遍归纳，不表示各种网络支付方式的应用流程完全相同，但大致遵守该流程。

网银支付首先需要在相应的银行柜台开通后，下载相关控件后使用 U 盾，才可进行安全支付。网银支付是银联最为成熟的在线支付功能之一，也是国内电子商务企业提供在线交易服务不可或缺的功能之一。其特点是银行卡需事先开通网银支付功能，且在支付时完全是在银行网银页面输入银行卡信息并验证支付密码，具有稳定易用、安全可靠的特点。

任务二　掌握常用电子支付工具的使用

随着计算机技术的发展，电子支付的工具越来越多。这些支付工具可以分为电子信用卡、电子现金和电子支票三大类。

一、电子信用卡的使用

（一）电子信用卡的功能

根据国内外信用卡的应用情况，电子信用卡的功能主要有以下五个方面。

（1）直接消费功能。直接消费功能是信用卡最基本的功能。持卡人在标有发卡银行的特约商家（包括商店、宾馆、酒楼、娱乐场所、机场、医院等场所）消费时，持有人只需出示身份证即可用卡代替现金消费结账，或者利用 POS 系统通过专线即时支付。随着 Internet 业务的普及，信用卡借助网络平台可实现在线支付而无须 POS 机辅助设备。

（2）储蓄存款与取款功能。凭信用卡可在发卡银行制定的同城或异城储蓄所、在线家庭银行 HB、ATM 机等办理存、取款业务。用信用卡办理存、取款手续比使用存折方便，它不受存款地点和存款储蓄所的限制，可在所有开办银行信用卡业务的城市通存通取。信用卡账户内的保证金、备用金及其他各种存款视同存储存款，按规定利率计息。

（3）通存通兑功能。持信用卡可在工作时间内发卡银行的任何营业机构存、取款，也可以 24 小时在 ATM、CD 机上提款。

（4）转账与支付结算功能。持卡人凭卡可在发卡银行的任何营业机构存、取款，也可利用 ATM 机或电话银行、网上银行等将信用卡账户的资金转至其他账户。

（5）透支信贷功能。持具有信贷功能的贷记卡类信用卡可在发卡银行允许的额度内透支用款，但需按期补还透支款，并支付相应利息。

总之，使用信用卡可以大大减少现金货币的使用、简化收款手续、节约社会劳动力，提高整个社会的金融电子化与信息化程度。借助信用卡提供基于各种平台上的支付结算服务功能，可大大方便客户购物消费，增强客户的安全感，进而促进商品销售，刺激社会需求。

（二）信用卡的种类

信用卡通过在世界范围内普及与发展，今天已经发展成为一个家丁兴旺、成员众多的大家族。虽然信用卡品种繁多，我们仍然可以以银行卡的根本特征和基本功能作为衡量标准来加以区分，并按照不同的划分标准进行分类。无论信用卡的品种如何千差万别，都无法出离下述分类。

1. 按信用卡发行机构分类

按信用卡发行机构划分，可以分为银行卡和非银行卡。

1）银行卡（bank card）

银行卡是由银行等金融机构发行的，方便客户取得融资途径，并且具有购物消费、转账结算等功能的各种支付卡。

2）非银行卡（non-bank card）

非银行卡主要包括商业机构发行的零售信用卡和旅游服务行业发行的旅游娱乐卡

两种。

零售信用卡：由零售百货公司、石油公司、电信公司等企业发行，持卡人凭卡可以在指定的商店购物或在汽油站加油等，定期结算。这种信用卡流通范围受到很大限制，发展范围较窄；

旅游娱乐卡：由航空公司、旅游公司等发行，用于支付各种交通工具的费用以及就餐、住宿、娱乐等，发行对象多为商旅人士。如美国运通卡属于此类信用卡。

2. 按信用卡信息存储媒介分类

按信用卡信息存储媒介划分，可以分为磁条卡和芯片卡。

磁条卡（magnetic strip card）：最早的信用卡雏形是纸质或金属质地的卡片，那时的信用卡主要是饭店、石油公司、百货公司等大的零售商专门提供给比较富有的客户用于支付和信用购买。1974 年磁条信用卡出现，磁条技术开始用于信用卡卡片。

芯片卡（chip card / IC card）：也称为智能卡（smart card），属于无接触式付款方式（contactless payments）。法国人罗朗·莫雷诺（roland moreno）发明设计了智能卡，并于 1978 年在法国推出世界上第一张智能信用卡，目前此卡种在欧洲使用较为普遍。智能卡是在付款塑料卡（可以是信用卡或借记卡）中嵌入一个特殊的电脑芯片，芯片含有可用的金额数额和个人信息。当智能卡在专门的终端上使用时，内嵌芯片能够通过终端进行信息交换、计算及其他多功能的操作，内含的数据可以变化和更新。

与普通磁条信用卡相比，丰厚的数据存储能力使得智能卡具有更多的功能。比如，它能携带电子现金（stored value card）；经程序化后可作为出入办公楼层的安全通行卡或旅店的房间钥匙；可用于转付大数额的资金款数；查询信用卡的使用额度、奖励点数、飞行里数；甚至从银行账户和货币市场上提取或周转款项。智能卡的多功能特点，意味着消费者只需要携带一两个卡即可，非常方便。对商家而言，智能卡的使用减少了盗窃和伪冒的风险。对银行来说，智能卡可节省处理现金与支票的人力支出。

3. 按清偿方式分类

根据清偿方式的不同，可以划分为：贷记卡、准贷记卡和借记卡。

贷记卡（credit card）：即狭义上的信用卡，是一种向持卡人提供消费信贷的付款卡，持卡人不必在发卡行存款，就可以“先购买，后结算交钱”。根据客户的资信以及其他情况，发卡行给每个信用卡账户设定一个“授信限额”，比如 1000 美元。这意味着，持卡人可以使用信用卡付账，只要累计不超过 1000 美元即可。一般发卡行每月向持卡人寄送一次账单，持卡人在收到账单后的一定宽限期内，选择付清账款，则不需付利息；或者付一部分账款，或只付最低还款额，以后加付利息。由于信用卡不需存款，所以信用卡持卡人不必在发卡行开有银行账户。此种信用卡是目前流通最为广泛的支付卡种，其核心特征是信用销售和循环信贷。

准贷记卡（semi-credit card）：准贷记卡是我国为了适应我国政治经济体制、社会发展水平、人民的消费习惯等因素，在发展具有中国特色信用卡产业发展过程中，创造的一种特殊的信用卡品种，此种信用卡兼具贷记卡和借记卡的部分功能，一般需要交纳保证金或提供担保人，使用时先存款后消费，存款计付利息，在购物消费时可以在发卡银行核定的额度内进行小额透支，但透支金额自透支之日起计息，欠款必须一次还清，没有免息还款期和最低还款额。其基本特点是转账结算和购物消费。

借记卡（debit card）：相对应贷记卡“后付款”的是借记卡的“先付款”。为获得借记卡，持卡人必须在发卡机构开有账户，并保持一定量的存款。持卡人用借记卡刷卡付账时，所付款项直接从他们在发卡银行的账户上转到售货或提供服务的商家的银行账户上。因此借记卡的卡内资金实际上来源于持卡人的支票账户或往来账户（即活期存款账户），借记卡的支付款额不能超过存款的数额。其实，对于持卡人在账面上来说，用借记卡付款的过程和从银行直接提款，然后用现金付账的过程，没有本质的差别，只不过用卡要方便多了。可以说，借记卡只是消费者支付现金或支票的另一种更方便的形式，借记卡也因此被称为支票卡（check card）。

4. 按流通范围分类

按照流通范围不同，可以分为国际卡和地区卡。

国际卡（international card）：国际卡是指发卡机构发行的国际信用卡组织品牌的信用卡，在全球可以受理该品牌信用卡的机构、网点都可以畅通无阻。无论国际卡的发卡机构是哪个国家，信用卡的结算货币必须是可自由兑换货币。国际通用信用卡必须具备两个条件：国际信用卡组织品牌和结算货币为可自由兑换货币。

地区卡（local card）：地区卡是由区域性信用卡组织发行或某个国家及地区发行的，仅可以在某个区域、国家或地区使用的信用卡。

5. 按结算货币分类

按照信用卡结算货币不同，可以分为外币卡和本币卡。

外币卡（foreign currency card）：外币卡是指结算货币非发卡机构所在国家法定货币的信用卡。一般情况下，信用卡的经营商多属于可自由兑换货币国家的机构，因此在此种国家，不存在外币卡与本币卡的区别；而在大多数发展中国家，很多国家的货币都是不可自由兑换货币，因此，以此种货币作为结算货币的信用卡即便参加了国际信用卡组织，所发行的也只能是地区卡，无法国际通用。为此，发卡机构必须以某种可自由兑换货币，即国际通用的货币作为自己国际卡的结算货币，从而实现发行国际通用信用卡的目的，这就是所谓的外币卡。

本币卡（local currency card）：本币卡即以信用卡经营者所在国家法定货币作为结算货币的信用卡。在法定货币为可自由兑换的国家，本币卡只要是属于国际信用卡组织的品牌即为国际卡，否则即为地区卡，即便结算币种是可自由兑换的，也无法走出国门；在法定货币为不可自由兑换的国家，即使是国际信用卡组织品牌的信用卡，也只能是在国内使用，即本币卡等同地区卡。

6. 按账户币种数目分类

按照信用卡账户币种数目，可以分为单币种信用卡和双币种信用卡。

单币种信用卡（single-currency card）：单币种信用卡即仅设置单一结算币种的信用卡，传统的信用卡均属于此类型信用卡。

双币种信用卡（dual-currency card）：双币种信用卡是为满足很多法定货币为不可自由兑换货币的发展中国家的经济金融发展和日益频繁的国际结算的需要，信用卡经营者出于节约资源成本，开发一卡多用的目的，所开发出的全新卡种。此种信用卡集合了外币卡和本币卡的功能特点，将本国货币和另外一种可自由兑换货币两种结算币种账户并存于一张信用卡之中，本国内使用时在本币账户中进行账务处理和结算，在国外使用时在外币账户中进行账务处理和结算，从而最终实现一张卡通行世界的最终目的。1996 年中国工商银行在国内首次发行了双币种牡丹国际卡。

7. 按从属关系分类

按照信用卡从属关系，可以分为主卡和附属卡。

主卡（basic card / principal card）：主卡是发卡机构对于满一定年龄，具有完全民事行为能力，具有稳定的工作和收入的个人发行的信用卡。

附属卡（additional card / supplementary card）：附属卡是指主卡持卡人为自己具有完全民事行为能力的父母、配偶、子女或亲友申请的，由发卡机构发放的信用卡。主卡和附属卡共享账户及信用额度，也可由主卡自主限定附属卡的信用卡额度，主卡持卡人对于主卡和附属卡所发生的全部债务承担清偿责任。

8. 按照持卡人信誉地位和资信情况分类

按照持卡人信誉地位和资信情况，可以分为无限卡、白金卡、金卡、普通卡。

发卡机构一般会按照信用卡申请者的社会身份地位、经济实力、购买消费能力、信用等级等标准发放不同等级的信用卡，一般以普通卡为最低级别，高级别信用卡的授信额度要高于低级别的信用卡。

无限卡（infinite card）：无限卡是发卡机构在日益竞争激烈的金融环境下，为了锁定金字塔顶端的消费者市场，所推出的最高级别的信用卡，通常享有比白金卡更为尊崇的服务与权益。

白金卡（platinum card）：白金卡是发卡机构为区别于金卡客户而推出的信用卡，并提供了比金卡更为高端的服务与权益，一般采取会员制度，通常具有全球机场贵宾室礼遇、个人年度消费分析报表、高额交通保险、全球紧急支援服务（GCAS）、24 小时全球专属白金专线电话服务等服务功能。

金卡（gold card）：信用卡金卡是相对于普通卡信用卡级别稍高的卡。金卡区别于普通卡一般是在信用额度上，一般金卡的额度在 1 万以上（不同银行的金卡额度不同），金卡客户享用的会员权益一般也会比普通卡客户多，比如机场贵宾室，紧急救援、免费的保险等等。

普通卡（common card）：普通卡是发卡机构所发行的最低级别的信用卡，普通卡也有高低之分，主要是通过给持卡人所核定的授信限额体现出来的。

9. 按发卡对象分类

按照信用卡发卡对象不同，可以分为公司卡和个人卡。

公司卡（business card）：公司卡也称为商务卡，是发卡机构发行的以商务服务为核心的信用卡，专门针对公司所需，推出差别化员工授信额度、综合对账单、商旅优惠计划等专业特色服务，以备公司员工用于公务商旅消费、业务招待等开支。发卡机构会根据公司的资信情况，授予公司商务卡综合授信额度。在此授信额度范围内，公司可根据员工的不同级别或实际需要，给予不同的信用额度，并可随时调整额度或限制使用，让公司的财务分配更趋灵活。例如万事达商务卡强大的 SDOL（smart data online）在线财务管理报表数据平台，配以灵活多变的信用额度，公司商务支出任意掌控，不受时空限制，轻松实现跨国、跨地区的统一管理。

个人卡（personal card）：个人卡是发卡机构向具有完全民事行为能力，具有稳定的工作和收入的个人发放的信用卡，区别于公司卡。

（三）信用卡支付流程

信用卡支付主要分为两大步骤。

（1）验证（authorization）。验证是对顾客的信用卡和账单地址进行验证，验证此信用卡的合法性。

①当顾客结账下达订单后，点击支付时，将调用商家整合的支付网关接口。

②支付网关的整合一般分为HTML和API两种形式，商家将订单数据发送到支付网关。

③顾客在支付网关输入信用卡信息和账单信息，网关进行基本的验证。

④网关将信用卡信息发到发卡行或者信用卡组织，对该信用卡进行合法性验证。

⑤发卡行验证后，通过则返回结果，不通过则返回错误信息。

⑥支付网关将验证结果返回给商家

⑦商家的电子商务系统显示订单确认页面给客户，如果支付不成功，则要求客户采用其他的支付方式。

（2）结算（settlement）。商家和支付网关进行结算，取得货款，下面以Paypal为例。

①商家先上商城系统检查订单，判断该订单为合法订单，不是信用卡欺诈（credit card fraud）。

②当确认这笔订单有效时，商家可以用商家账号登录支付网关（如Paypal），点击“接受付款（Capture Funds）”，否则就点击“拒收付款（Decline Funds）”。

③当点击“接受付款”时，订单金额将会立刻打入商家的Paypal账号。

二、电子现金的使用

（一）电子现金（e-cash）的概念

电子现金（e-cash）又称为数字现金，是一种表示现金的加密序列数，它可以用来表示现实中各种金额的币值，它是一种以数据形式流通的、通过电子支付时使用的现金。

电子现金的主要用途在于取代日常小额消费的钞票及硬币。如英国的Mondex，现在已经扩展到加拿大、澳大利亚、新西兰、中国香港、爱尔兰、以色列、法国、美国、日本、韩国等国家或地区，中国台湾的宏碁集团也和富东银行合作引进。

尽管信用卡相对于传统货币有不少优越性，但它并不能取代现金，因为它不具有现金所具有的匿名性，不能在个人之间通用，而且信贷有限额。信用卡也只能在“互联网络”上使用，而在网络之外，人们随时可能发生这样那样的经济往来。正是信用卡的这种局限性，导致了电子现金的出现。电子现金的发行银行只认证电子现金，不跟踪这货币是传给谁的，这样电子现金就摆脱了信用卡的局限，而像纸币一样，同样是无记名的了。

电子现金的使用方法是：当用户拨入Internet网上银行，使用一个口令（password）和个人识别码（PIN）验明身份，直接从其账户中下载成包的低额电子“硬币”，这时候电子现金才起作用。然后，这些电子现金被存放在用户的硬盘当中，用户可以用来在网上商家进行消费。为了保证交易安全，计算机还为每个硬币建立随时选择的序号，并把这个号码隐藏在一个加密的信封中，这样就没有人可以搞清是谁提取或使用了这些电子现金。这种方式对于保护个人隐私作用很大，因为用户是用电子现金直接进行交易的，只要一次下载电子硬币，就可以多次消费，而不用每次交易都提供类似智能卡的账号和密码，商家也只接触到硬币，对于用户的其他资料是无权过问的。在重视个人隐私权的西方国家，这种交易方式很受欢迎。

电子现金包括接触式自动计费（即刷卡）型智能卡（磁卡、IC 卡）、既要接触又要拨号的银行卡（信用卡、储值卡等）以及能在互联网“流通”的电子钱包。非银行系统发行的智能卡一般不记名，不挂失，谁持卡谁便可以使用（如 IC 卡），有规定的面值，用户购得后，用完面值便作废了。银行卡是记名的，可以挂失，盗卡者除非能通过 ATM 机自动提款，否则盗了卡也没有用，因为银行信用卡在使用时一般要核对个人身份证、签名后，方能真正“消费”。

（二）电子现金的应用过程

电子现金的应用过程分五步。

1）购买 e-cash

用户在 e-cash 发放银行开立 e-cash 账号并购买 e-cash。要从网上的货币服务器（或银行）购买电子现金，首先要在该银行建立一个账户将足够的资金存入该账户以供今后的支付。这些电子现金就有了价值，并被分成若干成包的“硬币”，可以在商业领域中进行流通。目前，多数电子现金系统要求买方在一家网上银行拥有一个账户。这种要求对全球性和多种现金交易非常严格，买方应该能够在国内获得服务并进行国外支付，但需要建立网上银行组织，作为一个票据交换所。

2）存储 e-cash

使用计算机电子现金终端软件从 e-cash 银行取出一定数量的电子现金存在硬盘上。一旦账户被建立起来，买方就可以使用电子现金软件产生一个随机数，它是银行使用私钥进行数字签名的随机数，作为货币通常少于 100 美元，再把货币发回给买方。这样，它就有效了。

3）用 e-cash 购买商品或服务

用户与同意接收电子现金的厂商洽谈，签订订货合同，使用电子现金支付所购商品的费用。

4）资金清算

接收电子现金的厂商与电子现金发放银行之间进行清算，e-cash 银行将用户购买商品的钱支付给厂商。在交易中，电子现金被发给厂商，厂商迅速把它直接发给发行电子现金的银行，银行检验货币的有效性，并确认它没有被重复使用，将它转入厂商账号。为了检验是否重复使用，银行从厂商获得电子现金后会与已经使用的电子现金数据库进行比较。像纸币一样，电子现金通过一个序列号进行标识。

5）确认订单

厂商获得付款后，向用户发送订单确认信息。

电子现金支付过程如图 5－1 所示。

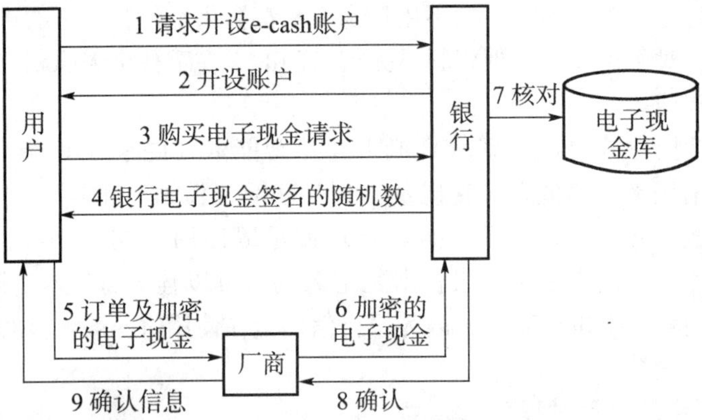

图 5－1　电子现金的支付流程

（三）电子现金支付方式的特点

电子现金可以理解为纸质现金的电子化，与其他电子支付方式相比，更能体现货币的特点与等价物的特征，可以说是真正的货币。因此，电子现金各方面具有纸质现金类似的特点，在电子支付上也表现出纸质现金的应用特征，这与其他的电子支付方式有明显不同。电子现金电子支付的主要特点如下：

（1）匿名性。保护客户的隐私是电子现金的主要优点，因此电子现金不能提供用于跟踪持有者的信息，即使在进行电子支付时也无法追踪。

（2）独立与多功能性。电子现金不依赖于所用的计算机系统，只要有对应的电子现金软件就可用，并具有纸质现金多功能的特点，可以方便地存取或转让。

（3）灵活性。电子现金支付过程中无须银行的中介，因此可在更大的范围内使用，不像信用卡还限于授权的商店，使用起来更加方便灵活。

（4）经济性与较高效率。电子现金借助 Internet 在发送者与接受者之间直接传输，就完成了支付过程，不但具有较高的效率，而且应用比较经济，还可以分得比较小，如一元电子现金，较适合 Internet 上一些小额资金的支付结算，如 C2C 电子商务支付。

（5）较好的安全性。充分利用数字签名、隐蔽签名等安全技术来保证安全，以防抵赖、伪造。如果需要，还可附加后台银行认证，提高防止伪造与防止重复消费的识别能力。另外，无须携带，旅行方便，但注意不要丢失。

（6）对电子现金应用软件的依赖。客户、商家与电子现金发行银行都需要使用对应的电子现金软件。

（7）大大节省资源，避免类似纸币的巨额保管、运输、维护费用。

上面介绍的电子现金电子支付的特点也主要是其优点。目前，电子现金在应用上仍然存在许多不足之处。比如说电子现金与普通钱一样会丢失，如果买方的硬盘出现故障并且没有备份的话，电子现金就会丢失，就像丢失钞票一样。

（四）电子现金使用中存在的问题

（1）电子现金发展到现在仍然没有一套国际标准兼容的统一技术与应用标准，接收电子现金的商家和提供电子现金开户服务的银行还是太少，因而不利于电子现金的流通。这也是电子现金发展的还不成熟的地方。

（2）电子现金的灵活性和不可跟踪性带来发行、管理和安全验证等一系列问题。从技术上说，各个商家都可发放电子现金，如果不加以控制，电子商务将不能正常发展，甚至带来严重的经济和金融问题。

（3）应用电子现金需要在客户、银行和商家计算机均安装对应的电子现金软件，且对三方都有较高的软、硬件要求，至少目前的运作成本还较高。为加强认证、防伪与防重复，需要银行建立大型数据库进行记录，因为加大了投入，也限制了电子现金的自由流通性。

（4）电子现金毕竟虚无缥渺，满足不了人们欣赏纸质现金的直观和触摸感要求，在亲和力上差一些，不容易被大量的传统人士所接受。

（5）对于无国家界限的电子商务应用来说，电子现金还存在税收、法律、外汇的不稳定性，以及货币供应的干扰和金融危机的可能性等潜在问题。

三、电子支票的使用

（一）电子支票的概念

电子支票是纸质支票的电子替代物，电子支票将纸质支票改变为带有数字签名的电子报文，或利用其他数字电文代替纸质支票的全部信息。它与纸质支票一样是用于支付的一种合法方式，使用数字签名和自动验证技术来确定其合法性。监视器的屏幕上显示出来的电子支票样子十分像纸质支票，填写方式也相同，支票上除了必需的收款人姓名、账号、金额和日期外，还隐含了加密信息。电子支票通过电子函件直接发送给收款方，收款人从电子邮箱中取出电子支票，并用电子签名签署收到的证实信息，再通过电子函件将电子支票送到银行，把款项存入自己的账户。

（二）电子支票的支付流程

电子支票的支付目前一般是通过专用网络、设备、软件及一套完整的用户识别、标准报文、数据验证等规范化协议完成数据传输，从而控制安全性。现阶段我国有“行间直联”和“跨行联接”两种模式。

行间直联模式利用了现成的银行网络资源，但各个银行都需要添加电子支票的处理设备。随着网络经济的高速发展，参与行间直联的银行数目和参与交易的对象的不断增加，当设备升级时，所有银行都需要对硬件、软件进行更改，从而造成社会资源的浪费。跨行联接模式则解决了上述问题，所有的电子支票交易都通过统一的支付网关进行，当需要对硬件、软件进行升级时，也只是对统一支付网关做相应的更改。同时，由于票据集中处理，提高了票据的处理速度。统一支付网关作为独立的第三方机构，还可以对因交易引起的纠纷进行调节、仲裁，并协调各银行共同制定网上支付标准，确保支付安全、迅速地进行。

1）行间直联支付流程

采用这种模式，付款人银行、收款人银行、清算中心都需要有处理电子支票的设备。具体的运作流程为：

（1）付款人用IC卡插入指定设备，生成一张电子支票，通过Internet传给收款人；

（2）收款人在电子支票上加盖电子签名并用私有密钥加密，发送给收款人银行；

（3）收款人银行对电子支票进行解密、认证处理；

（4）收款人银行把处理过的支票发往清算中心与付款人银行进行行间清算；

（5）付款人银行通知付款人支票的处理情况；

（6）收款人银行通知收款人支票的处理情况。

2）跨行联接支付流程

采用这种模式，只需支付网关配备电子支票处理设备即可，各银行的硬件设备无须改动，只要求对软件进行少许修改。

具体的运作流程为：

（1）付款人用IC卡插入指定设备，生成一张电子支票，通过Internet传给收款人；

（2）收款人在电子支票上加盖电子签名并用私有密钥加密，发送给支付网关；

（3）支付网关对电子支票进行解密处理，送给认证中心认证；

（4）支付网关将认证后的电子支票进行格式转换，转为银行原有的支票格式，并送往收款人银行；

（5）收款人银行处理后发往清算中心，与收款人银行进行行间清算；

（6）支付网关将处理结果通知收款人与付款人。

（三）电子支票的特点

（1）电子支票可为新型的在线服务提供便利。它支持新的结算流；可以自动证实交易各方的数字签名；增强每个交易环节上的安全性；与基于EDI的电子订货集成来实现结算业务的自动化。

（2）电子支票的运作方式与传统支票相同，简化了顾客的学习过程。电子支票保留了纸质支票的基本特征和灵活性，又加强了纸质支票的功能，因而易于理解，能得到迅速采用。

（3）电子支票非常适合大额结算；电子支票的加密技术使其比基于非对称的系统更容易处理。收款人和收款人银行、付款人银行能够用公钥证书证明支票的真实性。

（4）电子支票可为企业市场提供服务。企业运用电子支票在网上进行结算，可比其他方法降低成本；由于支票内容可附在贸易伙伴的汇款信息上，电子支票还可以方便地与EDI应用集成起来。

（5）电子支票要求建立准备金，而准备金是商务活动的一项重要要求。第三方账户服务器可以向买方或卖方收取交易费来赚钱，它也能够起到银行作用，提供存款账户并从中赚钱。

（6）电子支票要求把公共网络同金融结算网络连接起来，这就充分发挥了现有的金融结算基础设施和公共网络作用。

任务三　熟知常用网上银行电子支付方式

电子支付方式可以分为网上银行在线支付（招商银行、工商银行、建设银行、农业银行、中国银行等）和网上第三方平台支付（银联支付、财付通支付、快钱网上支付、支付宝支付、手机支付、微信支付、首信易支付平台等）。

一、网上银行在线支付

（1）网上银行：又被称为网络银行、在线银行，是指银行利用Internet技术，通过Internet向客户提供开户、销户、查询、对账、行内转账、跨行转账、信贷、网上证券、投资理财等传统服务项目，使客户可以足不出户就能够安全便捷地管理活期和定期存款、支票、信用卡及个人投资等。可以说，网上银行是在Internet上的虚拟银行柜台。

（2）网上银行在线支付：通过自己所持有的借记卡、信用卡申请开通网上银行，然后通过网上银行直接支付的方式将款项支付到对方网银账户，是直接通过登录网上银行进行支付的方式。

二、网上银行的特点

网上银行与传统的物理银行一样能够面向客户提供各类金融服务，而在金融信息服务、便利性方面优势更为明显。作为信息时代的产物，网上银行具有六种主要特点。

（1）能以客户为中心，以技能为基础，体现品牌独特性。网上银行服务并不需要直接面对面地与客户接触，交易和沟通通过Internet进行。这就使网上银行的营销理念从过去的注重金融产品的开发和管理，即产品注重型，转变为以客户为核心，即根据每个客户不同的金融和财务需求“量身定做”相应的金融产品并提供银行业务服务。网上银行应将每个客户作为一个有个性的个体来对待，在为客户解决金融疑问和困难的时候，使客户感到解决方案是按自己的想法和愿望而形成的，并且最适合自己的需求，同时也要使客户感到自己能够自由和灵活地控制自己的资金。这就是“创建独特品牌”的内在含义之一，同时，也是成熟市场客户的需求。

（2）业务信息系统的管理控制能力要求高，集成性强，追求信息管理与知识管理。网上银行的全部业务，如贷款申请、电子支付、发行信用卡、开设存款账户等均通过Internet进行并由信息系统软件处理。业务信息系统是网上银行顺利动作的核心，因此它的维护和管理就显得十分重要。如果电脑系统发生故障，一切无从谈起。所以，强有力的信息系统管理与维护能力是保障网上银行安全动作的关键。

（3）需要良好的社会基础设施与客户的网络应用意识的支持。网上银行的平稳运作需要高度发达的跨区域通信设施支持，要有技能及开发能力强、了解银行业务的软件公司、Internet服务提供商（ISP）及数据处理和储存公司的通力合作。社会资信咨询公司（CRA）则是网上银行业务，特别是贷款业务的重要保证。除了网上银行，它也是西方国家商业银行进行个人风险评估和控制的重要手段之一。社会资信咨询机构作为商业银行开展个人信用的重要金融基础设施，也是中国目前急需建立的机构之一。先进的工具与服务需要有先进意识的客户来应用，因循守旧、抵制变化是中国发展网上银行服务的主要问题之一。

（4）网上银行服务无须物理的银行分支机构，具有人员少、费用低、无纸化操作的特点，可实现有效成本控制，产品价格竞争力强。与其他商业银行相比，网上银行容易进行成本控制，因为只需建立基于Internet的客户中心和数据收集、处理及储存库，其成本比一般的传统商业银行要低1/4，而其交易成本（根据英国保诚集团旗下网上银行Egg的总裁Mike Harris的统计）是电话银行的1/4，是普通银行的1/10。

(5) 强调信息共享与团队精神。可以将网上银行的业务操作和处理形象地比喻为一条生产流水线，银行内部各岗位、各部门之间需要通力密切配合和协助，以一个界面、同一 Web 页面窗口来为客户提供一致的服务。任何个人和部门因为个人或小集体的利益而出现扯皮现象都将影响网上银行服务和质量与效率。因此员工之间、员工与上司及各部门之间要建立沟通和协调的良好渠道和机制。同时，各部门要大量收集客户及有关方面的信息，经过相关业务信息系统进行加工和处理，通过内部网络进行信息共享（包括社会信息的共享），以达到提高效率、提高服务水平及客户满意程度的目的。

(6) 跨区域的 7×24 小时服务。网上银行所拥有的信息技术优势，使其能够保证为客户提供每天 24 小时、每周 7 天、全年 365 天的跨区域服务，这也是实现个性化的重要保障。

三、网上银行的主要功能

网上银行既可进行部分传统的商业银行业务，也担负着电子商务过程中极其重要的在线支付功能，还可开辟新的系列服务领域。网上银行的主要功能如下。

1. 商业银行业务

网上银行可以在网上为客户提供 7×24 模式的实时服务，包括：

(1) 商业银行传统服务。如转账结算、汇兑、办理公共收费（水费、电费、电话费等）、发放工资、查询个人账户等。到了电子商务高度发达，货币基本完全电子化的时候，客户连存、取款都可以足不出户，既轻松又快捷地完成。

(2) 商业银行新增业务。如证券清算（即完成证券公司与交易所之间，证券公司各营业部之间以及保证金账户与储蓄账户之间的资金清算业务）、外币业务、信息咨询、消费信贷（如住房按揭）等。

2. 在线支付

在线支付已成为网上银行网上金融服务最重要的一部分。在网上进行的交易将全部通过网上银行支付，包括 B2C 商务模式下的购物、订票、证券买卖等零售交易，也包括 B2B 商务模式下的网上采购等批发交易，以及金融机构间资金融通和清算。

3. 新的业务领域

由于网上信息传递的全面性、迅速性和方便性，网上银行还可以开辟多种新业务。比如集团客户通过网上银行查询各子公司账户余额和交易信息；在签订多边协议的基础上实现集团公司内部的资金调度与划拨（由于这种调动几乎是实时的，可以大大提高各分公司及整个集团公司的资金利用率）；提供财务信息咨询、账户管理等理财服务；还可以进行网上国际收支申报；发放电子信用证；开展数据统计工作等。

网上银行提供便捷的服务以吸引更多的客户，从而把利润点更多地转向中间业务。而且，网上银行在费用上也大大减少了，只需支付网络的建设费及很有限的开发、维护费，便等同于把服务网点开设到每个客户家中。除此之外，随着 Internet 和电子设备的普及与发展，网上银行可提供的服务也势必越来越广泛和完善，使得包括顾客、商户、行政机构在内的多种交易主体都可以真正做到足不出户地办事了。

四、中国银联在线支付

1. 中国银联

中国银联是指中国的银行卡联合组织，通过银联跨行交易清算系统，实现商业银行系统间的互联互通和资源共享，保证银行卡跨行、跨地区和跨境的使用。截至2017年6月，银联网络遍布中国城乡，并已延伸至境外160个国家和地区。

2. 中国银联在线支付

银联在线支付是中国银联为满足各方网上支付需求而打造的银行卡网上交易转接清算平台，也是中国首个具有金融级预授权担保交易功能、全面支持所有类型银联卡的集成化、综合性网上支付平台。

3. 中国银联在线支付功能

银联在线支付业务支持消费类、预授权类、账户验证和转账等交易类型，并提供互联网支付通知功能，能够广泛应用于以下业务领域。

（1）网上购物：支持境内及跨境的网上商城购物，支持团购、秒杀等形式的购物网站。

（2）网上缴费：支持全国多个城市的公共事业缴费（水、电、燃气、通信、有线电视费用等）。

（3）商旅服务：支持全国多地区的酒店预订、机票预订等商旅预订服务。

（4）信用卡还款：提供安全方便的在线信用卡跨行还款服务。

（5）网上转账：提供简单快捷安全的网上跨行转账服务。

（6）微支付：支持App Store等电子商店的虚拟小额产品购买。

（7）企业代收付业务：手机自动缴费（账单缴费）、有线和付费电视自动缴费、水电煤账单自动缴费。

此外，还支持基金申购、理财产品销售、慈善捐款等业务。

4. 中国银联在线支付特点

（1）银联在线支付作为银联互联网支付的集成化、综合性工具，涵盖认证支付、快捷支付、储值卡支付、网银支付等多种支付方式，广泛应用于购物缴费、还款转账、商旅服务、基金申购、企业代收付等诸多领域。

（2）银联在线支付是走银联渠道的在线支付功能，每次支付都需要提供卡号、密码等信息，通过银联的网站来实现支付。

（3）银联在线支付使用的银行卡无须开通网银，银行卡密码（取款密码）即交易密码。不需要网银的U盾，非常方便。

（4）具有方便快捷、安全可靠、全球通用、金融级担保交易、综合性商户服务、无门槛网上支付等特点。

（5）多重安全技术保障，实时风险监控，充分保证支付安全。与其他担保交易提前划款给第三方账户不同，银联在线支付的金融级预授权担保交易，是在持卡人自有银行账户内冻结交易资金，免除利息损失和资金挪用风险，保证了银行、商户和持卡人权益最大化。

（6）全球通用。银联跨境网上支付服务已经覆盖全球主要国家和地区，国内主要银行发行的银联卡均可使用，免收货币转换费，持卡人足不出户即可“轻点鼠标，网购全球”。

（7）在银联在线支付页面密码输入框嵌入了安全控件，可以有效防止键盘信息盗录，保护持卡人密码安全。采集到支付信息后，银联在线支付系统通过专线将密钥加密后的支付信息传至发卡银行进行信息验证。

（8）综合性商户服务。基于中国银联强大的资金清算体系和综合服务能力，不仅可为商户提供线下线上一体化的资金清算服务、便利的交易管理服务，提高资金管理效率，更可为商户带来庞大客户资源和无限商机。

5. 操作流程

1）认证支付流程

银联认证支付是指持卡人在银联支付页面上输入银行卡信息（卡号、密码、CVV 等）和手机号码（已在银行预留），通过银行认证即可完成交易的支付方式。

认证支付流程是由银联收集用户银行卡信息，将短信验证码发送至持卡人输入的手机号，待银联短信验证码验证成功后，通过现有跨行交换网络发送个人银行卡信息与手机号码至发卡银行进行验证和授权处理。

2）快捷支付流程

快捷支付是指微信支付、京东快捷支付等第三方支付公司提供的支付功能，是走和银行直连的渠道，第一次绑定需要校验卡号、预留手机号等，之后仅需要输入支付密码即可完成支付。

快捷支付仅支持银联注册用户使用，通过预先收集持卡人的注册账户信息和银行卡关联关系，规避网上泄露持卡人银行卡敏感信息的风险。在支付时，持卡人输入账户信息和手机号码，待银联验证短信验证码和账户信息成功后，通过现有跨行交换网络发送银行卡信息和手机号码至发卡银行进行验证和授权处理。

3）储值卡支付流程

储值卡支付是指持卡人使用储值卡进行互联网支付的一种支付方式。银联在线支付的非注册用户也可以使用储值卡支付，支付时无须手机验证。储值卡支付的支付流程为：① 用户在商户网站选择“银联在线支付”；② 选择“储值卡支付”，输入储值卡卡号、密码和校验码，点击“下一步”；③ 支付成功。

4）网银支付流程

网银支付是用户通过银联跳转，最终在银行网银页面完成支付的一种支付方式。网银支付的支付流程为：① 用户在商户网站选择“银联在线支付”；② 选择“网银支付”，并输入用于支付的银行卡号，点击“下一步”；③ 在网银页面上，按银行网银的要求输入相关的支付信息；④ 支付成功。

任务四 掌握第三方支付方法

一、第三方支付平台

1. 什么是第三方支付

第三方支付是具备一定实力和信誉保障的独立机构，采用与各大银行签约的方式，提供与银行支付结算、系统接口的交易支持平台的网络支付模式。在第三方支付模式中，买方选购商品后，使用第三方平台提供的账户进行货款支付，并由第三方通知卖家货款到账、要求发货；买方收到货物并检验商品进行确认后，就可以通知第三方付款给卖家，第三方再将款项转至卖家账户上。

2. 第三方支付特点

(1) 第三方支付平台提供一系列的应用接口程序，将多种银行卡支付方式整合到一个界面上，负责交易结算中与银行的对接，使网上购物更加快捷、便利；让消费者和商家不需要在不同的银行开设不同的账户，可以帮助消费者降低网上购物的成本，帮助商家降低运营成本；同时，还可以帮助银行节省网关开发费用，并为银行带来一定的潜在利润。

(2) 相较于SSL、SET等支付协议，利用第三方支付平台进行支付操作更加简单而易于接受。SSL是应用比较广泛的安全协议，在SSL中只需要验证商家的身份。SET协议是基于信用卡支付系统的比较成熟的技术。但在SET中，各方的身份都需要通过CA进行认证，程序复杂，手续繁多，速度慢且实现成本高。有了第三方支付平台，商家和客户之间的交涉由第三方来完成，使网上交易变得更加简单。

(3) 第三方支付平台本身依附于大型的门户网站，且以与其合作的银行的信用作为信用依托，因此第三方支付平台能够较好地突破网上交易中的信用问题，有利于推动电子商务的快速发展。

(4) 第三方支付平台作为中介方，可以促成商家和银行的合作。对于商家，第三方支付平台可以降低企业运营成本；对于银行，可以直接利用第三方的服务系统提供服务，帮助银行节省网关开发成本。

(5) 第三方支付服务系统有助于打破银行卡壁垒。由于目前我国实现在线支付的银行卡各自为政，每个银行都有自己的银行卡，这些自成体系的银行卡纷纷与网站联盟推出在线支付业务，客观上造成消费者要自由地完成网上购物，手里面必须有十几张卡。同时商家网站也必须装有各个银行的认证软件，这样就会制约网上支付业务的发展。第三方支付服务系统可以很好地解决这个问题。

(6) 第三方支付平台能够提供增值服务，帮助商家网站实现实时交易查询和交易系统分析，提供方便及时的退款和止付服务。

3. 第三方支付流程

(1) 网上消费者浏览商户检索网页并选择相应商品，下订单达成交易。

(2) 在弹出的支付页面上，网上消费者选择某个具体的第三方支付平台，直接链接到其安全支付服务器上，在第三方支付的页面上选择合适的支付方式，点击后进入银行支付页面进行支付。

(3) 第三方支付平台将网上消费者的支付信息，按照各银行支付网关技术要求，传递到相关银行。

(4) 由相关银行（银联）检查网上消费者的支付能力，实行冻结、扣账或者划账，并将结果信息回传给第三方支付平台和网上消费者。

(5) 第三方支付平台将支付结果通知商户。

(6) 接到支付成功的通知后，商户向网上消费者发货或者提供服务。

(7) 各个银行通过第三方支付平台与商户实施清算。

4. 第三方支付平台

目前中国国内的第三方支付产品主要有：支付宝、微信支付、财付通、国付宝（Gopay）、易宝支付（Yeepay）、快钱（99bill）、网易支付、网汇通、环迅支付、PayPal 等，其中用户数量最大的是 PayPal 和支付宝，前者主要在欧美国家流行，后者是阿里巴巴旗下产品。

1）支付宝

支付宝是国内先进的网上支付平台，由阿里巴巴公司创办，致力于为网络交易用户提供优质的安全支付服务。支付宝服务自 2003 年在淘宝网推出以来，在短短的几年时间，迅速成为会员网上交易不可缺少的支付方式，深受淘宝会员喜爱。

支付宝的支付方式有：快捷支付、手机支付、二维码支付、声波支付、指纹支付、刷脸支付。

2）微信支付

微信支付是集成在微信客户端的支付功能，用户可以通过手机完成快速的支付流程。微信支付以绑定银行卡的快捷支付为基础，向用户提供安全、快捷、高效的支付服务。微信支付创新的产品功能（转账、红包、找零、支付 + 会员等）不仅方便了用户的交易，提高了效率，还能让很多传统的生意和习俗更有新意，在交易同时，带来更多的乐趣，社交支付甚至成为情感交流、传达爱意的新方式。

微信支付已实现刷卡支付、扫码支付、公众号支付。

3）财付通

财付通网站（www. tenpay. com）作为功能强大的支付平台，在 B2C、C2C 在线交易中，起到了信用中介的作用，同时为 CP、SP 提供了在线支付通道以及统一的计费平台，解除了个人用户和广大商家的安全顾虑，保证了在线交易的资金和商品安全。

4）国付宝

国付宝是由国富通信息技术发展有限公司和北京智融信达科技有限公司合资成立，针对政府及企业的需求和电子商务的发展，精心打造的引入社会诚信体系的独立第三方电子支付平台。其中，以“国付宝”为品牌的支付产品针对不同类型的电子商务业务，分别设计了“B2B 支付”“B2C 支付”“城市一卡通”“外卡支付”“WAP 支付”等多条产品线，满足各种支付业务的需求。

5）易宝支付

易宝支付作为行业支付专家，2006 年便首创了行业支付模式，陆续推出了网上在线支付、信用卡无卡支付、POS 支付、一键支付等创新产品，先后为航空旅游、行政教育、电信、保险、新零售、消费金融、互金、跨境等众多行业提供了量身定制的行业解决方案，为产业转型及行业变革做出了积极贡献，并保持行业领先地位。

6）快钱

快钱公司是独立第三方支付企业，最早推出基于 e-mail 和手机号码的综合电子支付服务，拥有千万级注册用户。快钱致力于为各类企业及个人提供安全、便捷和保密的电子收付款平台及服务。作为快钱的基础服务，快钱账户提供了充值、收款、付款、提现、对账、交易明细查询等功能。以“快钱”为品牌的支付产品包括人民币网关、外卡网关和神州行网关等众多产品，支持互联网、手机和固话等多种终端，满足各类企业和个人的不同支付需求。其中人民币网关支持银行卡支付、快钱账户支付、电话支付、线下汇款等多种支付方式。同时，快钱还为商家提供众多实用的交易工具，包括快钱钮、快钱链、多笔交易付款、电子优惠券等，协助商家广泛深入地开展电子商务。

7）网易支付（网易宝）

网易宝是网易公司为方便用户进行网上交易推出的安全、稳定、快捷的在线支付平台，为用户提供了多种方便的在线充值、交易管理、在线支付账户管理、代收、提现等服务。网易宝于2016年更名为网易支付，业务覆盖B2C、B2B、C2B2C；服务线上线下产品，包括网络游戏、电子商务、在线教育、生活缴费、保险行业、彩票行业。

8）网汇通

中国提供互联网现金汇款、支付的服务提供商——集联天下公司与中国邮政紧密合作，提供“网汇通”业务的数据处理和经营。2005年成立以来，作为在线支付市场的生力军，集联天下公司致力于互联网新经济和传统行业相结合的研究，为电子支付的商业应用，开创性地推出电子金融服务产品——网汇通。由于中国邮政的网络遍布城乡，网汇通更加具备服务于普通民众的特性。集联天下公司兼蓄国内外先进资源建造的大型计算机处理系统，可以遵照消费者的指令，将资金安全、可靠、实时地送达。

9）环迅支付

环迅支付与国内主流银行以及VISA、MasterCard、JCB、新加坡NETS等多个国际信用卡组织建立并保持着良好的合作伙伴关系，是中国银行卡受理能力最强的在线支付平台，每天受理数万笔来自中国、新加坡等国家的各类银行卡的在线交易。环迅支付集成了银行卡支付、IPS账户支付及电话支付等几大主流功能，并自主研发了包括酒店预订通、票务通等新产品，为消费者、商户、企业和金融机构提供全方位、立体化的优质服务。

10）Paypal

PayPal是全球众多用户使用的国际贸易支付工具，能够轻松完成境外收付款，一个账户全球通用，成为PayPal商家，就能在任何地方接受更多付款方式。PayPal即时支付，即时到账，全中文操作界面，能通过中国的本地银行轻松提现，解决用户外贸收款难题。

二、支付宝注册与认证

（一）支付宝注册

第一步，登录支付宝网站（https：//www. alipay. com），点击“立即注册”，如图5－2所示。

图5-2　支付宝首页

第二步，确认服务协议及隐私权政策，如图5-3所示。

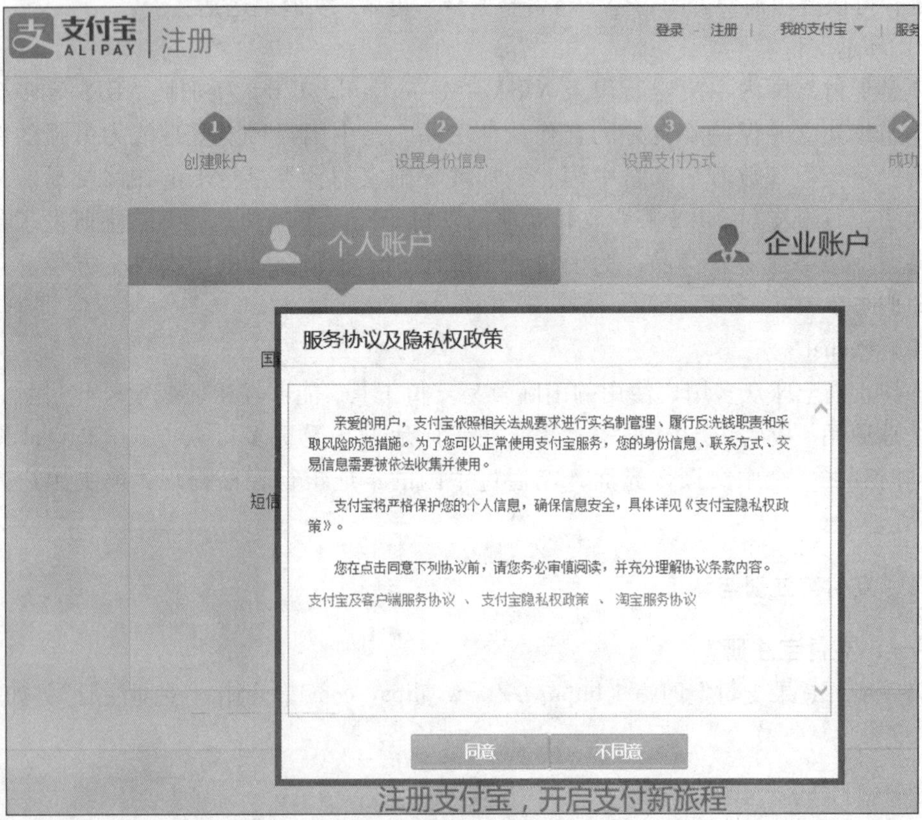

图5-3　服务协议及隐私权政策

第三步，填写个人账户信息，默认选择“中国大陆”，输入手机号码和验证码，点击“下一步”，如校验码一直没有收到，可以点击“重新获取短信”，如图5－4所示。

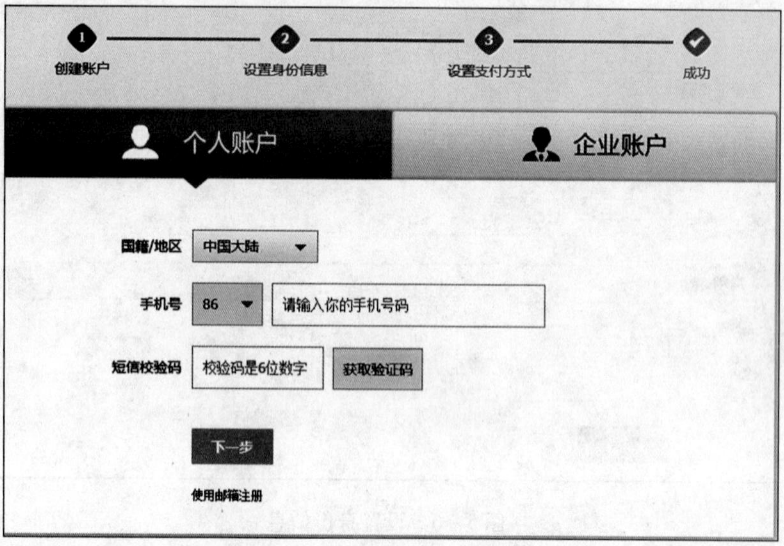

图5－4　输入手机号码和验证码

第四步，继续填写账户基本信息，如图5－5所示。账户注册成功则默认为手机注册账户，账户绑定此手机号。真实姓名、身份证号码为必填项，需要填写真实信息，注册完成后不可修改。

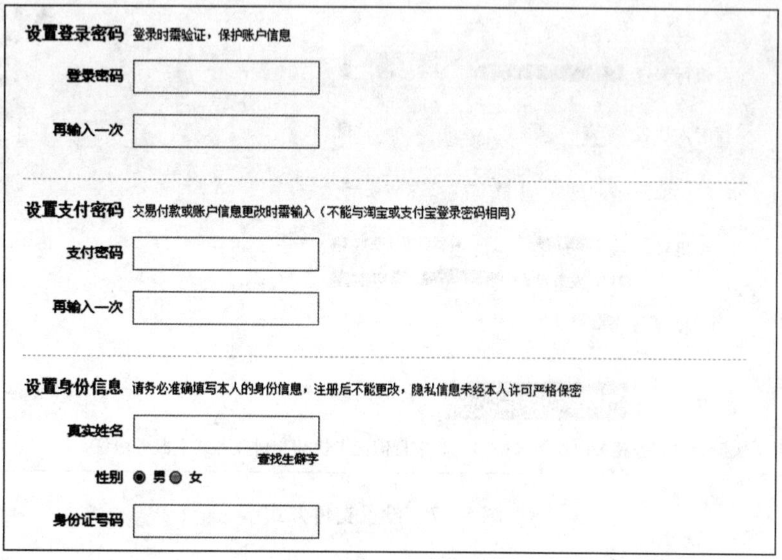

图5－5　账户基本信息

另外，该页面的职业、常用地址信息亦为必填项，如图5－6所示。

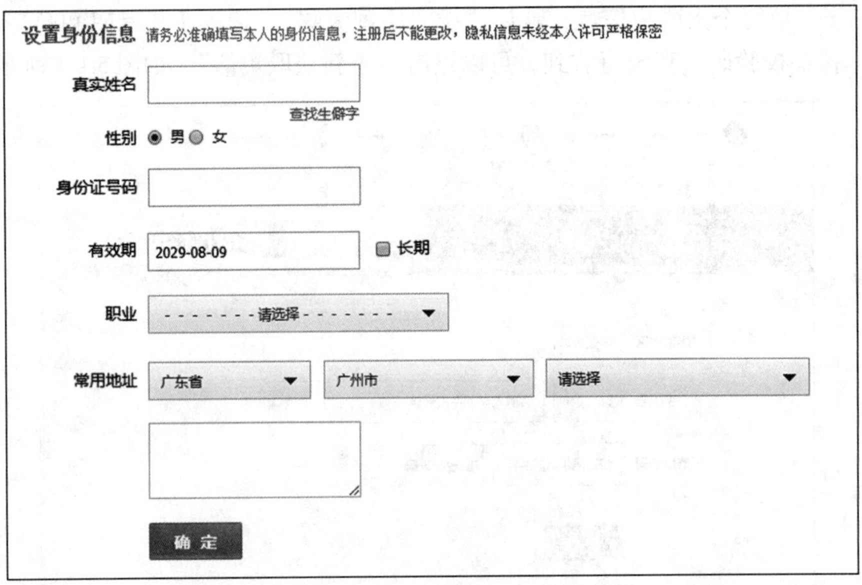

图 5－6　设置身份信息

第五步，设置支付方式，手机号码为此银行卡在银行预留的手机号码，如不正确请与银行核对，如手机号已不再使用，及时在银行更新为常用手机号，如图 5－7 所示。

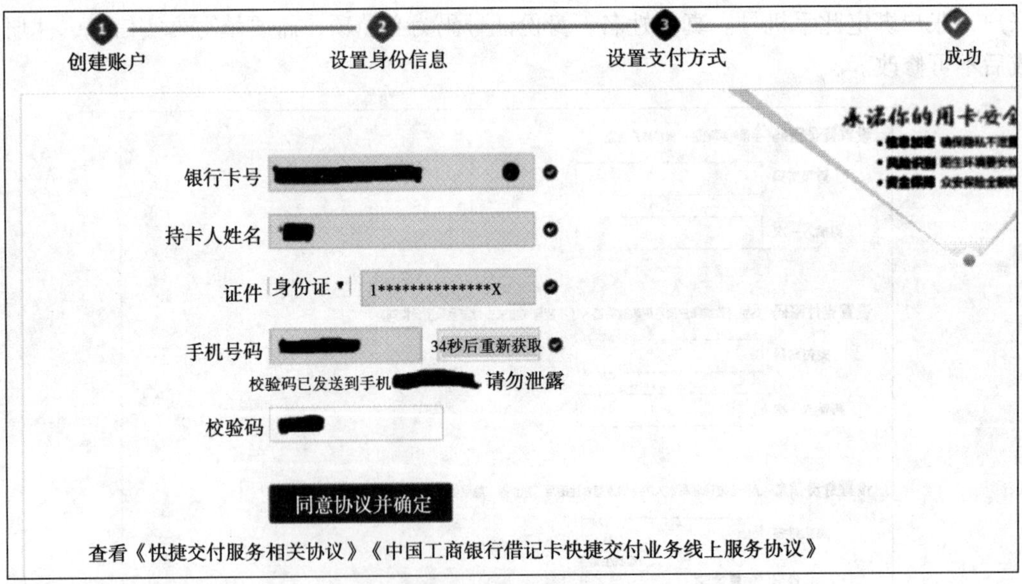

图 5－7　设置支付方式

第六步，注册成功，如 5－8 所示。账户注册成功后，该登录名可在支付宝、天猫、淘宝、聚划算、一淘、阿里巴巴国际站、阿里巴巴中文站、阿里云网上通用，且登录密码与支付宝登录密码一致。

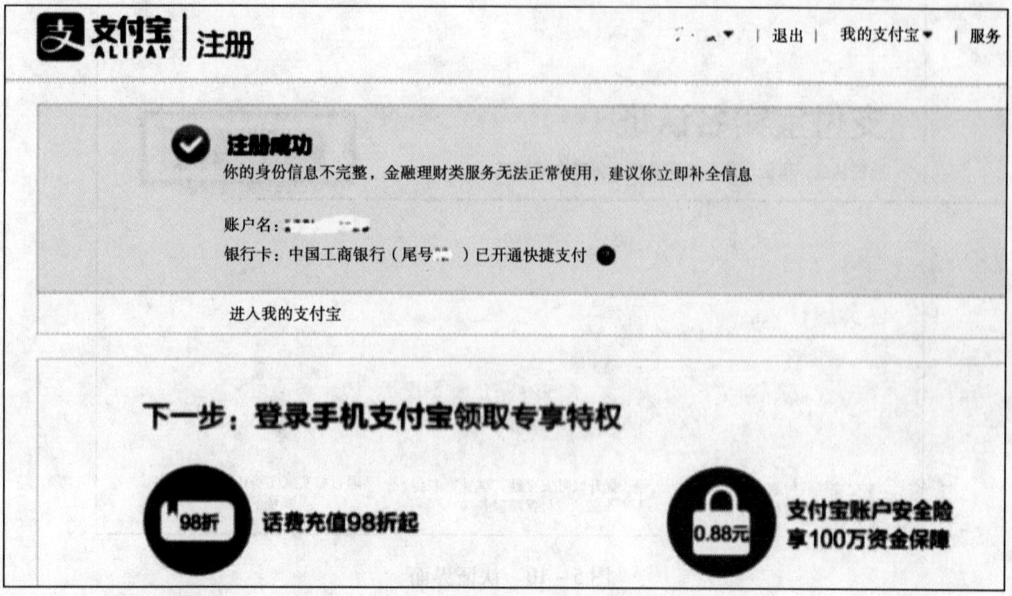

图5－8　注册成功

（二）申请支付宝实名认证（个人认证）

第一步，登录 www. alipay. com 支付宝账户（账户类型：个人账户），点击“账户设置”→“基本信息”→“立即认证”，如图5－9所示。

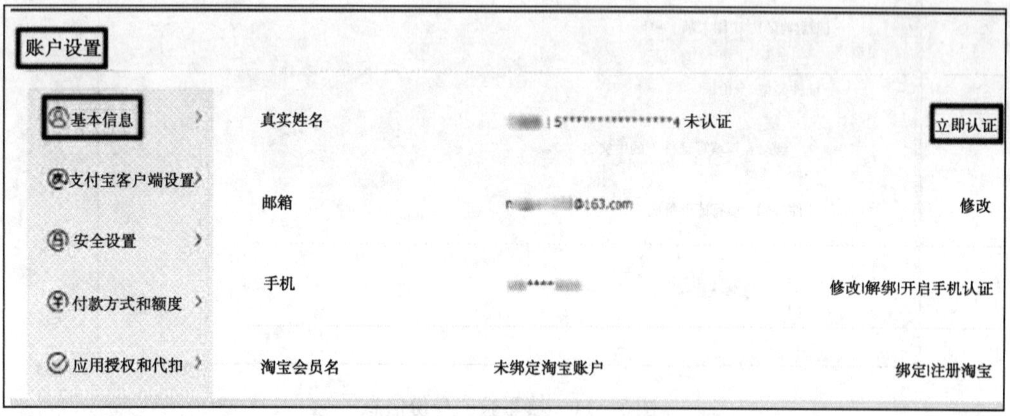

图5－9　立即认证

第二步，进入支付宝实名认证页面，点击“立即认证”，如图5－10所示。

第三步，填写验证身份信息，如图5－11所示。

图 5－10　认证界面

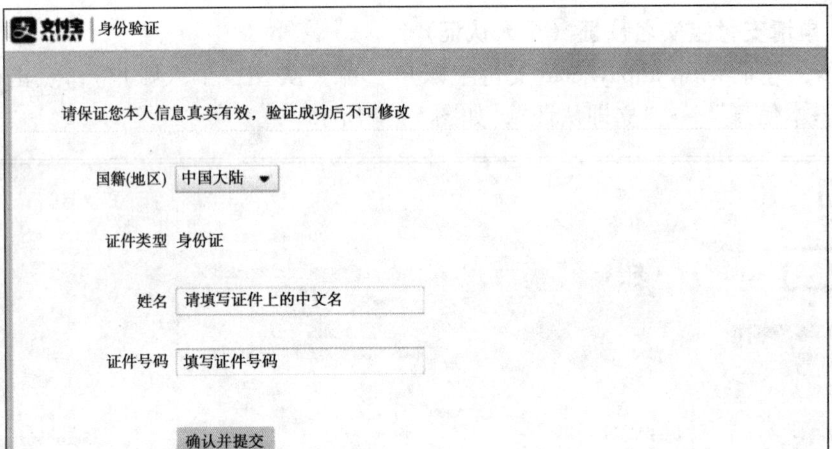

图 5－11　填写验证身份信息

第四步，身份信息确认成功后，系统识别是否需继续用快捷“银行卡验证”或“扫脸验证”的方式；如需要，则显示“银行卡”或“扫脸验证”；如果不需要，即提示“身份信息已完善”，具体以前台页面显示为准，如图 5－12 所示。

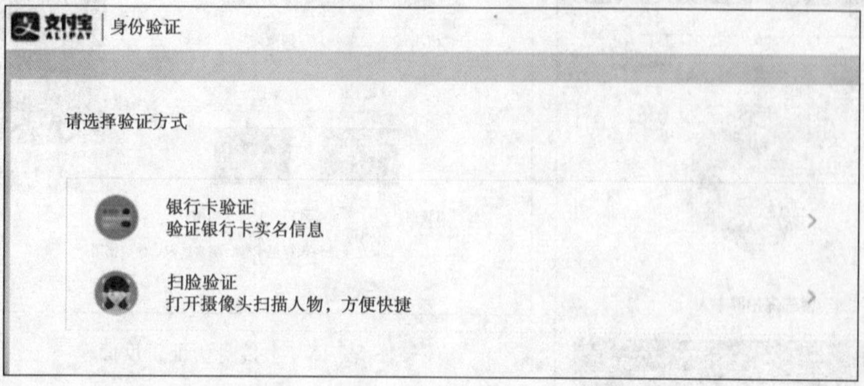

图 5－12　身份验证

第五步，根据提示进行银行卡验证。

第六步，在手机上完成人脸校验，如图 5－13 所示。

图 5－13　人脸验证

第七步，使用支付宝钱包扫码，进入如图 5－14 所示页面（与目前钱包扫脸流程一致），如图 5－14 所示。

第八步，上传身份证正反面照片，点击“确定提交”，如图 5－15 所示。

第九步，提交成功，证件审核时间为 24 小时，如图 5－16 所示。

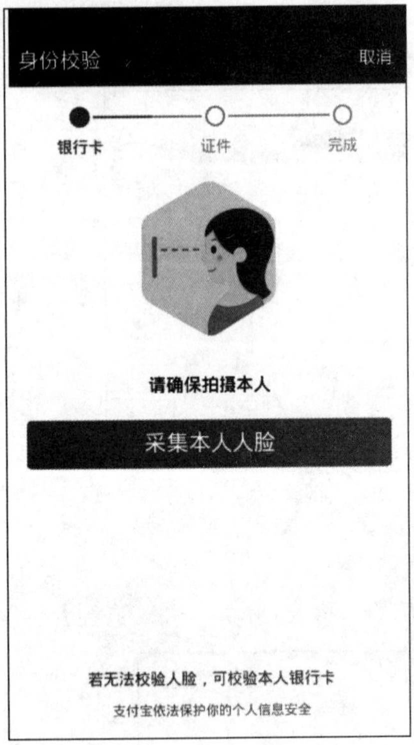

图 5－14　注册成功

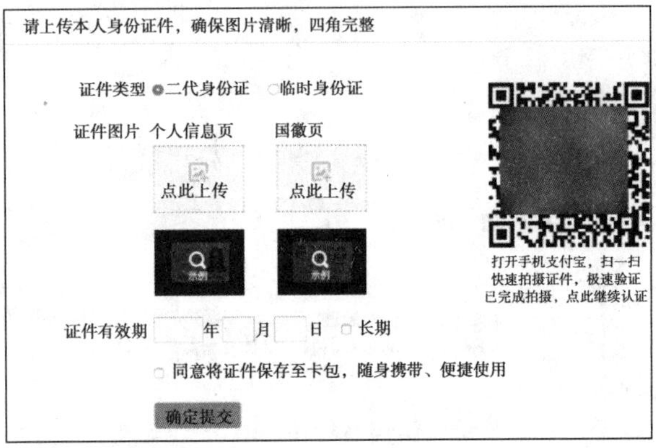

图 5－15　上传身份证正反面

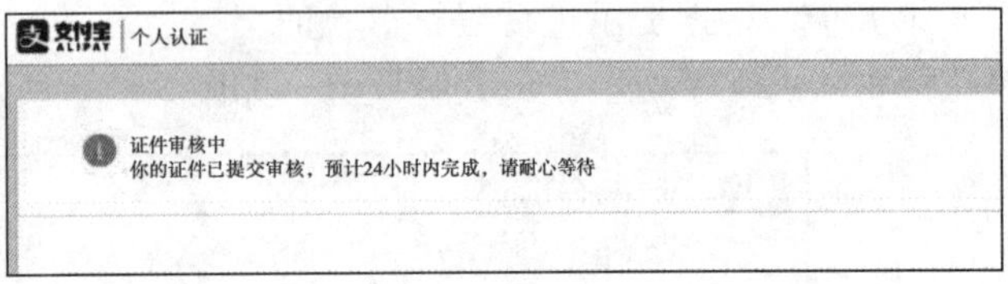

图 5－16　提交成功

【同步训练】

一、判断题

1. 在电子合同中，表示合同生效的传统签字盖章方式被数字签名所代替。（　　）
2. 电子支票与传统支票几乎有着同样的功能。（　　）
3. 用电子现金（e-cash）购买商品时，商家通过 e-cash 发行银行验证电子现金的真伪。（　　）
4. 银行卡是金融服务的常见方式，可在商场、饭店及其他场所中使用。（　　）
5. 只有中央银行和金融机构才可发行电子货币，并且电子货币只能在本国内使用。（　　）

二、单选题

1. 电子支付是指电子交易的当事人使用安全电子支付手段，通过________进行的货币支付或资金流转。

A. 中介银行　　B. 开户银行　　C. 发卡银行　　D. 网络

2. 出于安全性考虑，网上支付密码最好是________。

A. 用生日的数字组成　　B. 用银行提供的原始密码

C. 用常用的英文单词　　D. 用字母和数字混合组成

3. 电子现金的优点是________。

A. 实用　　B. 成本高　　C. 风险大　　D. 无纸化

4. 可以用________表示电子合同生效。

A. 银行确认　　B. 数字证书　　C. 数字签名　　D. 厂商确认

5. 在电子商务中，所有的买方和卖方都在虚拟市场上运作，其信用依靠________。

A. 现货付款
B. 密码的辨认或认证机构的认证
C. 双方订立书面合同
D. 双方的互相信任

三、多选题

1. 电子支付的特点包括（　　）。

A. 电子支付使用的是最先进的通信手段（如 Internet、Extranet），对软、硬件设施的要求很高

B. 电子支付是采用先进的技术通过数字流转来完成信息传输的，其各种支付方式都是采用数字化的方式进行款项支付的

C. 电子支付具有方便、快捷、高效、经济的优势

D. 电子支付的工作环境是基于一个封闭的系统平台即 Internet 之中

2. 网上银行的基本特点包括（　　）。

A. 风险最低
B. 经营成本低廉
C. 服务方便、快捷、高效、可靠
D. 全面实现无纸化交易

四、问答题

1. 什么叫电子支付？简述电子支付系统的发展阶段。
2. 什么叫电子现金？画出电子现金的支付流程图。
3. 简述电子信用卡的功能。
4. 画出电子信用卡的支付流程图。
5. 什么是网上银行？网上银行的特点和功能是什么？
6. 什么是第三方支付？第三方支付有什么优点？

五、实训题

1. 个人网上银行操作：了解网上银行申请和开通的流程；掌握登录网上银行的操作；掌握常用的网上银行的功能。

实训内容与步骤：

（1）登录中国建设银行网站；
（2）点击个人网上银行—演示，进入中国建设银行个人网上银行模拟操作平台；
（3）申请开通网上银行；
（4）完成首次登录，设置网上银行登录密码和网上银行交易密码；
（5）正式登录网上银行，查询储蓄账户；
（6）完成转账操作；
（7）查询信用款账户，完成信用款自动还款设置；
（8）完成个人贷款申请操作；
（9）完成投资理财—债券购买操作；
（10）了解建设银行个人网上银行的其他功能。

2. 支付宝操作：掌握第三方支付的方法；掌握支付宝申请的操作；掌握支付宝实名认证的操作；掌握支付宝的常用功能操作。

实训内容与步骤：

（1）登录 www. alipay. com；
（2）注册支付宝账户；
（3）完成支付宝实名认证（部分操作课外进行）；
（4）完成支付宝充值操作；
（5）完成支付宝付款操作。

项目六　电子商务物流

【引例】2017年“双十一”物流

根据国家邮政局监测数据，2017年“双十一”主要电商企业全天共产生快递物流订单8.5亿件，同比增长29.4%；全天各邮政、快递企业共处理3.31亿件，同比增长31.5%。对此，国家邮政局相关负责人表示快递网络在“双十一”期间要承担比平日超出2倍的业务量，快递企业的作业压力可以想象，尤其末端的快递员劳动强度非常大，难免会在服务上出现疏漏，因此也希望广大消费者对此给予理解和包容。近年“双十一”前，国家邮政局都会发布相关的消费提示，并协同快递企业进行流量监控；交通运输部部长也数次对“双十一”邮政快递服务保障公司做出批示或进行调研。

另一方面，为应对这一巨大的流量，中国快递行业不断扩充人员、增加投入。按照国家邮政局公布的数据显示，预计“双十一”期间，邮政全行业将投入近300万人、3000万平方米场地、9万辆干线运输车辆和90余架全货机，行业能力储备较日常增加了三到五成。值得关注的是，除了传统的人员、场地、交通工具的投入外，各家电商平台、快递企业均在加强对科技领域的投入，其中既包括自动化分拣设备在内的硬件投入，也包括对于大数据、数据分析的软件系统投入。“双十一”是面向未来的新物流练兵场，是一场科技、数据协同的战役。经过不断努力，全行业已经形成一套比较成熟的保障机制，在基础能力投入、科技应用、社会支持等方面都取得了明显的成效，应对高峰的能力得到增强。

（资料来源：经济观察报，2017－11－14）

任务一　认识物流

一、物流的概念

物流的概念最早起源于美国。二战期间，美国在对军火进行战时供应的过程中，首先采用了“物流管理”（logistics management）这一名词。二战后，物流管理被美国人用到企业管理中，称作“企业物流”（business logistics），是指对企业的供销、运输、存储等活动进行综合管理。日本于20世纪60年代引进物流概念，并将其解释为“物的流通”。在20世纪50年代到70年代期间，人们研究的对象主要是狭义的物流，是与商品销售有关的物流活动，是流通过程中的商品实体运动。因此通常采用的仍是physical distribution一词。

1986年，美国物流管理协会将physical distribution改为logistics，其理由是因为physical distribution的领域较狭窄，logistics的概念则较宽广、连贯、整体。美国物流管理协会认为，物流是为了符合顾客的需要所发生的从生产地到销售地的物质、服务以及信息的流动过程，以及为使保管能有效、低成本进行而从事的计划、实施和控制行为。物流管理是供应链管理的一部分，它对来源地与消费地之间的货物、服务及相关信息进行正向和反向有效率、有效益的流动与储存，进行计划、执行与控制，以满足顾客要求。

我国国家标准《GB/T 18354—2006 物流术语》中定义：物流是物品从供应地向接收地的实体流动过程。根据实际需要，将运输、储存、装卸、搬运、包装、流通加工、配送、回收、信息处理等基本功能实施有机结合。

二、物流的功能

1. 运输功能

因为商品产地与销地之间存在空间的距离，所以要使消费者或用户买到所需商品，必须使商品从产地到达销地，这只有通过商品运输才能实现。因此，物流的运输功能创造着物流的空间效用，它是物流的核心和关键。

运输可以划分为两段：一段是生产厂商到物流站点之间的运输，其特点是批量较大、品种较单一、运距较长，这样的运输称为“输送”；另一段是物流站点到用户之间的运输，一般称为“配送”，即根据用户的要求，将各类商品按不同类别、不同方向和不同用户进行分类、拣选、组配、装箱，配齐后送给用户，其实质在于“配齐”和“送达”。现代物流将“配送”功能从“运输”功能中独立出来，运输功能主要是指生产厂商到物流站点之间的运输，而物流站点到用户之间的运输则属于配送功能。

2. 仓储功能

仓储是指通过仓库对商品与物品进行的储存与保管。商品生产与商品消费之间存在时间上的不均衡，要解决这个问题，必须依靠商业仓储来发挥作用，因此仓储功能创造着物流的时间效用。仓储包括以下几个要点。

（1）仓储是物质产品的生产持续过程，物质的仓储也创造产品的价值。

（2）仓储既包括静态的物品储存，也包括动态的物品存取、保管、控制的过程。

（3）仓储活动发生在仓库等特定的场所。

（4）仓储的对象既可以是生产资料，也可以是生活资料，但必须是实物动产。

3. 包装功能

包装是指为了在流通过程中保护产品、方便储运、促进销售，按一定技术方法而采用的容器、材料及辅助物等的总体名称；也指为了达到上述目的而采用容器、材料和辅助物的过程中运用一定技术方法等的操作活动。

要使商品实体能在物流中经过运输、储存等环节，顺利到达消费者手中，必须保证商品的使用价值完好无损，因此商品包装功能十分必要。包装可以分为两类：一是运输包装，也叫工业包装、外包装，以满足运输贮存要求为主要目的，具有保障产品的运输安全、方便装卸、加速交接和点验等作用。二是销售包装，也叫商业包装、内包装，是直接接触商品并随商品进入零售网点和消费者或用户直接见面的包装，以促进销售为主要目的。商品包装一般要注意以下几点。

（1）商品包装应具有一定的强度，坚实、牢固和耐用。对于不同运输方式和运输工具，还应有选择地利用相应的包装容器和技术处理。

（2）商品包装应实行标准化。对商品包装的包装容（重）量、材料、结构、规格、印刷标志等加以统一规定，以便提高包装容器的生产效率和降低成本，在物流过程中易于识别和计量。

(3) 商品包装要做到绿色、环保。首先，材料、容器、技术本身对商品和消费者是安全和卫生的。其次，包装的技法、材料容器等对环境而言是安全和绿色的。在选材料和制作上，遵循可持续发展原则，节能、低耗、防污染，可以持续性回收利用或废弃之后能安全降解。

4. 流通加工功能

由于商品产销方式的不同，生产性消费一般要求大包装、单品种、单规格和散装，而个人生活消费则需要商品小包装、多品种、分规格和组合包装等，这就需要进行必要的流通加工以适应商品销售的需要。

流通加工是在商品从生产者向消费者运动的过程中，为了促进销售、保持商品质量以及实现物流效率，而对商品进行的再加工。流通加工的内容包括包装、分割、计量、分拣、印刷标志、拴标签、组装等。流通加工有利于缩短商品的生产时间，满足消费者的个性化需求，克服生产单一性与需求个性化的矛盾，提高商品的适销率。

5. 配送功能

配送是指在经济合理的区域范围内，根据客户要求，对物品进行拣选、加工、包装、分割、组配等作业，并按时送达指定地点的物流活动。配送的主要特点有：

(1) 配送是面向终端用户的服务。一般是指从最后一个物流结点到用户之间的交付服务。

(2) 相对于干线运输而言，配送是支线、末端运输。

(3) 配送强调时效性。不是简单的“配货+送货”。

(4) 配送强调满足用户需求。配送承运人不是主导地位，必须从用户的利益出发。

(5) 配送强调合理化。过分强调“按用户要求”是不妥的，需要平衡时间、速度、服务水平、成本、数量。

(6) 配送使企业实现“零库存”成为可能。由配送企业进行集中库存，取代原来分散的企业库存。

6. 装卸、搬运功能

装卸是指物品在指定地点以人力或机械装入运输设备或从运输设备上卸下。搬运是指在同一场所内，主要对物品进行水平移动的物流作业。装卸、搬运是物流各环节连接成一体的接口，是运输、储存、包装等物流作业得以顺利实现的根本保证。

装卸和搬运质量的好坏、效率的高低是整个物流过程的关键所在。装卸搬运工具、设施、设备不先进，搬运装卸效率低，商品流转时间就会延长，商品就会破损，就会增大物流成本，影响整个物流过程的质量。装卸搬运功能是连接运输、储存和包装各个系统的节点，该节点的质量直接关系到整个物流系统的质量和效率，而且又是缩短物流移动时间、节约流通费用的重点部分。装卸搬运环节出了问题，物流其他环节就会停顿。

7. 信息功能

如果把企业的物流活动看作是一个系统，那么这个系统中就包括两个子系统：一个是作业子系统，包括上述运输、仓储、包装、流通加工、配送等具体的作业功能；另一个则是信息子系统，包括与商品数量、质量、作业管理等相关的物流信息，以及与订货、发货和货款支付等相关的商流信息。信息子系统是作业子系统的神经系统，企业物流活动状况要及时收集，商流和物流之间要经常互通信息，各种物流功能要相互衔接，这些都要靠物流信息功能来完成。

三、物流的分类

（一）按作用分类

1. 供应物流

供应物流是指为下游客户提供原材料、零部件或其他物品时所发生的物流活动。对于制造企业而言，是指生产活动所需要的原材料、燃料、半成品、零部件等物资的采购、供应活动所产生的物流；对于流通企业而言，是指交易活动中从买方角度出发的交易行为所产生的物流。

企业为保证本身的生产节奏，不断组织原材料、零部件、燃料、辅助材料供应的物流活动，这种物流活动对企业正常、高效的生产进行起着重大作用。企业供应物流不仅要实现保证供应的目标，同时还要在最低成本和最少消耗的限定条件下，来获取最大程度的供应保证。企业竞争的关键在于如何降低这一物流过程的成本，可以说这也是企业物流的最大难点。

2. 销售物流

销售物流是指企业在出售商品过程中所发生的物流活动。换句话说，销售物流是指生产企业、流通企业出售商品时物品在供方与需方之间的实体流动。通过销售物流，企业得以回收资金、进行再生产的经营活动。一般来说，销售物流的目标是以最低的成本和最佳的服务将适当的产品在适当的时间送达适当的地点或用户手中。

事实上，销售物流的成本与服务是一对矛盾综合体。这是因为，如果要提供最好的服务，就需要足够的库存量、最快的运输、多设网点，结果必然大量增加物流成本；而如果要降低物流成本，势必要选择缓慢而廉价的运输方式，降低库存量，减少仓库及网点。因此，需要在成本与服务间取得合理的平衡，即对销售物流的各要素进行平衡，取得合理成本下的时空效用。在这种前提下，企业销售物流的特点，是通过包装、送货、配送等一系列物流活动实现销售，这就需要研究送货方式、包装水平、运输路线等，并采取各种诸如少批量、多批次、定时、定量配送等特殊的物流方式达到目的。

3. 回收物流

回收物流是指退货、返修物品和周转使用的包装容器等从需方返回供方或专门处理企业所引发的物流活动。在生产消费过程和生活消费过程中，部分物料可通过收集、分类、加工、供应等环节转化成新的产品，重新投入到生产或消费中，这样就形成了回收物流。例如，货物运输和搬运中所使用的包装容器、废旧装载工具及工业生产中产生的边角余料、废旧钢材等在回收中所发生的物流活动。

在一个企业中，如果回收物品处理不当，往往会影响整个生产环境，甚至影响产品的质量，也会占用很大空间，造成浪费。另外，在企业的经营管理活动中，有时会产生突发性回收物流，这种情况较多出现在汽车、医药和食品等行业，主要是由于产品质量问题而产生回收需求，这种问题如果处理不好，将会影响企业的信誉和形象，甚至会关系到企业的生死存亡。

4. 废弃物物流

废弃物物流是指将经济活动或人们生活中失去原有使用价值的物品，根据实际需要进行收集、分类、加工、包装、搬运、储存等，并分送到专门处理场所的物流活动。废弃物物流没有经济效益，但是具有不可忽视的社会效益。

废弃物物流的作用是：无视对象物的价值或对象物没有再利用价值时，仅从环境保护的角度出发，将其焚化、进行化学处理或运到指定地点堆放、掩埋。由于环境问题的日益突出以及物流与环境的密切关系，废旧物品如何合理回收以减少对环境的污染、且最大可能地再利用，也是物流管理所需考虑的重要内容，废弃物物流将越来越受到社会和企业的重视。

（二）按系统性质分类

1. 社会物流

社会物流是企业外部的物流活动的总称。社会物流包括企业向社会的分销物流、购进物流、回收物流、废弃物物流等，也称为大物流或宏观物流。企业内部物流属于微观物流，社会物流属于宏观物流。社会物流的流通网络是国民经济的命脉，流通网络分布是否合理，渠道是否畅通，这些都是至关重要的。必须对社会物流进行科学管理和有效控制，采用先进的技术手段，保证其高效能、低成本运行，才能产生巨大的经济效益和社会效益。

2. 企业物流

企业物流是指货主企业在生产经营活动中所发生的物流活动。在现代企业的生产经营中，物流活动贯穿从原材料采购到零部件的加工、最后把成品销售并送达用户的整个循环过程。企业内部物流主要是企业内部的生产经营工作和生活中所发生的加工、检验、搬运、储存、包装、装卸、配送等物流活动。根据物流活动发生的先后顺序，企业物流可分为五部分，即供应物流、生产物流、销售物流、回收物流和废弃物物流。

（三）按活动的空间范围分类

1. 地区物流

地区物流是指根据行政区或地理位置划分的一定区域内的物流。相对于国际物流、国内物流而言，地区物流的范围比较小。地区物流的地区可按行政区域、经济圈、地理位置划分。按行政区域划分，我国可以划分为八大区：东北、华北、西北、西南、华南、华东、华中等。或按省区来划分，可划分为北京、天津等30多个省、直辖市和自治区等；也可以按经济圈划分，如苏锡常经济区等；还有按地理位置划分的地区物流，如长江三角洲地区、河套地区、环渤海地区、珠江三角洲地区等。

2. 国内物流

国内物流是指一个国家在自己的领地范围内开展的物流活动。国内物流作为国民经济的一个重要方面，应该纳入国家总体规划的内容。我国的物流事业是国家现代化建设的重要组成部分。

中国物流业中长期战略目标是：到2030年，中国成为世界物流强国。物流服务体系全面完善，物流网络省际互通、市县互达、城乡兼顾，乡乡有网点、村村有物流。物流结构全面优化，物流服务功能和水平全面提高，物流资源全面协同，物流与制造业、商贸流通、电子商务和农业全面联动，物流业与互联网、物联网全面融合，物流数字化、智能化程度全面实现，物流国际竞争力全面增强，物流创新全面突破，物流可持续发展能力全面改善，物流现代化全面推进，物流业对国民经济和社会发展的战略性、基础性和先导性作用全面体现。

3．国际物流

国际物流是相对国内物流而言的，是不同国家之间的物流。它是国内物流的延伸和进一步扩展，是跨国界的、流通范围扩大的物的流通，它是国际贸易的必然组成部分。国际物流是随着国际经济大协作、工业生产社会化和国际化的发展而产生的，跨国公司的发展使得一个企业的经济活动范畴可以遍布各国，国家之间原材料与产品的流通也随之发达。

任务二　认识电子商务下的物流发展

一、电子商务对物流的影响

（一）推动物流技术向信息化和智能化发展

电子商务的兴起进一步推动了物流技术向信息化和智能化发展。物流技术是指物流活动中所采用的自然科学与社会科学方面的理论、方法，以及设施、设备、装置与工艺的总称。物流技术既包括在采购、运输、装卸、流通加工和信息处理等物流活动中所使用的各种工具、设备、设施和其他物质手段，也包括由科学理论知识和实践经验发展而成的各种方法、技能以及作业流程等。物流业是融合运输、仓储、货代、信息等产业的复合型服务业，是支撑国民经济发展的基础性、战略性产业。随着政策环境越来越好，运力网络大规模覆盖、信息平台建设迅速推进，我国物流进入了飞速发展的成长期，物流业进化成了物流科技行业。

1．物流技术信息化

物流信息是指物流活动中各个环节生成的信息，一般随着从生产到消费的物流活动的产生而产生，与物流过程中的运输、储存、装卸、包装等各种职能有机结合在一起，是整个物流活动顺利进行所不可缺少的。物流信息反映着物流的各种活动，指导着物流的运动方向，是整个物流实现高效率、高水平作业的重要保证。

物流信息化是指物流企业运用现代信息技术，对物流过程中产生的全部或部分信息进行采集、分类、传递、汇总、识别、跟踪、查询等一系列处理，以实现对货物流动过程的控制，从而降低成本、提高效益的管理活动。随着我国电子商务的发展，实现物流信息化已成为物流企业赢得竞争优势的重要手段。

2．物流技术智能化

智能物流是指利用条形码、射频识别技术、传感器、全球定位系统等先进的物联网技术通过信息处理和网络通信技术平台广泛应用于物流业运输、仓储、配送、包装、装卸等基本活动环节，实现货物运输过程的自动化运作和高效率优化管理，提高物流行业的服务水平，降低成本，减少自然资源和社会资源消耗。智能物流标志着信息化在整合网络和管控流程中进入到一个新的阶段，即进入到一个动态、实时进行选择和控制的管理水平。

当前，随着物流管理的自动化、智能化以及供应链企业之间物流协作的紧密性进一步提高，物流信息化进入了智能物流阶段。物联网为物流业将传统物流技术与智能化系统运作管理相结合提供了一个很好的平台，进而能够更好更快地实现智能物流的信息化、智能化、自动化、透明化、系统的运作模式。

（二）促进物流运行模式和经营管理的变革

1. 物流运行模式变革

物流科技的创新将给传统的商业模式带来升级和变革。大数据、云计算等技术的成熟和应用，可以更灵活地调整物流结构，由传统先订单后物流的模式，转变为分析消费数据，提前将一部分商品前置，或是生产符合客户需求的定制化产品，精准地配置库存，降低成本。

传统物流活动在自身运行中将商流作为核心，因此其物流运行模式主要是按照商流的变化进行调整。但在电子商务环境下，物流的运行模式是以信息为核心，信息不但能够控制物流的运动方向，同时还可以影响物流的运行模式。过去以商流为核心的传统物流在进行运输、装卸、仓储、加工等步骤时，没有制定统一规范的标准，各环节由互不沟通的经济实体承担。即使有计算机对物流的控制，但这种控制基本上都是单一企业的运作模式，难以在全渠道供应链企业之间形成信息的集成与共享。

在电子商务环境下，现代物流可以构建一个庞大的信息服务网络和平台，以信息流为中心，通过互联网上的信息传输，将整体物流原本分散的各个环节进行整合，进而提高物资流动效率，使之能够高效运行，最终实现网络对物流的全方位控制。传统物流一般只具备储存、配送等简单功能，现代物流则在其简单功能的基础上，增加了包装、维修、退换货等各类售后服务。运用电子商务方式，客户能够在网上直接从制造商处取得良好的个性化服务，所以常规物流渠道中的批发商和零售商等中介机构会逐渐消失或减少层级，但制造商的区域销售代理会不断提升其在渠道以及地区性市场中的份额和重要性。

2. 物流经营管理变革

电子商务在很大程度上改变了物流企业的经营管理方式。在传统商务贸易中，物流企业之间主要依靠互利关系开展合作，没有实现真正的信息共享，企业的组织管理仍停留在个体层面。而电子商务则改变了传统物流的分散式经营，要求物流企业在进行经营管理时，更多地从整个供应链的角度思考。在电子商务时代，庞大的商品运输数量需要一个整合、共享的物流信息系统来保证整个产业链的运行效率和效益，物流管理的重心将向以供应链为核心的协同整合、信息共享、集成服务等方向转变。

电子商务的发展趋势要求物流配送企业具备在短时间内完成广阔区域物流任务的能力，同时保持合理的物流成本，这将促使物流企业加强自身网络建设和提高物流管理水平。物流企业需要通过互联网整合现有物流技术，加强与其他物流服务商的协作，建立海陆空一体化物流平台，发展物流网上交易市场，从而提高物流资源综合利用率和服务水平。在电子商务时代，物流配送企业提供的服务不仅仅是送货，而是最终成为电子商务公司的客户服务商，协助电子商务公司完成售后服务，如跟踪产品订单、提供销售统计、代买卖双方结算货款、进行市场调查与预测，提供采购信息及咨询服务等，这些都将推动物流企业的经营管理变革。

（三）提高物流业运行质量与服务水平

电子商务对物流的影响并不仅仅是物流环节、物流信息的变革，其最终目的是完成商品流通体系的转型，让物流社区更加智能化、智慧化、便捷化，最终构筑出透明、高效、信息对等的现代物流体系以及完善的商品流通系统。近年来，科技创新和技术进步成为物流提质增效的驱动力。越来越多的企业加大技术装备改造升级力度，行业信息化、自动化、机械化、智能化趋势明显，以现代信息技术为标志的智慧物流已成为物流业供给侧结构性改革的先行军。特别是电商物流的迅猛发展，催生出各种新的商业模式和业态，智慧物流从此进入了快速发展的新阶段。

根据阿里研究院的调查报告，与整个物流行业相比，以智慧物流理念为指导的电商物流表现优异，年度增速超过50%，从业人数超过200万人，服务质量、物流时效和效率水平居于领先位置。举例来说，“双十一”包裹订单从2014年的2.78亿、2015年的4.67亿，陡增至2018年的10.42亿，服务能力却从原先的拥堵“爆仓”、用户体验差到现在的井然有序，智慧物流技术是关键。

智慧物流的核心是“协同共享”，这是信息社会区别于传统社会，并将爆发出最大创新活力的理念源泉。协同共享理念通过分享使用权而不占有所有权，打破了传统企业边界，深化了企业分工协作，实现了存量资源的社会化转变和闲置资源的最大化利用。例如，菜鸟驿站整合高校、社区、便利店、物业等社会资源，有效解决末端配送的效率和成本问题。近年来，“互联网+物流”服务成为贯彻协同共享理念的典型代表。电子商务利用互联网技术和互联网思维，推动互联网与物流业深度融合，重塑产业发展方式和分工体系。

（四）降低物流企业的经营成本

物流企业如何优化配置自身资源，以最小成本获取最大效益，是其面临的最重要问题之一。在物流系统中，大量的信息不仅随时间波动，而且还依赖于气象和经济条件，因此物流管理和决策作业与活动需要实时地分析各种条件，并在最短时间内给出最佳实施方案。而物流信息管理系统通过管理和决策的最优化、智能化，能够最合理地利用有限资源，以最小消耗取得最大经济效益。国际上许多先进的企业物流管理系统，应用现代科学技术和数学方法与手段，运用数学模型和数学工具，对企业物流活动进行决策、预测和控制，进而实现真正有效的科学管理。通过引入先进的物流信息管理软件并应用于车辆配载、运输路线优化、仓储优化等各个方面，直接为企业带来经济利益。

电子商务的兴起，为物流产业带来了更为广阔的增值空间，网络技术为物流企业建立高效、节省的物流信息网提供了最佳手段。信息作为物流的重要组成要素，是物流运行、管理和决策不可缺少的依据。物流企业运用电子商务技术、软件系统及先进的管理方法，开展运输、库存、装卸、搬运、包装等活动。物流的信息化与智能化使货畅其流、物尽其用，既可以减少企业库存甚至零库存并保持供应链的连续和稳定，又能够有效缩短货物在途时间，进而加速资金周转，提高物流效率，降低物流成本。电子商务为物流企业提供信息处理平台和网络技术，运输组织方式的改变和供应链的优化是物流企业降低成本的主要原因。有数据显示，2016年我国社会物流总费用约等于国民生产总值（GDP）的14.9%，比上年下降1.1个百分点，表明2016年每万元GDP所消耗的社会物流总费用为1490元，比上年下降6.9%。

二、物流对电子商务的作用

1. 物流是电子商务发展的重要保障

电子商务交易一般需要具备三项基本要素：物流、信息流和资金流。其中，物流是基础，信息是桥梁，资金是目的。在传统交易过程中，商流都必须伴随相应的物流活动，即按照购方需求将商品实体由供方以适当的方式向购方转移。利用电子商务，消费者只要通过网上点击购物，就可以完成商品所有权的交割，即商流过程。但电子商务的活动并未结束，只有商品和服务真正转移到消费者手中，商务活动才告以终结。在整个电子商务的交易过程中，物流实际上是以商流的后续者和服务者的姿态出现的，没有物流作保证，电子商务给供方和购方带来的便捷则等于零。

现代物流配送还可以为电子商务的客户提供服务。根据电子商务的特点，对整个物流配送体系实行统一的信息管理和调度，按照用户要求在物流基地完成理货，并将配好的货物送交收货人。现代物流信息化、自动化、智能化的发展方向为电子商务提供了有效的基础支持，使电子商务有了更广阔的市场前景。物流也是增强企业竞争力的一个有效途径——物流是否高品质、高效率，直接影响到电子商务企业在商品价格、质量等方面的竞争力。高效的物流体系使得电子商务的优势得以充分发挥，促进了电子商务的发展。

2. 物流对电子商务运营成本与效率的影响

物流在电子商务运营中具有十分重要的地位，物流成本是电子商务运营成本的重要组成部分，物流效率的高低也直接决定电子商务运营效率的高低。影响物流成本与效率的因素可以分为内部因素和外部因素两大类。内部因素取决于物流企业的成本控制和管理水平，先进的管理方法和信息化、智能化的管理手段是从企业内部降低物流成本的发展方向；外部因素在于国家政策的扶持和行业的发展程度，例如物流基础设施的建设、物流相关税费的降低、物流行业信息化普及程度等。

2017 年 8 月，中国政府网公布《国务院办公厅关于进一步推进物流降本增效促进实体经济发展的意见》，建议从多个层面采取措施，推进物流业降本增效，主要包括如下内容。

（1）深化“放管服”改革，激发物流运营主体活力。包括优化道路运输通行管理；规范公路货运执法行为；完善道路货运证照考核和车辆相关检验检测制度；精简快递企业分支机构、末端网点备案手续；深化货运通关改革。

（2）加大降税清费力度，切实减轻企业负担。包括完善物流领域相关税收政策；科学合理确定车辆通行收费水平；做好收费公路通行费营改增相关工作；加强物流领域收费清理。

（3）加强重点领域和薄弱环节建设，提升物流综合服务能力。包括加强对物流发展的规划和用地支持；布局和完善一批国家级物流枢纽；加强重要节点集疏运设施建设；提升铁路物流服务水平；推动多式联运、甩挂运输发展取得突破；完善城乡物流网络节点；拓展物流企业融资渠道。

（4）加快推进物流仓储信息化标准化智能化，提高运行效率。包括推广应用高效便捷物流新模式；开展仓储智能化试点示范；加强物流装载单元化建设；推进物流车辆标准化。

（5）深化联动融合，促进产业协同发展。包括推动物流业与制造业联动发展；加强物流核心技术和装备研发；提升制造业物流管理水平。

（6）打通信息互联渠道，发挥信息共享效用。包括加强物流数据开放共享；推动物流活动信息化、数据化；建立健全物流行业信用体系。

（7）推进体制机制改革，营造优良营商环境。包括探索开展物流领域综合改革试点。顺应物流业创新发展趋势，选取部分省市开展物流降本增效综合改革试点，深入推进物流领域大众创业、万众创新，打破地方保护和行业垄断，破除制约物流降本增效和创新发展的体制机制障碍。

三、电子商务物流的特点

电子商务的蓬勃发展，给物流产业带来了新的发展机遇，使物流具备了一系列新特点。

1. 信息化

电子商务时代，物流信息化是电子商务的必然要求。物流信息化表现为物流信息的商品化、物流信息收集的数据库化和代码化、物流信息处理的电子化和计算机化、物流信息传递的标准化和实时化、物流信息存储的数字化等。条码技术、数据库技术、电子订货系统（EOS）、电子数据交换（EDI）、有效的客户反应（ECR）以及企业资源计划（ERP）等一系列信息化技术与观念在我国物流发展过程中逐步普及应用。

2. 自动化

自动化的基础是信息化，自动化的核心是机电一体化，自动化的外在表现是无人化，自动化的效果是省力化。另外自动化还可以扩大物流作业能力、提高劳动生产率、减少物流作业的差错等。物流自动化的设施非常多，如条码/语音/射频自动识别系统、自动分拣系统、自动存取系统、自动导向车、货物自动跟踪系统等。这些设施在发达国家已普遍用于物流作业流程中，在我国也已经有一批技术领先的物流企业开始普及应用。

3. 网络化

物流领域网络化的基础也是信息化，这里指的网络化有两层含义：一是物流配送系统的计算机通信网络，包括要通过计算机网络完成物流配送中心与供应商或制造商的联系，以及与下游顾客之间的联系，并自动完成通过计算机网络收集下游客户的订货的过程；二是组织的网络化，即所谓的企业内部网（Intranet）。物流的网络化是物流信息化的必然趋势，是电子商务下物流活动的主要特征之一。

4. 智能化

这是物流自动化、信息化的一种高层次应用，物流作业过程大量的运筹和决策，如库存水平的确定、运输（搬运）路径的选择、自动导向车的运行轨迹和作业控制、自动分拣机的运行、物流配送中心经营管理的决策支持等问题都需要借助于大量的知识才能解决。为了提高物流现代化的水平，物流的智能化已成为电子商务下物流发展的一个新趋势。在新一轮科技革命的推动下，"智慧物流"已经是近年物流行业持续热门的话题。随着智能技术的规模化运用，目前我国很多物流企业都在无人领域不断探索，物流行业正在向操作无人化、运营智能化和决策智慧化的全面智慧物流体系发展。

5. 柔性化

柔性化本来是为实现“以顾客为中心”而在生产领域提出的理念，但要真正做到柔性化，即真正地能根据消费者需求的变化来灵活调节生产工艺，没有配套的柔性化的物流系统是不可能达到目的的。柔性化的物流是适应生产、流通与消费的需求而发展起来的一种新型物流模式。这就要求物流配送中心要根据消费需求“多品种、小批量、多批次、短周期”的特色，灵活组织和实施物流作业。

另外，物流设施、商品包装的标准化，物流的社会化、共同化也都是电子商务下物流模式的新特点。

四、电子商务物流的发展趋势

电子商务时代，由于企业销售方式及消费者购买方式的转变，送货上门等业务成为一项极为重要的服务业务，这极大地促进了现代物流行业的迅猛发展。现代物流行业是能够完整提供物流功能服务，包括运输配送、仓储保管、分装包装、流通加工等并收取报酬的行业。主要包括仓储企业、运输企业、装卸搬运、配送企业、流通加工业等。信息化、全球化、多功能化和一流的服务水平，已成为电子商务下的物流企业追求的目标。

1. 功能多样化——物流业的发展方向

在电子商务时代，物流发展到集约化阶段，一体化的配送中心不仅要提供仓储和运输服务，还必须开展配货、配送和各种提高附加值的流通加工服务项目，也可按客户的需要提供其他服务。现代供应链管理即通过从供应者到消费者供应链的综合运作，使物流达到最优化。从战略概念的角度来看，供应链也是一种产品，而且是可增值的产品。其目的不仅是降低成本，更重要的是提供用户期望以外的增值服务，以产生和保持竞争优势。从某种意义上讲，供应链是物流系统的充分延伸，是产品与信息从原料到最终消费者之间的增值服务。

供应链系统物流完全适应了流通业经营理念的全面更新。因为，以往商品经由制造、批发、仓储、零售各环节间的多层复杂途径，才能最终到消费者手里；而现代流通业已简化为由制造经配送中心送到各零售点。配送中心是供应链环节中为下游经销商、零售商、最终客户提供配送服务的一个物流节点，它集成了物流与供应链中其他环节的服务功能，使未来的产业分工更加精细，产销分工日趋专业化，大大提高了社会的整体生产力和经济效益，使流通业成为整个国民经济活动的中心。

2. 高质量服务——物流企业的追求目标

在电子商务下，物流业是介于供货方和购货方之间的第三方，以服务作为第一宗旨。从当前物流的现状来看，物流企业不仅要为本地区服务，而且还要进行较长距离服务。因为客户不但希望得到高质量的服务，而且希望服务点不仅仅是一处，而是多处。物流配送中心离客户最近，与客户联系最为密切，商品都是通过它送到客户手中。美、日等国物流企业成功的要诀，在于他们都十分重视客户服务的研究。例如，在概念上变革，由“推”到“拉”。配送中心应更多地考虑“客户要我提供哪些服务”，从这层意义讲，它是“拉”，而不是仅仅考虑“我能为客户提供哪些服务”，即“推”。因此，有的配送中心起初提供的是区域性的物流服务，以后发展到提供长距离服务，而且能提供越来越多的服务项目。有的配送中心派人到生产厂家“驻点”，直接为客户发货。越来越多的生产厂家把所有物流工作全部外包给配送中心，从这一点来讲，配送中心的工作已延伸到生产厂家内部分工了。

能否满足客户需求把货物送到客户手中，取决于配送中心的作业水平。配送中心不仅与生产厂家保持紧密的伙伴关系，而且直接与客户联系，能及时了解客户的需求信息，并沟通厂商和客户双方，起着桥梁作用。物流企业不仅为货主提供优质的服务，而且要具备运输、仓储、进出口贸易等一系列知识，深入研究货主企业的生产经营、发展流程设计和全方位系统服务。优质和系统的服务使物流企业与货主企业结成战略伙伴关系，一方面有助于货主企业的产品迅速进入市场，提高竞争力，另一方面则使物流企业有稳定的资源，对物流企业而言，服务质量和服务水平正逐渐成为比价格更为重要的选择因素。

3. 信息化管理——物流业的必由之路

在电子商务时代，要提供最佳的服务，物流系统必须要有良好的信息处理和传输系统。例如，美国洛杉矶西海报关公司可以与码头、机场、海关信息联网。当货从世界各地起运时，客户便可以从该公司获得到达的时间、准确位置，使收货人与各仓储、运输公司等做好准备，使商品在几乎不停留的情况下，快速流动、直达目的地。又如，美国联邦快递公司向顾客提供自动运送软件，有三个版本：DOS 版的 PowerShip、视窗版的 FedExShip 和网络版的 FedExinterNetShip。利用这套系统，客户可以方便地安排取货日程、追踪和确认运送路线、列印条码、建立并维护寄送清单、追踪寄送记录；而联邦快递则通过这套系统了解顾客打算寄送的货物，预先得到的信息有助于运送流程的整合、货舱机位与航班的调派等。

在电子商务环境下，由于全球经济的一体化趋势，当前的物流业正向全球化、信息化、一体化发展，商品与生产要素在全球范围内以空前的速度自由流动。EDI 与 Internet 的应用，使物流效率的提高更多地取决于信息管理技术，电子计算机的普遍应用提供了更多的需求和库存信息，提高了信息管理科学化水平，使产品流动更加容易和迅速。物流信息化，包括商品代码和数据库的建立、运输网络合理化、销售网络系统化和物流中心管理电子化建设等。此外，手机 APP 的应用可以让整个物流配送管理流程变得可视化、标准化，借助于网络技术搭建的平台系统可以对整个物流配送的过程进行实时追踪、监控和适时调配。信息化物流在配送信息的处理、货物运输的状态以及货物安全保障问题等方面都是传统物流配送无法比拟的。可以说，没有现代化的信息管理，就没有现代化的物流。

4. 全球化——物流企业的竞争趋势

20 世纪 90 年代早期，电子商务的出现加速了全球经济一体化，而全球化的物流模式给企业带来了新的问题。例如，北美自由贸易区协议达成后，其物流配送系统已不仅是从东部到西部，还包括从北部到南部如从加拿大到墨西哥，因此出现了在这样的物流配送系统中应如何运送货物、设计配送中心、提供良好服务等一系列问题。另外，还有跨国公司管理观念和人才的问题，如日本在美国开设了很多分公司，而两国存在着不小的差异，势必会碰到如何管理的问题。此外，物流企业和合作伙伴之间如何建立信息共享系统，及时获得必要的信息，对物流企业来说也是个难题。在将来的物流系统中，能否做到尽快将货物送到客户手里，是提供优质服务的关键之一。

在全球流动格局下，包括在全球产业整合背景下，中国物流业也迅速发展。中国现已成为世界物流大国，目前铁路货运、公路货运、快递量等都位居世界第一，航空货运位列世界第二。虽然中国是物流大国，却不是物流强国，这是业界达成的共识。正如国务院发展研究中心产业经济研究部研究员魏际刚所言，“中国物流业未来的发展战略，首先是构建强大的、智能的国家物流系统；其次是构建面向未来的全球物流体系；再次是要构建一个物流的现代化。”

任务三 了解电子商务物流配送中心

一、配送概述

（一）配送的概念

配送是指在经济合理的区域范围内，根据客户要求，对物品进行拣选、加工、包装、分割、组配等作业，并按时送达指定地点的物流活动。配送是物流中一种特殊的、综合的活动形式，是商流与物流紧密结合，包含了商流活动和物流活动，也包含了物流中若干功能要素的一种形式。

我们可以从以下几个方面理解配送概念的内涵。

（1）配送提供的是物流服务，因此满足顾客对物流服务的需求是配送的前提。由于在买方市场条件下，顾客的需求是灵活多变的，消费特点是多品种、小批量的，因此从这个意义上说，配送活动绝不是简单的送货活动，而应该是建立在市场营销策划基础上的企业经营活动。同时单一的送货功能，无法较好地满足广大顾客对物流服务的需求，因此配送活动是多项物流活动的统一体。

（2）配送是“配”与“送”的有机结合。所谓“合理地配”是指在送货活动之前必须依据顾客需求对其进行合理的组织与计划。只有“有组织有计划”地“配”才能实现现代物流管理中所谓的“低成本、快速度”地“送”，进而有效满足顾客的需求。

（3）配送是在积极合理区域范围内的送货。配送不宜在大范围内实施，通常仅局限在一个城市或地区范围内进行。

（二）配送的要素

1．集货

集货，即将分散的或小批量的物品集中起来，以便进行运输、配送的作业。集货是配送的重要环节，为了满足特定客户的配送要求，有时需要把从几家甚至数十家供应商处预订的物品集中，并将要求的物品分配到指定容器和场所。集货是配送的准备工作或基础工作，配送的优势之一，就是可以进行一定规模的集货。

2．分拣

分拣是将物品按品种、出入库先后顺序进行分门别类堆放的作业。分拣是配送不同于其他物流形式的功能要素，也是关系配送成败的一项重要支持性工作。它是完善送货、支持送货准备性工作，是不同配送企业在送货时进行竞争和提高自身经济效益的必然延伸。所以，也可以说分拣是送货向高级形式发展的必然要求。有了分拣，就会大大提高送货服务水平。

3．配货

配货是使用各种拣取设备和传输装置，将存放的物品按客户要求分拣出来、配备齐全，送入指定发货地点。

4. 配装

在单个客户配送数量不能达到车辆的有效运载负荷时，就存在如何集中不同客户的配送货物，进行搭配装载以充分利用运能、运力的问题，这就需要配装。配装跟一般送货不同之处在于，通过配装送货可以大大提高送货水平及降低送货成本，所以配装也是配送系统中有现代特点的功能要素，也是现代配送与以往送货的重要区别之一。

5. 配送运输

配送运输和一般运输形态的主要区别在于：配送运输是距离较短、规模较小、额度较高的运输形式，一般使用汽车做运输工具。与干线运输的另一个区别是，配送运输的路线选择问题是一般干线运输所没有的，干线运输的干线是唯一的运输线，而配送运输由于配送客户多，一般城市交通路线又较复杂，需要考虑如何组合成最佳路线、如何使配装和路线有效搭配等。这是配送运输的特点，也是难度较大的工作。

6. 送达服务

将配好的货运输到客户处还不算配送工作的结束，这是因为送达货和客户需求有时还会不协调，使配送前功尽弃。因此，要圆满地实现货的移交，并有效、方便地处理相关手续并完成结算，还应讲究卸货地点、卸货方式等。送达服务也是配送独具的特殊性。

7. 配送加工

配送加工是按照配送客户的要求所进行的流通加工。在配送中，配送加工这一功能要素不具有普遍性，但往往是有重要作用的功能要素。这是因为通过配送加工，可以大大提高客户的满意程度。配送加工是流通加工的一种，但配送加工有它不同于流通加工的特点，即配送加工一般只取决于客户要求，其加工的目的较为单一。

（三）配送的类型

1. 按实施配送的节点分类

1）配送中心配送

物流配送中心化是物流社会化的前提基础条件。配送中心配送是配送的主体形式，也是物流社会化趋势的重要表现。配送中心专业性较强，和用户有固定的配送关系，往往实行计划配送。需配送的商品有一定的库存量，一般情况下很少超越自己经营范围。配送中心配送覆盖范围较宽，是大规模配送形式，因此，必须有一套配套的大规模实施配送的设施，如配送中心建筑、车辆、路线等。

由于配送中心配送是专业配送，有专门的配送设备和设施，因此配送能力强，配送距离较远，配送品种多，配送数量大。配送中心的设施及工艺流程是根据配送需要专门设计的，投资建设费用比较高，并且一旦建成便很难改变，所以灵活机动性较差，有一定局限性。

2）仓库配送

仓库配送是以一般仓库为据点来进行配送。由于仓库配送是在保持仓库原功能的前提下，增加一部分配送职能，并不是专门按配送中心要求设计和建立，因此投资费用少，上马较快，但配送规模较小，配送的专业化较差。

3）商店配送

由商店或物资门市的网点组织配送的形式称为商店配送。这种配送形式的组织者是商业或物资的门市网点。这些网点主要承担商品的零售，一般来说规模不大，但经营品种却比较齐全。除日常经营的零售业务外，这种配送方式还可根据用户的要求，将商店经营的品种配齐，或代用户外订外购一部分本商店平时不经营的商品，与商店经营的品种一起配齐运送给用户。

这种配送组织者实力有限，往往只是零星商品的小量配送，所配送的商品种类繁多，但是用户需用量不大，甚至于有些商品只是偶尔需要，很难与大配送中心建立计划配送关系，所以常常利用小零售网点从事此项工作。

4）生产企业配送

生产企业配送又称制造商配送，是指配送人是生产企业（制造商）的配送。这种配送直接由制造商进行配送而无须将产品发运到物流配送中心。由于减少了一次物流环节，有一定优势，可节约物流成本，减少物流费用。由于生产企业往往实行大批量低成本生产，品种较为单一，因此无法像配送中心那样依靠产品凑整运输取得优势。生产企业配送不是配送的主体形式，它只是在地方性较强的产品生产企业中应用较多，比如就地生产、就地消费的食品、饮料、百货等。此外，在生产资料方面，某些不适于中转的化工产品及地方建材也常常采取这种方式。

2．按配送商品的种类和数量分类

1）单（少）品种、大批量配送

一般来说，对于工业企业需求量较大的商品，单独一个品种或几个品种就可以达到较大的运输量，可以实现整车运输。（少）单品种、大批量配送可以由专业性强的配送中心进行配送，往往不需要与其他商品进行配送，这种情况下成本较低。当客户所需的商品品种较少，或对某个品种的商品需要量较大、较稳定时，可实行此种配送形式。

2）多品种、少批量配送

根据用户的要求，将所有各种物品配备齐全、凑整装车后送达用户处的这种配送形式往往伴随多用户、多批次、数量少的特点，所以配送频率较高。由于多品种、多批次，因此这种配送作业水平要求高，配送分拣设备复杂，配货送货计划难度相对较大，要求有高水平的组织工作保证和配合。在配送类型中，这是一种高水平、高技术的配送方式。

这种配送方式符合现代“消费多样化”“需求多样化”的新观念，一般适合于综合配送中心所进行的配送，在电子商务领域比较适用，特别是电子商务 B2C 模式，多品种、少批量、多批次配送是支持消费配送的有力物流平台。

3）配套成套配送

设备成套、配套配送是为满足企业的生产需要，按其生产进度，将装配的各种零配件、部件、成套设备定时送达生产线进行组装的一种配送形式。这种配送方式中，配送企业承担了生产企业大部分供应工作，使生产企业专心致力于生产。其配送效果与多品种、少批量配送相同，主要在生产制造领域使用。

3．按配送时间和数量分类

1）定时配送

定时配送是指按规定时间和时间间隔进行配送。定时配送这种服务方式由时间确定，对用户而言，易于根据自己的经营情况，按照最理想时间进货，也易于安排接货力量（如人员、设备等）。定时配送的具体形式包括时配、日配、准时配送等。

时配即1小时配送，是在接到配送订货要求之后，在1小时之内将货物送达。主要适用于一般消费者突发的个性化需求所产生的配送服务要求，也经常用作配送系统中应急的配送方式。B2C电子商务中，在同一城市内，经常采用时配服务方式。日配即当日配送，送达时间在订货的24小时之内。准时配送方式则是在供需双方的协议基础上，根据用户的生产节奏、销售进度，按指定的时间将货物送达的配送方式。这种方式比日配、时配更精确，利用这种方式，用户的微量库存——保险储备也可以取消，绝对实现用户企业“零库存”的目标。

2）定量配送

在一定的时间范围里，按照协议规定的批量配送货物的方式即定量配送。这种方式数量固定，备货工作较为简单，可以按托盘、集装箱及车辆的装载能力规定配送的定额数量，因此能有效利用托盘、集装箱等集装方式，也可做到整车配送，配送效率较高。由于时间不严格限定，可以将不同用户所需物品凑整车后配送，运力利用也较好，并且可实行科学管理。对用户来讲，每次接货都处理同等数量的货物，有利于人力、物力的准备。

3）定时定量配送

定时定量配送是按规定的时间、规定的货物品种数量进行的配送。这种配送兼有定时配送和定量配送的特点，是一种精益的配送方式。主要应用于大量且稳定生产的汽车、家用电器、机电产品的供应物流。企业采用内部电子交换系统（EDI）、电子订货系统（EOS）、销售时点系统（POS）时，可以在局部区域内应用定时定量配送服务方式。在城市物流与企业内部供应物流中，定时定量配送是一种理想的配送服务方式，是企业配送服务努力发展的方向和配送管理追求的目标。

4）定时定路线配送

定时定路线配送是在规定的运行线路上，制订配送车辆到达的时间表，按运行时间表进行配送。用户可在规定地点和时间接货，可按规定路线及时间提出配送要求。

对配送企业而言，采用这种方式有利于配送企业安排车辆及驾驶人员，可以依次对多个用户实行共同配送，无须每次决定货的配送路线、配车计划等问题，因而比较容易监控管理配送过程，配送成本费用相对较低。对用户而言，可以在确定的路线、确定的时间表上接货，可以有计划地安排接货的机器、人员。虽然配送路线可能与用户还有一段距离，但由于成本较低，用户也乐于接受这种服务方式。但这种配送方式对配送线路交通环境、硬件设施要求高，并且定时运送会造成车辆装载量不足等浪费。

5）即时应急配送

即时应急配送是一种完全按用户突然提出的配送要求随即进行的配送方式。这是一种灵活性较高的应急方式。采用这种方式，客户可以将安全储备降低为零，实现零库存经营。但这种配送服务成本很高，难以作为经常性的服务，只能是已确定长期固定关系的配送服务的补充和完善，其实质是配送企业配送应急能力的体现。一般在事故、灾害、生产计划突然变化或销售预测失误而导致销售即将断线的情况下采用。

4. 按配送经营形式分类

1）销售配送

销售配送是指配送企业是销售性企业，或销售企业进行的促销型配送。销售配送的特点是货物种类、数量不固定，用户经常变化，随机性较强，配送是企业销售的重要手段。

2）供应配送

供应配送是指企业为了自己的供应需要所采取的配送形式，往往由企业或企业集团组建配送节点，集中组织大批量进货，然后向本企业配送或向本企业集团的若干企业配送。这种配送方式在生产型大型企业、企业集团或商业连锁超市集团中采用较多。

供应配送的主要目的是保证生产或销售，提高商品或生产物资供应能力。同时，也通过集中采购、大批量进货，取得价格批量优惠；通过集中库存，实现内部用户单位零库存，从而达到降低物资供应成本的目的。

供应配送的依据是生产计划或门店分销订货需求计划。一般由企业自身或用户企业集团总部组建配送据点，统一备货，集中库存，然后依据生产计划或门店分销订货需求，在本企业各分厂、车间、工段、班组、工序或分店，即本企业内若干单位组织进行及时配送。

3）销售－供应一体化配送

销售－供应一体化配送是指销售企业对于基本固定的客户和基本确定的配送产品在自己销售的同时承担对客户执行有计划供应的职能。它既是销售者同时又成为客户的供应代理人。

4）代存代供配送

代存代供配送是指客户将属于自己的货物委托配送企业代存、代供，有时还委托代订，然后组织对货物的配送。这种配送在实施时不发生商品所有权的转移，配送企业只是客户的委托代理人，商品所有权在配送前后都属于客户所有，所发生的仅是商品物理位置的转移。配送企业仅从代存、代送中获取收益，而不能获得商品销售的经营性收益。

二、物流配送中心

（一）配送中心的概念

根据中国国家标准《GB/T 18354—2006　物流术语》的定义，配送中心是指从事配送业务且具有完善信息网络的场所或组织，应基本符合以下要求：主要为特定的用户服务；配送功能健全；辐射范围小；多品种、小批量、多批次、短周期；主要为末端客户提供配送服务。

《物流手册》对配送中心的定义：配送中心是从供应者手中接受多种大量的货物，进行倒装、分类、保管、流通加工和情报处理等作业，然后按照众多需要者的订货要求备齐货物，以令人满意的服务水平进行配送的设施。

（二）物流配送中心的类型

1．按运营主体分类

1）以制造商为主体的配送中心

这种配送中心里的商品都是由制造商自己生产制造，用以降低流通费用、提高售后服务质量和及时地将预先配齐的成组元器件运送到规定的加工和装配工位。从商品制造到生产出来后条码和包装的配合等多方面都较易控制，所以按照现代化、自动化的配送中心设计比较容易，但不具备社会化的要求。

例如，日本丰田汽车销售公司上乡工厂建有以自动化仓库为主体的配送中心，该中心占地13 500 m^2、高25 m，共有15个巷道、37 674个库存货位，保管由该工厂自己生产、包装好的汽车维修配件，并按订货要求，发送到各用户。又如，海尔物流中心就有采购件和制成品两个自动化仓库，共有14个巷道、19 536个库存货位。采购件自动化仓库负责向装配线工位准时地配送零部件；制成品自动化仓库负责向全国42个分销配送中心准时地配送制成品。海尔配送体制建成后，已经做到中心城市6～8小时配送到位，区域销售店6～8小时配送到位，全国主干线分拨配送平均3.5天到位。

2）以批发商为主体的配送中心

商品从制造者到消费者手中之间的传统流通有一个环节叫批发。一般是按部门或商品类别的不同，把每个制造厂的商品集中起来，然后以单一品种或搭配后向消费地的零售商进行配送。这种配送中心的商品来自各个制造商，它所进行的一项重要的活动便是对商品进行汇总和再销售，而它的全部进货和出货都是社会配送的，社会化程度高。

3）以零售业为主体的配送中心

零售商发展到一定规模后，就可以考虑建立自己的配送中心，为专业商品零售店、超级市场、百货商店、建材商场、粮油食品商店、宾馆饭店等服务。例如北京食品配送中心，它储存各种各样的冷冻食品，如各种鱼、虾、肉类等，每天接受各大宾馆、饭店的订货，并准时迅速配送、到达。又如，连锁超市是以连锁制为轴心，以广大的门店网络为市场依托，以规模化采购、收货、流通加工、保管和集约化的配送体制为利润源。华联超市股份有限公司拥有连锁店800家，2000年8月华联超市现代配送中心正式启动。

4）以物流企业为主体的配送中心

这种配送中心最强的是运输配送能力，地理位置优越，如港湾、铁路和公路枢纽，可迅速将到达的货物配送给用户。它提供仓储货位给制造商或供应商，而配送中心的货物仍归制造商或供应商所有，配送中心只是提供仓储管理和运输配送服务。这种配送中心的现代化程度往往较高。

例如，广州宝供物流配送中心。宝供物流企业集团有限公司创建于1994年，总部设在广州，是国内第一家经国家工商总局批准以物流名称注册的企业集团，是我国较早运用现代物流理念和方法为客户提供供应链一体化物流服务的专业公司，也是目前我国规模和影响力较大的第三方物流企业之一；拥有9个分子公司，分别位于广州、沈阳、大连、北京、上海、苏州、合肥、武汉、成都，共80个办事处覆盖省会城市及二级城市。

2. 按物流设施的归属分类

1）自用（自有）型配送中心

这种类型的配送中心里，包括原材料仓库和成品仓库在内的各种物流设施和设备归一家企业或企业集团所有，作为一种物流组织，自用（自有）型配送中心是企业或企业集团的一个有机组成部分。这种隶属于某一个企业集团的配送中心只服务于集团内部各个企业，通常是不对外提供配送服务的。例如，美国沃尔玛所属的配送中心即是公司独资建立、专门为本公司所属的连锁店提供商品配送服务的自用型配送中心。目前，随着经济的发展，大多数自用型配送中心均已转化成了公用型配送中心。

2）公用型配送中心

这类配送中心是面向所有用户提供后勤服务的配送组织（或物流设施）。只要支付服务费，任何用户都可以使用这种配送中心。从归属的角度说，这种配送中心一般是由若干家生产企业共同投资、共同持股和共同管理的经营实体。在国外，也有个别的公用型配送中心是由私人（或某个企业）投资建立和独资拥有的。公用型配送中心的数量很多，在配送中心总量中这种配送组织占相当大的比例。美国约有250家公用型配送中心，有的已经形成了网络体系。

3）合作型配送中心

这种配送中心是由几家企业合作兴建、共同管理的物流设施，多为区域性配送中心。合作型配送中心可以是企业之间联合发展，如中小型零售企业联合投资兴建，实行配送共同化；也可以是系统或地区规划建设，达到本系统或本地区内企业的共同配送；或是多个企业、系统、地区联合共建，形成辐射全社会的配送网络。例如，北京粮食局系统的八百佳物流中心即属于系统内联合建立的合作型配送中心；上海市政府、流通主管部门所规划发展的百货、粮食、副食等四大配送中心为区域内联合建立的合作型配送中心。另外，还可以对原有不规范、无规模、无效率的配送中心进行联合重组，向规模化发展，赋予新的生命力。

3. 按服务范围和服务对象分类

1）城市配送中心

城市配送中心是只能向城市范围内的众多用户提供配送服务的物流组织。由于在城市范围内，货物的运距比较短，因此，这类配送中心在从事（或组织）送货活动时，一般都使用载货汽车。又由于使用汽车配送物资时机动性强、供应快、调度灵活，因此，在实践中依靠城市配送中心能够开展少批量、多批次、多用户的配送活动，也可以开展“门到门”式的送货业务。

因为城市配送中心的服务对象多为城市圈里的零售商、连锁店和生产企业，所以一般来说，它的辐射能力都不太强。在流通实践中，城市配送中心多是采取与区域配送中心联网的方式运作的。我国一些试点城市所建立的配送中心（如北京食品配送中心、无锡市各专业物资配送中心）绝大多数都属于城市配送中心。

2）区域配送中心

这是一种辐射能力较强、活动范围较大、可以跨市或跨省进行配送活动的物流中心。区域配送中心有三个基本特征：其一，经营规模比较大，设施和设备齐全，并且数量较多、活动能力强。其二，配送的货物批量比较大而批次较少。其三，在配送实践中，区域配送中心虽然也从事零星的配送活动，但这不是其主要业务。很多配送中心常常向城市配送中心和大的工商企业配送商品，因而，这种配送中心是配送网络或配送体系的支柱结构。

（三）新型物流配送中心的特征

（1）配送反应速度快。新型物流配送中心对上、下游物流配送需求的反应速度越来越快，前置时间越来越短。在物流信息化时代，速度就是金钱，速度就是效益，速度就是竞争力。

（2）配送功能集成化。主要是将物流与供应链的其他环节进行集成，如物流渠道与商流渠道集成、物流功能集成、物流环节与制造环节集成、物流渠道之间的集成。

（3）配送作业规范化。强调物流配送作业流程和运作的标准化、程式化和规范化，使复杂的作业简单化，从而大规模地提高物流作业的效率和效益。

（4）配送服务系列化。强调物流配送服务的正确定位与完善化、系列化，除传统的配送服务外，在外延上扩展物流的市场调查与预测、物流订单处理、物流配送咨询、物流配送方案、物流库存控制策略建议、物流货款回收、物流教育培训等系列的服务。

（5）配送手段现代化。使用先进的物流技术、物流设备与管理为物流配送提供支撑，生产、流通和配送规模越大，物流配送技术、物流设备与管理就越需要现代化。

（6）配送组织网路化。有完善、健全的物流配送网路体系，物流配送中心、物流节点等网路设施星罗棋布，并正常运转。

（7）配送经营市场化。物流配送经营采用市场机制，无论是企业自己组织物流配送还是社会物流配送，都实行市场化。只有利用市场这只看不见的手指挥调节物流配送，才能取得好的经济效益和社会效益。

（8）配送流程自动化。物流配送流程自动化是指运送、仓储、货箱排列装卸、搬运等按照自动化标准作业，商品按照最佳配送路线等。

任务四 掌握电子商务物流配送信息技术

前任沃尔玛总裁大卫·格拉斯这样总结："配送设施是沃尔玛成功的关键之一，如果说我们有什么比别人干得好的话，那就是我们的配送中心。"灵活高效的物流配送系统是沃尔玛达到最大销售量和低成本存货周转的核心。沃尔玛配送中心设立在100多家零售卖场中央位置的物流基地周围，可以同时满足100多个销售网点的需求，以此缩短配送时间，降低送货成本。

同时，沃尔玛首创交叉配送的独特作业方式，进货与出货几乎同步，没有入库、储存、分拣环节，由此加速货物流通。在竞争对手每5天配送一次商品的情况下，沃尔玛每天送货一次，大大减少中间过程，降低管理成本。数据表明，沃尔玛的配送成本仅占销售额的2%，而一般企业这个比例高达10%。这种灵活高效的物流配送方式使沃尔玛在竞争激烈的零售业中技高一筹、独领风骚。

配送中心"灵活高效"说起来容易做来难，是什么使"灵活高效"的理念转化为强大的竞争力？就是现代化的物流信息技术。沃尔玛能长期在世界500强企业中独占鳌头，很大程度归因于其强大的信息系统的支持。它利用信息技术提高物流配送效率，增强其经营决策能力。沃尔玛正是在这些信息技术的支撑下，做到了商店的销售与配送中心、配送中心与供应商的同步。

一、条码技术

条码技术是随着计算机与信息技术的发展和应用而诞生的，它是集编码、印刷、识别、数据采集和处理于一身的新型技术。

1. 条形码

条形码（bar code）是指将宽度不等的多个黑条和空白，按照一定的编码规则排列，用以表达一组信息的图形标识符。常见的条形码是由反射率相差很大的黑条（简称条）和白条（简称空）排成的平行线图案。

目前世界上常用的码制主要有EAN条形码、UPC条形码、库德巴条形码、三九条形码、二五条形码和128条形码等，而商品上最常使用的就是EAN条形码。EAN商品条形码亦称通用商品条形码，由国际物品编码协会制定，通用于世界各地，是目前国际上使用最广泛的一种商品条形码。我国在国内推行使用的也是这种商品条形码。EAN 商品条形码分为 EAN－13（标准版）和 EAN－8（缩短版）两种。

在全球范围内，每天需要运用到条码扫描的次数已经超过亿次，其应用范围也涉及各个领域和行业，其中包括物流、仓储、图书馆、银行、POS 收银系统、医疗卫生、零售商品、服装、食品服务以及高科技电子产品等。如在物流业，物流中的货物分类、库位分配、库位查询、进出库信息、进出库盘点以及产品查询等，如果是用人工操作，不仅浪费时间、人力、物力、财力，还常常伴随着非常大的出错率，所以条码技术在物流业的优势显而易见。

2. 二维码

条形码只是在一个方向（一般是水平方向）表达信息，而在垂直方向则不表达任何信息，其一定的高度通常是为了便于阅读器的对准。在水平和垂直方向的二维空间存储信息的条形码，称为二维码（2-dimensional bar code）。

二维码是用在某种特定的几何形状中按一定规律在平面（二维方向）上分布的黑白相间的图形记录数据符号信息的。在代码编制上巧妙地利用构成计算机内部逻辑基础的“0”“1”比特流的概念，使用若干个与二进制相对应的几何形体来表示文字数值信息，通过图像输入设备或光电扫描设备自动识读以实现信息自动处理。

我国对二维码技术的研究开始于 1993 年。中国物品编码中心对几种常用的二维码的技术规范（PDF417、QRCCode、Data Matrix、Maxi Code、Code 49、Code 16K、Code One）进行了翻译和跟踪研究。随着我国市场经济的不断完善和信息技术的迅速发展，国内对二维码这一新技术的需求与日俱增。中国物品编码中心在消化国外相关技术资料的基础上，制定了两个二维码的国家标准：二维码网格矩阵码（SJ/T 11349—2006）和二维码紧密矩阵码（SJ/T 11350—2006），从而大大促进了我国具有自主知识产权技术的二维码的研发。

智能手机和平板电脑的普及应用催生了之前并不被看好的二维码应用，大家竞相投入大量资源进行技术研发。二维码的应用，似乎一夜之间渗透到我们生活的方方面面，出现在地铁广告、报纸、火车票、飞机票、快餐店、电影院、团购网站以及各类商品外包装上。作为物联网浪潮产业中的一个环节，二维码的应用从未如此受到关注，甚至有专家预测，二维码将在两三年内形成上千亿的市场空间。物联网的应用离不开自动识别，二维码相对一维码，具有数据存储量大、保密性好等特点，能够更好地与智能手机等移动终端相结合，形成了更好的互动性和用户体验。

二、RFID 技术

RFID 的英文全称是 radio frequency identification，意为射频识别，又称电子标签、无线射频识别。RFID 射频识别是一种非接触式的自动识别技术，它通过射频信号自动识别目标对象并获取相关数据，识别工作无须人工干预，可工作于各种恶劣环境，可识别高速运动物体并可同时识别多个标签，操作快捷方便。它广泛应用于物流管理、交通运输、医疗卫生、商品防伪、安全防护、管理与数据统计等领域，被公认为 21 世纪十大重要技术之一。

现代物流企业要为客户提供准确、快捷、安全、优质的服务，必须利用现代信息技术对仓储、运输、配送、装卸搬运、流通加工等物流业务，进行信息的采集、储存、传输、加工分析和管理，以用于对业务流程进行管理、跟踪和控制。RFID 技术充分发挥了快速、实时、准确采集与处理信息的良好功能特性，使得企业能够实时、精确地掌握整个供应链上的商流、物流、信息流和资金流的流向和变化，同时使得供应链上各个业务环节和流程更加协调一致，提高整个供应链上的经济效益。

一个完整的 RFID 系统由电子标签、阅读设备、天线和应用软件系统四个部分组成。

（1）电子标签：由芯片、天线及载体组成，芯片的内存用来保存 ID 等特定信息；天线用来接受和发送信息和指令；载体用来安装和保护芯片和天线。每个 RFID 标签具有唯一的电子编码，附在物体上标识目标对象。

（2）阅读设备：也称读写器、阅读器或询问器，是对 RFID 标签进行读/写操作的设备。读写器是 RFID 系统中最重要的基础设施，可设计为手持式或固定式。

（3）天线：天线附着在电子标签和阅读设备上，是 RFID 标签和读写器之间实现射频信号空间传播和建立无线通信连接的设备。RFID 系统中包括两类天线，一类是 RFID 标签上的天线，另一类是读写器天线，既可以内置于读写器中，也可以通过同轴电缆与读写器的射频输出端口相连。目前的天线产品多采用收发分离技术来实现发射和接收功能的集成。

（4）应用软件系统：即在计算机中安装的应用层软件，主要是收集存储数据并进一步后台处理，以便用于业务管理。应用软件系统是整个 RFID 系统的运营支撑平台，具有数据采集、过滤、排序、封装和转发等功能。

三、GIS 技术

地理信息系统（geographic information system，GIS）有时又称为“地学信息系统”。它是一种特定的十分重要的空间信息系统。它是在计算机硬、软件系统支持下，对整个或部分地球表层（包括大气层）空间中的有关地理分布数据进行采集、储存、管理、运算、分析、显示和描述的技术系统。

在电子商务环境下，供应商必须全面、准确、动态地掌握散布在全国各个中转仓库、经销商、零售商以及各种运输环节之中的产品流动状况，并以此制定生产和销售计划，及时调整市场策略。把 GIS 技术融入到物流配送的过程中，能更容易地处理物流配送中货物的运输、仓储、装卸、送递等各个环节，并对其中涉及的问题如运输路线的选择、仓库位置的选择、仓库的容量设置、合理装卸策略、运输车辆的调度和投递路线的选择等进行有效的管理和决策分析，这样才有助于物流配送企业更有效地利用现有资源以降低消耗和提高效率。

据估算，在物流配送中，超过 80% 的物流数据具有空间特性或者与空间位置有关，如厂家、仓库和客户的地理位置、道路交通状况等，在配送过程中的理货、调度、配送路线优化等都是空间分析的具体应用。

对于包罗万象的空间信息，传统方法局限于枯燥无味的数据处理和表现，缺乏直观性和决策可视化。而 GIS 能够将晦涩抽象的数据表格变为清晰简明的彩色地图，将电子表格和数据库中无法看到的数据之间的模式和发展趋势，以图形的形式清晰直观地表现出来。GIS 能够帮助管理者进行配送中心选址、运输调度优化、配送路线优化、分析客户分布及销售情况、确定潜在客户的分布、确定服务范围等分析决策，并能够与库存集成系统、财务集成系统及ERP等其他系统实现有机集成，满足物流配送过程中决策多维性的需求。

四、GPS技术

GPS是全球定位系统（global positioning system）的简称。20世纪70年代，美国陆海空三军联合研制了新一代卫星定位系统GPS，主要目的是为陆海空三大领域提供实时、全天候和全球性的导航服务。GPS能为全球用户提供低成本、高精度的三维位置、速度和精确定时等导航信息，是卫星通信技术在导航领域的应用典范，它极大地提高了地球社会的信息化水平，有力地推动了数字经济的发展。

GPS技术在物流配送中的应用主要包括以下几个方面。

（1）导航。这是GPS的首要功能，也是最基本的功能。利用GPS可以测得汽车位置坐标，并与地图上的路线相匹配，在电子地图上显示汽车的正确位置，以指示出正确的行驶路线。

（2）车辆跟踪。利用GPS与GIS，以及无线移动通信系统与车辆管理信息系统相结合，可以实现车辆跟踪功能。实时显示出车辆的实际位置并任意放大、缩小、漫游，可以随目标移动，对车辆进行实时跟踪、报警、通信等，掌握车辆基本信息，对车辆进行远程管理，有效避免车辆空载现象。

（3）配送路线规划。配送路线规划是GPS的一项重要辅助功能，可以进行人工设计线路和自动线路规划，找出最快、最简单、最短的路线。

（4）基于位置的信息查询。为客户提供主要物标，如重要旅游景点、医院、宾馆等的精确坐标，使用户能够在电子地图上根据需要进行查询，显示其位置以及周边服务信息。

（5）话务指挥与管理。指挥中心可以检测区域内车辆的运行状况，对被监控车辆进行合理调度。指挥中心还可以随时与被跟踪目标进行通话，实行车辆运行管理。

（6）紧急援助功能。通过GPS定位和监控管理系统可以对遇有险情或发生事故的车辆进行紧急援助。监控台的电子地图可以显示求助信息和报警目标，规划出最优援助方案，并以报警声、光提醒值班人员进行应急处理。

五、智慧物流

中国物联网校企联盟认为，智慧物流是利用集成智能化技术，使物流系统能模仿人的智能，具有思维、感知、学习、推理判断和自行解决物流中某些问题的能力。即在流通过程中获取信息从而分析信息做出决策，使商品从源头开始被实施跟踪与管理，实现信息流快于实物流。智慧物流可通过RFID、传感器、移动通信技术等让配送货物自动化、信息化和网络化。

智慧物流是以物流互联网和物流大数据为依托，通过协同共享创新模式和人工智能先进技术，重塑产业分工、再造产业结构、转变产业发展方式的新生态。近年来，随着物流业与互联网深化融合，智慧物流出现如下几个新特点。

1. 物流互联网逐步形成

近年来，随着移动互联网的快速发展，大量物流设施通过传感器接入互联网。目前，我国已经有超过400万辆重载货车安装北斗定位装置，还有大量托盘、集装箱、仓库、货物接入互联网。物流连接呈快速增长趋势，以信息互联、设施互联带动物流互联，物流互联网的形成正处于关键时期。“物流在线化”奠定了智慧物流的前提条件。

2. 物流大数据得到应用

物流在线化产生大量业务数据，使得物流大数据从理念变为现实，数据驱动的商业模式推动产业智能化变革，大幅度提高生产效率。例如，菜鸟网络推出智能路由分单，实现包裹跟网点的精准匹配，准确率达98%以上，分拣效率提高50%以上，大大缓解了仓库爆仓压力。物流大数据服务对物流大数据进行处理与分析，挖掘对企业运营管理有价值信息，从而科学合理地进行管理决策，是物流企业的普遍需求，其典型场景包括：

（1）数据共享。实现物流基础数据互联互通，减少物流信息的重复采集，消除物流企业的信息孤岛，提高服务水平和效率，例如供应链上下游各方共享货品、车辆等基础数据。

（2）销售预测。利用用户消费特征、商家历史销售等海量数据，通过大数据预测分析模型，对订单、促销、清仓等多种场景下的销量进行精准预测，为仓库商品备货及运营策略制定提供依据。

（3）网络规划。利用历史大数据、销量预测数据，构建成本、时效、覆盖范围等多维度的运筹模型，对仓储、运输、配送网络进行优化布局。

（4）库存部署。在多级物流网络中科学部署库存，智能预测补货，实现库存协同，加快库存周转，提高现货率，提升整个供应链的效率。

（5）行业洞察。利用大数据技术，挖掘分析3C、家电、鞋服等不同行业以及仓配、快递、城配等不同环节的物流运作特点及规律，形成最佳实践，为物流企业提供完整的解决方案。

3. 物流云服务强化保障

依托大数据和云计算能力，通过物流云来高效地整合、管理和调度资源，并为各个参与方按需提供信息系统及算法应用服务，是智慧物流的核心需求。近年来，京东、菜鸟、百度等纷纷推出物流云服务应用，为物流大数据提供了重要保障。“业务数据化”正成为智慧物流的重要基础。

4. 协同共享助推模式创新

智慧物流的核心是“协同共享”，这是信息社会区别于传统社会，并将爆发出最大创新活力的理念源泉。近年来，“互联网＋”物流服务成为贯彻协同共享理念的典型代表。其典型场景包括：

（1）互联网＋高效运输。通过搭建互联网平台，实现货运供需信息的在线对接和实时共享，将分散的货运市场有效整合起来，改进了运输的组织方式，提升了运输的运作效率。

（2）互联网＋智能仓储。开发全自动仓储系统，设计智能仓储机器人，完成货物的上架、拣选、打包、贴标签等操作，大幅提高仓储管理的效率和水平。通过仓储信息的集成、挖掘、跟踪与共享，有效实现取货自动化、进出货无缝化和订单处理准确化。

（3）互联网＋便捷配送。借助互联网平台，搭建城市配送运力池，开展共同配送、集中配送、智能配送等先进模式，有效解决“最后一公里”的痛点。

(4) 互联网＋智能终端。随着本地生活服务的需要，整合末端人力资源、服务网络和智能终端，实现资源的分布式布局和共享式利用，提升资源利用效率和用户服务体验。

5. 人工智能正在起步

人工智能通过赋能物流各环节、各领域，实现智能配置物流资源、智能优化物流环节、智能提升物流效率。特别是在无人驾驶、无人仓储、无人配送、物流机器人等人工智能的前沿领域，菜鸟、京东、苏宁等一批领先企业已经开始开展试验应用，有望与国际电商和物流企业从同一起跑线起步。物流技术服务的典型场景包括：

(1) 自动化设备。通过自动化立体库、自动分拣机、传输带等设备，实现存取、拣选、搬运、分拣等环节的机械化、自动化。

(2) 智能设备。通过自主控制技术，进行智能抓取、码放、搬运及自主导航等，使整个物流作业系统具有高度的柔性和扩展性，例如拣选机器人、码垛机器人、AGV、无人机、无人车等。

(3) 智能终端。使用高速联网的移动智能终端设备，物流人员操作将更加高效便捷，人机交互协同作业将更加人性化。

任务五　掌握电子商务物流配送模式

一、自营物流

（一）电子商务自营物流的概念

电子商务自营物流是指企业经营管理中的整个物流活动全部由电子商务经营企业自行完成。具体而言，即是指电子商务经营企业物流配送的每一个环节都由企业自己来进行策划和掌控，通过建立完善的配送系统来完成配送任务。

在电子商务发展初期，由于我国物流公司多数是由传统的运输公司转型而来，第三方物流服务水平落后，无法满足大型电子商务经营企业的物流配送要求，因此为了能够迅速抢占市场、打击现有和潜在竞争对手，一些电子商务经营企业不惜投入大量资金在一定区域乃至全国范围内自行组建物流配送系统，以提高自身电子商务经营的竞争力。

目前我国电子商务自营物流模式主要有两类：一类是资金较为雄厚且销售规模较大的电子商务企业所建立的物流系统，如京东自营物流；另一类是传统大型制造企业或批发企业为自己的电子商务业务所建立的自营物流，如海尔自营物流。由于在长期传统商务的运营过程中已经建立起较大规模的物流配送系统，传统大型制造企业或批发企业在开展电子商务时，只需改进和完善现有的物流配送系统，就可满足电子商务条件下对物流配送的要求。

（二）电子商务自营物流的优点

电子商务自营物流主要有以下优点。

(1) 有利于控制供应链的各个经营环节。企业物流系统自营，可以运用自身掌握的供应商、经销商以及最终顾客的第一手信息资料有效协调供应链的各个环节，及时调整自己的经营战略，在激烈的市场竞争中掌握业务控制权，争取市场主动。

(2) 有利于规范物流业务操作流程。物流是电子商务的最后一个环节，物流的服务水平对消费者的购物体验有直接影响。电子商务企业通过提供良好的物流服务，将商品完好、准时地送达消费者处，让消费者在体验到网络购物便利的同时，也减少了对网络购物的顾虑。由于我国第三方物流服务水平参差不齐，在物流配送过程中经常发生暴力分拣、商品遗失、破损、调包等情况，导致消费者网络购物的体验较差。而自营物流可以对物流配送过程进行有效监控，合理规范物流配送操作流程，从而不断改善和提升物流配送服务水平，在提升消费者的购物体验的同时，降低因物流配送服务水平低下而对电子商务经营企业造成的潜在损失。

（3）有利于提高物流配送效率。电子商务自营物流可以通过合理规划自身管理与业务流程，来提高物流配送效率，并将资金流、信息流与物流紧密结合，进一步提高电子商务企业的整体业务运作效率。随着整个电子商务的发展，用户对于物流的质量和速度的要求也日益提高，越来越多的电子商务企业在业务规模扩大的同时，开始着手投资建设自己的物流配送系统。

（4）有利于提高客户服务满意度。随着人民生活水平的提高以及消费者消费理念的转变，物流已不再是单纯的配送活动，而是成为电子商务经营企业提高顾客满意度的手段和途径。自营物流由于全权经营控制供应链的各个环节，因此通常情况下，能够比其他物流模式提供更优质的物流服务，特别是在物流配送速度上有十分明显的优势。此外，对于物流配送人员的培训和统一管理也是影响物流服务质量和满意度的重要因素。

（三）电子商务自营物流的缺点

电子商务自营物流主要有以下缺点。

（1）前期投资较大。由于物流体系包含了运输、仓储、包装等很多个环节，在建立物流体系初期，需要企业一次性投入较多的资金用于固定资产和设备的建设。由于资金被占用，必然会使企业在核心业务方面的资金投入降低，这样就可能出现企业市场风险的抵御能力减弱的情况，最终使得企业的市场竞争能力被削弱。此外，物流配送系统的投资也需要计算投资回报率，如果电子商务的业务规模和收益无法与物流投资经营费用相匹配，则企业可能会陷入亏损状态甚至持续亏损很长时间。

（2）运营成本较高。电子商务自营物流的成本主要由库存控制成本、运输成本、配送成本、包装成本、人员成本和管理成本等构成。如果自营物流的规模化和专业化程度较低，那么自营物流的总成本和单位物流成本就会居高不下，影响企业经营的整体效益。因此是否开展自营物流需要从企业战略的角度全盘考虑利弊得失。

（3）资源利用不均衡。电子商务企业自营物流需要投入大量的人力、物力和财力，一旦发货高峰期过后，物流资源将会面临大量闲置。由于企业自营物流需要花很多的成本费用去维持物流系统的日常运作，而物流资源的闲置无形中加大了企业的运营成本，增加了电子商务企业的经营风险。因此，由于市场供需关系的不确定性，自营物流可能会出现淡季物流资源闲置，高峰时段人手不够用的情况。

（4）不易专业化和规模化。选择自营物流将会使企业面临一个崭新的行业，而电子商务企业在最初阶段并不擅长和熟悉物流行业，因此需要投入时间、精力和资金去掌握原本非核心的物流业务。如果企业无法快速、全面并准确地了解和掌握物流行业经营之道，那么对自营物流的巨额投入不但不会为公司带来立竿见影的收益，反而会拖累核心业务以及企业的整体经营绩效。目前国内很多电子商务企业只能在区域相对较小、人口相对集中的城市实现自营物流，并没有形成自营物流的规模效应。如果自营物流规模有限，或者电子商务企业对物流的管理和监控不到位，那么自营物流配送服务的专业化程度就不一定会比第三方物流高。这种情况下，自营物流并不能达到企业的期望水平，企业的综合竞争力也得不到增强。

二、第三方物流

（一）电子商务第三方物流的概念

第三方物流（third party logistics，简称3PL），也称作委外物流（logistics outsourcing）或合约物流（contract logistics）。电子商务第三方物流是指电子商务企业委托专业的第三方物流企业，完成该企业经营活动所需的物流服务的模式。第三方是相对于"第一方"发货人即电子商务企业和"第二方"收货人即客户或消费者而言的，通过与"第一方"或者"第二方"的合作，第三方物流为电子商务交易双方提供部分或全部物流功能。

随着信息技术的发展以及电子商务的普及，物流活动日益庞大和复杂，而第一、二方物流的组织和经营方式已不能完全满足社会需要；同时，为参与世界性竞争，电子商务企业必须确立核心竞争力，加强供应链管理，降低物流成本，把不属于核心业务的物流活动外包出去。于是，第三方物流应运而生。

（二）电子商务第三方物流的优点

电子商务第三方物流主要有以下优点。

（1）有利于企业集中精力于核心业务。由于任何企业的资源都是有限的，很难成为业务上面面俱到的专家，因此，企业应把自己的主要资源集中于自己擅长的主业，而把物流等辅助功能留给物流公司。采用第三方物流模式的好处在于，对电子商务企业来说，可以把精力集中在电子商务平台的经营和完善，一心致力于增强核心主营业务的竞争优势；对专业物流企业来说，可以拓展物流业务规模和范围，增强自身在物流主营业务上的竞争力。两者都在自己熟悉的核心业务范围内经营，有利于降低成本和提高盈利水平。

（2）有利于新技术在物流领域的运用。随着需求的变化和技术的进步，一些新技术开始流行和普及，优秀的第三方物流供应商会不断更新信息技术和设备。非专业物流公司通常没有时间、资源和专业技能来不断更新它们的技术。此外不同的电子商务企业可能有不同的、不断变化的配送需求和信息技术需求，满足这些需求是第三方物流公司生存的必要条件。第三方物流供应商能够以更快的速度、更低的成本有效地满足这些需求。

（3）有利于根据需求灵活选择物流服务。电子商务企业可以根据自身业务经营的需求灵活选择物流服务。这种灵活体现在两个方面：一是对第三方物流供应商的灵活选择。不同的第三方物流企业有不同的业务经营范围与规模，以及物流配送能力的优劣势，电子商务企业可以根据自身业务需求选择最适合自己的第三方物流供应商；二是与第三方物流供应商合作的灵活性，电子商务企业可以和自己的第三方物流供应商协商定制个性化物流配送服务。

（4）有利于降低物流成本。专业的第三方物流企业可以发挥其物流经营的专业优势以及规模效应带来的成本优势，以较低的服务价向电子商务企业提供物流外包活动，而电子商务企业也能从中获取低物流成本所带来的利益。

（三）电子商务第三方物流的缺点

电子商务第三方物流主要有以下缺点。

（1）物流环节和服务难以控制。电子商务企业将物流业务外包给第三方物流企业，那么整个物流的运作环节就不能由自己监控和管理，同时物流服务水平和质量也完全取决于第三方物流合作企业的经营管理状况。如果合作的第三方物流企业物流配送水平不高，就可能会出现收发货不及时、配送过程中货物丢失、配送人员态度较差、售后服务不能保障等送货服务问题。虽然电子商务企业可以通过采取一些相应的制约措施如制订顾客投诉率、送达时间要求等，但电子商务企业不可能监控第三方物流企业的整个配送过程，因此对督促和提升第三方物流水平的作用非常有限。

（2）受制于第三方物流行业发展水平。第三方物流整个行业的发展水平和成熟程度也是制约电子商务第三方物流应用的重要因素。如果行业发展水平和成熟程度较高，那么就会有利于第三方物流的兴起和普及，无论电子商务企业或第三方物流企业都将从中获益；反过来，如果行业发展水平和成熟程度较低，电子商务企业在选择第三方物流服务时就会受到诸多因素的干扰，反而不利于第三方物流业的发展。

（3）物流服务影响自身品牌形象。在电子商务时代，物流服务水平与速度已经成为客户评价电子商务企业的重要影响因素。高质量、速度快的物流服务有利于电子商务企业在消费者心目中树立良好的品牌形象，对电子商务企业的长期经营发展起到正面影响。反过来，如果消费者对电子商务企业物流服务评价较差，即使这是第三方合作物流企业的原因，消费者也会将问题归结到电子商务经营企业身上，进而损害电子商务企业的自身品牌形象。

三、第四方物流

（一）电子商务第四方物流的概念

第四方物流（fourth party logistics，简称4PL）是1998年美国埃森哲咨询公司率先提出的，第四方物流专门为第一方、第二方和第三方提供物流规划、咨询、物流信息系统、供应链管理等活动，并不实际承担具体的物流运作活动。

第四方物流是一个供应链的集成商，是供需双方及第三方物流的领导力量。它不是物流的利益方，而是通过拥有的信息技术、整合能力以及其他资源提供一套完整的供应链解决方案，以此获取一定的利润。它帮助企业实现降低成本和有效整合资源，并且依靠优秀的第三方物流供应商、技术供应商、管理咨询以及其他增值服务商，为客户提供独特的和广泛的供应链解决方案。

（二）电子商务第四方物流的基本特征

（1）第四方物流有能力提供一整套完善的供应链解决方案，是集成管理咨询和第三方物流服务的集成商。第四方物流和第三方物流不同，不是简单地为企业客户的物流活动提供管理服务，而是通过对企业客户所处供应链的整个系统或行业物流的整个系统进行详细分析后提出具有指导意义的解决方案。

（2）第四方物流是通过对供应链产生影响的能力来增加价值的，在向客户提供持续更新和优化的技术方案的同时，满足客户特殊需求。第四方物流服务供应商可以通过物流运作的流程再造，使整个物流系统的流程更合理、效率更高，从而将产生的利益在供应链的各个环节之间进行平衡，使每个环节的企业客户都可以受益。

（3）成为第四方物流企业需具备一定的条件，如：能够制定供应链策略、设计业务流程再造，具备技术集成和人力资源管理的能力；在集成供应链技术和外包能力方面处于领先地位，并具有较雄厚的专业人才资源；能够管理多个不同的供应商并具有良好的管理和组织能力等。

（三）第三方物流和第四方物流的联系与区别

1．第三方物流和第四方物流的联系

第三方物流是由除物流劳务的供方、需方之外的第三方去完成物流服务的物流运作模式。“第三方物流供应商”为客户提供所有的或一部分供应链物流服务，以获取一定的利润。第三方物流公司提供的服务范围很广，它可以简单到只是帮助客户安排一批货物的运输，也可以复杂到设计、实施和运作一个公司的整个分销和物流系统。

第四方物流是以第三方物流为基础的，第四方物流是供应链的集成者，整合了整个供应链的物流资源和技术，能够使企业更有效率地快速对供应链的整体需求做出反应，最大限度地满足顾客的需求，从而提高客户满意度，提高供应链的竞争力。第四方物流的思想必须依靠第三方物流的实际运作来实现并得到验证；第三方物流又迫切希望得到第四方物流在优化供应链流程与方案方面的指导。

要发展第四方物流就必须大力发展第三方物流企业，为第四方物流的发展作铺垫，提高物流产业水平。因此，只有二者结合起来，才能更好、更全面地提供完善的物流运作和服务。第三方物流与第四方物流联合成为一体以后，将第三方物流与第四方物流的外部协调转化为内部协调，使得两个相对独立的业务环节能够更和谐、更一致地运作，物流运作效率会得到明显的改善，进而增大物流成本降低的幅度，扩大物流服务供应商的获利空间。

2．第三方物流和第四方物流的区别

第四方物流偏重于通过对整个供应链的优化和集成来降低企业的运行成本，而第三方物流则是偏重于通过对物流运作和物流资产的外部优化来降低企业的投资和成本。

第四方物流具有很多的优势：能给客户提供最接近要求的完美的服务；能提供一个综合性的供应链解决方案；能利用第四方的信息资源、管理资源和资本规模为企业打造一个低成本的信息应用平台；能为企业提供低成本的信息技术。

第三方物流主要是为企业提供实质性的、具体的物流运作服务，其主要的不足是本身的技术水平不高，能为客户提供的技术增值服务比较少。第四方物流刚好相反，其专长是物流供应链技术，它具有丰富的物流管理经验和供应链管理技术、信息技术等。第四方物流的不足在于自身不能提供实质的物流运输和仓储服务。

【同步训练】

一、选择题

1．物流按照作用可以分为（　　）。

A．供应物流　　B．销售物流　　C．回收物流　　D．废弃物物流

2．物流按照系统性质可以分为（　　）。

A．社会物流　　B．企业物流　　C．地区物流　　D．国际物流

3．配送按实施配送的结点不同进行分类，可以分为（　　）。

A．配送中心配送　　B．仓库配送　　C．商店配送　　D．生产企业配送

4．配送按配送时间和数量的多少进行分类，可以分为（　　）。

A．定时配送　　B．定量配送　　C．定时定路线配送　　D．即时配送

5. 配送按配送经营形式不同进行分类，可以分为（　　）。

A. 销售配送　　B. 供应配送　　C. 定时定量配送　　D. 代存代供配送

6. 目前世界上最常使用的条形码是（　　）。

A. EAN 条形码　　B. UPC 条形码　　C. 库德巴条形码　　D. 三九条形码

二、填空题

1. 物流的功能主要包括：________、________、________、________、________、________、________。

2. 电子商务物流的特点主要包括：________、________、________、________、________。

3. 配送的要素主要包括：________、________、________、________、________、________、________。

4. 根据中国国家标准《GB/T 18354—2006　物流术语》的定义，配送中心是指从事配送业务且具有完善信息网络的场所或组织，应基本符合以下要求：________；________；________；________；________。

5. 物流配送中心按运营主体的不同分类，可以分为：________、________、________、________。

6. 物流配送中心按物流设施的归属分类，可以分为：________、________、________。

7. 条码技术是随着计算机与信息技术的发展和应用而诞生的，它是集________、________、________、数据采集和处理于一身的新型技术。

8. 一个完整的 RFID 系统由四个部分组成：________、________、________、________。

三、简答题

1. 电子商务对物流的影响主要有哪些？
2. 物流对电子商务的作用主要有哪些？
3. 电子商务物流的发展趋势主要体现在哪些方面？
4. 如何理解配送概念的内涵？
5. 新型物流配送中心的特征包括哪些？
6. 如何理解二维码的应用？
7. 什么是 GIS 技术？
8. GPS 技术在物流配送中的应用主要包括哪些？
9. 智慧物流出现了哪些新特点？
10. 电子商务自营物流的优缺点有哪些？
11. 电子商务第三方物流的优缺点有哪些？
12. 电子商务第四方物流的基本特征包括哪些？
13. 简述第三方物流和第四方物流的联系与区别。

四、实践题

1. 京东物流是典型的电子商务自营物流，请根据自身消费体验并查阅相关资料，分析京东物流的优势和劣势。

2. 菜鸟网络是目前发展较为成熟且规模较大的第四方物流平台，请根据自身消费体验并查阅相关资料，分析菜鸟网络的运营特征。

项目七　网络营销

【引例】江苏九鼎集团的网络营销

江苏九鼎集团组建于1992年10月，以江苏九鼎集团有限公司为核心，控股和参股子公司共有12家。主要产业有玻璃纤维纱、织物及其制品，生物化工，房地产，服装、家用纺织品，现代农业，机械加工，对外贸易等。集团80%以上的产品出口，在国内外市场树立了良好的品牌形象。

面对贸易全球化进程的加快，要想在激烈的市场竞争中占得先机，为了把企业推到市场的最前沿，江苏九鼎集团在网络营销方面做出了一些有效的探索和尝试。

第一，建立企业自己的网站。

要想通过网络在全球范围内宣传企业的产品，建立自己的网站是必不可少的。起初，九鼎集团只是在世界资源网上申请了一个二级网址。经过一段时间的运行，集团发现虽然有不少客户访问，但各类信息的发布、反馈量总是受到很大的限制。因此，不久后，集团申请了一级国际、国内及保护域名，在国内较大的东方网景上，以租“虚拟主机”的方式建立了自己的网站，网页也进行了更新、完善。

第二，充分利用国际贸易公告板（BBS）。

因特网上有很多专门从事国际贸易的网站，也有某一行业的专业网站。这些网站大多有BBS，通过BBS，人人都可以在上面发布自己企业的各种贸易信息。这些网站大多可以免费发布信息，但有时效性。集团利用这些免费网站，不断将企业的产品信息及时登录上去。这样做的效果很明显，成交的许多订单都是靠这种方式联系上的。

第三，充分利用搜索引擎。

搜索引擎是网上快速查找信息的一种工具，只要输入感兴趣的产品的关键词，就可以发现很多有关的信息，例如世界各地与该产品有关的制造商、销售商、中间商、买卖信息甚至技术资料等，从而能挖掘出有用的商贸信息，可以找到有可能使用公司产品的潜在客户。比如，集团利用某个搜索引擎，发现了澳大利亚一家公司经营的产品与企业相似，就主动与之联系，现已形成正常的销售关系。

第四，充分利用电子邮件列表（e-mail list）。

电子邮件列表是就某一特定的话题进行讨论的电子邮件和BBS的组合，很多国际贸易网站都有这种服务。只要把自己的电子邮件地址输进去，这些网站就会定期发送电子邮件。很多网站发送的是该网站近期收到的买卖信息，或介绍新加入该网站资料库（database）的公司、新的贸易网站等等。加入到某一电子邮件列表后，可以在上面发布自己的产品信息，也可以从中发现对自己有用的营销信息。集团利用这种方式，也找到过一些新网站，接触到很多新的客商。

通过以上网络营销，江苏九鼎集团在以下方面取得了显著成就：

一是促进了新产品的开发。网络使企业的产品直接地接受国际市场的考验。通过因特网联系的客户，在对企业集团的产品感兴趣的同时，对产品的结构、质量甚至包装都提出了更高的要求。美国一家公司看上了企业生产的玻纤砂轮网布，但认为该产品没有外包装，不符合国际规范，就派人专程来集团提供了外包装样品，从而改变了集团出口产品的形象。

二是促进了企业内部信息系统的完善。因特网让企业乘上了信息公路的特快车。网络营销作为企业现代营销战略的车头，必须有一个完善的内部管理信息系统提供运行保证。配合网络营销的需要，集团先后投资100多万元加强企业管理信息系统的建设，完成了企业内部网的建设，采用了集财务管理、进销存管理、仓储管理及决策支持系统等功能为一体的企业级财务软件系统——ERP－M。现在，该系统已进入稳定的试运行阶段，为实现企业信息化奠定了基础。

三是促进了国际市场的开拓。现在，几乎每星期都会收到新客商的电子邮件。两年来，集团前后已接触过几十家国外大大小小的客户，范围遍及亚洲、欧洲、南美洲、北美洲、澳洲、非洲，国家有新西兰、新加坡、土耳其、澳大利亚、美国、科威特、巴西等。其中，新西兰和巴西是集团首次进入的市场，从而实现了对大洋洲和南美洲销售"零"的突破。

【学习目标】

- 掌握网络营销的概念和特点
- 掌握网络市场调查的方法
- 熟悉网络营销策略
- 掌握网络营销工具的使用
- 熟悉网络广告发布与网站推广

任务一 认识网络营销

一、网络营销的特点

1. 网络营销的含义

网络营销是企业以现代营销理论为基础，利用Internet技术和功能，最大限度地满足客户需求，以达到开拓市场、增加盈利为目标的经营过程。即在企业经营全过程中，利用网络技术进行市场调查、客户分析、产品开发定位、经营流程改进、销售策略制定、售后服务、产品和服务反馈改进等，这也是市场营销的最新发展。

市场营销作为一门学科，于20世纪初诞生于美国，它经历了以生产为导向的营销观念、以产品为导向的营销观念、以产品为导向的推销观念、以市场为导向的营销观念以及社会营销观念等五个阶段。近年来，营销理论又有了较大的发展，这主要表现在随着互联网的普及，市场营销环境有了根本性的改变，进而对市场营销策略和理念产生了巨大的冲击。作为一种全新的信息沟通与产品销售渠道，互联网改变了企业所面对的用户和消费者、虚拟市场的空间以及竞争对手，企业将在一个全新的营销环境下生存。现代营销学之父菲利普·科特勒将营销定义为"个人和集体通过创造、提供并同他人交换产品价值，以获得其所需所欲物的一种社会和管理过程”。也就是说，营销是以满足人类各种需要和欲望为目的，通过市场变潜在交换为现实交换的活动总称。而网络营销是指借助于互联网络、电脑通信技术和数字交互式媒体来实现营销目标的一种营销方式。从这个定义来看，网络营销与传统的市场营销并没有根本的区别，它们都要实现其营销的目标，即将潜在的交换转化为现实的交换。

2. 网络营销的特点

网络营销的实质是着眼于信息流的、通过计算机网络传输信息的市场营销，这种全新的营销方式在经营环境、范围、手段、运作形式，以及供求双方的沟通等方面，有着传统营销方式所不可比拟的优势。

（1）电子时空的运作方式。以无时间和空间约束的Internet为依托的网络营销，没有时间、空间、地域、国别的限制，减少了市场壁垒和市场扩展的障碍。企业通过网络可随时传递企业的形象、经营和产品等信息，直接面对全球大市场开展营销活动；从客户来说，通过网络可以实时快捷地查询、浏览到所需的各种产品及服务信息，并将自己的需求及时发送给企业。

（2）平等、自由的竞争环境。Internet为企业提供了一个真正平等、自由竞争的市场环境，过去由知名企业、跨国公司所形成的市场垄断局面，中小企业进入国际市场的障碍都将不复存在。上网的企业无论大小，面对的都将是同一个覆盖全球的大市场。这从根本上增强了中小企业的竞争优势。

（3）“一对一”的双向交互式的沟通渠道。市场营销中最重要的是企业与客户之间的信息传播与交流。传统营销中那种“一对多”、单向式的信息沟通模式，被网络营销中“一对一”、双向交互式的沟通模式所取代。消费者可以主动地在网上选择感兴趣的信息、产品或服务，或向企业提出各种消费意愿。而企业也可根据其反馈的需求信息，定制、改进或开发新产品。这种交互式的沟通方式是以消费者为主导的、非强迫性的，它使企业与消费者间的沟通更直接、更迅速、更方便、更友好，而且更有效了。

（4）市场目标定位准确。网络营销顺应了当今社会消费需求个性化、多样化的大趋势，从大规模无差异性向个性化集中营销转化。它更准确而详尽地细分了目标市场，使企业可以从每一个消费者身上寻找商机，为其提供称心如意的产品和服务。同时，网上的促销效果是可以统计的，消费者的各种消费意愿也是可收集到的。这些信息使企业确立有效的营销目标，进而可以主动地、有针对性地开展营销活动，这是其他营销手段所无法比拟的。

（5）减少中间环节，提高经营效率。网络营销通过网络和计算机通信省去了许多营销的中介环节，缩短了传统供应链，变推销为直销，节省了大量时间，大大提高营运效率，同时也可以实现零库存和仅有一个网络中介商的高效营运。

（6）降低经营成本。网络营销利用计算机网络作为营销环境，减少了销售中间环节，简化了信息传播过程，网站和网页分别成为营销的场所和界面。一方面可以节省大量的店面资金和人工成本，减少库存产品的资金占用，降低在整个商品供应链上的费用；另一方面可以减少由于多次迂回交换带来的损耗，使产品在网络流通中增值。据Internet营销服务总监Karen Blue对某大公司的调查表明，网上促销的成本是直邮促销的1/3，但其效果却增加了一倍以上。企业节省下来的开支，可以让利于消费者，通过网络营销，消费者和企业可以达到双赢。

(7) 多样化的营销形式。目前 Internet 上访问人数最多的那些热门网站，其内容都是以丰富的信息为基础的。在商务网站上除图文并茂的产品信息外，一般还提供大量知识性、趣味性、参与性的信息，各种广告形式、促销活动、公关手段（电子公关）都可以在网上实现，且具有更丰富的内涵（如动态广告、虚拟现实等）。这是其他营销方式所难以做到的。如亚马逊的网上书店模块就是充分利用了数字化世界处理“大量信息”的能力，成为全球最成功的“网络零售业”典范。亚马逊网站的数据库可提供350万个书目，这个数字是世界上最大书店的15倍。顾客可以通过各种图书检索手段找到自己想要买的书，这正是网上书店的优势之一。

二、现代营销理论与网络营销

网络营销区别于传统营销的根本原因是网络本身的特性和消费者需求的个性化。在这两者的综合作用下，使得传统营销理论不能完全胜任对网络营销的指导。因此，需要在传统理论的基础上，从网络的特性和消费者需求的演化这两个角度出发，对营销理论进行重新演绎和创新。

（一）4P 与 4C 理论

1. 4P［产品（product）、价格（price）、渠道（place）和促销（promotion）］理论

传统的营销理论主要是美国营销学家麦卡锡（E. McCarthy）总结的4P 营销，即企业通过对产品、定价、渠道和促销这 4 个交易变量（或要素）的调节来适应市场的需要及变化。4P 营销在理论上具有一定的概括性，在实务上又具有可操作性，长时期里为营销理论界和实务界所接受。但如美国著名营销学家科特勒（P. Kotler）所指出，4P 营销“代表卖方的观点，4P 是卖方用以影响买方的营销工具。”换言之，4P 营销本质上是“卖方市场”的营销，与现在世界各国竞争日益激烈的“买方市场”的趋势越来越不相适应。

2. 4C［消费者（consumer）、成本（cost）、方便（convenience）、沟通（communication）］理论

1990 年，美国营销学家劳特伯恩（R. Lauterborn）提出，“买方市场”条件下的营销应当从买方的观点或立场出发，将营销交易的要素从4P 转向4C：从卖方的产品（product）转向买方的需要和欲望（customer needs and wants）；从卖方的定价（pricing）转向买方的成本（cost to customer）；从卖方的渠道或网点（placing）转向买方的便利（convenience）；从卖方的促销（promotion）转向买卖双方间的沟通（communication），如图7－1 所示。

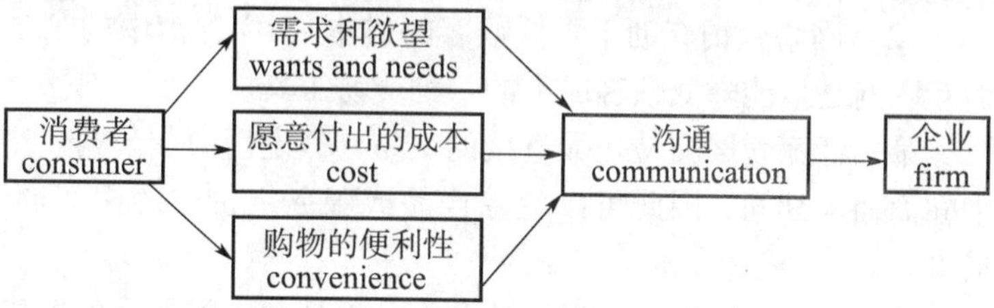

图7－1 4C 营销理论

劳特伯恩的4C 营销，代表了买方的观点和利益，是“买方市场”的营销。与传统的4P 营销相比，4C 营销的创新意义在于：它把交易的控制权“完全让给”了买方。4P 营销是用产品、定价、渠道和促销手段控制买方，尽量将买方纳入营销者的控制范围，而

4C 营销是主动接受买方的“控制”，让买方根据交易的意愿、成本、便利程度和信息沟通情况来进行交易决策，以此激励买方完成交易。从 4P 到 4C，这是一场新的营销革命。我们知道，营销的真谛就是买方（顾客）导向，因此 4C 营销可以说是真正意义上的营销。近年来，4C 营销越来越普遍地为国际营销界所接受。现在，在竞争激烈的世界各国市场上，谁能更好地捕捉和满足顾客的需要、降低顾客的成本、增加顾客的便利和加强与顾客的沟通，谁就能具有更大的营销优势。

3. 4C 营销与网络营销之间的联系

（1）网络营销有助于最大范围和最快地捕捉顾客的需要和欲望，这是 4C 营销第一个 C 要素。怎样有效地捕捉（或了解）顾客的需要和欲望及其变化，是 4C 营销的首要任务，而这实际上就是市场调研工作。因此，4C 营销必然高度重视市场调研并由此获取有关顾客需要和欲望及其变化的信息。而互联网无疑为 4C 营销的市场调研提供了最有效的技术手段。

第一，因为有数量庞大的网民，互联网可以大大增加一手调研的样本空间。因此，无论国际市场或国内市场的一手调研都可以在网上获得足够大的样本空间，从而可以有力地保证市场调研的全面性和准确性。

第二，网上调研通常是与网络广告、网站促销等结合起来进行的，容易引起被调查者的兴趣和提高应答率。如有的网站用免费下载作为“刺激”，要求网民填写某种表格（实际上就是市场调查问卷），一般都收到很好的效果。

第三，网上调研，既可以问一些规范的选择题，也可以做一些焦点访谈，这很容易引起网民的兴趣，可以增加调查的深度。

第四，网上调研的速度是最快的，而且直接依靠电脑软件对所获信息的处理也是最有效率的。

第五，互联网本身又是市场调研二手资料最方便的来源，如有关某国、某地区或某行业宏观面的资料，包括经济、政治、法律、社会文化，乃至社会心理和风土人情的资料，一般都可以在网上迅速地搜寻到。总之，互联网是 4C 营销者捕捉或了解市场信息、了解国内外用户需要和欲望及其变化最有效的工具。

（2）网络营销有助于降低顾客的成本。4C 营销中的第二个 C 是指降低顾客的成本，而互联网是最能降低顾客成本的一种交易工具。

第一，互联网交易是最直接的交易，假定厂商或公司使用自己的网站，那么没有任何中间商插入其间，因此可以免除产品或服务定价中的中间商回扣，从而降低顾客的购买成本。

第二，顾客在网上可以迅速和充分地搜寻同类产品的价格和质量信息，并由此在质量相近的情况下找到价格最低廉的产品或服务。

第三，互联网很适合顾客与厂商之间的砍价或协议定价，这种互动式的定价也有助于降低顾客的购买成本。

第四，从理论上讲，网上交易保证了顾客所获市场信息的充分性和及时性，这在很大程度上减少了顾客与厂商之间信息的不对称程度，从而有力地保证了“买方市场”的特征。这反过来会有力地推动厂商之间的竞争，而竞争的结果会降低产品或服务的成本和价格，从而降低顾客的购买成本。

（3）网络营销给顾客带来便利。4C 营销中的第三个 C 是指给顾客带来便利，而在这一点上，互联网又能发挥其长处。

第一，互联网交易带来时间上的便利。顾客可以在网上 24 小时全天候地进行交易，不受所谓营业时间的限制。

第二，互联网带来空间上的便利。由于互联网交易或电子商务都有产品或服务配送系统，顾客可以足不出户就获得所购买的产品或服务。如果厂商的配送体系很完善，顾客可以在最短的时间内得到产品和服务，这也节省了时间。现在，有的厂商的互联网交易甚至提供上门办理退货或换货的便利。只要拥有完善的配送体系和信用体系，互联网交易就能给顾客带来最大的便利。

第三，简化了购买过程。现代化的生活节奏已使消费者户外购物的时间越来越有限。而网络营销给人们描绘了一个诱人的场景，使购物的过程不再是一种沉重的负担，甚至有时还是一种休闲、一种娱乐。

让我们看一看网络营销怎样简化消费者的购买过程的。

售前：向消费者提供丰富生动的产品信息及相关资料，如质量认证、专家品评等。网络的界面清晰、友善，便于操作执行。消费者通过比较，就可做出购买决定。

售中：消费者只要坐在家中即可逛虚拟商店，用电子货币结算等等，省去了许多麻烦。在网上，一切都变得那么简单。

售后：在使用产品的过程中，如果消费者发现问题，可以随时与厂家联系，获得及时的技术支持和服务。

想想看，只要轻轻一点鼠标，任何一个商人都可以与一个拥有无数潜在用户的惊人的市场联系在一起，这是多么诱人的景象！网络营销所绘制的正是这样一幅蓝图。网络营销具有传统任何一种营销方式所不可比拟的优势，商家面对的是全球的市场、全球的用户，使传统营销在地域和空间上得到了极大的顺延和拓展，真正是“坐地日行八万里”。这就大大地提高了营销的效率。

（4）网络营销是与顾客沟通的有效手段。4C 营销中的第四个 C 是指营销者与顾客之间的沟通，而互联网的一个最大的优点就是能有效地进行沟通，如信息反馈、双向沟通等。比如广告沟通，传统的广告媒体，报纸、杂志、广播、电视、邮寄传单或户外广告都难以真正了解有多少顾客看到或听到了广告。用收视率、收听率、发行量等来估计广告效果，误差可能也不小。而采用互联网作为广告媒体，广告受众数量的统计问题就迎刃而解了：互联网能忠实地记录对某一则广告的每一次点击，广告者可以在网上准确、迅速地获得广告点击的反馈信息。这对改善和增强广告的沟通效果十分有利。又如公关沟通，传统的公关媒体主要是报纸、电视、新闻发布会等，沟通或传播面和速度总是比较有限。而网上公关的效力就成倍地增加了，因为网上公关的主要优点是传播快和传播面广，而许多公关尤其所谓危机公关特别需要传播速度和范围。再如，4C 营销非常重视顾客投诉这一沟通方式。因为营销是否满足顾客的需要和欲望，是否让顾客满意，顾客投诉是最重要的检验标准。而互联网是顾客投诉的一个最有效的渠道。例如，日本东芝公司的一个录像机用户，对售后服务不满意，当面投诉不解决问题，诉诸法律又怕没有效率，于是在互联网上开了一个“关于东芝公司售后服务”的个人网站，将他在东芝公司的遭遇详细地予以披露，很快就引起世界各地网民的注意，点击网站的人数达 700 万之多，形成了对东芝公司巨大的压力。尽管东芝公司也在网上作了“反击”，但遭到失败，最后只得派一名副总裁乘飞机到用户家当面道歉。这个实例说明互联网用来投诉是很有效的，同时也说明互联网的威力巨大，它可以迫使厂商接受4C 营销。

（二）直复营销理论

美国直复营销协会（Direct Marketing Association，DMA）为直复营销下的定义如下：直复营销是一种为了在任何地方产生可度量的反应和达成交易而使用一种或多种广告载体交互作用的市场营销体系。简单地讲，直复营销就是任何与消费者或企业直接进行沟通，企图能直接产生回应的营销方式（例如对企业所提供的产品或服务，能直接订购、询问更多信息或到特定地方去参观）。传统的直复营销媒体有直接信函、电话、目录与邮购、有线电视、报纸、杂志、广播等。比起传统的从批发商到零售商的分销方式，直复营销具有很多优点，如减少中介、提供充分的商品信息、减少销售成本、无地域障碍、优化营销时机、以顾客反馈信息开发和改善产品、控制精确测定成本和业务量等。

互联网作为一种高效率的交互式的双向沟通媒体，自然成为直复营销的最佳工具。这表现在以下几个方面。

第一，借助互联网，企业与顾客之间可以实现直接的一对一的信息交流和直接沟通，顾客可以直接通过网络订货和付款，企业可以通过网络接受订单、安排生产，直接将产品送给顾客。从网上销售的角度来讲，网络营销是一种典型的直复营销。

第二，互联网的方便、快捷使得顾客可以方便地通过互联网直接向企业提出建议和购买需求，也可以直接通过互联网获得售后服务。企业也可以从顾客的建议、需求和要求的服务中，找出企业的不足，按照顾客的需求进行经营管理，减少营销费用。

第三，直复营销的一个最重要的特性，就是营销活动的效果是可测量的。互联网作为最直接、简单的沟通工具，可以很方便地为企业与顾客提供支持与交易平台。通过数据库技术和网络控制技术，企业可以很方便地处理每一位顾客的购物订单和需求，而不用考虑顾客的规模大小、购买量的多少。这是因为互联网的沟通费用和信息处理成本非常低廉。网络营销以直复营销作为理论基础，说明网络营销是可测试、可度量、可评价的。有了及时的营销效果评价，就可以及时改进以往的营销，从而获得更满意的结果。

（三）关系营销理论

关系营销（relationship marketing）是一种与关键对象（顾客、供应商、分销商）建立长期满意关系的活动，以便维持各方之间长期的优先权利业务。根据菲利普·科特勒的观点，关系营销是当今营销学中最被看好的趋势之一。

关系营销的核心是保持顾客，为顾客提供高度满意的产品和服务，在与顾客保持长期关系的基础上开展营销活动，实现企业的营销目标。实施关系营销并不是以损害企业利益为代价的。研究表明，争取一个新顾客的营销费用是保持老顾客费用的5 倍。因此加强与顾客关系并建立顾客的忠诚度，是可以为企业带来长远利益的。关系营销提倡的是企业与顾客双赢策略。互联网使企业与顾客之间可以实现低成本的沟通和交流，是企业与顾客建立长期关系的有效保障。原因如下：

第一，利用互联网，企业可利用柔性化的生产技术最大限度地满足顾客的个性化需求，为顾客在消费产品和服务时创造更多的价值。企业也可以从顾客的需求中了解市场、细分市场和锁定市场，最大限度地降低营销费用，提高对市场的反应速度。

第二，企业利用互联网可以更好地为顾客提供服务和与顾客保持联系。互联网不受时间和空间限制的特性能最大限度地方便顾客与企业进行沟通，顾客可以借助互联网在最短时间内获得企业的服务。同时，通过网上交易方式，企业可以实现对产品质量、服务质量和交易、服务过程的全程质量控制。

第三，企业通过互联网还可以与相关的企业和组织建立关系，实现双赢发展。互联网作为最廉价的沟通渠道，它能以低廉的成本帮助企业与企业的供应商、分销商等建立协作伙伴关系。联想计算机公司就是通过建立电子商务系统和管理信息系统实现与分销商的信息共享，降低库存成本和交易费用，同时密切了双方的合作关系。

（四）“软营销”理论

“软营销”理论是针对工业经济时代以大规模生产为主要特征的“强势营销”提出的新理论，它强调企业进行市场营销活动的同时必须尊重消费者的感受和体验，让消费者主动接受企业的营销活动。强势营销活动中最能体现强势营销特征的是两种促销手段：传统广告和人员推销。在传统广告中，消费者常常是被动地接受广告信息的“轰炸”，它的目标是通过不断的信息灌输方式在消费者心中留下深刻的印象，至于消费者是否愿意接受、是否需要则不考虑。在人员推销中，推销人员根本不考虑被推销对象是否愿意和需要，只是根据推销人员自己的判断强行展开推销活动。

在互联网上，信息交流是自由、平等、开放和交互的，强调的是相互尊重和沟通，网上使用者比较注重个人体验、隐私保护。因此，企业采用传统的强势营销手段在互联网上展开营销活动势必适得其反。如美国著名的 AOL（www. aol. com）公司曾经对其用户强行发送 e-mail 广告，结果招致用户的一致反对，许多用户约定同时给 AOL 公司服务器发送 e-mail 进行报复，结果使得 AOL 公司的 e-mail 邮件服务器处于瘫痪状态，最后该公司不得不道歉以平息众怒。

“软营销”与“强势营销”的一个根本区别在于：软营销的主动方是消费者，而强势营销的主动方是企业。网络营销恰好是从消费者的体验和需求出发，采用“拉（pull）”式策略吸引消费者关注企业来达到营销效果。在互联网上开展网络营销活动，特别是促销活动，一定要遵循一定的网络虚拟社区规则，也称之为“网络礼仪”。网络软营销就是在遵循网络礼仪的基础上巧妙营销而达到一种微妙的营销效果。

（五）整合营销理论

整合营销兴起于商品经济发达的美国，是 20 世纪 90 年代以来在西方风行的一种实战性极强的操作性策略。整合营销又称整合营销传播（integrated marketing communication，简称 IMC），根据全美广告协会的定义，“整合营销是一个营销传播计划的概念，即通过评价广告、直复营销、销售促进和公共关系等传播方式的战略运用，并将不同的信息进行完美的整合，从而最终提供明确的、一致的和最有效的传播影响力。”

整合营销强调营销即是传播，即和客户多渠道沟通，和客户建立起品牌关系。与传统营销“以企业为中心”相比，整合营销更强调“以客户为中心”。IMC 的倡导者，美国的舒尔茨教授用了一句简单的话来说明这种理论重心的转移，他说，过去的座右铭是“消费者请注意”，现在则是“请注意消费者”。在传统营销理论架构中，居中心地位的是 20 世纪 60 年代的 4P 理论，进入 20 世纪 90 年代以来，营销领域逐渐转向 4C 理论。4C 理论主张的观点是：先将产品搁置一边，认真研究顾客的需求与欲望，不要再卖你所能制造的产品，而是卖顾客确定想购买的产品；暂时忘掉定价策略，先了解顾客满足其需求与欲望支付的总成本；暂时忘掉渠道策略，先考虑顾客购买的便利性；暂时忘掉促销，注意与顾客的沟通。4C 理论是整合营销的支撑点和核心理念。

有一种新的提法，称网络营销与传统营销的整合为整合营销，实际上就是利用整合营销的策略来实现以消费者为中心的传播统一性和双向沟通，用目标营销的方法来开展企业的营销活动。它主要有三个方面的含义：①传播资讯的统一性，即企业用一个声音说话，消费者无论从哪种媒体所获得的信息都是统一的、一致的；②互动性，即企业与消费者之间展开富有意义的交流，能够迅速、准确、个性化地获得信息和反馈信息；③目标营销，即企业的一切营销活动都应围绕企业目标来进行，实现全程营销。目前，将网络整合到整个公司营销计划的时代已经来临，网络营销不应当孤立起来，而应当成为整个营销体系的一部分，网络营销必须要和传统营销整合起来才能发挥最大的功效。

根据网络营销与传统营销整合的途径，总结网络营销与传统营销的整合模式，大致包括：

（1）传统企业建立自己的网站进行营销。传统企业借助现代互联网络，建立自己的营销平台，直接面对面地在网上与客户进行一系列营销活动。

（2）传统企业借助网络企业营销。传统企业借助网络企业现有的技术和条件，借船下海、借风扬帆，通过在线营销方式与客户进行交易，这样节约了成本，其经营活动也更加快捷。

（3）网络企业借助传统企业营销。网络企业充分利用传统企业完善的配送体系，实现从网上营销到网下营销的完美连接。

（4）网络企业自建实体营销。如有的网络营销公司走多元化或经营、销售一体化模式，建立连锁店或大型超市，通过网上广告向客户推荐促成网下客户实际购买，来实现营销目标。

上述（2）（3）模式实际上就是“鼠标 + 水泥”营销模式。所谓的“鼠标 + 水泥”营销就是指将先进的互联网技术与传统优势资源相结合，利用先进的信息技术提高传统业务的效率和竞争力，实现真正的商业利润的一种营销模式。“鼠标 + 水泥”是一个传统企业 e 化和互联网公司实体化的趋同过程，也是传统营销和网络营销整合、优化过程。网络只是个平台，必须依靠网下服务和市场操作才能成功。正因如此，许多试图离开传统经济独自发展的信息网络企业纷纷落马，而传统企业通过信息网络使原有经营能力大大加强的例子不断涌现。在网络经济中，“水泥”式的传统企业扮演着重要的角色，他们具有新兴或虚拟企业无可比拟的物理优势和基础环境，往往比 .com 企业更具有竞争和生存优势。这些传统的实体企业是社会物质财富的直接创造者，是社会经济的基础和支柱。新技术的出现只有应用到传统企业中，真正实现生产力的提高，才会推动整个社会经济的向前发展。随着一些大型传统企业纷纷“触网”，“鼠标 + 水泥”营销模式成了传统企业的选择。对传统企业来说，如何将“鼠标”与“水泥”整合起来，有效地开展营销活动，获得竞争优势是极其重要的。这就需要企业充分认识“鼠标 + 水泥”营销模式面临的问题并找到相应的对策。

三、网络营销的主要内容

网络营销包括以下几个主要内容。

(1) 网上市场调查。网上市场调查是指企业利用 Internet 的交互式信息沟通渠道来实施市场调查活动，所采取的方法包括直接在网上通过发布问卷进行调查，企业也可以在网上收集市场调查中需要的各种资料。网上市场调查的重点是利用网上调查工具，提高调查的效率和调查效果，同时利用有效的工具和手段收集整理资料，在 Internet 浩瀚的信息库中获取想要的信息和分辨出有用的信息。

(2) 网络消费者行为分析。网络消费者是网络社会的一个特殊的群体，与传统市场上的消费群体的特性是截然不同的，因此要开展有效的网络营销活动必须深入了解网上用户群体的需求特征、购买动机和购买行为模式。Internet 作为信息沟通的工具，正成为许多有相同兴趣和爱好的消费群体聚集交流的地方，在网上形成了一个个特征鲜明的虚拟社区，网上消费者行为分析的关键就是了解这些虚拟社区的消费群体的特征和喜好。

(3) 网络营销策略的制定。企业在采取网络营销实现企业营销目标时，必须制定与企业相适应的营销策略，因为不同的企业在市场中所处的地位是不同的。企业实施网络营销需要进行投入，并且也会有一定的风险，因此企业在制定本企业的网络营销策略时，应该考虑各种因素对网络营销策略制定的影响，例如产品周期对网络营销策略的影响。

(4) 网络产品和服务策略选择。网络作为有效的信息沟通渠道，改变了传统产品的营销策略特别是营销渠道的选择。在网上进行产品和服务营销，必须结合网络特点重新考虑对产品的设计、开发、包装和品牌的产品策略研究，不少传统的优势品牌在网络市场上并不一定是优势品牌。

(5) 网络价格营销策略选择。作为一种新的信息交流和传播工具，Internet 从诞生开始就实行自由、平等和信息基本免费的策略，因此在网络市场上推出的价格策略大多采取免费或者低价策略。所以，制定网上价格营销策略时，必须考虑到 Internet 对企业产品的定价影响和 Internet 本身独特的免费特征。

(6) 网络渠道选择与直销。Internet 对企业营销活动影响最大的是企业的营销渠道。通过网络营销获得巨大成功和巨额利润的 Dell 公司，借助 Internet 的直接特性建立了网上直销的销售模式，改变了传统渠道中的多层次选择和管理与控制的问题，最大限度地降低了营销渠道中的营销费用。但是企业在建设自己的网上直销渠道时必须在前期进行一定的投入，同时还要结合网络直销的特点改变本企业传统的经营管理模式。

(7) 网络促销与网络广告。Internet 具有双向的信息沟通渠道的特点，可以使沟通的双方突破时空限制进行直接的交流，操作简单、高效，并且费用低廉。Internet 的这一特点使得在网上开展促销活动十分有效，但是在网上开展促销活动必须遵循在网上进行信息交流与沟通的规则，特别是遵守一些虚拟社区的礼仪。网络广告是进行网络营销最重要的促销工具，网络广告作为新兴的产业已经得到了迅猛的发展。网络广告作为在第四类媒体上发布的广告，其交互性和直接性的特点具有报纸杂志、无线电广播和电视等传统媒体发布广告无法比拟的优势。

(8) 网络营销管理与控制。网络营销依托 Internet 开展营销活动，必将面临传统营销活动不会碰到的许多新问题，例如网络产品质量的保证问题、消费者隐私保护问题以及信息的安全问题等等，这些都是网络营销必须重视和进行有效控制的问题，否则企业开展网络营销的效果就会适得其反。

任务二　掌握网络市场调查方法

一、网络市场调查的特点

1. 网络市场调查的含义

市场调查是指以科学的方法，系统地、有目的地收集、整理、分析和研究所有与市场有关的信息，特别是有关消费者的需求、购买动机和购买行为等方面的信息，从而把握市场现状和发展态势，有针对性地制定营销策略，取得良好的营销效益。

我们把基于因特网而系统地进行营销信息的收集、整理、分析和研究称为网络市场调研。与传统的市场调研一样，进行网络市场调研，主要是要探索以下几个方面问题：市场可行性研究，分析不同地区的销售机会和潜力，探索影响销售的各种因素，竞争分析，产品研究，包装测试，价格研究，特定市场的特征分析，消费者研究，形象研究，市场性质变化的动态研究，广告监测，广告效果研究等。

2. 网络市场调查的特点

网络市场调查可以充分利用Internet的开放性、自由性、平等性、广泛性和直接性等特点，开展调查工作。网络上的市场调查具有如下六个特点。

（1）网络信息的及时性和共享性。网络的传输速度非常快，网络信息能迅速传递给联接上网的任何用户；网上调查是开放的，任何网民都可以参加投票和查看结果，这保证了网络信息的及时性和共享性。

（2）网络调查的便捷性与低费用。网上调查可节省传统调查中所耗费的大量人力和物力。在网络上进行调查，只需要一台能上网的计算机即可。调查者在企业站点上发出电子调查问卷，网民自愿填写，然后通过统计分析软件对访问者反馈回来的信息进行整理和分析。

（3）网络调查的交互性和充分性。网络的最大好处是交互性。在网上调查时，被调查对象可以及时就问卷相关的问题提出自己更多的看法和建议，可减少因问卷设计的不合理而导致的调查结论偏差等问题。同时，被调查者还可以自由地在网上发表自己的看法，也没有时间限制的问题。

（4）网络调查结果的可靠性和客观性。由于公司站点的访问者一般都对公司产品有一定的兴趣，所以这种基于顾客和潜在顾客的市场调查结果是客观和真实的，它在很大程度上反映了消费者的消费心态和市场发展的趋向。首先，被调查者是在完全自愿的原则下参与调查，调查的针对性更强；其次，调查问卷的填写是自愿的，不是传统调查中的"强迫式"，填写者一般都对调查内容有一定兴趣，回答问题相对认真些，所以问卷填写可靠性高；再次，网上调查可以避免传统调查中人为错误（如访问员缺乏技巧，诱导回答问卷问题）所导致的调查结论的偏差，被调查者是在完全独立思考的环境下接受调查，不会受到调查员及其他外在因素的误导和干预，能最大限度地保证调查结果的客观性。

（5）网络调查无时空、地域限制。网上市场调查可以24小时全天候进行，这与受区域制约和时间制约的传统调查方式有很大的不同。

(6) 网络调查的可检验性和可控制性。利用Internet进行网上调查收集信息，可以有效地对采集信息的质量实施系统的检验和控制。这是因为，第一，网上调查问卷可以附加全面规范的指标解释，有利于消除因对指标理解不清或调查员解释口径不一而造成的调查偏差；第二，问卷的复核检验由计算机依据设定的检验条件和控制措施自动实施，可以有效地保证对调查问卷100%的复核检验，保证检验与控制的客观公正性；第三，通过对被调查者的身份验证技术可以有效地防止信息采集过程中的舞弊行为。

利用Internet进行市场调查的优势是明显的，但现在要普及还有一定的难度。一是因为消费者、企业对这种新颖市场调查方式还不适应；二是网络软、硬件方面的欠缺有时使调查流程不畅；三是专业的网络调查人员目前还太少。

二、网络市场调查的一般步骤

网上市场调查与传统市场调查一样，应遵循一定的方法与步骤，以保证调查过程的质量。网上市场调查一般包括以下几步。

1. 明确问题与调查目标

进行网络市场调查，首先要明确：调查的问题是什么？调查的目标是什么？谁有可能在网上查询你的产品或服务？什么样的客户最有可能购买你的产品或服务？在你这个行业，哪些企业已经上网？他们在干什么？客户对竞争者的印象如何？公司在日常运作中，可能要受哪些法律法规的约束？如何规避？等等。事先应考虑清楚具体要调查哪些问题，只有这样，才可能做到有的放矢，提高工作效率。

2. 确定市场调查的对象

网络市场调查的对象，主要分为企业产品的消费者、企业的竞争者、企业合作者和行业内的中立者三大类。

3. 制定调查计划

有效的调查计划包括资料来源、调查方法、调查手段、抽样方案和联系方法五部分内容。

(1) 资料来源。市场调查首先须确定是收集一手资料（原始资料）还是二手资料，或者两者都要。在因特网上，利用搜索引擎、网上营销和网上市场调查网站，可以方便地收集到各种一手和二手资料。

(2) 调查方法。网络市场调查可以使用的方法有专题讨论法、问卷调查法和实验法。

(3) 调查手段。网络市场调查可以采取在线问卷和软件系统两种方式进行。在线问卷制作简单，分发迅速，回收也方便，但须遵循一定的原则。

(4) 抽样方案。即要确定抽样单位、样本规模和抽样程序。抽样单位是确定抽样的目标总体；样本规模的大小涉及到调查结果的可靠性，样本须足够多，必须包括目标总体范围内所发现的各种类型样本；在抽样程序选择上，为了得到有代表性的样本，应采用概率抽样的方法，这样可以计算出抽样误差的置信度，当概率抽样的成本过高或时间过长时，可以用非概率抽样方法替代。

(5) 联系方法。指以何种方式接触调查的主体，网络市场调查采取网上交流的形式，如e-mail传输问卷、BBS等。

4. 收集信息

利用因特网做市场调查，不管是一手资料还是二手资料，可同时在全国或全球进行，收集的方法也很简单，直接在网上递交或下载即可，这与受区域制约的传统调研方式有很大的不同。如，某公司要了解各国对某一国际品牌的看法，只需在一些著名的全球性广告站点发布广告，把链接指向公司的调查表就行了，无须像传统调查那样，在各国找不同的代理分别实施。此类调查如果利用传统方式是无法想象的。

5. 分析信息

信息收集结束后，接下去的工作是信息分析。信息分析的能力相当重要，因为很多竞争者都可从一些知名的商业站点看到同样的信息。调查人员如何从收集的数据中提炼出与调查目标相关的信息，并在此基础上对有价值的信息迅速做出反应，这是把握商机战胜竞争对手、取得经营成果的一个制胜法宝。利用 Internet，企业在获取商情、处理商务的速度方面是传统商业无法比拟的。

6. 提交报告

调研报告的填写是整个调研活动的最后一个阶段。报告不是数据和资料的简单堆砌，调查员不能把大量的数字和复杂的统计技术扔到管理人员面前，而应把与市场营销关键决策有关的主要调查结果写出来，并以调查报告正规格式书写。

三、网上市场调查方法

(一) 网上市场调查的基本方法

按网上调查采用的技术，网络调查的基本方法可以分为站点法、电子邮件法、随机 IP 法和视讯会议法等。

(1) 站点法。站点法是将调查问卷设计成网页形式，附加到一个或几个网站的 Web 页上，由浏览这些站点的用户在线回答调查问题的方法。站点法属于被动调查法，这是目前网上调查的基本方法，也将成为近期网上调查的主要方法。

(2) 电子邮件法。电子邮件法是通过给被调查者发送电子邮件的形式将调查问卷发给一些特定的网上用户，由用户填写后以电子邮件的形式再反馈给调查者的调查方法。电子邮件法属于主动调查法，与传统邮件法相似，优点是邮件传送的时效性大大地提高了。

(3) 随机 IP 法。随机 IP 法是以产生一批随机 IP 地址作为抽样样本的调查方法。随机 IP 法属于主动调查法，其理论基础是随机抽样。利用该方法可以进行纯随机抽样，也可以依据一定的标志排队进行分层抽样和分段抽样。

(4) 视讯会议法。视讯会议法是基于 Web 的计算机辅助访问（computer assisted web interviewing，CAWI），是将分散在不同地域的被调查者通过互联网视讯会议功能虚拟地组织起来，在主持人的引导下讨论调查问题的调查方法，适合于对关键问题的调查研究。该方法属于主动调查法，其原理与传统调查法中的专家调查法相似，不同之处是参与调查的专家不必实际地聚集在一起，而是分散在任何可以连通 Internet 的地方，如家中、办公室等。因此，网上视讯会议调查的组织比传统的专家调查法简单得多。

(二) 网上调研的直接调研方法

网上直接调研指的是为当前特定目的在因特网上收集一手资料或原始信息的过程。直接调研的方法有四种：观察法、专题讨论法、在线问卷法和实验法，但网上用得最多的是专题讨论法和在线问卷法。

（1）专题讨论法。专题讨论可通过Usenet新闻组（NewsGroup）、电子公告牌（BBS）或邮件列表（Mailing Lists）讨论组进行。基本步骤是：①确定要调查的目标市场；②识别目标市场中要加以调查的讨论组；③确定可以讨论或准备讨论的具体话题；④登录相应的讨论组，通过过滤系统发现有用的信息，或创建新的话题，让大家讨论，从而获得有用的信息。

（2）在线问卷法。在线问卷法即请求浏览其网站的每个人参与它的各种调查。在线问卷法可以委托专业调查公司进行。具体做法是：①向若干相关的讨论组邮去简略的问卷。②在自己网站上放置简略的问卷。③向讨论组送去相关信息，并把链接指向放在自己网站上的问卷。

网上直接调查的突出特点是时效性和效率很高，初步调查结果可以在调查过程中得出，便于实时跟踪调查过程，分析深层次原因。与一般调查方式相比，网上直接调查可以节省大量调查费用和人力，其费用主要集中在建立调查问卷网页的链接方面。不足之处是被调查对象难以控制和选择，不一定能满足调查样本要求，有时甚至可能出现样本重复、调查数据不真实，以及调查数据无法进行抽样核实。因此，有效的可靠的网上直接调查方法还需要进一步从技术上、方法上和控制上进行完善。

（三）网上调研的间接调研方法

网上间接调研指的是网上二手资料的收集。二手资料的来源有很多，政府出版物、公共图书馆、大学图书馆、贸易协会、市场调查公司、广告代理公司和媒体、专业团体、企业情报室等，其中许多单位和机构已在因特网上建立了自己的网站，各种各样的信息都可通过访问其网站获得，再加上众多综合型ICP（因特网内容提供商）和专业型ICP，以及成千上万个搜索引擎网站，使得因特网上二手资料的收集非常方便。

因特网虽有着海量的二手资料，但要找到自己需要的信息，首先必须熟悉搜索引擎的使用，其次要掌握专题性网络信息资源的分布。因特网上查找资料主要通过三种方法：利用搜索引擎；访问相关的网站，如各种专题性或综合性网站；利用相关的网上数据库。

1. 利用搜索引擎查找资料

搜索引擎是互联网上使用最普遍的网络信息检索工具。在互联网上，无论想要什么样的信息，都可以用搜索引擎找到。目前，几乎所有的搜索引擎都有两种检索功能，主题分类检索和关键词检索。

（1）主题分类检索。主题分类检索即通过各搜索引擎的主题分类目录（Web directory）查找信息。主题分类目录是这样建成的：搜索引擎把搜集到的信息资源按照一定的主题分门别类建立目录，先建一级目录，一级目录下面包含二级目录，二级目录下面包含三级目录……如此下去，建立一层层具有概念包含关系的目录。

（2）关键词检索。用户通过输入关键词来查找所需信息的方法，称关键词检索法。这种方法方便直接，十分灵活，既可以使用布尔算符、位置算符、截词符等组合关键词，也可以缩小和限定检索的范围、语言、地区、数据类型、时间等。关键词法可对满足选定条件的资源进行准确定位。使用关键词法查找资料一般分三步：①明确检索目标，分析检索课题，确定几个能反映课题主题的核心词作为关键词，包括它的同义词、近义词、缩写或全称等。②采用一定的逻辑关系组配关键词，在搜索引擎检索框中输入，点击“检索”

（或“Search”）按钮，即可获得想要的结果。③如果检索效果不理想，可调整检索策略，结果太多的，可进行适当的限制；结果太少的，可扩大检索的范围，取消某些限制，直到获得满意的结果。

2. 访问相关的网站收集资料

如果我们知道某一专题的信息主要集中在哪些网站，可直接访问这些网站，获得所需资料。与传统媒体的经济信息相比，网上市场行情一般数据全、实时性强。

3. 利用相关的网上数据库查找资料

在因特网上，除了借助搜索引擎和直接访问有关网站收集市场二手资料外，第三种方法就是利用相关的网上数据库（即Web版的数据库），如著名的US Patent（美国专利）、MEDLINE（Medicine Online）、CA（Chemical Abstracts，化学文摘）等。

任务三　网络营销策略的设计

一、网络营销商品定位策略

根据商品形态，可以把适合网络营销的商品分为三大类：有形商品、无形商品和有偿服务。这三大类商品的营销方式和销售品种存在着很大的差异。

1. 有形商品

1）有形商品范围和特点

有形商品包括各种生产资料和生活资料，这类商品的营销不再是传统营销中面对面的交易方式，网络上的信息交互成了买卖双方交流的主要形式。网络用户通过浏览商家的营销网站，决定是否购买某种商品以及购买的品种、数量、质量和价格，并以电子数据形式提交给商家。商家在接受客户的订单后，根据客户要求组织生产，然后以邮寄或送货上门的方式将商品转移到用户手中。

2）有形商品定位策略

理论上来说，所有的有形商品都可以通过这种方式进行交易，但如前所述，需要经过用户的触觉、味觉或嗅觉才能感受出来的商品在网络上营销将遇到障碍。比如服装的面料、质感等难以用文字和图像表达出来，人们对此类商品购买时比较谨慎。

2. 无形商品

1）无形商品范围和特点

这里所说的无形商品，包括各种新闻、资讯、音乐、研究报告、论文、重要数据及软件等。这些商品是无形的，但都是人类劳动的成果，具有使用价值。由于这些电子化产品与媒体商品与网络紧密结合，在网络上可以自由传输，对于自然资源日益贫乏的现代社会，不仅对环境保护起了重要作用，还增强了信息传播的速度和广度，节约了大量的时间、金钱。因此，无形商品在网络营销中将占据极为重要的地位。

2）无形商品定位策略

正是由于无形商品上述特点，国内外许多报纸杂志纷纷提供网络版，尝试着把业务转移到网络上。《华尔街日报》通过网络开发新的市场，不仅留住了80%的网络订户，而且订户还在继续增长。从这种趋势上来看，数字化的信息将成为未来出版的主流。

3. 有偿服务

1）有偿服务范围和特点

有偿服务包括了三大类：①情报服务，如在线法律法规咨询、股市行情分析、金融信息等；②互动式服务，如计算机联网游戏、远程教学、网络交友等；③在线预约服务，如预订机票、船票、电影票、宾馆住房等。

2）有偿服务定位策略

网络营销跻身于第三产业有特殊的优势。以旅游服务为例，实现这种服务需要具备三个条件：人们对旅游景点的了解、人们对饮食居住条件的了解以及人们对消费价格的认可。传统的旅游促销手段大部分是通过报刊、杂志等媒体登广告进行的，这种形式很难同时满足上述三个条件的要求。电视广告具有声像兼顾的特点，但是价格昂贵，很少有旅行社问津。在互联网上进行旅游促销，完全克服了其他广告媒体的缺陷。一方面，网络多媒体可以提供图文并茂的旅游信息；另一方面，网上报价又可以为顾客提供多种选择。在线的金融服务在大大方便了顾客的同时，也为旅行社提供了准确的业务信息。因此，旅游服务也成为 Internet 上发展最快的行业之一。

4. 网络产品营销方法

在网络营销中，消费者不能触摸到产品实体，所以网上的产品以提供信息为主要内容，利用计算机的声、像及多媒体等功能将产品的性能、特点、品质以及为用户提供的服务显示出来。主要做法如下。

（1）开辟网上对话区，了解消费者需求和市场趋势，寻求市场机会。

（2）设立消费者意见专栏和自我设计区，征求消费者对产品的意见和建议，允许消费者在网上对自己订购产品的颜色、样式、配件等组合提出要求，从而最大限度地满足消费者的个性需求。

（3）提供网上自动服务系统，根据产品销售的品种适时提供有关产品的服务信息。网络营销不仅可以同时服务于所有上网用户，而且可以开展一对一的信息咨询服务。

（4）域名注册。传统营销强调商标注册，网络营销首先要进行域名注册。域名是因特网的单位名称，它与企业到工商局办理营业执照一样重要，是网络营销的必备条件，是上网消费者查询企业信息的“门牌号”。

二、网络营销的定价策略

（一）网上市场产品的价格特点

价格策略一直是营销理论研究中的一个难题。因为价格对企业、消费者乃至中间商来说都是最为敏感的问题。Internet 和网络营销的发展，为人们解决这一难题找到了一条出路。与传统市场的产品价格相比，网上电子市场产品的价格具有一些新的特点。

（1）价格水平趋于一致。在 Internet 这个全球化的市场环境中，需求者和竞争者可以通过网络获得某企业的产品价格信息，并与其他企业的同类产品进行比较，它的最终结果是使变化不定且存在差异的价格水平趋于一致，这对那些执行差别化定价策略的公司会产生重要的影响。

（2）非垄断化。Internet 使企业面临的是一个完全竞争的网上市场，无论是市场垄断、技术垄断还是价格垄断，垄断的时间和程度都会更加短浅。

(3) 趋低化。网络营销使企业的产品开发、促销等的成本降低，企业可以进一步降低产品价格；另一方面，由于网络扩展了用户的选择空间，因此，要求企业以尽可能低的价格向用户提供产品和服务。

(4) 弹性化。网络营销的互动性使用户可以与企业就产品的价格进行协商，实现灵活的弹性价格。

(5) 智能化。通过网络，企业不仅可以完全掌握产品对用户的价值，而且可以根据每个用户对产品的不同需求，生产定制产品。由于在产品的设计与制造过程中，数字化的处理机制可以精确地计算出每一件产品的设计制造成本，企业完全可以在充分信息化的基础上建立起智能化的定价系统，实现根据每件定制的产品制定相应的价格。

(二) 网上市场定价策略

由于企业面对的是Internet这个全球市场，因此在制定产品和服务的价格策略时，必须考虑各种国际化因素，针对国际市场的需求情况和同类产品的价格情况，确定本企业的价格策略。

1. 按满足用户需求定价

传统的产品定价一般为成本定价或使用竞争定价方法。前者的定价策略基本上是按"生产成本+生产利润+销售利润+品牌系数"的公式来确定的。在这种价格策略中，企业对价格起着主导作用。这种价格策略能否为消费者和市场接受是一个具有很大风险的未知数。后者是出于市场竞争环境的考虑，它要在竞争条件允许下获取最大的利润。然而在网络营销中这两种方式都不再是企业制定产品价格的主要策略了。

现代营销理论根据消费者和市场的需求来计算满足这种需求的产品和成本，由这种成本开发出来的产品和制定出来的产品价格的风险相对是较小的。这种满足需求定价的过程可表示如下：

用户需求→确定产品功能→确定生产与商业成本→市场可以接受的性能价格比

这种新的价格策略正在网络营销中得以充分的运用。网络市场环境中，传统的以生产成本为基础的定价正在被淘汰，用户的需求已成为企业进行产品开发、制造以及开展营销活动的基础，也是企业制定其产品的价格时首先必须考虑的最主要因素。

这种新的价格策略创造了价格优势，主要体现在：①由于满足了用户的特定需求，可以在某种程度上降低用户对价格的敏感度，网络营销的特点使用户逐渐认识到，合理的价格不仅仅表现为较低的价位，还表现为完善的服务和强大的技术支持；②采用完全按用户的需求定制生产，这意味着减少了企业的库存压力，较低的库存可以使企业把由此降低成本带来的利益以其他方式与用户共享，从而获得价格优势。

2. 新产品的定价策略

定价策略抉择正确与否，关系到新产品能否在市场上立足，能否顺利地开拓市场，尽快地从产品市场生命周期的导入期进入成长期。

目前在网络营销中，对于市场上没有类似产品或创新程度较高的新产品多采用如下三种定价策略。

(1) 撇脂定价。撇脂定价也称取脂定价，指新产品一投入市场就以高于预期价格的价格销售，迅速赚取利润收回投资，再逐步降价。这种策略如同从鲜奶中撇取奶油一样，因此得名。在具体实施中，宜采用的方法有：迅速撇脂策略——高价格、高水平促销；缓慢撇脂策略——高价格、低水平促销；迅速渗透策略——低价格、高水平促销；缓慢渗透策略——低价格、低水平促销。

（2）渗透定价。即新产品一投入市场就以低于预期价格的价格销售，力争获得最高的销售量和最大的市场占有率，以尽快地占领市场。低价容易为市场接受，以吸引更多的顾客，迅速扩大市场；低价薄利能有效地阻止竞争者进入市场，能较长时间地占领市场；随着产品销量的增加和市场份额的扩大，就能获得大量利润。这种策略一般对在市场上存有代用品、竞争激烈、需求弹性大、销量大、市场寿命周期长的产品比较合适。

（3）满意定价。指新产品一投入市场就以适中的、买卖双方均感合理的价格销售产品，在长期稳定的销售量的增长中，获得按平均利润率计算的平均利润。这种介于上述两种定价之间的中价策略，既便于吸引客户，促进销售，防止低价低利给企业带来的损失，又能避免由于价格竞争带来的风险，在相对稳定的环境中获取满意的利润。一般适用于需求弹性适中、销量稳定增长的产品。

3．折扣价格策略

折扣价格策略即销售者为回报或鼓励购买者而采取的某些策略，如批量购买、提前付款、淡季购买等，将其产品基本价格调低，给购买者一定比例的价格优惠。具体办法有：数量折扣、现金折扣、功能折扣和季节性折扣等。这也是在网上市场中经常采用的一种价格策略。

亚马逊就是采用比一般书店更大的折扣作为促销手段来吸引顾客的，其销售的大部分图书都有5% ～40%的折扣。由于不需要自己的店面，基本没有库存商品，较低的运营成本使亚马逊有能力将节省的费用通过折扣的形式转移到顾客身上，让顾客充分领略到网上购物的优越性，而成为亚马逊的常客。高额的折扣当然会影响企业的短期效益，但在目前网络市场尚处发育期的情况下，为了培育和完善这个市场，这是一种十分有效的投资行为。

优惠卡也是网络营销中常用的折扣方式。优惠卡也称折扣卡，是一种可以以低于商品或服务价格进行消费的凭证。传统的促销方式中，常常使用一次性的优惠券，但在网络营销中，很难多次给某些顾客寄赠优惠券，因此网上商店大多采用电子优惠卡的办法。消费者可凭此卡获得购买商品或享受服务的价格优惠。优惠卡的折扣率一般在5% ～60%不等。优惠卡的适用范围可由网上商店规定，如可以是一个特定的商品或服务，也可以是同一品牌的系列商品甚至可以是商家所有商品；有效期可以是几个月、一年或更长时间。

有的网上商店为了培养忠实顾客，对每一位有意消费的顾客发放一张积分优惠卡，该优惠卡按消费者在网上消费金额的多少打分，再按分数的多少赠送礼品。这样做不仅可以把消费者牢牢吸引在自己的网站上，而且还可以加深商店与消费者之间的情感。

4．免费价格策略

免费价格策略是市场营销中常用的营销策略，它主要用于促销和推广产品。这种策略一般是短期和临时性的。但在网络营销中，免费价格不仅仅是一种促销策略，它还是一种非常有效的产品和服务定价策略。

具体来说，免费价格策略就是将企业的产品和服务以零价格形式提供给顾客使用，满足顾客的需求。免费价格形式有这样几类形式：①产品和服务完全免费，即产品（服务）从购买、使用和售后服务所有环节都实行免费服务；②对产品和服务实行限制免费，即产品（服务）可以被有限次使用，超过一定期限或者次数后，取消这种免费服务；③对产品和服务实行部分免费，如一些著名研究公司的网站公布部分研究成果，如果要获取全部成果必须作为公司客户付款；④对产品和服务实行捆绑式免费，即购买某产品或者服务时赠送其他产品和服务。

免费价格策略之所以在互联网上流行，是有其深刻的背景的。一方面，由于互联网的发展得力于免费策略实施；另一方面，互联网作为20世纪末最伟大的发明，它的发展速度和增长潜力令人生畏，任何有眼光的人不敢放弃发展成长的机会，免费策略是最有效的市场占领手段。目前，企业在网络营销中采用免费策略，一个目的是让用户免费使用形成习惯后，再开始收费，如金山公司允许消费者在互联网下载限次使用的WPS 2019软件，其目的是想消费者使用习惯后，然后掏钱购买正式软件，这种免费策略主要是一种促销策略，与传统营销策略类似。另一个目的是想发掘后续商业价值，它是从战略发展的需要来制定定价策略的，主要目的是先占领市场，然后再在市场上获取收益。

（三）网络产品价格营销方法

网络营销中价格策略的制定，应当充分考虑每个消费者的价值观。传统营销定价主要考虑产品的生产成本和市场上同类产品的价格。但在网络上，每个消费者购物基本属于理智型，价格是否合适取决于其价值理念，因此企业要充分掌握消费者购买信息，使买卖双方能够充分相互沟通。主要做法如下。

（1）提供价格查询，客观准确地提供同类产品或相关产品的不同厂商的价格目录，便于消费者了解行情及市场总体水平，为其做出理性判断提供必要的信息；

（2）开发自动调价和智能议价系统，自动调价系统可根据季节、市场供求、促销状况等调整价格水平，智能议价系统是给消费者一个在网上直接协商价格的环境，以满足其心理需要；

（3）设立价格讨论区，对企业新上市的产品，可以通过该区了解消费者普遍接受的价格，为制定和调整价格策略提供参考。

三、网络营销的渠道策略

（一）网络营销渠道与传统营销渠道的区别

营销渠道（这里指分销渠道）是促使商品或服务顺利地被使用或消费的一整套相互依存的组织和个人。它所涉及的是商品实体和所有权或者服务从生产向消费转移的整个过程。在这个过程中，起点是生产者出售商品，终点是消费者或用户购进商品。位于起点和终点之间的是中间环节，包括一些独立中间商和代理中间商，它们帮助商品或服务的转移。网络营销渠道与传统营销渠道在其功能、结构和费用等方面都有较大的不同。

1. 功能分析

传统营销渠道的功能是单一的，它仅仅只是商品从生产者向消费者转移的一个通道。消费者从广告或其他媒体获得商品信息，并通过直接或间接的营销渠道购买自己所需的商品，除此之外，他们没有从渠道中获得任何其他的东西。这种营销渠道的畅通，一方面取决于产品自身的品质；另一方面则主要依赖于广告的宣传和资金流转的情况。

网络营销渠道的功能则是多方面的。首先，网络营销渠道是信息发布的渠道。企业的概况和产品的质量、种类、价格等，都可以通过这一渠道告诉用户。其次，网络营销渠道是销售产品、提供服务的便捷途径，用户可从网上直接选购自己所需的商品，并通过网络支付款项。再次，网络营销渠道是企业间洽谈业务、开展商务活动的场所，也是进行客户技术培训和售后服务的途径，并且还是与用户进行交流的通道。

2. 结构分析

根据有无中间环节，营销渠道可分为直接分销渠道和间接分销渠道。由生产者直接将商品卖给消费者的营销渠道叫作直接分销渠道；而至少包括一个中间商的营销渠道则叫作间接分销渠道。传统营销渠道根据中间商数目的多少，将营销渠道分为若干级别。直接分销渠道没有中间商，因而叫作零级分销渠道；间接分销渠道则包括一级、二级、三级乃至级数更高的渠道。

网络营销渠道的直接分销渠道和传统的直接分销渠道一样，都是零级分销渠道；而其间接分销渠道结构要比传统营销渠道简单得多，网络营销中只有一级分销渠道，即只存在一个电子中间商沟通买卖双方的信息，而不存在多个批发商和零售商的情况，因而也就不存在多级分销渠道。

3. 费用分析

在网络营销中，无论是直接分销渠道还是间接分销渠道，较之传统营销的渠道结构都大大减少了流通环节，有效地降低了交易成本。

企业通过传统的直接分销渠道销售产品，通常采用两种具体实施方法：第一种方法是直接销售，不设仓库。例如，企业在外地派驻推销人员，但在当地不设仓库。推销人员在当地卖出产品后，将订单发回企业，由企业直接把货物发送给购物者。这种方法，企业需支付推销员的工资和日常推销开支。第二种方法是直接销售，但设立仓库。在这种方法中，企业一方面要支付推销员的工资和费用，另一方面还需要支付仓库的租赁费。

通过网络的直接分销渠道销售产品，企业可从网上直接受理来自全球各地的订货单，然后直接将货物寄给购物者。这种方法所需的费用仅仅是网络管理人员的工资和低廉的网络费用，驻外人员的差旅费及仓库的租赁费用等都不需要了。

通过传统的间接分销渠道销售产品，必须依靠中介机构。而且产品由生产单位流转到最终用户手中，中介机构常常不止一个。中介机构越多，流通费用就越高，产品的竞争能力也就在这种流转过程中逐渐丧失了。

网络的间接分销渠道完全克服了传统间接分销渠道的上述弱点。网上商品交易中心之类的中介型电子商务网站，完全承担起信息中介机构的作用，同时也利用其在各地的分支机构承担起批发商和零售商这类传统中间商的作用，网上商品交易中心合并了众多的中介机构，使其数目减少到一个，从而使商品流通的费用降低到最低限度。

合理的分销渠道，一方面可以最有效地把产品及时提供给消费者，满足用户的需要；另一方面也有利于扩大销售，加速商品和资金的流转速度，降低营销费用。有些企业的产品尽管有质量和价格上的优势，但缺乏分销渠道或分销渠道不畅，无法扩大销售，这样的例子是屡见不鲜的。在市场经济条件下，无论是哪一个生产者生产出来的符合市场需要的产品，都只有通过一定的分销渠道，才能在适当的时间、地点，以适当的价格销售给广大用户和消费者，满足他们的需要，从而实现企业的营销目标。在网络营销组合策略中，销售渠道策略与产品策略、定价策略等一样，是关系到企业能否成功地通过网络将产品打入市场、扩大销售的重要策略。

（二）网络直销

网络直销是指生产企业通过网络直接分销渠道直接销售产品。目前常见的做法有两种：一种做法是，企业在网上建立自己独立的站点，申请域名，制作主页和销售网页，由网络管理员专门处理有关产品的销售事务；另一种做法是，企业委托信息服务商在其网站上发布信息，企业利用有关信息与客户联系，直接销售产品，虽然在这一过程中有信息服务商参加，但主要的销售活动仍然是在买卖双方之间完成的。

网络直销的优点是多方面的。第一，促成了产需直接见面，企业可以从网上直接搜集到真实的第一手市场信息，合理地有针对性地安排生产。第二，给买卖双方都带来了直接的经济利益。由于网络直销降低了企业的营销成本，企业能够以较低的价格销售自己的产品，消费者也能够买到低于传统市场价格的产品。第三，营销人员可利用网络工具，如电子邮件、公告牌等，随时了解用户的愿望和需要，并据此开展各种形式的促销活动，迅速扩大产品的市场占有率。第四，企业能通过网络及时了解到用户对产品的意见和建议，并针对这些意见和建议提供技术服务，解决疑难问题，提高产品质量，改善经营管理；另一方面，通过这种一对一的销售模式，企业可以与消费者在心理上建立良好的关系。第五，与分销模式相比，企业的统一定价，以及运作的规范化，避免了经销商们的相互倾轧，使原先一大部分依靠不规范市场和价格混乱生存的代理失去了存在的基础。

当然，网络直销也有其自身的不足。由于越来越多的企业在Internet上建立网站，面对数以万计的企业站点，网上用户往往处于一种无所适从的境地。访问者不可能一个个去访问所有企业的主页。特别是对于一些不知名的中小企业，大部分网上用户不愿意在此浪费时间，或只是在路过时看一眼。据了解，我国目前建立的数千个企业网站中，除个别行业和部分特殊企业外，大部分网站的访问者寥寥，营销收效不大。要克服这种不足必须从两方面入手，一方面需尽快组建具有高水平的专门服务于商务活动的信息服务网站；另一方面则应从网络间接分销渠道中寻找出路。

（三）网络间接销售

为了弥补网络直销的不足，网络商品交易中介机构应运而生。这类机构成为连接买卖双方的枢纽，使得网络间接销售成为可能，中国商品交易中心、中国国际商务中心以及阿里巴巴网站（www. 1688. com）等都属于这类中介机构。虽然这一新事物在发展过程中仍然有很多问题需要解决，但其在未来虚拟网络市场的作用却是其他机构所不能代替的。

（1）简化了市场交易过程。先假设一种简单的情况：市场上只有3个生产者和3个消费者，一个生产者要想销售自己的产品，需面对3个消费者；一个消费者要想买到自己所需的商品，也要面对3个生产者。在无网络间接销售渠道的情况下，如果每个生产者和每个消费者都利用网络直销建立联系，总共将出现9次交易联系；如果在生产者和消费者之间增加一个中介机构，发挥商品交易机构集中、平衡和扩散三大功能，每个生产者与消费者之间都只需通过一个途径（交易中介机构）取得联系。在网络直销中发生的9次交易联系减少到6次。可以计算出：当有5个生产者和10个消费者时，这种交易联系将由50次减少到15次；当有50个生产者和100个消费者时，这种交易联系则由5000次减少到150次。由此可见，网络商品交易中介机构的存在，大大简化了市场交易过程，使生产者和消费者都感到方便和满意，其效果是十分明显的。

（2）有利于平均订货量的规模化。对生产企业而言，大工业的规模化生产性质决定了它们必须追求平均订货规模的扩大。作为连接生产者和消费者的一种新型纽带，网络商品交易中介机构可以有效地克服传统营销渠道的弊端。一方面，它能够以最短的渠道销售商品，满足消费者对商品价格的要求；另一方面，它能够通过计算机自动撮合的功能，组织商品的批量订货，满足生产者对规模经济的要求。这种具有功能集约的商品流转程式的出现，为从根本上解决现代工业发展中批量组货与订货的难题创造了先行条件。

（3）实现了网上交易活动的常规化。传统商业活动中，影响交易的因素很多：商品价格、购买数量、运输方式、交货时间和地点、支付方式等等，每一个环节都可能使交易失败。如果这些变量能够在一定条件下常规化，交易成本就会显著降低，从而有效地提高交易的成功率。

网络商品交易中介机构在这方面做了许多有益的尝试。由于是虚拟市场，这种机构可以24小时×7天的方式全天候运转，消除了时间和时差上的限制；买卖双方的意愿通过固定的交易表格规范地表达，避免了纠纷；中介机构分散在全国各地的配送中心，可以最大限度地减少运输费用；严密的支付程序，使得交易双方彼此增加了信任感。显然，网络商品交易中介机构的规范化运作减少了交易过程中大量不确定因素，降低了交易成本，提高了交易成功率。

（4）便利了买卖双方的信息收集过程。传统的交易中，供求双方都被卷入一个双向的信息收集过程。这种信息搜寻既要付出成本，也要承担一定的风险。信息来源的局限性使得生产者不能确定消费者的需要，消费者也难以找到自己所需的商品。网络商品交易中介机构的出现改变了这种状况，为信息搜寻过程提供了极大的便利。网络商品交易中介机构本身是一个巨大的数据库，其中汇集了国内外众多厂商和成千上万种商品。这些厂商和商品实行多种分类可以从各个不同的角度检索。例如，阿里巴巴商业网站提供了32个行业700多个产品分类的商业信息供访问者查阅。通过这种网络商业中介机构，买卖双方完全可以在不同的地区、不同的时间，在同一个网站上查询不同的信息，方便地交流与沟通，并可在中介机构的撮合下，匹配供应意愿和需求意愿。

（四）网络营销渠道的选择

分销渠道的选择是整个市场经营组合策略的重要组成部分。作为一种新型的市场形式，网络虚拟市场同样存在一个分销渠道的选择问题。对于从事网络营销的企业来说，熟悉网络分销渠道的结构，分析研究不同网络分销渠道的特点，合理地选择网络分销渠道，不仅有利于企业的产品顺利完成从生产领域到消费领域的转移，促进产品销售，而且有利于企业获得整体网络营销上的成功。

在西方众多企业的网络营销活动中，选择营销渠道的最佳方案是双道法。即企业同时使用网络直接分销渠道和网络间接分销渠道，以达到销售量最大的目的。尤其在买方市场的情况下，通过两条渠道推销产品比通过单一渠道更容易实现“市场渗透”。

1. 建立企业的网络直销渠道

企业通过建立网站，一方面为自己打开了一扇对外开放的窗口，另一方面也建立了自己的网络直销渠道。如上所述网络直销的优点是多方面的，也许一些优势暂时还难以显现，但随着时间的推移，企业的新老客户会逐渐认识并利用它。国外的亚马逊网上书店、国内青岛海尔集团的实践，都说明企业上网建站大有可为，早建站早收益。

2. 选择企业的网络间接销售渠道

企业除利用自己的网站进行网络直销外，还必须积极利用网络间接分销渠道销售自己的产品，通过电子商务中介商的信息服务、广告服务与撮合服务，扩大企业的影响，开拓企业产品的销售领域，降低销售成本。因此，对于从事网络营销活动的企业来说，必须熟悉、研究国内外电子商务中介商的类型、业务性质、功能、特点及其他有关情况，以便能够正确地选择中介商，顺利地完成商品从生产到消费的整个转移过程。

选择合适的电子商务中介商时，必须考虑成本、信用、覆盖、特色和连续性五大因素。这五大因素可以称之为网络间接营销的五大关键因素，也称为“5C”因素：

（1）成本（cost）。指使用中介商信息服务时的支出。这种支出分为两类：一类是在中介商网站建立主页时的费用；另一类是维持正常运行时的成本。在两类成本中，维持成本是主要的、经常的，各个中介商之间有较大的差别。

（2）信用（credit）。指网络信息服务商所具有的信用度的高低，这一点往往会被忽略。相对于其他基本建设投资来说，建立一个网络服务站所需的投资较少，因而信息服务商如雨后春笋般地出现。目前，我国还没有权威性的认证机构对这些信息服务商进行认证，因此在选择中介商时应注意他们的信用程度。

（3）覆盖（coverage）。指网络宣传所能够影响的地区和人数，即网站能够影响的市场区域。对于企业来讲，站点覆盖面并非越广越好，还要看市场覆盖面是否合理、有效，最终是否能够给企业带来经济效益。如选那些有明确受众定位的专业性的网站，这类网站的特点是受众数量较少，覆盖面也比较窄，但访问这些站点的网民可能正是企业需要的潜在客户。从这个角度看，有明确受众定位网站的有效受众量可能并不比那些搜索引擎站点少。因此选择这样的站点放置广告，其效果甚至可能超过在导航站点放置，正所谓“小市场大占有率”。

（4）特色（character）。每一个网络站点都受到中介商总体规模、财力、文化素质的影响，在设计、更新过程中表现出各自不同的特色，因而具有不同的访问群。企业应研究这些访问群（即顾客群）的特点、购买习惯、频率等，进而选择不同的电子商务中介商。

（5）连续性（continuity）。网络的发展证明，网络站点的寿命长短不一，必须选择具有连续性的网站，在用户与消费者中建立品牌信誉、服务信誉。为此，企业要采取措施密切与中介商的关系，让中介商始终将本企业的产品放在经营的主要位置。

与传统市场相似，在网络营销中各种营销渠道之间也存在着不同程度的合作、冲突和竞争。企业在制定其渠道策略时，要结合自身的优势，重新定位自己在销售链中的价值和位置以形成新的优势与生存基础，这将是选择网络营销渠道首先要考虑到的问题。

（五）网络产品渠道策略方法

网络营销使生产企业可以直接面对消费者，将货物展现在他们面前，并回答有关产品的信息咨询，接受订单。对中间商的选择与传统的要求相比发生了一定的变化，特别是选择国外中间商不再是以代理商为主，唱主角的是负责送货的寄售或销售代理。主要做法如下。

（1）设立产品展示区，将产品图像进行电脑技术设计，通过立体形象的声、影、形、色等虚拟的产品橱窗展现在上网用户面前，并且根据各国文化、季节等需要，可以24小时为各种客户提供服务。

（2）选择合适的销售代理，网络营销面对全球顾客，企业必须在各国建立相应的销售代理网点，以保证按时送货、销路畅通。

（3）网络营销与银行结算联网，开发网络结算系统，将网上销售的结算与银行转账系统联网，使消费者能够轻松地在网上购物、网上结算。

四、网络营销的促销策略

（一）网络促销的特点

促销，是指企业为了激发顾客的购买欲望，影响他们的消费行为，扩大产品销售而进行的一系列宣传报道、说服、激励、联络等促进性工作。作为企业与市场联系的主要手段，促销包括了多种活动，其中主要有人员推销、广告、营业推广和公共关系等内容。企业的促销策略实际上是对各种不同促销活动的有机组合。传统促销组合策略，是在运用传统手段的基础上，考虑不同促销方式和促销组合的特点，以及影响促销组合的主要因素后形成或制定的。

与传统促销一样，网上促销的核心问题也是如何吸引消费者，为其提供具有价值诱因的商品信息。但网络手段的运用，使传统的促销活动具有了新的含义和形式。它突出地表现为以下三个明显的特点。

（1）网络促销通过网络技术传递信息。网络促销是通过网络技术传递产品和服务的存在、性能、功效及特征等信息的。它是建立在现代计算机与通信技术基础之上的，并且随着计算机和网络技术的不断改进而改进。因此，网络促销不仅需要营销者熟悉传统的营销技巧，而且需要相应的计算机和网络技术知识，包括各种软件的操作和某些硬件的使用。

（2）网络促销是在虚拟市场上进行的。这个虚拟市场就是互联网。互联网是一个媒体，是一个连接世界各国的大网络，它在虚拟的网络社会中聚集了广泛的人口，融合了多种文化成分。所以，从事网上促销的人员需要跳出实体市场的局限性，采用虚拟市场的思维方法。

（3）互联网虚拟市场是全球性的。互联网虚拟市场的出现，将所有的企业，不论是大企业还是中小企业，都推向了一个世界统一的市场。传统的区域性市场的小圈子正在被一步步打破，全球性的竞争迫使每个企业都必须学会在全球统一的大市场上做生意，否则，这个企业就会被淘汰。

（二）网络促销的作用

网络促销的作用主要表现在以下几个方面。

（1）告知功能。网络促销能够把企业的产品、服务、价格等信息传递给目标公众，引起他们的注意。

（2）说服功能。网络促销的目的在于通过各种有效的方式，解除目标公众对产品或服务的疑虑，说服目标公众坚定购买决心。例如，在同类产品中，许多产品往往只有细致的差别，用户难以察觉。企业通过网络促销活动，宣传自己产品的特点，使用户认识到本企业的产品可能给他们带来的特殊效用和利益，进而乐于购买本企业的产品。

（3）反馈功能。网络促销能够通过电子邮件及时地收集和汇总顾客的需求和意见，迅速反馈给企业管理层。由于网络促销所获得的信息基本上都是文字资料，信息准确、可靠性强，对企业经营决策具有较大的参考价值。

（4）创造需求。运作良好的网络促销活动，不仅可以诱导需求，而且可以创造需求，发掘潜在的顾客，扩大销售量。

（5）稳定销售。由于某种原因，一个企业的产品销售量可能时高时低，波动很大。这是产品市场地位不稳的反映。企业通过适当的网络促销活动，树立良好的产品形象和企业形象，往往有可能改变用户对本企业产品的认识，使更多的用户形成对本企业产品的偏爱，达到稳定销售的目的。

（三）网络促销的形式与方法

常见的网上促销有如下一些方面。

网络促销主要借助网络广告，将信息辐射到全球每个角落，可以与消费者建立一对一的联系。

（1）建立虚拟公共关系室，在网络上参与公益部门所举办的各项公益活动及赞助。如希望工程、扶贫救助、无偿献血、奖学金等；也可结合本企业的优势，利用网络推动公共服务。如汽车制造厂家在网络上提供有关交通安全、环境保护的专栏。饮食企业在网络上提供过度吸烟、饮酒危害健康以及勤俭节约的公益广告等。

（2）利用网上对话的功能，举行网上消费者联谊活动或网上记者招待会。这样做，可以跨时空地进行沟通，同时也是一种低成本的促销。

（3）利用网络进行促销活动，包括提供新产品信息、说明促销方式、提供折扣券或赠品等。也可以提供网上订购折扣及抽奖，提高消费者上网搜寻及购买产品的意愿。

（4）发布网上广告。网上广告是目前最普遍的商业应用，除了公司与产品的介绍外，还可以说明经营理念、企业文化、顾客服务项目、品质保证措施等，用以增加消费者对公司的认识与信心。另外，建立英文版的首页（home page），也是企业国际化不可或缺的推广活动。

（5）积极参加网络资源索引，尽可能使客户容易查询到公司的推广资料，使其能快速获得所需的商品信息；与非竞争性厂商进行网上促销的策略联盟，利用彼此的网上资料库，增加与潜在消费者接触的机会。

任务四　网络营销常用方法

网络营销职能的实现需要通过一种或多种网络营销手段，常用的网络营销方法有：搜索引擎营销、电子邮件营销、网络口碑营销、交换链接营销、网络广告、即时通信营销、博客营销、论坛营销等等。下面简要介绍几种常用的网络营销方法。

一、搜索引擎营销

（一）搜索引擎原理

搜索引擎（search engine）是指根据一定的策略、运用特定的计算机程序从互联网上搜集信息，在对信息进行组织和处理后，为用户提供检索服务，将用户检索相关的信息展示给用户的系统。

（1）抓取网页。每个独立的搜索引擎都有自己的网页抓取程序（spider，一种专用程序，能按照指定要求全方位地自动寻找目标内容，如链接、网页、关键词等，因而形象地称之为“蜘蛛”）。spider 顺着网页中的超链接，连续地抓取网页。被抓取的网页被称之为网页快照。由于互联网中超链接的应用很普遍，理论上，从一定范围的网页出发，就能搜集到绝大多数的网页。

（2）处理网页。搜索引擎抓到网页后，还要做大量的预处理工作，才能提供检索服务。其中，最重要的就是提取关键词，建立索引文件。其他还包括去除重复网页、分词（中文）、判断网页类型、分析超链接、计算网页的重要度/丰富度等。

（3）提供检索服务。用户输入关键词进行检索，搜索引擎从索引数据库中找到匹配该关键词的网页；为了用户便于判断，除了网页标题和 URL 外，还会提供一段来自网页的摘要以及其他信息。

（二）搜索引擎的分类

（1）全文搜索引擎。全文搜索引擎就是在从互联网上提取各个网站的信息（以网页文字为主）而建立的数据库中，检索与用户查询条件相匹配的相关记录，然后按一定排列顺序将结果返回给用户。它们是真正意义上的搜索引擎。搜索引擎的自动信息搜集功能分两种。一种是定期搜索，即每隔一段时间（比如 Google 一般是 28 天），搜索引擎主动派出 spider 程序，对一定 IP 地址范围内的互联网站进行检索，一旦发现新的网站，它会自动提取网站的信息和网址加入自己的数据库。另一种是提交网站搜索，即网站拥有者主动向搜索引擎提交网址，它在一定时间内（2 天到数月不等）定向向你的网站派出“蜘蛛”程序，扫描你的网站并将有关信息存入数据库，以备用户查询。

（2）目录索引。目录索引就是按目录分类的网站链接列表，用户完全可以不用关键字进行查询，仅靠分类目录找到需要的信息。与全文搜索引擎相比，目录索引有很多不同之处，如表 7－1 所示。

表 7－1　全文搜索引擎和目录索引的对比

全文搜索引擎	目录索引
自动网站检索	手工操作
登录容易	登录要求高
不用考虑网站分类	需要考虑网站分类
自主权大	自主权小

（3）元搜索引擎。元搜索引擎是在接受用户查询请求时，同时在其他多个引擎上进行搜索，并将结果返回给用户。著名的元搜索引擎有 InfoSpace、Dogpile、Vivisimo 等（元搜索引擎列表），中文元搜索引擎中具代表性的有搜星搜索引擎。在搜索结果排列方面，有的直接按来源引擎排列搜索结果，有的则按自定的规则将结果重新排列组合。

（三）搜索引擎营销的作用

搜索引擎是网站建设中针对“用户使用网站的便利性”所提供的必要功能，同时也是“研究网站用户行为的一个有效工具”。高效的站内检索可以让用户快速准确地找到目标信息，从而更有效地促进产品/服务的销售，而且通过对网站访问者搜索行为的深度分析，对于进一步制定更为有效的网络营销策略具有重要价值。

用搜索引擎工具可以实现四个层次的营销目标：①被搜索引擎收录；②在搜索结果中排名靠前；③增加用户的点击（点进）率；④将浏览者转化为顾客，成为企业忠诚客户。

在这四个层次中，前三个可以理解为搜索引擎营销的过程，而只有将浏览者转化为顾客才是最终目的。

（四）搜索引擎营销策略

搜索引擎营销（search engine marketing，SEM），是网络营销的一种，根据用户使用搜索引擎的方式，利用用户检索信息的机会，通过搜索引擎返回的结果，尽可能将营销信息传递给目标用户，以此来获得更好的销售或者推广效果。

由于全球网页数量爆炸式成长，人工分类无法满足其需求，全文检索式的搜寻引擎变成主流。靠着搜寻机器人（Search Bot）自动到全世界抓取网页，抓回来的网页上有许多链接，Bot 又自动跟随这些链接继续往下抓。换言之，如果你做了一个网站，但没有任何其他网站链接到你的网站来，你也没有主动到搜寻引擎去登录你的网址，这个网站是永远无法被搜寻引擎的 Bot 找到的，因此你的网站也永远不会被网友搜寻到。Bot 把搜寻回来的资料放入资料库中，使用者输入关键字搜寻的时候，搜寻引擎就自动比对资料库，把网页上有出现这个字的页面通通找出，经过排序之后显示出来。问题是，搜寻引擎如何决定排列顺序？事实上，搜寻引擎会把 Bot 找回来的网页打分数，因此搜寻时分数高的网页就会排在前面，各家搜寻引擎帮网页打分数的方法不尽相同，但大体方式如下。

（1）根据页面出现关键字的次数。比如说有两个网页都有提到“电子商务”这四个字，其中一个提到的次数比较多，因此获得的分数就会比较高些。运用这个方法对搜寻引擎排序的影响较小，因为搜寻引擎也怕网站经营者对网页“灌水”。

（2）根据网页标题（title tag ）是否有出现该关键字。这里所指的标题并不是网页上的文章标题，而是指 HTML 语法中的 title tag。以上面的例子来说，“电子商务”四个字就必须出现在 title tag 中，以获得较高分数。不过此种方式的影响也有限。

（3）根据这个网页被其他网页链接的次数与品质。这是最具决定性的方式，有人将此种方式戏称作“投票式的排序方法”。例如，网页 A 上面有 10 个链接，其中一个链接到网页 B，那么就表示 A 投了 B 一票，或者说 B 得到一分。当然，网页 B 可能也链接到网页 C，因此 B 也帮 C 加一分。由于网路的相连特性，全世界网页互相打分，因此每个网页都有分数。那些被链接最多次的网页，得到最多票，自然就得到最高分。

（五）搜索引擎营销方法

1. 到搜索引擎登记网址

这是消费者拥有主动权的年代，也是“on demand”的年代，所以营销模式从“主动发出广告讯息”变成“当消费者需要某种服务，我第一个出现并提供”。消费者运用搜索引擎找资料，正是这种精神的体现。

然而很多网站从头到尾就没被搜索引擎 Bot 找到过，网页内容当然不会被收到搜索引擎资料库中。网友找不到，就更别谈要出现在搜索结果第一页。以下是较知名的搜索引擎的网址登记处。

百度：http：//www. Baidu. com/search/url_ submit. html

搜狗：https：//123. sogou. com

2. 搜索引擎优化

搜索引擎优化（search engine optimization，SEO）就是通过了解各类搜索引擎如何抓取互联网页面、如何进行索引以及如何确定其对某一特定关键词的搜索结果排名等技术，来对网页内容进行相关的优化，使其符合用户浏览习惯，在不损害用户体验的情况下提高搜索引擎排名，从而提高网站访问量，最终提升网站的销售能力或宣传能力的技术。

搜索引擎优化又包括网站标题优化、关键词优化、外部链接优化、内部链接优化、代码优化、图片优化、搜索引擎登录等。

3. 竞价排名

顾名思义，竞价排名就是网站付费后才能出现在搜索结果页面，付费越高者排名越靠前。竞价排名服务，是由网站为自己的网页购买关键字排名，按点击计费的一种服务。网站可以通过调整每次点击付费价格，控制自己在特定关键字搜索结果中的排名；并可以通过设定不同的关键词捕捉到不同类型的目标访问者。在国内最流行的点击付费搜索引擎为百度。值得一提的是，即使是做了 PPC（pay per click，按照点击收费）付费广告和竞价排名，最好也要对网站进行搜索引擎优化设计，并将网站登录到各大免费的搜索引擎中。

二、电子邮件（e-mail）营销

电子邮件是互联网上最常用的服务之一，几乎应用于网络营销中的各个方面，主要功能在于信息收集、传递和交流。电子邮件是最有效、最直接、成本最低的信息传递工具，拥有用户的 e-mail 地址对企业开展网络营销具有至关重要的意义。电子邮件在网络营销中的作用主要表现在八个方面：企业品牌形象、在线顾客服务、会员通信与电子刊物、电子邮件广告、网站推广、产品/服务推广、收集市场信息、在线市场调查。

（一）e-mail 营销的定义

e-mail 营销是在用户许可的前提下，通过电子邮件的方式向目标用户传递有价值信息的一种网络营销手段。在 e-mail 营销的定义中强调了三个基本要素，即基于用户许可、通过电子邮件传递、信息对用户有价值。三个要素缺少一个，都不能称为有效的 e-mail 营销。

（二）e-mail 营销分类

（1）按照是否经过用户许可分类：许可的 e-mail 营销和未经许可的 e-mail 营销。

（2）按照 e-mail 地址的所有权分类：内部 e-mail 营销和外部 e-mail 营销。

（3）按照营销计划分类：临时 e-mail 营销和长期 e-mail 营销。

（4）按照 e-mail 营销的功能分类：顾客关系 e-mail 营销、顾客服务 e-mail 营销、在线调查 e-mail 营销、产品促销 e-mail 营销等。

（5）按照 e-mail 营销的应用方式分类：经营性的 e-mail 营销和非经营性的 e-mail 营销。

（三）e-mail 营销的特点

与直邮广告、电话营销等营销方式相比，e-mail 营销的优势主要表现在以下几个方面。

（1）成本与传统营销方式相比要低得多。

（2）回应率与其他营销方式相比效果显著。

（3）可以通过电子刊物来促进顾客关系。

（4）可以满足用户个性化的需求，根据用户兴趣预先选择有用的信息。

（5）反应迅速，它的传递速度是传统直邮广告无法比拟的。

（6）可实现营销效果监测。

（7）具有相对保密性。

（8）针对性强，减少浪费。

（四）e-mail 营销的主要缺陷和问题

（1）应用条件受限制，必须有一定的上网设备才可以接收和阅读。

（2）由于长期使用电子邮箱的人数比例相对较低，e-mail 营销的受众面比较小，影响力有限。

（3）由于邮件传输受到网络速度、用户电子邮箱空间等限制，并不是所有的信息都可以通过 e-mail 传递。

（4）营销效果的限制。

（5）信息传递障碍。

（6）掌握用户信息有限。

（7）垃圾邮件的影响。

（8）专业化程度很低。

（9）价格优势是相对的。

（10）邮件阅读率降低。

（11）电子邮件的寿命通常比其他出版物要短。

（12）回应率在逐年降低。

（五）e-mail 营销要遵循的基本原则

（1）及时回复。在收到 e-mail 的时候，要养成顺手回复的习惯，即使是“谢谢，来信已经收到”也会起到良好的沟通效果，通常 e-mail 应该在一个工作日之内回复客户，如果碰到比较复杂的问题，要一段时间才能准确答复客户，也要简单回复一下，说明情况。实在没有时间回复，可以采用自动回复 e-mail 的方式。

（2）避免无目标投递。不采用群发的形式向大量陌生 e-mail 地址投递广告，不但收效甚微，而且变为垃圾邮件，损害公司形象。

（3）尊重客户。不要向同一个 e-mail 地址发送多封同样内容的信件，当对方直接或者间接地拒绝接收 e-mail 的时候，绝对不可以再向对方发送广告信件，要尊重对方。

（4）内容要言简意赅。客户时间宝贵，在看 e-mail 的时候多是走马观花，所以信件要言简意赅，充分吸引客户的注意，长篇累牍会使客户放弃阅读你的 e-mail。在发送前一定要仔细检查 e-mail 内容，做到语句通顺，没有错别字。

（5）附上联系方式。信件一定要有签名并附上电话号码，以免消费者需要找人协助时，不知如何联络。

（6）尊重隐私权。征得客户首肯前，不得转发或出售发信人名单与客户背景。

（7）坦承错误。若未能立即回复客户的询问或寄错信件，要主动坦承错误，并致歉。

不能以没有收到 e-mail 做借口，弄巧成拙，不但无法吸引客户上门，反而把客户拒之门外。

以下是来自泰州市兆行机电设备有限公司的一封电子邮件，内容如下：

亲爱的朋友，您好！

我们知道您一定是一位行业精英，但是再勇敢的人也有疲惫的时候，如果您需要生活中的发电机，我们将竭诚提供服务！

泰州市兆航机电设备有限公司是一家专业提供柴油发电机组、燃气发电机组，集研制、开发、生产、销售和售后服务于一体的综合型企业，位于江苏省泰州市经济开发区留学生创业园区。兆航机电设备公司以“诚信为人、专业服务”为理念，铸就了性能可靠、功能先进、价格极具竞争力的柴油发电机组，专业挚诚的服务不仅深得国内用户的厚爱，而且也赢得了国际友人的青睐。

任何时候，任何地点，只要您需要我们的发电机，请与我们联系，我们期待着与您的联系！

从这封邮件中我们能感到泰州市兆航机电设备有限公司对顾客的重视，字里行间谦恭有礼，措词文雅，从而加大顾客的信任度。因此，在语气、表达方式等方面一定要合理、恰当。

三、网络口碑营销

什么是口碑（word of mouth）营销？简单地说，就是借别人的嘴，推广自己的商品。口碑一词源于传播学，由于被市场营销广泛地应用，所以有了口碑营销的概念。传统的口碑营销是指企业通过朋友、亲戚的相互交流来传播产品信息或者品牌。

网络口碑营销（Internet word of mouth marketing，简称为 IWOMM）是口碑营销与网络营销的有机结合，旨在应用互联网的信息传播技术与平台，对品牌、产品或服务的相关讨论来传播产品信息或者品牌。网络口碑营销被业内人士称为“病毒式营销”，口碑营销的内容设计应注意以下几个方面。

1. 借势

口碑营销的特点就是以小搏大，在操作时要善于利用各种强大的势能来为己所用——可以借助自然规律、政策法规、突发事件，甚至是借助竞争对手的势能。

美国一家小唱片公司因为侵犯了一家行业巨头的著作权，遭到控诉。而这家唱片公司发现，和行业巨头扯上关系对自己有利可图，于是，与这家行业领导企业对簿公堂并且大肆宣扬，虽然两次败诉，却依然坚持上诉。尽管最终是以败诉告终，但是这次蚂蚁与大象的对决却吸引了很多人的关注，使一家名不见经传的小唱片公司成了美国家喻户晓的知名公司。当年百事可乐刚刚创立时，受到了老牌饮料巨头可口可乐的阻击，可口可乐以自己悠久的历史与美国传统文化为卖点，嘲笑百事可乐是一个刚刚诞生、没有历史、没有文化的品牌，在广告中通过各种方式对比自己的“老”与百事可乐的“新”。确实，这样的广告使很多消费者相信可口可乐是更正宗的可乐。当时的百事可乐作为一个初创品牌，没有那么大的实力去通过广告战来反驳或对抗可口可乐，他们就想出一个办法——借助可口可乐的“新老论”来树立百事可乐的品牌形象，于是，百事可乐打出了“新一代的可乐，新一代的选择”为主题的广告，去宣讲新可乐的好处，并主攻喜欢尝试新鲜事物的年轻人，结果可口可乐铺天盖地的广告反倒帮助百事可乐树立了新一代可乐的品牌形象。

2. 利益

生活中，我们关注与谈论最多的莫过于与自己利益相关的各种话题。因此，口碑营销必须以利益为纽带，将传播的内容与目标受众直接或间接地联系起来，这一点在中国市场尤为重要。

美国一家饼干制造企业为了打垮竞争对手，开展饼干的大量免费派送活动，竞争对手则指控其不正当竞争，工商部门开始介入调查。因为赠送饼干与消费者的利益相关，所以事件的发展引起了消费者广泛的关注，这家企业就发动消费者，博取同情与支持，此举果然见效，甚至有人以游行的方式支持该企业。虽然最终赠送活动被叫停，但是该企业的知名度与美誉度显著提升，产品销量也大幅提升。

3. 新颖

口碑营销又称病毒式营销，其核心内容就是能“感染”目标受众的病毒体——事件，病毒体威力的强弱则直接影响营销传播的效果。在今天这个信息爆炸、媒体泛滥的时代里，消费者对广告，甚至新闻，都具有极强的免疫能力，只有制造新颖的口碑传播内容才能吸引大众的关注与议论。张瑞敏砸冰箱事件在当时是一个引起大众热议的话题，海尔由此获得了广泛的传播与极高的赞誉，可之后又传出其他企业类似的行为，就几乎没人再关注。因为大家只对新奇、偶发、第一次发生的事情感兴趣，所以，口碑营销的内容要新颖奇特。

买赠式的促销形式我们今天已经司空见惯，效果也已经不明显，但是最早的买赠形式却取得了空前的成功。16 世纪英国的一个小镇上，果农都种植了大量的葡萄并且获得了丰收，结果导致葡萄的价格非常低，即使这样也卖不掉，都烂在了果园里。一个庄园主想到了一个办法，从外地购买了一批苹果，顾客每买 3 公斤葡萄可以获赠两个苹果。在当时的英国，苹果本就是很昂贵的水果，这个小镇因为不是苹果的产地，价格更是昂贵，因为运输困难，当地几乎见不到苹果。庄园主没有做任何宣传却引发了镇民的抢购，大家奔走相告，把这家庄园围得水泄不通。虽然赠送苹果增加了一些成本，但是因为是在苹果主产地直接购买，价格并不高，而有苹果搭售的葡萄也卖出了相对较高的价格，最后不仅卖空了所有的葡萄，还大赚了一笔。这就是最早的买赠式销售，但到了后来，大家都采用这样的方式，消费者也就习以为常了，失去了当初强大的威力。所以，新颖、奇特是口碑营销成功的一个重要因素。

4. 争议

具有争议性的话题很容易引起广泛的传播，但争议往往又都带有一些负面的内容，企业在口碑传播时要把握好争议的尺度，最好使争议在两个正面的意见中发展。某企业为了引起大众的关注，招聘时出怪招：不招生肖属狗的员工。果然，此举引起了公众广泛的关注与讨论，多家媒体纷纷报道，但事件却并没给企业带来正面的收益，大众纷纷指责该企业存在用人歧视、封建迷信等问题，给企业带来了极其严重的负面影响。

另一家企业为了引起媒体的关注与大众的口碑传播，在举行一次展会时拟采用麒麟作为中国的象征物并打算制作成展会的吉祥物，向社会征求意见，同样引起了大众的关注，企业推波助澜，引导大众的讨论：到底中国该用龙还是麒麟做象征物？该企业找出了麒麟象征中国的几个理由，拥护者众多，自然也有反对者，在讨论中大家都知道了此次展会，最终麒麟与龙均作为吉祥物出现在了展会上，皆大欢喜。

5. 私密

世界上很多传播广泛的事件都曾经是秘密，这是因为我们每个人都有探听私密的兴趣，越是私密的事物，越是能激发我们探知与议论的兴趣。英国一个学者做了一个有趣的实验：他神秘地向两位邻居透露一个消息，说早上一只怪鸟在自己家的庭院产下了一枚巨大的绿壳蛋，并且告诉这两个邻居不要对别人讲；可结果不到一个小时，就有人在街上议论这个事情；没到第二天，这位学者所在小镇的所有人都知道了这个消息。秘密就像一只潘多拉的魔盒，不用刻意告诉别人打开，大家就会想方设法地主动去打开它。因此，涉及私密的内容是口碑营销传播方式中最有效也最有趣的一个手段。但是，制造私密性事件时，切忌故弄玄虚或给受众一种受到愚弄的感觉，否则就得不偿失了。

四、交换链接

（一）交换链接的含义

交换链接也称为友情链接、互惠链接、互换链接等，是具有一定互补优势的网站之间的简单合作形式，即分别在自己的网站上放置对方网站的 logo 或网站名称并设置对方网站的超级链接，使得用户可以从合作网站中发现自己的网站，达到互相推广的目。

交换链接的作用主要表现为：①获得访问量、增加用户浏览时的印象、提高访问者的可信度等；②在搜索引擎排名中增加优势，在计算网站排名时，PR 值（PageRank）会将网站的外部链接数考虑进去。

（二）链接交换的方式

（1）双线链接：对方 A 站链接你的 A 站，而你的 A 站也同样链接对方的 A 站（这是链接中最常见的形式）。

（2）交叉链接：对方的 A 站链接你的 A 站，而你的 B 站链接对方的 A 站（“A 站”不仅仅限于某一个站）。

（3）单线链接：即单方面链接某个站点 URL，而对方却并无链接你的站点。

（三）交换链接的类型

（1）文字链接：以某关键字作为标题附带 URL 地址。

文字链接格式为：<a href='链接地址'>百度</a>。

（2）图片链接：以某图片（一般为网站 logo，像素 88×32）作为链接目标附带 URL 地址。

图片链接格式为：<a href="链接地址"><img src='图片地址"></a>。

（四）交换链接的策略

（1）看被链接网站是否已经被各大搜索引擎收录及其在搜索引擎中的更新频率，在搜索结果中可以看到最后一次更新的时间，搜索引擎通常也会对链接的站点进行相应的更新。

（2）选择被大的分类目录收录的网站交换链接，这种网站流量很容易就会提升。

（3）看被链接网站内大多数的页面是否被收录，网页收录数目与网站流量值是成正比的。

(4) 看被链接网站是否与很多同类网站交换了链接或者与很多网站交换了链接，在交换时可以查一下对方的链接数目，特别是质量高的链接数目。

(5) 看被链接网站质量如何，这关系到网站是否能长期存在的问题。

(6) 看被链接网站是否是同类的网站，因为排名算法中，与同类的网站链接越多，你的网站排名投票的分值会越高。

(7) 尝试向大的分类目录提交链接请求，这样的做法不但能够得到高质量的反向链接，而且不用付出任何成本。

任务五 网络广告发布

一、网络广告的特点

网络广告就是在网络上做的广告，是广告主利用一些受众密集或有特征的网站以图片、文字、动画、视频或者与网站内容相结合的方式传播自身的商业信息，并设置链接到某目标网页的广告运作方式。

目前网络广告的市场正在以惊人的速度增长，网络广告发挥的效用越来越显得重要。因而众多国际级的广告公司都成立了专门的“网络媒体分部”，以开拓网络广告的巨大市场。

凭借互联网具有的交互、多媒体和高效的特性，网络广告在下列七个方面呈现出不同于传统媒体广告的特点。

(1) 交互性强。网络广告主要通过“pull（拉）”方法吸引受众注意，受众可自由查询，可避免传统“push（推）”式广告中受众注意力不集中的无效性和被动性。

(2) 具有灵活性和快捷性。在传统媒体上做的广告发布后很难更改，即使可改动往往也须付出很大的经济代价。而在Internet上做广告能按照需要及时变更广告内容，当然包括改正广告的错误。这就使经营决策的变化可以及时地实施和推广。其次，网络广告的信息反馈也非常快捷，大众可以直接与商家进行沟通，商家也可以从广告的统计情况了解网络广告的效果。

(3) 广告成本低廉。作为新兴的媒体，网络媒体的收费远低于传统媒体，网络广告由于有自动化的软件工具进行创作和管理，能以低廉费用按照需要及时变更广告内容。做网络广告每CPM（cost-per-thousand，让一千人看到广告的成本）的费用是报纸的1/5，电视的1/8。若能直接利用网络广告进行产品的销售，则可节省更多的销售成本。

(4) 感官性强。网络广告的载体基本上是多媒体或超文本格式文件，其表现形式可以采用动态影像、文字、声音、图像、表格、动画、三维空间、虚拟现实等，这种广告形式能传送多感官的信息，可以让顾客如身临其境般地感受到广告所表现的商品或服务的特征。广告的创作人员可以根据广告创意需要进行任意的组合创作，从而有助于最大限度地调动各种艺术表现手段，制作出形式多样、生动活泼、能够激发消费者购买欲望的广告。

(5) 传播范围广。网络广告的传播范围极其广泛，不受时间和空间的限制。通过Internet可以把广告传播到Internet所覆盖的全世界40多亿用户面前，突破了传统广告只能局限于一个地区、一个时间段的限制。互联网把广告信息24小时不间断地传播到世界各地。而且网络广告可以随时发布在任何地点的Internet网站上，受众可以在他们任一连接Internet的地点在任何时间随意浏览广告。

（6）受众针对性明确。网络广告目标群确定，由于点阅信息者即为有兴趣者，所以可以直接命中潜在用户，并可以为不同的受众推出不同的广告内容。尤其是对电子商务站点，浏览用户大都是企业界人士，网上广告就更具针对性了。

（7）受众数量可准确统计。在Internet上发布的网络广告，可通过权威公正的访客流量统计系统容易、及时、精确地统计出每个客户的广告被多少个用户看过，以及这些用户查阅的时间分布、地域分布和反映情况等。广告主和广告商可以实时评估广告效果，进而审定他们的广告策略合理性并进行相应调整。另外，网络广告收费可根据有效访问量进行计费，广告发布者可以有效评估广告效果并按效果付费，避免过去传统广告的失控性和无效性。

二、网络广告的种类

网络广告和站点促销是主要的网络营销促销形式，特别是网络广告已经形成了一个很有影响力的产业市场，因此企业考虑的首选促销形式就是网络广告。网络广告类型很多，根据形式不同可以分为按钮型广告、旗帜广告、移动广告、主页型广告、巨型广告、分类广告、列表分类播发型广告、电子杂志广告、新闻式广告、链接广告等，分述如下。

（1）按钮型广告（Button，图7-2）。这是网络广告最早的和常见的形式。通常是一个链接着公司的主页或站点的公司标志（logo），并注明“Click me”字样，希望网络浏览者主动来点选。按钮型广告的不足在于其被动性和有限性，它要求浏览者主动点选才能了解到有关企业或产品的更为详尽的信息。

（2）旗帜广告（Banner，图7-2）。网络媒体在自己网站的页面中分割出一定大小的一个画面（视各媒体的版面规划而定）发布广告，因其像一面旗帜，故称为旗帜广告。旗帜广告允许客户用极简练的语言、图片介绍企业的产品或宣传企业形象。它又分为非链接型和链接型两种。非链接型旗帜广告不与广告主的主页或网站相链接，浏览者可以点选（click），进而看到广告主想要传递的更多详细信息。为了吸引更多的浏览者注意并点选，旗帜广告通常利用多种多样的艺术形式进行处理，如做成动画跳动效果或做成霓虹灯的闪烁效果等。

（3）移动广告（Mobile，图7-2）。移动广告，是一种为改变旗帜广告比较呆板的缺点而出现的新形式广告。该广告是一种可以在屏幕上移动的小型图片广告，用户用鼠标点击该小型图片时，该移动广告会自动扩大展示广告版面。

（4）主页型广告（Homepage）。主页型广告，即将企业所要发布的信息内容分门别类地制作成主页，置放在网络服务商的站点或企业自己建立的站点上。主页型广告可以详细地介绍企业的相关信息，如发展规划、主要产品与技术、产品订单、售后服务、战略联盟、年度经营报告、主要经营业绩、联系方式等，从而让用户全面地了解企业及企业的产品和服务。

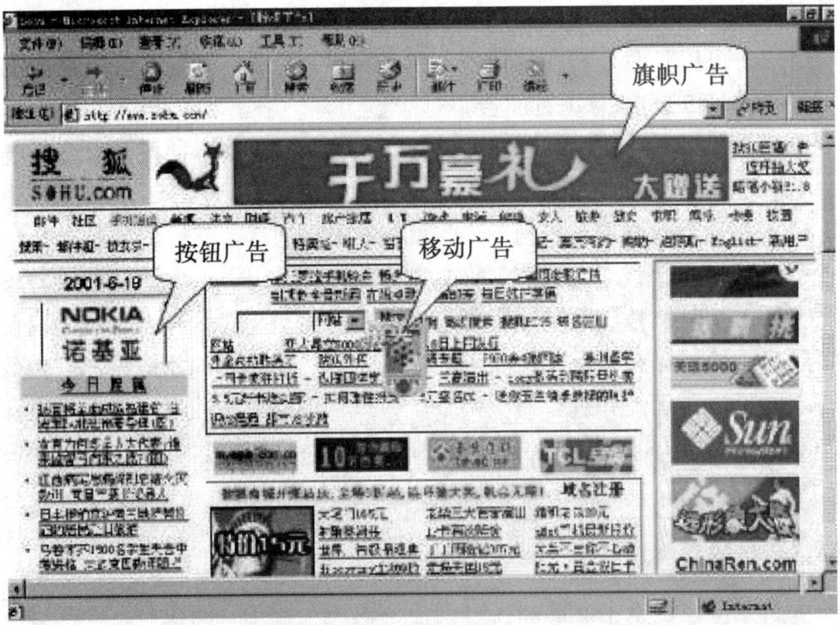

图7－2　按钮广告、旗帜广告、移动广告

（5）巨型广告（Huge）。巨型广告是用来解决旗帜广告过小，难以吸引网站访问者注意力的问题。巨型广告的版面一般要占屏幕显示的1/3空间（图7－3），版面增大后，可以增加广告显示的信息，而且展现的内容主要采用的是Flash动画格式，因此显示的信息比原来旗帜广告要丰富，形式也更多样化，可以吸引访问者更多的注意力。

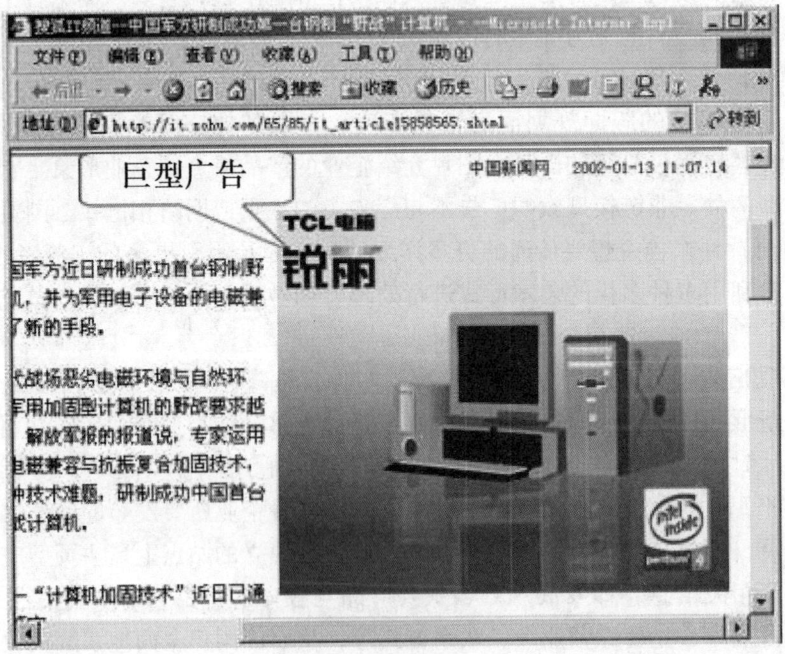

图7－3　巨型广告

(6) 分类广告。它类似于报纸杂志中的分类广告，是一种专门提供广告信息服务的站点，在站点中提供按照产品或者企业等方法可以分类检索的深度广告信息，这种形式的广告对于那些想了解广告信息的访问者提供了一种快捷有效的途径。

(7) 列表分类播发型广告。即利用电子邮件列表和新闻组（专题讨论组）列表，将客户的广告信息按信息类别发向相应的邮件地址和新闻组。

(8) 电子杂志广告。利用免费订阅的电子杂志发布广告，电子杂志的版面与一般的Web页广告类似，广告形式可以是文字或者图片。

(9) 新闻式广告。利用网上虚拟社区或者公告栏BBS发布有关产品、企业的广告信息，但发布时不是以直接广告形式，而是以新闻形式，以免引起反感。

(10) 链接广告。即在热门站点的Web页上放置可以直接访问其他站点的链接，通过热门站点的访问，吸引一部分流量点击链接的站点。

三、网络广告的发布途径

1. 通过自建主页发布

利用自建主页发布广告，可以使广告内容更符合企业的经营理念和企业的形象，主动性比较好。对于大公司来说，建立自己的主页是一种必然趋势，因为主页形式是公司在Internet上进行广告宣传的主要形式。

2. 网络内容服务商（ICP）

ICP由于提供了大量的互联网用户感兴趣的免费信息服务，因此网站的访问量非常大，是网上最引人关注的站点，如新浪、搜狐。目前，这些网站是网络广告发布的主要阵地，其网络广告的主要形式是旗帜广告。

3. 从外部购买广告时空

这需要选择合适的公共网站，以付费或部分付费的方式把本企业的信息列于网站上发布。常用的公共网站有专业销售网、公共黄页、行业名录、新闻传播网以及网络报纸和杂志等。

4. 免费的互联网服务

在互联网上有许多免费的服务，如TOM邮箱，它能帮助公司将广告主动送到使用该免费e-mail服务、又想查询此方面内容的用户手中。

5. 虚拟社区和公告栏（BBS）

虚拟社区和公告栏是网上比较流行的交流沟通渠道，任何用户只要遵循一定的礼仪都可以成为其成员，任何成员都可以在上面发表自己的观点和看法。特别是发表与公司有关的评论和建议时，可以起到非常好的口碑宣传作用，而且这种宣传是免费的，但要注意遵循网络礼仪。

6. URL

大多数搜索引擎有专门的页面供公司提交它们的因特网地址，这些地址被称为URL。提交URL之后，搜索引擎的“蜘蛛”程序将访问该网站，并循着所有的链接，为所有的内容加索引。使用URL发布广告的主要优点是免费。任何人都可以把它的URL提交给搜索引擎并被放入列表中。通过使用URL，那些搜索相关主题而不是瞎逛的人更可能来到网站。后面将介绍相关的搜索。

以上几种通过 Internet 做广告的方式中，以公司主页方式为主，但对几种方式的有效组合将是对公司主页的有益补充，会获得比单一主页形式更好的效果。因此，公司在通过 Internet 做广告之前，必须认真分析企业的整体经营战略、企业文化以及广告需求，合理做出安排。

四、网络广告的收费模式

传统的广告收费是建立在展示或发布量的基础上的。这也仍是网络广告收费的标准模式，网络广告通常使用广告浏览量来衡量广告发布量。广告主是按“承诺”的广告浏览乘以一个约定的系数付费的。各网站的收费水平差别很大。

1. CPM（cost per mille，每千人成本）

网上广告收费最科学的办法是按照有多少人看到你的广告来收费。按访问人次收费已经成为网络广告的惯例。CPM 指的是广告投放过程中，听到或者看到某广告的每一千人平均分担到多少广告成本。传统媒介多采用这种计价方式。在网上广告中，CPM 取决于“印象”尺度，通常理解为一个人的眼睛在一段固定的时间内注视一个广告的次数。

若一个横幅广告的 CPM 是 1 元，每一千人次看到这个广告就收 1 元，10 000 人次访问的广告就是 10 元。至于 CPM 究竟是多少，要根据以主页的热门程度（即浏览人数）划分的价格等级，采取固定费率。国际惯例是 CPM 为 5 ～ 200 美元不等。

2. CPC（cost per click，每点击成本）

以点击次数计费。这样的方法加上点击率限制可以加强作弊的难度，而且是宣传网站站点的最优方式。但是，不少经营广告的网站认为，虽然浏览者没有点击，但是他已经看到了广告，对于这些看到广告却没有点击的流量来说，网站白忙活了，因此有很多网站不愿意这样做。

3. CPA（cost per action，每行动成本）

CPA 计价方式是指按广告投放实际效果，即按回应的有效问卷或订单来计费，而不限广告投放量。CPA 的计价方式对于网站而言有一定的风险，但若广告投放成功，其收益也比 CPM 的计价方式要大得多。广告主为规避广告费用风险，只有当网络用户点击旗帜广告、链接广告主网页后，才按点击次数付给广告站点费用。

4. CPR（cost per response，每回应成本）

以浏览者的每一个回应计费。这种广告计费充分体现了网络营销广告“及时反应、直接互动、准确记录”的特点，但是，这个显然是属于辅助销售的广告模式。对于那些实际只要亮出名字就已经满足一半要求的品牌广告，大概所有的网站都会拒绝，因为得到广告费的机会比 CPC 还要渺茫。

5. CPP（cost per purchase，每购买成本）

广告主为规避广告费用风险，只有在网络用户点击旗帜广告并进行在线交易后，才按销售笔数付给广告站点费用。

6. 包月方式

很多国内的网站是按照“一个月多少钱”这种固定收费模式来收费的，这对客户和网站都不公平，无法保障广告客户的利益。虽然国际上一般通用的网络广告收费模式是 CPM 和 CPC，但在我国，网络营销广告收费模式始终含糊不清。网络营销广告商们各自为政，有的使用 CPM 和 CPC 计费，有的干脆采用包月的形式，不管效果好坏，不管访问量有多少，一律一个价。尽管现在很多大的站点多已采用 CPM 和 CPC 计费，但很多中小站点依然使用包月制。

7. 其他计价方式

某些广告主在进行特殊营销专案时，会提出以下方法个别议价。

- CPL（cost per leads）：以搜集潜在客户名单多少来收费；
- CPS（cost per sales）：以实际销售产品数量来换算广告刊登金额。

相比而言，CPM 和包月方式对网站有利，而 CPC、CPA. CPR、CPP 则对广告主有利。目前比较流行的计价方式是 CPM 和 CPC，最为流行的则为 CPM。

任务六 了解网站推广常用方法

所谓网站推广，就是以互联网为主要手段进行的，为达到一定营销目的，对网站进行宣传和推广的活动。推广目的在于让尽可能多的潜在用户了解并访问网站，通过网站获得有关产品和服务等的信息，为最终形成购买决策提供支持。

网站推广需要借助于一定的网络工具和资源，常用的网站推广工具和资源包括搜索引擎、分类目录、电子邮件、网站链接、在线黄页和分类广告、电子书、免费软件、网络广告媒体、传统推广渠道等。所有的网站推广方法实际上都是对某种网站推广手段和工具的合理利用，因此制定和实施有效的网站推广方法的基础是对各种网站推广工具和资源的充分认识和合理应用。

一、企业网站推广之搜索引擎

（1）搜索引擎登录。据分析，中小型网站大量的流量都是来自搜索引擎，有的网站 80% 以上流量来自搜索，网站建设好后应登录各大搜索，广大的客户才可以在百度等搜索引擎上搜到企业的网站。

（2）搜索竞价广告。现在企业最常用的应是搜索竞价的广告，较常用的为百度推广（百度目前新推出的专业版）和 Google 的关键词广告即 Google AdWords。

（3）搜索引擎优化。这个就是大家常见的 SEO，指针对企业网站的分析，对相关的关键词在搜索引擎进行优化，使其排在各大搜索的前面，可以提高企业的曝光率。

二、企业网站推广之链接

（1）友情链接。做好友情链接对网站也可以带来相关的流量和排名，企业在做友情链接时要注意对方网站的相关性，要和自己公司的网站内容相关。

（2）网址站的链接。现在有许多网址站比如 hao123 网址之家、265 网址导航等，但是大多数企业加入综合类网址站比较困难，因此也可以加入一些行业类的网址站。

（3）购买外链。如果网站有足够优秀的外链，企业网站的排名会高，搜索收录得也会多和快，购买外链时要注意网站的相关性和是否收录正常。

三、企业网站推广之线下

（1）标识推广。在出现企业标识的地方同时出现网址，如企业的名片、信封、车辆等。

（2）广告附带。在企业的其他平面和媒体广告中附带企业的网址。

（3）线下推广。在服装或一些赠品上印有企业的网址。

四、企业网站推广之信息发布

（1）论坛。选择一些相关论坛及贴吧，对企业要宣传的信息进行发布和宣传。

（2）博客。可以建立多个博客，加入相关的圈子进行信息发布。

（3）黄页和分类信息。这些网站为纯信息发布的平台，可以在上面发布企业的产品信息。

五、企业网站推广之水印

（1）图片水印。在企业宣传的图片上打上企业的水印，这样，发布到其他的地方和别的网站转载都是对企业网站的宣传。

（2）视频水印。现在有许多视频共享网站，企业可以把一些相关宣传视频打上水印后上传，如果特别精彩的话，相信会有许多人关注。

（3）资料水印。在文章上注明原创的网址，或在一些资料小册子如PDF和电子书里加上企业的网址。

（4）网页水印。在公司网站上面或产品网页版面打上水印，让企业文化和产品更加容易推广。

六、企业网站推广之群发

（1）邮件群发。在这里我们强调的是许可邮件群发，不是垃圾邮件群发，还有就是邮件列表订阅。

（2）论坛群发。

（3）博客群发。

（4）留言本群发。

七、企业网站推广之广告

（1）软文广告。在有关的网站发布企业的新闻，对企业的网站进行推广。

（2）竞价广告。百度、Google、搜狗等竞价推广。

（3）广告联盟。如在百度联盟、宣传易等广告联盟上的推广。

八、企业网站推广之微博

先关注：先关注别人，才能引起别人的注意，别人才会关注你！

再转发：多转发，多评论，那么别人才会看见你，才能了解到你，才能来关注你！

刷热点：所谓热点就是一些时事的关键词，经常去看看热门话题。

发微博：要合理地利用目前的粉丝去帮你转发。

【同步训练】

一、判断题

1. 网络营销产生的基础有观念基础、技术基础。（　　）

2. 在网络营销中，生产者和消费者在网络的支持下直接进行面对面的沟通。（　　）

3. 传统营销的目的是通过交换及交易的过程达到满足商品或组织的需求目标。（　　）

4. 旗帜广告也称横幅广告、标牌广告、网幅广告。它是网上最流行的广告形式。它可以是静态的，但不可以是动态的。（　　）

5. 如果广告主付出2万美元购买广告，该站点的访问率是两百万人次，广告提供商的千人印象成本广告费价格是10美元。（　　）

二、单选题

1. 网络营销战略是以“网络市场”为中心，围绕着“网络市场”周围的是（　　）。

A. 顾客、成本、方便、沟通　　B. 产品、成本、渠道、方便

C. 产品、价格、渠道、促销　　D. 顾客、企业、物流、促销

2. 图标广告在Internet主页中非常普遍，下面的几种说法中不正确的是（　　）。

A. 它可出现在主页的任何位置

B. 这些画面多为方形，设计和制作都十分精美，富有强烈的视觉冲击力

C. 这种图标可能是一个企业的标志，也可能是一个一般形象图标，甚至可以是动画

D. 点击该图标可链接到广告主的站点上

3. 网络广告具有传播对象面广、表现手段丰富等特点，下面的几种说法中不正确的是（　　）。

A. 价格便宜，内容种类繁多，信息面广

B. 多对多的传播过程，具有定向性和分类性

C. 智能化的信息促销手段

D. 实现一对多网络形式

4. 按在广告投放过程中，听到或者看到某广告的每千人平均分担多少广告成本收费的模式为(　　)。

A. CPM　　B. CPC　　C. CPA　　D. CPP

5. 按一段时间内，一个网页上所有链接点被点击的次数收费是（　　）。

A. 千人印象成本　　B. 每次点击成本

C. 点击收费模式　　D. 每行动成本收费模式

三、多选题

1. 网络营销的理论特点是（　　）。

A. 没有物理距离的时空观　　B. 全新的信息传播模式

C. 消费者直接参与生产和商业流通循环　　D. 对市场性质的重新理解

2. 网络广告的主要优势是（　　）。

A. 交互性　　B. 广泛性　　C. 针对性　　D. 多样性

四、问答题

1. 简述网络市场调查的基本方法。

2. 简单阐述网络营销的定价策略。
3. 简述传统营销渠道与网络营销渠道的区别。
4. 简单阐述各种类型广告及其应用。
5. 简述网络广告的计价方式。

五、实训题

1. 就你所关心的某一网络营销问题上网进行一项间接调查，并写出调查的步骤和结果报告。
2. 分别调查网上销售的几种商品的价格，并说明采用了哪种定价策略。
3. 上网了解各种网络促销活动，并对其促销策略进行简单的分析。
4. 上网收集各种形式的广告，分析其广告对象和广告效果。

项目八　电子商务安全技术

【引例】电子签名法首次用于庭审

北京市民杨某状告韩某借钱不还，并将自己的手机交给法庭，以手机短信作为韩某借钱的证据。但手机短信能否成为法庭认定事实的依据？2005 年 6 月 3 日，海淀法院 3 名法官合议审理了这起《中华人民共和国电子签名法》出台后的第一案。

2004 年 1 月，杨某结识了韩某。同年 8 月 27 日，韩某发短信给杨某，向他借钱应急，短信中说："我需要 5000 元，刚回北京做了眼睛手术，不能出门，你汇到我卡里"。杨某随即将钱汇给了韩某。一个多星期后，杨某再次收到韩某的短信，又借给韩某 6000 元。因都是短信来往，两次汇款杨某都没有索要借据。此后，因韩某一直没提过还款的事，而且又再次向杨某借款，杨某产生了警惕，于是向韩某催要，但一直索要未果。杨某起诉至海淀法院，要求韩某归还其 11 000 元，并提交了银行汇款单存单两张。但韩某却称这是杨某归还以前欠她的欠款。

为此，在庭审中，杨某在向法院提交的证据中，除了提供银行汇款单存单两张外，还提交了自己使用的号码为"1391166XXXX"的飞利浦移动电话一部，其中记载了部分短信息内容。如：2004 年 8 月 27 日 15 时 05 分，"那就借点资金援助吧"；2004 年 8 月 27 日 15 时 13 分，"你怎么这么实在！我需要五千，这个数不大也不小，另外我昨天刚回北京做了个眼睛手术，现在根本出不了门口，见人都没法见，你要是资助就得汇到我卡里！"等韩某发来的 18 条短信内容。

韩某的代理人在听完短信内容后，否认发送短信的手机号码属于韩某，并质疑短信的真实性。法官提醒他，在前次开庭时，法官曾当着双方面拨打了该手机号码，接听者正是韩某本人。韩某也承认，自己从去年七八月份开始使用这个手机号码。

法院经审理认为，依据《最高人民法院关于民事诉讼证据的若干规定》中的关于承认的相关规定，对于"1391173XXXX"的移动电话号码是否由韩某使用的问题，韩某在第一次庭审中明确表示承认，故法院确认该号码系韩某使用。

依据 2005 年 4 月 1 日起施行的《中华人民共和国电子签名法》中的规定，"电子签名是指数据电文中以电子形式所含、所附用于识别签名人身份并表明签名人认可其中内容的数据。数据电文是指以电子、光学、磁或者类似手段生成、发送、接收或者储存的信息。"移动电话短信息即符合电子签名、数据电文的形式。同时移动电话短信息能够有效地表现所载内容并可供随时调取查用；能够识别数据电文的发件人、收件人以及发送、接收的时间。经法院对杨某提供的移动电话短信息生成、储存、传递数据电文方法的可靠性，保持内容完整性方法的可靠性，用以鉴别发件人方法的可靠性进行审查，可以认定该移动电话短信息内容作为证据的真实性。根据证据规则的相关规定，录音录像及数据电文可以作为证据使用，但数据电文可以直接作为认定事实的证据，还应有其他书面证据相佐证。

通过韩某向杨某发送的移动电话短信息内容中可以看出：2004年8月27日韩某提出借款5000元的请求并要求杨某将款项汇入其卡中，2004年8月29日韩某向杨某询问款项是否存入，2004年8月29日中国工商银行个人业务凭证中显示杨某给韩某汇款5000元；2004年9月7日韩某提出借款6000元的请求，2004年9月8日韩某向杨某询问款项是否汇入，2004年9月8日中国工商银行个人业务凭证中显示杨某给韩某汇款6000元。2004年9月15日至2005年1月韩某屡次向杨某承诺还款。

杨某提供的通过韩某使用的号码发送的移动电话短信息内容中载明的款项往来金额、时间与中国工商银行个人业务凭证中体现的杨某给韩某汇款的金额、时间相符，且移动电话短信息内容中亦载明了韩某偿还借款的意思表示，两份证据之间相互印证，可以认定韩某向杨某借款的事实。据此，杨某所提供的手机短信息可以认定为真实有效的证据，证明事实真相，法院对此予以采纳，对杨某要求韩某偿还借款的诉讼请求予以支持。

在本案中，针对主要证据——手机短信息，法官根据电子签名法第八条的规定及相关规定审查了该证据的真实性，在确定能够确认信息来源、发送时间以及传输系统基本可靠、文件内容基本完整的情况下，同时又没有相反的证据足以否定这些证据的证明力的情况下，认可了这些手机短信息的证据力。

在电子签名法出台之前，可以说有很多类似的案例，主要是针对电子邮件能否作为证据的。由于缺乏直接的法律规定，上海高院还专门出台了相关的解释，这种情况随着电子签名法的出台得到了根本的改变。

本案是我国电子签名法实施后，法院依据电子签名法裁判的第一起案例，意义重大，意味着我国的电子签名法真正开始走入司法程序，数据电文、电子签名、电子认证的法律效力得到了根本的保障。通过电子签名法的实施，基本上所有与信息化有关的活动在法律的层面都有了自己相应的判断标准。

【学习目标】

- 熟知电子商务安全需求
- 掌握常用数据加密技术
- 掌握电子商务安全认证技术
- 熟知公钥基础设施与认证机构
- 熟知电子商务安全认证协议

任务一　熟知电子商务安全需求

一、影响电子商务安全的因素

1. 硬件层面

电子商务的基础是网络，而网络的物理支撑是各种硬件设施，这些硬件设施会由于各种原因带来安全风险。这里有设备故障，有人为因素，也有自然灾害。硬件安全问题虽然发生的概率不大，但是一旦发生，影响巨大。例如，2006年12月26日，我国台湾附近海域发生强烈地震，造成中美海缆等6条国际海底通信光缆发生中断，附近国家和地区的国际和地区性通信受到严重影响。中国大陆至台湾地区、美国、欧洲等方向的通信线路受此影响大量中断，互联网访问质量受到严重影响。许多跨国经营的企业总部、分公司之间的网络联系中断，使生产和经营受到严重影响。这次事故给有关企业和个人造成巨大影响和严重经济损失。

2. 软件层面

网络不仅需要硬件，更需要软件，各种系统软件、应用软件是网络运行所必需的，是电子商务的另一个支撑点。由于技术和人为的原因，各种软件不可避免地存在各种设计的缺陷和漏洞，而且由于软件的多样性和复杂性，在配备、使用中也会有各种问题，导致电子商务系统中存在技术误差和安全漏洞。比如，由于可能存在安全漏洞，在重要信息资料保管和安全支付方面，人们仍然担心资料丢失和账户被盗等。又比如，个别软件由于自身的缺陷，在特殊的情况下，可能造成系统运行故障甚至瘫痪。

3. 应用层面

（1）企业管理水平低，人员素质不高。电子商务在近十几年才得到了迅猛发展，缺乏足够的技术人才来处理所遇到的各种问题，许多企业技术人员的技术水平较低，不能完全胜任所承担的工作。同时企业对电子商务的管理也处于一个摸索的阶段，管理的水平不高，效率低下。这些都给电子商务带来很大的安全隐患，包括交易流程管理风险、人员管理风险、网络交易技术管理漏洞的交易风险、网络管理制度漏洞等。

（2）消费者电子商务知识贫乏，安全意识不高。部分消费者对于电子商务缺乏相应的知识，还不能十分熟练地应用这一交易手段，造成各种人为的安全威胁。例如，有的消费者安全意识淡薄，不注意保护自己的密码等关键信息，容易导致资金被盗、冒名交易等；有的消费者对信息判断能力差，容易上当受骗；有的消费者对网络交易的流程缺乏了解，容易导致操作失误等。

（3）网络攻击、商业欺诈等违法犯罪行为。以获取机密信息或者破坏为目的的网络攻击是电子商务另外一个重要安全隐患。包括病毒攻击、木马程序，以及其他各种形式的网络攻击。这些网络攻击行为可能导致企业和个人的信息被盗，资金被窃取，也可能导致企业电子商务系统效率下降甚至崩溃。近年来，由网络交易的虚拟性所引起的交易欺诈行为有恶化的趋势。这说明发生在我国网络市场中的欺诈行为已经比较严重，它会影响网民对网络产品的信任感并进而影响中国电子商务市场的健康发展。

4. 环境层面

（1）法律环境。法律是市场经济的重要外部环境。在电子商务中，法律不仅是打击网络犯罪的武器，更是各个主体商务活动的游戏规则。电子商务是一种全新的商务活动，并由此衍生了一系列新的法律问题，例如网络交易纠纷的仲裁、网络交易契约等问题，急需相应的法律保障我们应为市场制定新的、适用的游戏规则，否则就会引起混乱。由于电子商务发展较快，我国有关的立法工作显得落后，出现许多法律空白，使许多电子商务纠纷的解决缺乏法律依据，这成为电子商务中一个重要安全隐患。

（2）诚信缺乏。诚信是市场经济的基础，是市场顺利运行的前提条件。电子商务由于其开放性、虚拟性，交易双方不直接见面，在身份的判别确认、违约责任的追究等方面都存有很大困难。因此，信用风险远较传统业务中发生的概率大。目前的状况是缺乏诚信，社会信用体系不完善，这给在网上利用电子商务进行交易的传统企业和个人带来不可预料的风险，包括商业欺诈、商业诽谤、在线（信息）隐私问题、知识产权的保护问题、商业信用问题等。其典型表现有：网上产品的质量问题导致消费者无法购买到合意的商品；网上支付存在着风险；网络中的合同欺诈等。

二、电子商务的安全隐患

由于以上电子商务安全因素，电子商务安全中普遍存在着以下几种安全隐患：

（1）冒名顶替或发生否认行为。在电子商务中，由于交易非面对面进行，如果安全措施不完善，无法对信息发送者或者接收者的身份进行验证，那么别有用心者就有可能冒充合法用户发送或者是接收信息，从而给合法用户造成商务损失。另外，如果没有对交易者的身份进行验证，还可能有否认行为的发生，即发信者事后否认曾经发送给某条信息或内容，收信者事后否认曾经接收过某条信息或内容。

（2）信息泄露。在电子商务中表现为商业机密的泄露，以上计算机网络安全威胁与Internet的安全隐患可能会使电子商务中的信息泄漏，主要包括两个方面：①交易一方进行交易的内容被第三方窃取。②交易一方提供给另一方使用的文件第三方非法使用。

（3）信息篡改。电子的交易信息在网络上传输的过程中，可能被他人非法地修改、删除或重放（指只能使用一次的信息被多次使用），如把资金的数量、货物的数量、交货方式等进行修改，这样就使信息失去了真实性和完整性。

（4）一个网络的用户未经授权访问了另一个网络。目前许多企业的内部网（Intranet）通常是与Internet互连在一起的，如果没有经过企业的许可，外面的用户是不能够进入企业网进行访问的。但是，在安全措施不得力的情况下，有的未经授权的非法用户会想办法窜入企业内部网，这就是所谓的"黑客"侵扰。有的"黑客"甚至会登录企业内部的核心服务器，给企业的信息系统安全造成极大的危害。

（5）信息破坏。计算机网络本身容易遭到一些恶意程序的破坏，如计算机病毒、特洛伊木马程序、逻辑炸弹等，或计算机网络系统的软硬件故障，导致电子商务中的信息在传递过程中被破坏。

三、电子商务的安全需求

电子商务安全面临的诸多威胁，导致了人们对电子商务安全的需求。要真正建立一个安全的电子商务系统，保证交易的安全可靠性，就要求电子商务在信息的传输过程中能实现身份的可认证性、信息的机密性、信息的完整性、信息的不可抵赖性和信息的有效性。

1. 身份的可认证性

身份的可认证性，又称鉴别服务，是对贸易双方的身份进行鉴别，为身份的真实性提供保证，确认对方就是本次交易中所称的真正交易方。可认证性一般是通过认证机构CA和证书来实现的。

在传统的交易中，交易双方往往是面对面进行活动的，这样很容易确认对方的身份。即使开始不熟悉、不能确信对方，但也可以通过对方的签名、印章、证书等一系列有形的身份凭证来鉴别他的身份。另外，在传统的交易中如果是采用电话进行通信，也可以通过声音信号来识别对方身份。然而，在进行网上交易时，情况就大不一样了。因为网上交易的双方可能素昧平生，相隔千里，并且在整个交易过程中都可能不见一面。因此，如果不采取任何新的保护措施，就要比传统的商务更容易引起假冒、诈骗等违法活动。例如，在进行网上购物时，对于客户来说，如何确信计算机屏幕上显示的页面就是大家所说的那个有名的网上商店，而不是居心不良的黑客冒充的呢？同样，对于商家来说，怎样才能相信正在选购商品的客户不是一个骗子，而是一个当发生意外事件时能够承担责任的客户呢？

因此，电子交易的首要安全需求就是要保证身份的可认证性。在双方进行交易前，首先要能确认对方的身份，要求交易双方的身份不能被假冒或伪装。

2. 信息的机密性

信息的机密性又称保密性，是指信息在产生、传送、处理和存贮过程中不泄露给非授权的个人或组织。机密性一般是通过加密技术对信息进行加密处理来实现的，经过加密处理后的加密信息，即使被非授权者截取，非授权者也由于无法解密而不能了解其内容。

在传统的贸易中，一般都是通过面对面的信息交换，或者通过邮寄封装的信件或可靠的通信渠道发送商业报文，达到保守商业机密的目的。而电子商务是建立在一个开放的网络环境下，当交易双方通过 Internet 交换信息时，因为 Internet 是一个开放的公用互联网络，如果不采取适当的保密措施，那么其他人就有可能知道他们的通信内容；另外，存储在网络的文件信息如果不加密的话，也有可能被黑客窃取。上述种种情况都有可能造成敏感商业信息的泄露，导致商业上的巨大损失。例如，如果客户的信用卡账号和用户名被人知悉，就可能被盗用；如果企业的订货和付款的信息被竞争对手获悉，就可能丧失商机。

因此，电子商务另一个重要的安全需求就是信息的保密性。对敏感重要的商业信息一定要进行加密，这样即使别人截获或窃取了数据，也无法识别信息的真实内容。

3. 信息的完整性

信息的完整性是指交易信息在传送和存贮过程中保持一致，没有被改变；也就是信息在交易的处理过程中不能被非授权者加入、删除或修改。完整性一般可以通过提取信息的数字摘要的方式来实现。

当攻击者熟悉了网络信息格式以后，可能通过各种技术方法和手段对网络传输的信息进行中途修改，并发往目的地，从而破坏信息的完整性。这种破坏手段主要有三个方面：①篡改——改变信息流的次序，更改信息的内容，如购买商品的出货地址；②删除——删除某个消息或消息的某些部分；③插入——在消息中插入一些信息，让收方读不懂或接收错误的信息。

因此，保证信息的完整性也是电子商务活动中的一个重要的安全需求。要求交易各方能够验证收到的信息是否完整，即信息是否被人篡改过，或者在数据传输过程中是否出现信息丢失、信息重复等差错。

4. 信息的不可抵赖性

不可抵赖性又称不可否认性，是指信息的发送方不能否认已发送的信息，接收方不能否认已收到的信息，这是一种法律有效性要求。不可抵赖性可以通过对发送的信息进行数字签名来实现。

商海情况瞬间万变，交易一旦达成是不能被否认的，否则必然会损害一方的利益，因此电子交易通信过程的各个环节都必须是不可否认的。在传统的纸面贸易中，贸易双方通过在交易合同、契约或贸易单据等书面文件上手写签名或印章来鉴别贸易伙伴，确定合同、契约、单据的可靠性并预防抵赖行为的发生。这也就是人们常说的“白纸黑字”。在无纸化的电子商务方式下，通过手写签名和印章进行贸易方的鉴别已是不可能的。因此，要在交易信息的传输过程中为参与交易的个人、企业或国家提供可靠的标识，预防抵赖，即电子商务具有不可抵赖性的要求。

因此，保证交易过程中的不可抵赖性也是电子商务安全需求中的一个重要方面。这意味着，在电子交易通信过程的各个环节中都必须是不可否认的，即交易一旦达成，发送方不能否认他发送的信息，接收方则不能否认他所收到的信息。

5. 信息的有效性

电子商务以电子形式取代了纸张，那么保证这种电子形式贸易信息的有效性则是开展电子商务的前提。因此，要对网络故障、操作错误、应用程序错误、硬件故障、系统软件错误及计算机病毒所产生的潜在威胁加以控制和预防，以保证贸易数据在确定的时刻、确定的地点是有效的。

为了满足电子商务的安全要求，电子商务系统必须利用安全技术为电子商务活动参与者提供可靠的安全服务，主要包括鉴别服务、访问控制服务、机密性服务、不可否认服务等。鉴别服务是对贸易方的身份进行鉴别，为身份的真实性提供保证；访问控制服务通过授权对使用资源的方式进行控制，防止非授权使用资源或控制资源，有助于保证贸易信息的机密性、完整性和可控性；机密性服务的目标是为电子商务参与者信息在存储、处理和传输过程中提供机密性保证，防止信息被泄露给非授权信息获得者；不可否认服务针对合法用户利益受损的潜在威胁，为交易的双方提供不可否认的证据，为解决因否认而产生的争议提供支持。

四、电子商务的安全体系

电子商务安全从整体上可分为两大部分：计算机网络安全和商务交易安全。电子商务的安全框架如图 8－1 所示。

<table>
<tr><td><u>交易安全技术</u>
安全应用协议 SET、SSL
安全认证技术
数字签名 CA 体系
基本加密算法</td><td>安全管理体系</td><td><u>网络安全技术</u>
网络设备
病毒防范
身份识别技术
防火墙</td></tr>
<tr><td colspan="3">安全法律法规</td></tr>
</table>

图 8－1　电子商务的安全框架

网络安全与商务交易安全是靠相应的技术来实现的。

（一）计算机网络安全

计算机网络安全的内容包括：计算机网络设备安全、计算机网络系统安全、数据库安全等。其特征是针对计算机网络本身可能存在的安全问题，实施网络安全增强方案，以保证计算机网络自身的安全性为目标。

（1）病毒防范技术：计算机病毒已成为计算机网络的头号威胁。要保证网络系统的安全运行，必须采取系统的预防方法防止病毒入侵，专门设置计算机病毒检查、诊断、清除设施。计算机病毒防治涉及计算机硬件、软件、信息的压缩和加密技术。

（2）身份识别技术：即身份认证，只有通过了身份认证的合法用户才能操作计算机系统，访问网络资源。涉及的技术包括访问控制、信息加密、数字签名、数字证书等。

（3）防火墙技术：防火墙是被动的安全防御技术，是保护内部网络中的计算机资源免受外部威胁的一种标准方法。

（4）虚拟专用网技术VPN：是在不安全的公用网络中架设一条安全的属于通信双方的专用信道的技术，涉及的技术包括信息加密、身份认证等。

（5）入侵检测技术：是动态的安全防御技术，是防火墙的补充。可以对网络攻击进行监测，从而提供对网络的保护。

（二）商务交易安全

商务交易安全紧紧围绕传统商务在互联网络上应用时产生的各种安全问题，在计算机网络安全的基础上，如何保障电子商务过程的顺利进行，即实现电子商务的保密性、完整性、真实性、不可抵赖性。

人们使用了不同层次的安全技术和协议来确保网络交易的安全。为了保证信息的机密性的加密技术；用于保证信息完整性和身份识别的数字摘要、数字签名、数字证书和认证中心（CA）等；用来保证互联网上安全通信的协议，如安全套接协议（SSL）、对电子商务事务进行安全保证的协议（SET）等等。这些手段常常是结合在一起使用，构成电子交易的安全体系。

计算机网络安全与商务交易安全实际上是密不可分的，两者相辅相成，缺一不可。没有计算机网络安全作为基础，商务交易安全就犹如空中楼阁，无从谈起。没有商务交易安全保障，即使计算机网络本身再安全，仍然无法达到电子商务所特有的安全要求。

还有一点需要明确，这里所述都是对有关电子商务交易安全客观的外部的防范，但是要想使一个商用网络真正做到安全，光有防范措施是远远不够的。对因网络安全遭破坏及相关过失造成损失的案例进行分析可以得出这样的结论：这些缺陷、过失通常是由于对已有的网络安全原则和条款有意无意的破坏、误用造成的。事实上，用户的疏忽、懒惰和网内用户的犯罪行为对网络的危害远远高于其他的网络危害。对电子商务的安全性而言，不仅要看它所采用的防范措施，也要看它的管理措施。只有将这两者综合起来考察，才能最终得出该网络是否安全的结论。因此，只有每个电子商务系统的领导、网络管理员和用户都能提高安全意识，健全并严格实行有关网络安全措施，才能在现有的技术条件下，将电子商务安全风险降至最低。

任务二　掌握数据加密技术

在电子商务活动中，为了解决诸如信息的篡改、信息的假冒、交易抵赖等问题，人们大量使用了数据加密技术。加密技术是电子商务安全的一项基本技术，它是认证技术的基础。

一、数据加密的一般模型

（一）加密的概念

所谓数据加密技术，就是采用数学方法对原始信息（通常称为“明文”）进行再组织，将明文转换成为无意义的文字（称为“密文”），阻止非法用户了解原始数据，从而确保数据的保密性。信息的接收者收到密文之后，需要用相关的算法重新把密文恢复成明文。

加密技术包括两个基本因素：算法和密钥。算法是指将普通的文本（或者可以理解的信息）与一串数字（密钥）结合，产生不可理解的密文的步骤。密钥是用来对数据进行编码和解码的一种算法。

在安全保密中，可通过适当的密钥加密技术和管理机制来保证网络的信息通信安全。密钥加密技术的密码体制分为对称密钥体制和非对称密钥体制两种。相应地，对数据加密的技术分为两类，即对称加密和非对称加密。对称加密以数据加密标准 DES 算法为典型代表，非对称加密通常以 RSA 算法为代表。

（二）数据加密的一般模型

把明文转变成密文的过程称为加密，所使用的计算方法称为加密算法；由密文还原为明文的过程称为解密，所使用的计算方法称为解密算法。同样一种结构的算法，如果使用的参数不同，那么结果将会大相径庭。例如，同样是属于幂函数，做 2 次乘幂和做 3 次乘幂是不一样的，更不用说做 1000 次乘幂了。加密算法中所使用的那个参数对于加密是至关重要的，它相当于一把钥匙，称为加密密钥。同样在解密算法中要使用解密密钥。如果加密密钥与解密密钥是一样的，或者由加密密钥很容易导出解密密钥，那么这类密钥称为对称密钥。而如果由加密密钥导不出解密密钥，那么这类密钥称为非对称密钥。图 8－2 所示为数据加/解密的一般模型。

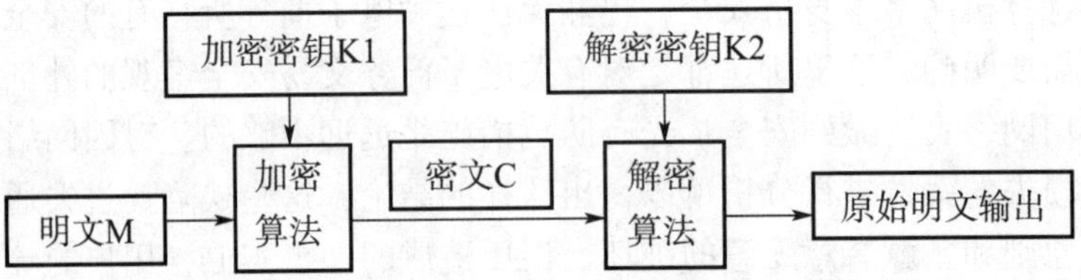

图 8－2　数据加/解密的一般模型

二、对称密钥加密技术

（一）对称密钥加密的概念

对称密钥加密又称常规密钥加密（或传统密钥加密、私钥加密），即信息的发送方和接收方用同一个密钥去加密和解密数据。

对称密码体制是从传统的简单换位、代替密码发展而来的。自 1997 年美国颁布 DES 密码算法作为美国数据加密标准以来，对称密钥密码体制得到了迅猛的发展。

使用对称加密方法简化了加密的处理，每个贸易方都不必彼此研究和交换专用的加密算法，而是采用相同的加密算法并只交换共享的专用密钥。如果进行通信的双方能够确保专用密钥在密钥交换时未曾泄露，那么机密性和报文完整性就可以通过使用对称加密方法对机密信息进行加密以及通过随报文一起发送报文摘要来实现。对称密钥加密体制如图 8－3 所示。

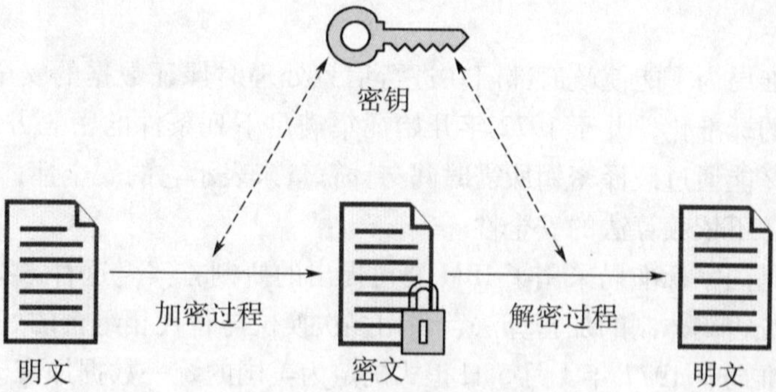

图 8-3　对称密钥加密体制

在对称密钥加密过程中，传送者和接收者在交换信息之前，必须分享相同的密钥。对称密钥加密的优点是加密和解密速度快，适合于对大数据量进行加密。但也存在一定的问题。

（1）对称加密技术要求通信的贸易方之间确保密钥安全交换。在公众网络上通信者之间的密钥分配（密钥产生、传送和储存）很麻烦。

（2）当某一贸易方有 n 个贸易关系，那么他就要维护 n 个专用密钥（即每把密钥对应一贸易方）。

（二）对称密钥密码体制

对称密钥密码体制从加密模式上可分为序列密码（又称流密码）和分组密码（又称块密码）两大类。

1. 序列密码体制

序列密码直接对当前的字符进行变换，也就是说，以一个字符为单位进行加密变换。在这种加密体制中，每一字符数据的加密与报文的其他部分无关。例如，直接对明文加上一串同等长度的乱码（也可看成是密钥），只要所用的乱码是随机数且不重复使用，就实现了"一次一密"的加密。从理论上说，真正实现了"一次一密"的密码是可靠的密码，原则上是不可破译的。这类密码的明文和密文长度一般不变，传递迅速、快捷；其缺点是密码破译人员比较容易得到明密对照双码，便于其进行密码分析，同时乱码的产生和管理比较困难，难以真正做到"一次一密"。该类密码适用于通信领域。

2. 分组密码体制

分组密码是将明文划分成固定的 n 比特的数据组，然后以组为单位，在密钥的控制下进行一系列的线性或非线性变化从而得到密文。这就是分组密码体制。分组密码一次变换一组数据。当给定一个密钥后，分组变换成同样长度的一个密文分组。若明文分组相同，那么密文分组也相同。

分组密码的一个重要优点是不需要同步，因而在分组交换网中有着广泛的用途。分组密码中最有名的就是美国的数据加密标准 DES 和相应的公开加密体制。

（三）数据加密标准 DES

分组加密的算法有多种，例如日本学者发明的 FEAL 等，但是在数据通信中使用最早和最普遍的要数 DES（data encryption standard）算法。

1. DES的特点

美国国家标准局为了能使政府部门在进行信息处理时保证数据的安全，自1971年开始研究数据密码的标准化，并于1972年开始征集满足下列条件的密码方式：①密码的规定明确而严谨；②能通过破译密钥所需时间与计算量来表示它的安全性；③安全性只依赖于密钥的安全性，不依赖算法的安全性。

征集的结果是国家标准局采用了IBM公司提出的研制方案。这种方案于1975年研制成功，是一种传统密码体制的加密算法，采用多次换位与替代相组合的处理方法。这种算法被美国国家标准局于1977年1月5日正式确定为美国的统一数据加密标准DES。自此，DES算法得到了广泛的应用。

2. DES算法

DES是一种分组加密算法。如图8－4所示，它先把一长串的数字信号，每64位分为一组，采用了古老的替换和移位的方法，并且反复地迭代使用这些方法，而且不仅对数据，甚至对密钥也使用了这些方法。DES的每一次迭代称为1轮，一共要做16轮。使用的密钥为64位，实际密钥长度为56位（有8位用于奇偶校验）。解密时的过程和加密时相似，但密钥的顺序正好相反。

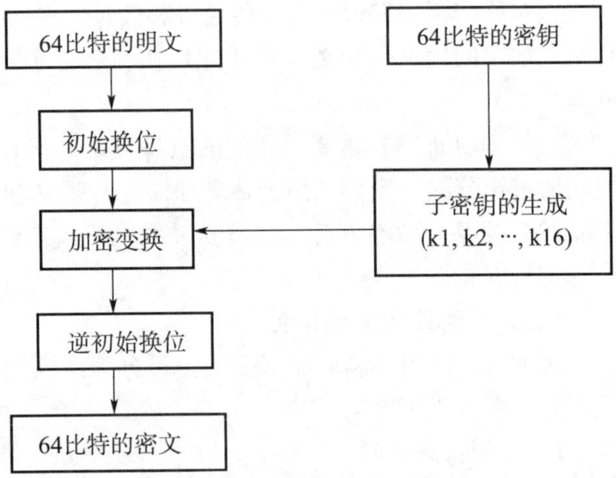

图8－4　DES加密的数据流程

DES算法的入口参数有三个：Key、Data、Mode。其中Key为8个字节共64位，是DES算法的工作密钥；Data也为8个字节64位，是要被加密或被解密的数据；Mode为DES的工作方式，有加密或解密两种。

DES算法是这样工作的：如Mode为加密，则用Key去把数据Data进行加密，生成Data的密码形式（64位）作为DES的输出结果；如Mode为解密，则用Key去把密码形式的数据Data解密，还原为Data的明码形式（64位）作为DES的输出结果。在通信网络的两端，双方约定一致的Key，在通信的源点用Key对核心数据进行DES加密，然后以密码形式在公共通信网（如电话网）中传输到通信网络的终点。数据到达目的地后，用同样的Key对密码数据进行解密，便再现了明码形式的核心数据。这样，便保证了核心数据（如PIN、MAC等）在公共通信网中传输的安全性和可靠性。

通过定期在通信网络的源端和目的端同时改用新的Key，便能更进一步提高数据的保密性，这正是现在金融交易网络的流行做法。

（四）关于DES的评价

由上可见，DES算法中只用到64位密钥中的其中56位，而第8，16，24，…，64位等8个位并未参与DES运算。这向我们提出了一个应用上的要求，即DES的安全性是基于除了第8，16，24，…，64位外的其余56位的组合变化才得以保证的。因此，在实际应用中，我们应避开使用第8，16，24，…，64位作为有效数据位，而使用其他的56位作为有效数据位，才能保证DES算法安全可靠地发挥作用。如果不了解这一点，把密钥Key的第8，16，24，…，64位作为有效数据使用，将不能保证DES加密数据的安全性，对运用DES来达到保密作用的系统将产生数据被破译的危险。这正是DES算法在应用上的误区，留下了被攻击、被破译的极大隐患。

自1975年以来，美国许多机构、公司和学者，包括美国国家保密局（NSA）、NBS、IBM公司、BELL实验室和一大批著名的密码学专家都对DES进行了大量的研究，认为DES具有良好的保密性能和抗分析破译性能。DES已广泛应用于金融业，不仅在美国，而且在日本和西欧也使用DES，并且还将继续下去。目前在国内，随着三金工程尤其是金卡工程的启动，DES算法在POS、ATM、磁卡及智能卡（IC卡）、加油站、高速公路收费站等领域被广泛应用，以此来实现关键数据的保密。如信用卡持卡人的PIN的加密传输、IC卡与POS间的双向认证、金融交易数据包的MAC校验等，均用到DES算法。

DES算法具有极高安全性，到目前为止，除了用穷举搜索法对DES算法进行攻击外，还没有发现更有效的办法。而56位长的密钥的穷举空间为256，这意味着如果一台计算机的速度是每一秒钟检测一百万个密钥，则它搜索完全部密钥就需要将近2285年的时间。可见，这是难以实现的。当然，随着科学技术的发展，当出现超高速计算机后，我们可考虑把DES密钥的长度再增长一些，以达到更高的保密程度。

三、非对称密钥加密技术

1976年，美国学者Diffe和Hellman为解决信息公开传送和密钥管理问题，提出一种新的密钥交换协议，允许在不安全的媒体上的通信双方交换信息，安全地达成一致的密钥，这就是“公开密钥系统”。相对于“对称加密算法”，这种方法也称为“非对称加密算法”。

与对称加密算法不同，非对称加密算法需要两个密钥：公开密钥（public key）和私有密钥（private key）。公开密钥与私有密钥是一对，如果用公开密钥对数据进行加密，那么只有用对应的私有密钥才能解密；如果用私有密钥对数据进行加密，那么只有用对应的公开密钥才能解密。因为加密和解密使用的是两个不同的密钥，所以这种算法称为“非对称加密算法”。

非对称加密算法实现机密信息交换的基本过程是：甲方生成一对密钥并将其中的一把作为公用密钥向其他方公开；得到该公用密钥的乙方使用该密钥对机密信息进行加密后再发送给甲方；甲方再用自己保存的另一把专用密钥对加密后的信息进行解密。甲方只能用其专用密钥解密由其公用密钥加密后的任何信息。

非对称加密算法的保密性比较好，它消除了最终用户交换密钥的需要，但加密和解密花费时间长、速度慢，它不适合于对文件加密，而只适用于对少量数据进行加密。

（一）非对称密钥加密的概念

非对称密钥加密又称公钥密钥加密（public key encryption），它最主要的特点就是加密和解密使用不同的密钥，每个用户保存着一对密钥：公钥和私钥，公钥对外公开，私钥由个人秘密保存；用其中一把密钥来加密，就只能用另一把密钥来解密。非对称密钥加密体制如图 8－5 所示。

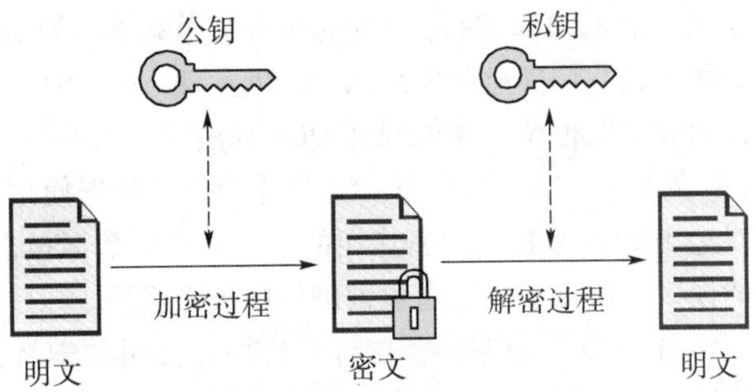

图 8－5 非对称密钥加密体制

公开密钥算法的特点如下。

（1）加密算法和解密算法是公开的；

（2）不能根据公钥计算出私钥；

（3）公钥和私钥均可以作为加密密钥，用其中一把密钥来加密，就只能用另一把密钥来解密，具有对应关系；

（4）加密密钥不能用来解密；

（5）在计算机上可以容易地产生成对的公钥和私钥。

公开密钥加密技术解决了密钥的发布和管理问题，通信双方无须事先交换密钥就可以建立安全通信，广泛应用于身份认证、数字签名等信息交换领域。例如，商户可以公开其公钥，而保留其私钥；客户可以用商户的公钥对发送的信息进行加密，安全地传送到商户，然后由商户用自己的私钥进行解密，从而保证了客户的信息机密性。因此，公开密钥体制的建设是开展电子商务的前提。

公开密钥加密法虽然没有密钥分配的问题，但是加解密计算较费时间，比较适合用来加密摘要数据，或者采用混合加密法（即采用公开密钥加密法来分配对称密钥加密法的密钥）来提升加解密之速度。而且放于网络上的公钥有被非法更改的可能。因此，在电子商务中应用时必须有数字凭证及可靠第三者的配合来提高安全性及可靠性。

非对称加密体系一般是建立在某些已知的数学难题之上，是计算机复杂性理论发展的必然结果。最具有代表性是 RSA 公钥密码体制。

（二）RSA 算法

RSA 算法是 Rivest、Shamir 和 Adleman 于 1978 年在麻省理工学院研制出来的。RSA 算法是第一个完善的公钥密码体制，其安全性是基于分解大整数的困难性。在 RSA 体制中利用了这样一个基本事实：到目前为止，无法找到一个有效的算法来分解两个大素数之积。RSA 算法的描述如下。

（1）选择两个大素数 p 和 q（p、q 必须保密），计算它们的乘积 n：

$$n = p \times q$$

（2）选择公钥 e，计算出私钥 d。选择 e 是有一定要求的。我们要先计算一个数：

$$r = (p-1) \times (q-1)$$

要求 e 和 r 要保持互素。有了公钥 e 之后，就可以算出私钥 d 了。e 和 d 之间有一种关系，就是它们做 mod r 运算的时候，互为逆元素。也就是满足式

$$e \times d \equiv 1 \bmod r$$

这个式子的解是：

$$d = e^{-1} \bmod r$$

计算结果私钥 d 一定是与 n 互素的。

计算后，把 e 和 n 告诉所有有可能给你发消息的人，这两个数是公开的。只凭 e 和 n 很难计算出 d 来。

（3）加密算法（m 为明文，c 为密文）：

$$c = m^e \bmod n$$

（4）解密算法：

$$m = c^d \bmod n$$

我们常说数字证书采用512位、1024位等，指的就是公钥的长度。位数越大，计算量越大，解密也更困难。按现在的计算机硬件水平，解密512位RSA公钥，最快的计算机可能需要48h，而解密1024位RSA公钥需要 48×2^{256} h，这已是一个天文数字。因此只要计算机的性能没有质的飞跃，在目前和将来它是足够安全的。

（三）RSA 的安全性

RSA的安全性依赖于大数分解，但是否等同于大数分解一直未能得到理论上的证明，因为没有证明破解RSA就一定需要作大数分解。假设存在一种无须分解大数的算法，那它肯定可以修改成为大数分解算法。目前，RSA的一些变种算法已被证明等价于大数分解。不管怎样，分解 n 是最显然的攻击方法。现在，人们已能分解多个十进制位的大素数。因此模数 n 必须选大一些，根据具体适用情况而定。

1. RSA的选择密文攻击

RSA在选择密文攻击面前很脆弱。一般攻击者是将某一信息进行伪装（blind），让拥有私钥的实体签署，然后经过计算就可得到它所想要的信息。实际上，攻击利用的都是同一个弱点，即存在这样一个事实，乘幂保留了输入的乘法结构：

```
( XM )^d = X^d * M^d mod n
```

前面已经提到，这个固有的问题来自公钥密码系统的最有用的特征——每个人都能使用公钥。但从算法上无法解决这一问题，因此主要措施有两条：一条是采用好的公钥协议，保证工作过程中实体不对任意其他实体产生的信息解密，不对自己一无所知的信息签名；另一条是绝不对陌生人送来的随机文档签名，签名时首先使用 one-way hash function 对文档作Hash处理，或同时使用不同的签名算法。

2. RSA的公共模数攻击

若系统中共有一个模数，只是不同的人拥有不同的 e 和 d，系统将是危险的。最普遍的情况是同一信息用不同的公钥加密，这些公钥共模而且互质，那么该信息无须私钥就可得到恢复。设 P 为信息明文，两个加密密钥为 e_1 和 e_2，公共模数是 n，则：

```
C1 = P^e1 mod n
C2 = P^e2 mod n
```

密码分析者知道 n、e_1、e_2、C_1 和 C_2，就能得到 P。

因为 e_1 和 e_2 互质，故用 Euclidean 算法能找到 r 和 s，满足：

$$r \times e_1 + s \times e_2 = 1$$

假设r为负数，需再用 Euclidean 算法计算 C1^（-1），则

```
( C1^ ( -1 ) ) ^ ( -r) * C2^s = P mod n
```

另外，还有其他几种利用公共模数攻击的方法。总之，如果知道给定模数的一对 e 和

d，一是有利于攻击者分解模数，二是有利于攻击者计算出其他成对的 e' 和 d'，而无须分解模数。解决办法只有一个，那就是不要共享模数 n。

RSA 算法是第一个能同时用于加密和数字签名的算法，也易于理解和操作。作为被研究得最广泛的公钥算法，经历了各种攻击的考验，逐渐为人们接受，被普遍认为是目前最优秀的公钥方案之一。RSA 的安全性依赖于大数的因子分解，但并没有从理论上证明破译 RSA 的难度与大数分解难度等价，即 RSA 的重大缺陷是无法从理论上把握它的保密性能如何，而且密码学界多数人士倾向于因子分解不是 NPC 问题。

RSA 的缺点主要有：

（1）产生密钥很麻烦，受到素数产生技术的限制，因而难以做到一次一密。

（2）分组长度太大，为保证安全性，n 至少也要 600 bits 以上，使运算代价很高，尤其是速度较慢，较对称密码算法慢几个数量级；且随着大数分解技术的发展，这个长度还在增加，不利于数据格式的标准化。目前，安全电子交易协议（SET）中要求 CA 采用比特长的密钥，其他实体使用比特的密钥。

（四）对称与非对称加密体制对比

对称加密体制与非对称加密体制各有利弊，表 8－1 表明了两者的关系。

表 8－1 对称与非对称加密体制对比

特 性	对 称	非 对 称
密钥的数目	单一密钥	密钥是成对的
密钥种类	密钥是秘密的	一个私有、一个公开
密钥管理	简单，不好管理	需要数字证书及可靠第三者
相对速度	非常快	慢
用途	用来做大量资料的加密	用来做加密小文件或对信息签字等不太严格保密的应用

四、密钥管理技术

对称密钥加密方法的一个致命弱点就是它的密钥管理十分困难，因此很难在电子商务的实践中得到广泛的应用。在这一点上，公开密钥加密方法占有绝对的优势。不过，无论实施哪种方案，密钥的管理都是要考虑的问题。当网络扩得更大、用户增加更多时尤其如此。

（一）对称密钥管理

对称加密是基于共同保守秘密来实现的。采用对称加密技术的贸易双方必须要保证采用的是相同的密钥，要保证彼此密钥的交换是安全可靠的，同时还要设定防止密钥泄密和更改密钥的程序。这样，对称密钥的管理和分发工作将变成一件有潜在危险和繁琐的过程。通过公开密钥加密技术实现对称密钥的管理，使相应的管理变得简单和更加安全，同时还解决了纯对称密钥模式中存在的可靠性问题和鉴别问题。

贸易方可以为每次交换的信息（如每次的 EDI 交换）生成唯一一把对称密钥并用公开密钥对该密钥进行加密，然后再将加密后的密钥和用该密钥加密的信息（如 EDI 交换）一起发送给相应的贸易方。由于对每次信息交换都对应生成了唯一一把密钥，因此各贸易方就不再需要对密钥进行维护和担心密钥的泄露或过期。这种方式的另一优点是即使泄露了一把密钥也只将影响一笔交易，而不会影响到贸易双方之间所有的交易关系。这种方式还提供了贸易伙伴间发布对称密钥的一种安全途径。

（二）公开密钥管理

公开密钥加密方法虽然不需要传送密钥，但存在公钥被人假冒的可能。如第三者告诉乙，他是甲，其公钥是PK，则乙用PK加密了信息后发送给甲，这时甲收到信息解开是乱码，他会认为这是错误信息；而第三者窃听这个信息后，反倒能够了解信息的内容。

公开密钥的管理有两种方式：

1. 通过密钥分配中心KDC来管理和分配公开密钥

每个用户只保存自己的私有密钥和KDC的公开密钥，用户可以通过KDC获得任何其他用户的公开密钥。

如A和B要发送信息，首先，A向KDC申请公开密钥，将信息（A，B）发给KDC。KDC返回给A的信息为（CA，CB）。CA和CB称为证书（certificate），分别含有A和B的公开密钥。KDC使用私钥对CA和CB进行了签名，以防止伪造。最后，A将证书CA和CB传送给B。B用KDC的公开密钥解密CA，获得了A的公开密钥，同时也可检验他自己的公开密钥。

2. 使用数字证书来交换公开密钥

数字证书通常包含证书所有者（即贸易方）的名称、证书发布者的名称、证书所有者的公开密钥、证书发布者的数字签名、证书的有效期及证书的序列号等。证书发布者一般称为证书管理机构（CA），它是贸易各方都信赖的机构。

任务三　掌握电子商务安全认证技术

安全认证技术是为了满足电子商务系统的安全性要求采取的一种常用的必需的安全技术，其主要作用是进行信息认证。信息认证的目的主要有两个：①确认信息的发送者的身份；②验证信息的完整性，即确认信息在传送或存储过程中未被篡改过。

常用的安全认证技术主要有数字摘要（digital digest）、数字信封（digital envelope）、数字签名（digital signature）、数字时间戳（digital time-stamp）、数字证书（digital certificate，digital ID）、身份认证等。

一、数字摘要

数字摘要，又称报文摘要/消息摘要，是采用单向Hash函数对文件中若干重要元素进行某种变换运算得到固定长度的摘要码（数字指纹，digital fingerprinting），并在传输信息时将之加入文件一同送给接收方。接收方收到文件后，用相同的方法进行变换运算，若得到的结果与发送来的摘要码相同，则可断定文件未被篡改，反之亦然。

加密方法亦称安全Hash编码法（secure hash aglorithm，SHA）或MDS（standards for message digest），由Ron Rivest所设计。该编码法采用单向Hash函数将需加密的明文“摘要”成一串128bit的密文，这一串密文亦称为数字指纹，它有固定的长度，且不同的明文摘要成密文，其结果总是不同的，而同样的明文其摘要必定一致。这样，这串摘要便可成为验证明文是否是“真身”的“指纹”了。这种方法可以与加密技术结合起来使用，数字签名就是上述两法结合使用的实例。

提取数据的特征的算法称为单向散列函数（Hash 函数），单向散列函数必须具有以下几个性质。

（1）能处理任意大小的信息，生成的消息摘要数据块长度总是具有固定的大小，对同一个源数据反复执行该函数得到的消息摘要相同；

（2）对给定的信息，很容易计算出数字摘要；

（3）给定数字摘要和公开的散列函数算法，要推导出信息是极其困难的；

（4）想要伪造另外一个信息，使它的数字摘要和原信息的数字摘要一样，也是极其困难的。

数字摘要技术的实现过程如图 8 - 6 所示，具体包括以下步骤。

（1）先提取发送信息的数字摘要，并在传输信息时将之加入文件一同送给接收方；

（2）接收方收到文件后，用相同的方法对接收的信息进行变换运算得到另一个摘要；

（3）然后将自己运算得到的摘要与发送过来的摘要进行比较，从而验证数据的完整性。

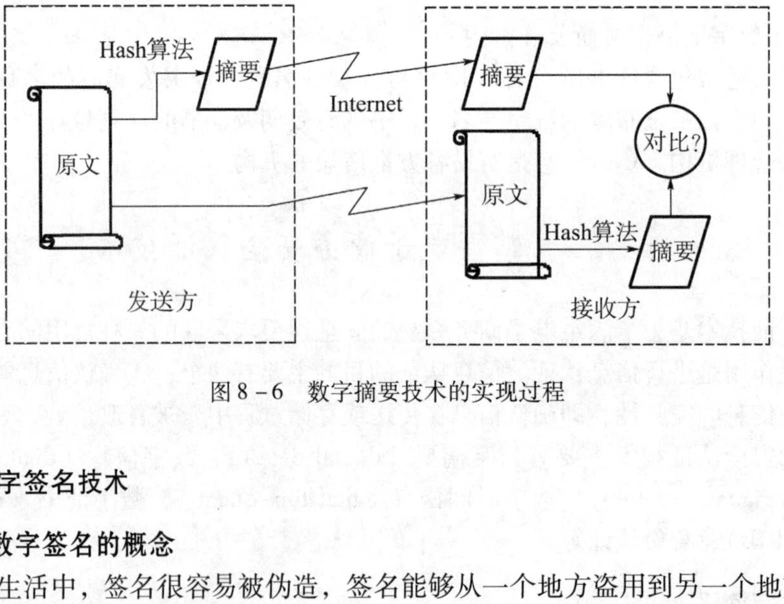

图 8 - 6　数字摘要技术的实现过程

二、数字签名技术

（一）数字签名的概念

在现实生活中，签名很容易被伪造，签名能够从一个地方盗用到另一个地方，文件在签名后能够被改变。在计算机上处理手写签名的问题更多，首先计算机文件易于复制，即使同一个人的签名难以伪造（例如，手写签名的图形），但是从一个文件到另一个文件剪裁和粘贴有效的签名都是很容易的。正是由于这些原因，人们开始研究对数字信息的签名技术。

数字签名是公开密钥加密技术的一种应用。用发送方的私有密钥加密报文摘要，然后将其与原始的信息附加在一起，合称为数字签名。

数字签名必须保证：①接收者能够核实发送者对报文的签名；②发送者事后不能抵赖对报文的签名；③接收者不能伪造对报文的签名。

通过数字签名能够实现对原始报文的鉴别与验证，保证报文的完整性、权威性和发送者对所发报文的不可抵赖性，因此数字签名普遍用于银行、电子贸易等领域，以解决伪造、抵赖、冒充、篡改等问题。

（二）数字签名的实现过程

数字签名的实现分为如下几个步骤。

（1）被发送文件用安全 Hash 编码法 SHA 编码加密产生 128 bit 的数字摘要。

（2）发送方用自己的私有密钥对摘要再加密，这就形成了数字签名。

（3）将原文和加密的摘要同时传给对方。

（4）对方用发送方的公共密钥对摘要解密，同时对收到的文件用 SHA 编码加密产生又一摘要。

（5）将解密后的摘要和收到的文件在接收方重新加密产生的摘要相互对比。如两者一致，则说明传送过程中信息没有被破坏或篡改过；否则不然。

图 8－7 所示为数字签名的实现过程，数字签名就是这样通过这种双重加密的方法来防止电子信息因易被修改而有人作伪或冒用他人名义发送信息，或发出（收到）信件后又加以否认等情况发生。

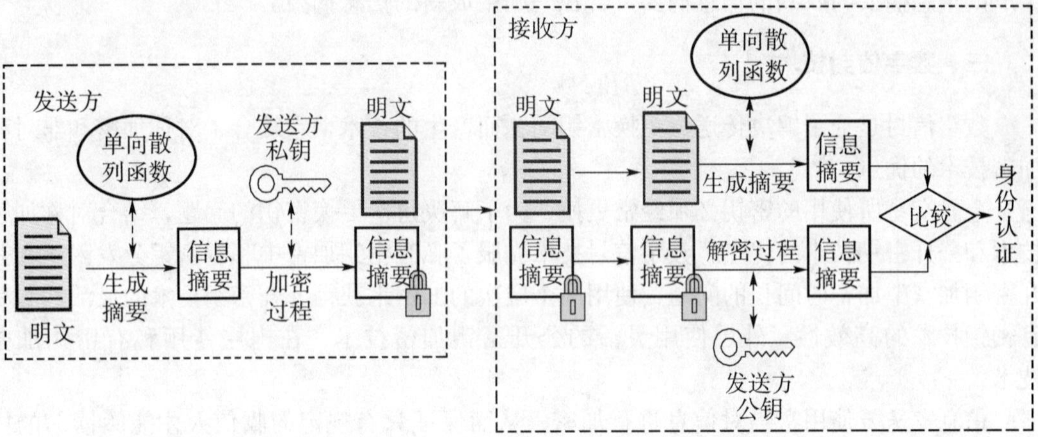

图 8－7　数字签名的实现过程

数字签名与传统的手写签名在安全性方面相比，具有这样的优势：数字签名不仅与签名者的私有密钥有关，而且与报文的内容有关，因此不能将签名者对一份报文的签名复制到另一份报文上，同时也能防止篡改报文的内容。

（三）加强的数字签名

1. 加密报文的数字签名

上述实现过程只是对报文进行了签名。对传送的报文本身却未保密。任何截到报文并知道发送者身份的人，通过查询手册即可获得发送者的公开密钥，因而能够理解报文内容。

解决方法是用接收方的公钥加密发送前的报文，从而指定特定的收信方，过程为：发送方在发送数据时以用自己的私钥加密发送信息的数字摘要作为数字签名，然后将数字签名与发送数据一起用接收方私钥加密。当密文被接收方收到后，接收方用自己的私钥将密文解密得到发送的数据和发送方的数字签名，然后用发送方公布的公钥对数字签名进行解密，如果成功，则确定是由发送方发出的。

上述方法也是使用数字证书进行信息传输的方法。

2．双重数字签名

双重数字签名是为了保证在电子商务中三方安全地传输信息的一种技术。其实现过程如下：

(1) 信息发送者对发给甲的信息1生成信息摘要1，信息发送者对发给乙的信息2生成信息摘要2。

(2) 信息发送者把信息摘要1、信息摘要2合在一起生成信息摘要3，并使用自己的私钥对信息摘要3签名。

(3) 信息发送者把信息1、信息摘要2和信息摘要3的签名发给甲。

(4) 信息发送者把信息2、信息摘要1和信息摘要3的签名发给乙。

(5) 甲接收信息后，对信息1生成信息摘要，将它与收到的信息摘要2合在一起生成新的信息摘要，并使用信息发送者的公钥对信息摘要3的签名做验证，以确认信息发送者的身份和信息是否被修改过。

(6) 乙与甲的这一步骤类似，不同处仅在于乙接收信息2生成信息摘要，并将信息2生成的信息摘要与收到的信息摘要1合在一起生成新的信息摘要。

三、数字信封技术

数字信封是为了解决传送、更换密钥问题而产生的技术，它结合了对称加密和非对称加密技术的优点。

金融交易所使用的密钥必须经常更换，为了解决每次更换密钥的问题，结合对称加密技术和公开密钥技术的优点，数字信封技术克服了私有密钥加密中私有密钥分发困难和公开密钥加密中加密时间长的问题，使用两个层次的加密来获得公开密钥技术的灵活性和私有密钥技术的高效性。外层使用灵活的公开密钥加密技术，在内层使用私有密钥加密技术。

信息发送方使用密码对信息进行加密，从而保证只有规定的收信人才能阅读信的内容。采用数字信封技术后，即使加密文件被他人非法截获，因截获者无法得到发送方的通信密钥，故不可能对文件进行解密。

数字信封技术的实现过程如图8－8所示。具体步骤包括：

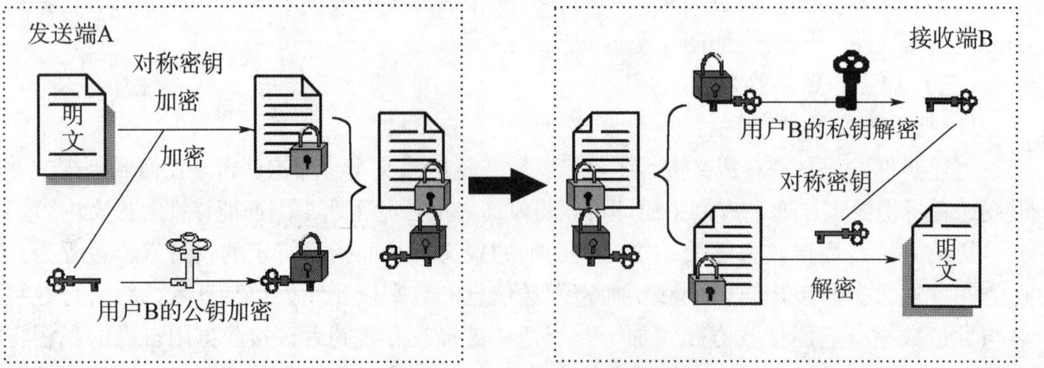

图8－8　数字信封技术的实现过程

（1）发送者使用随机产生的对称密钥加密数据，然后将生成的密文和密钥本身一起用接收者的公开密钥加密（称为电子信封）并发送。

（2）接收者先用自己的私钥解密电子信封，得到对称密钥，然后使用对称密钥解密数据。这样，保证了每次传送数据都可由发送方选定不同的对称密钥。

四、数字时间戳

（一）数字时间戳的概念

交易文件中，时间是十分重要的信息。在书面合同中，文件签署的日期和签名一样均是十分重要的，是防止文件被伪造和篡改的关键性内容。而在电子交易中，同样需对交易文件的日期和时间信息采取安全措施，数字时间戳服务（digital time-stamp service，DTS）就能提供电子文件发表时间的安全保护。数字时间戳服务是网络安全服务项目，由专门的机构提供。

时间戳（time-stamp）是一个经加密后形成的凭证文档，它包括三个部分：① 需加时间戳的文件的摘要（digest）；② DTS 收到文件的日期和时间；③ DTS 的数字签名。

（二）数字时间戳的实现过程

时间戳产生的过程为：用户首先将需要加时间戳的文件用 Hash 编码加密形成摘要，然后将该摘要发送到 DTS；DTS 在加入了收到文件摘要的日期和时间信息后再对该文件加密（数字签名），然后送回用户。

由 Bellcore 创造的 DTS 采用如下的过程：加密时将摘要信息归并到二叉树的数据结构；再将二叉树的根值发表在报纸上，这样更有效地为文件发表时间提供了佐证。注意，书面签署文件的时间是由签署人自己写上的，而数字时间戳则不然，它是由认证单位 DTS 来加的，以 DTS 收到文件的时间为依据。因此，时间戳也可作为科学家的科学发明文献的时间认证。

五、数字证书

（一）数字证书的概念

数字证书就是网络通信中标志通信各方身份信息的一系列数据，其作用类似于现实生活中的身份证。人们可以在信息交往中用它来识别对方的身份。以数字证书为核心的加密技术可以对网络上传输的信息进行加密和解密、数字签名和签名验证，确保网上传递信息的机密性、完整性，以及交易实体身份的真实性、签名信息的不可否认性，从而保障电子商务的安全性。

数字证书是由一个权威机构发行的，它的格式一般采用 X. 509 国际标准。使用数字证书，可以通过运用对称和非对称密码体制等密码技术建立起一套严密的身份认证系统，从而保证：信息除发送方和接收方外不被其他人窃取；信息在传输过程中不被篡改；发送方能够通过数字证书来确认接收方的身份；发送方对于自己的信息不能抵赖。

在现实生活中，数字证书可以被用于一系列电子事务，包括电子邮件、电子商务、电子银行。例如，当一位顾客在一个运行了 NETSCAPE SERVER 的电子商店中购物时，就要验证商场操作员的数字证书。如果没有验证操作员证书，顾客不应该向商场提供诸如信用卡号这样的敏感信息。数字证书为顾客向商场提供敏感信息建立了安全的通道。

数字证书的功能主要包括：①实现了信息的保密性；②保证了交易双方身份的确定性；③保证了交易过程中的不可否认性；④保证了交易文件的不可修改。

（二）数字证书的内容

数字证书的内部格式是由 CCITT X. 509 国际标准所规定的，一般包含：①证书的版本号；②数字证书的序列号；③证书拥有者的姓名；④证书拥有者的公开密钥；⑤公开密钥的有效期；⑥签名算法；⑦办理数字证书的单位；⑧办理数字证书单位的数字签名。

在电子商务中，数字证书一般有四种类型：客户证书、商家证书、网关证书及 CA 系统证书。

（三）数字证书的管理

数字证书的管理包括证书颁发、证书使用、证书验证和证书存放。

1. 证书颁发

数字证书是由认证中心（certificate authority，CA）颁发的，CA 是一家能向用户签发数字证书以确认用户身份的管理机构。为了防止数字证书的伪造，CA 的公共密钥必须是可靠的，CA 必须公布其公共密钥或由更高级别的 CA 提供一个电子凭证来证明其公共密钥的有效性，这种方法导致了多级别的 CA 结构。

数字证书颁发过程如下：

（1）申请者向某 CA 申请数字证书后，下载并安装该 CA 的“自签名证书”或更高级的 CA 向该 CA 签发的数字证书，验证 CA 身份的真实性。

（2）申请者的计算机随机产生一对公私密钥。

（3）申请者把私钥留下，把公钥和申请明文用 CA 的公钥加密，发送给 CA。

（4）CA 受理证书申请并核实申请者提交的信息.

（5）CA 用自己的私钥对颁发的数字证书进行数字签名，并发送给申请者。

（6）经 CA 签名过的数字证书安装在申请方的计算机上。

由于数字证书具有自我保护能力，因此不需要具有安全性保护的系统来发放，也可以利用数字签名和目录服务来分发证书。

2. 证书使用

如甲和乙之间通信，甲首先从乙或网络上的数据库中取得乙的证书，然后对证书进行验证。

3. 证书验证

证书的验证过程如下（以甲、乙双方进行安全通信时，乙验证甲的数字证书为例）：

（1）乙要求甲出示数字证书。

（2）甲将自己的数字证书发送给乙。

（3）乙首先验证签发该证书的 CA 是否合法。

（4）乙用 CA 的公钥解密甲证书的数字签名，得到甲证书的数字摘要。

（5）乙用摘要算法对甲的证书明文制作数字摘要。

（6）乙将两个数字摘要进行对比。如相同，则说明甲的数字证书合法。

4. 证书存放

数字证书可以存放在计算机硬盘、软盘和 IC 卡中。证书存放时必须注意安全。

（四）数字证书的分类

数字证书一般有四种类型：个人证书、机构证书、服务器证书、SSL服务器证书。

1．个人证书

一般个人证书是指个人使用电子商务应用系统应具备的证书。一般个人证书通过业务受理点申请，用户的密钥对由RA（registration authority）中心产生，密钥位长为1024位。用于电子商务应用系统时，需要使用专用的应用系统客户端（如电子钱包）管理证书和密钥，它的作用是保证与其他电子商务应用系统的安全通信。

一般个人证书的离线申请操作流程如下：

（1）用户带相关证明到证书业务受理中心申请证书。

（2）用户填写证书申请表格和证书申请协议书。

（3）证书业务受理中心录入人员将数据录入并提交给RA中心。

（4）业务受理点的审核员通过离线方式审核申请者的身份、能力和信誉等。

（5）审核通过后，RA中心向CA中心转发证书的申请请求。

（6）CA中心响应RA中心的证书请求，为该用户签发证书并返回给RA中心。

（7）RA中心将签发的证书返回到地市业务受理中心。

（8）如果证书介质是IC卡，则由印卡操作员对相应的IC卡进行印刷操作。

（9）证书业务受理中心的制作操作员打印相应证书的密码信封，并将该用户的证书灌制到证书介质中后通知用户领取。

（10）用户根据用户应用指南使用相关的证书业务。

2．机构证书

机构证书是指单位、团体、企业作为被服务者，参与电子商务应用系统时（如进行网上采购）应具备的证书。一般机构证书通过业务受理点申请，经业务受理点的审核操作员一次审核完成申请，密钥对由RA中心产生，密钥位长为1024位。用于电子商务应用系统时，需要使用专用的应用系统软件（如电子钱包）管理证书和密钥，它的作用是保证与其他电子商务应用系统的安全通信。

机构证书的申请操作流程如下：

（1）用户带相关证明到证书业务受理中心申请证书。

（2）用户填写证书申请表格和证书申请协议书。

（3）业务受理中心录入人员将数据录入并提交给RA中心。

（4）业务受理点的审核员通过离线方式审核申请者的身份、能力和信誉等。

（5）审核通过后，RA中心向CA中心转发证书的申请请求。

（6）CA中心响应RA中心的证书请求，为该用户签发证书并返回给RA中心。

（7）RA中心将签发的证书返回到地市业务受理中心。

（8）如果证书介质是IC卡，则由印卡操作员对相应的IC卡进行印刷操作。

（9）证书业务受理中心的制作操作员打印相应证书的密码信封，并将该用户的证书灌制到证书介质中后通知用户领取。

（10）用户根据用户应用指南使用相关的证书业务。

3．服务器证书

服务器证书通过业务受理点申请，密钥对由RA中心产生，密钥位长为1024位，服务器证书在电子商务应用系统中的服务器软件向其余企业和个人提供电子商务应用时使用，证书和密钥由服务器软件自身管理。服务器软件作为电子商务服务提供者，利用证书机制保证与其他服务器或个人通信的安全。

服务器证书的申请操作流程如下：

（1）用户带相关证明到证书业务受理中心申请证书，用户填写证书申请表格和证书申请协议书。

（2）业务受理中心录入人员将录入数据提交给RA中心。

（3）业务受理点的审核员通过离线方式初步审核申请者的身份、能力和信誉等，审核通过后，RA中心向CA中心转发证书的申请请求。

（4）CA中心证书审核操作员对提交的证书的申请进行复核，并保存审核结果。

（5）CA中心签名服务器为证书审核通过的用户签发证书。

（6）如果证书介质是IC卡，则由印卡操作员对相应的IC卡进行印刷操作。

（7）RA中心定时从CA中心得到已签发的证书。

（8）业务受理中心定时将在此受理点申请的证书取回。

（9）业务受理中心的制作操作员打印对应证书的密码信封，并将该用户的证书保存到证书介质中后通知用户一同领取。

（10）用户根据用户应用指南使用相关的证书业务。

4．SSL服务器证书

SSL服务器证书是Web Server与浏览器用户建立安全连接时所必须具备的证书。它的申请不需要通过业务受理点，用户的密钥对由相应的Web Server自己产生和管理，申请证书时只需将Web Server产生的证书申请数据包提交给CA中心即可，密钥位长为512位（或1024位），证书装载到Web Server中。

SSL证书功能的实现取决于要申请证书的Web Server是否支持相应功能。Web Server申请了SSL证书并装载成功，根据Web Server进行相关的配置后，即可与用户浏览器建立安全连接。

支持SSL2.0的Web Server证书在与用户浏览器建立连接时，不需要用户端的浏览器证书，服务器的SSL证书用于向用户表明服务器身份和建立安全连接通道。

支持SSL3.0的Web Server证书在与用户浏览器建立连接时，除服务器自身拥有SSL证书外，还要求浏览器客户端拥有用户证书，建立通信时Web Server和浏览器交换证书，验证对方身份后建立安全连接通道。此时，浏览器客户端拥有的用户证书即是此前介绍过的个人安全e-mail证书。

SSL服务器证书的申请操作流程如下。

（1）需要申请证书的Web Server管理员在相应的Web Server运行证书申请数据包生成程序，生成证书请求包。

（2）相应的Web Server管理者登录电子商务网站，选择SSL证书申请，填写证书申请的基本信息，并提交（1）中生成的证书请求包。

（3）在线提交成功后，相应的Web Server的管理机构带相关证明到CA中心申请证书。

（4）用户填写证书申请表格和证书申请协议书。

（5）CA中心审核员将表格填写的数据与用户在线填写的数据进行比对审核。

（6）审核通过后对相应证书进行制作，制作成功的证书以软盘或者e-mail的方式发送给证书申请用户。

（7）Web Server管理员在相应的Web Server运行证书装载程序，将申请成功的证书装载到Web Server中。

六、身份认证

（一）身份认证的概念

身份认证就是在交易过程中判明和确认贸易双方的真实身份，这是目前网上交易过程中最薄弱的环节。某些非法用户常采用窃取口令、修改或伪造、阻断服务等方式对网上交易系统进行攻击，阻止系统资源的合法管理和使用。因此，认证机构或信息服务商应当提供如下认证的功能。

（1）可信性。信息的来源是可信的，即信息接收者能够确认所获得的信息不是由冒充者研发出的。

（2）完整性。要求信息在传输过程中保证其完整性，即信息接收者能够确认所获得的信息在传输过程中没有被修改、延迟和替换。

（3）不可抵赖性。要求信息的发送方不能否认自己研发出的信息。同样，信息的接收方不能否认已收到了信息。

（4）访问控制。拒绝非法用户访问系统资源，合法用户只能访问系统授权和指定的资源。

一般来说，用户身份认证可通过三种基本方式或其组合方式来实现：

（1）用户所知道的某个秘密信息，例如用户知道自己的口令。

（2）用户所持有的某个秘密信息（硬件），即用户必须持有合法的随身携带的物理介质，例如智能卡中存储用户的个人化参数，以及访问系统资源时必须要有的智能卡。

（3）用户所具有的某些生物学特征，如指纹、声音、DNA图案、视网膜扫描等等。这种认证方案一般造价较高，多半适用于保密程度很高的场合。

（二）身份识别方法

当前用于身份识别的方法主要有以下几种：

1. 口令认证

计算机系统给每个用户分配一个唯一的标识（用户名），用户自己选择一个用于识别的口令。当被认证对象要求访问提供服务的系统时，提供服务的认证方要求被认证对象提交口令，认证方收到口令后，与系统中存储的用户口令进行比较，以确认被认证对象是否为合法访问者。这种认证方法在计算机系统中广泛使用，主要用于提供服务的服务方（如计算机系统）对使用服务的客户（如个人）进行身份认证。

优点：一般的系统都提供对口令的支持。

缺点：①口令容易泄密；②口令在传输过程中可能被截获；③系统中的口令文件可能被攻击者获取；④用户往往在访问不同安全级别的系统时采用相同的口令，而低安全级别系统的口令更容易被攻击者获得，从而用来对高安全级别系统进行攻击；⑤只能进行单向认证，攻击者可能伪装成系统骗取用户口令。

2. 基于智能卡的用户身份认证

基于智能卡的用户身份认证属于双因素法，它结合了基本认证方式中的第一种和第二种方法。用户的二元组信息预先存于智能卡中，然后在认证服务器中存入某个事先由用户选择的随机数。用户访问系统资源时，用户输入二元组信息。系统首先判断智能卡的合法性。然后由智能卡鉴别用户身份，若用户身份合法，再将智能卡中的随机数送给认证服务器作进一步认证。这种方案基于智能卡的物理安全性，即不易伪造和不能直接读取其中数据。没有管理中心发放的智能卡，就不能访问系统资源，即使智能卡丢失，入侵者仍然需要猜测用户口令。

3. 生物特征法

生物特征法，是指通过计算机利用人体所固有的生理特征或行为特征来进行个人身份鉴定的技术。

每个个体都有唯一的可以测量或可自动识别和验证的生理特性或行为方式，即生物特征。它可划分为生理特征（如指纹、面像、虹膜、掌纹等）和行为特征（如步态、声音、笔迹等）。生物识别就是依据每个个体之间独一无二的生物特征对其进行识别与身份的认证，主要依靠的是生物识别技术和生物识别系统。

生物识别技术（biometric identification technology）就是通过计算机与光学、声学、生物传感器和生物统计学原理等高科技手段密切结合，利用人体固有的生理特性和行为特征来进行个人身份的鉴定。

生物识别系统是对生物特征进行取样，提取其唯一的特征并且转化成数字代码，并进一步将这些代码组合而成的特征模板。人们同识别系统交互进行身份认证时，识别系统获取其特征并与数据库中的特征模板进行比对，以确定是否匹配，从而决定接受或拒绝此人。

在目前的研究与应用领域中，生物特征识别主要关系到计算机视觉、图象处理与模式识别、计算机听觉、语音处理、多传感器技术、虚拟现实、计算机图形学、可视化技术、计算机辅助设计、智能机器人感知系统等其他相关的研究。已被用于生物识别的生物特征有手型、指纹、脸型、虹膜、视网膜、脉搏、耳廓等，行为特征有签字、声音、按键力度等。基于这些特征，生物特征识别技术已经在过去的几年中取得了长足的进展。

除了以上三种方法以外，数字签名、数字证书技术同样可以起到身份认证的作用。

任务四　熟知公钥基础设施与认证机构

一、公钥基础设施 PKI

（一）PKI 概念

公钥基础设施（public key infrastructure，PKI）是以公共密钥加密技术为基础技术手段实现安全性的一种技术体系。PKI 是由加拿大的 Entrust 公司开发的，支持 SET 协议、SSL 协议、电子证书和数字签名等。

PKI 技术是信息安全技术的核心，也是电子商务的关键和基础技术。由于通过网络进行的电子商务、电子政务、电子事务等活动缺少物理接触，因此使得用电子方式验证信任关系变得至关重要。而 PKI 技术恰好是一种适合电子商务、电子政务、电子事务的密码技术，PKI 能实现数据的机密性、完整性、不可否认性。

PKI 的目标是向用户提供公开密钥的管理服务。为了使用户在不可靠的网络环境中获得真实的公开密钥，PKI 引入公认可信的第三方 CA，使用数字证书来管理公开密钥。CA 是 PKI 的核心部件，而数字证书是 CA 的核心元素。

（二）PKI 的体系结构

一个标准的 PKI 必须具有认证机构 CA、证书和证书库、密钥备份及恢复、密钥和证书的更新、证书历史档案等基本内容。

1. 认证机构 CA

CA 是 PKI 的核心执行机构，是 PKI 的主要组成部分，通常称它为认证中心。从广义上说，认证中心还应该包括证书申请注册机构 RA，它是数字证书的申请注册、证书签发和管理机构。

CA 的主要职责包括：

（1）验证并标识证书申请者的身份。对证书申请者的信用度、申请证书的目的、身份的真实可靠性等问题进行审查，确保证书与身份绑定的正确性。

（2）确保 CA 用于签名证书的非对称密钥的质量。为了防止被破译，CA 用于签名的私钥长度必须足够长并且私钥必须由硬件卡产生，私钥不出卡。

（3）管理证书信息资料。管理证书序号和 CA 标识，确保证书主体标识的唯一性，防止证书主体名字的重复。在证书使用中确定并检查证书的有效期，保证不使用过期或已作废的证书，确保网上交易的安全。发布和维护作废证书列表（CRL），因某种原因证书要作废，就必须将其作为“黑名单”发布在证书作废列表中，以供交易时在线查询，防止交易风险。对已签发证书的使用全过程进行监视跟踪，作全程日志记录，以备发生交易争端时，提供公正依据，参与仲裁。

（4）确保整个签证过程的安全性。

（5）确定并检查证书的有效期限。

（6）确保证书主体标识的唯一性。

（7）发布并维护作废证书表。

（8）向申请人发通知。

2. 证书和证书库

证书是网上实体身份的证明。证书是由具备权威性、可信任性和公正性的第三方机构签发的，因此，它是权威性的电子文档。

证书库是 CA 颁发证书和撤销证书的集中存放地，它像网上的“白页”一样，是网上的公共信息库，可供公众进行开放式查询。一般来说，查询的目的有两个：其一是想得到与之通信实体的公钥；其二是要验证通信对方的证书是否已进入“黑名单”。证书库支持分布式存放，即可以采用数据库镜像技术，将 CA 签发的证书中与本组织有关的证书和证书撤销列表存放到本地，以提高证书的查询效率，减少向总目录查询的瓶颈。

3. 密钥备份及恢复

密钥备份及恢复是密钥管理的主要内容，如果用户丢失解密数据的密钥，那么已被加密的密文就无法解开。为避免这种情况的发生，PKI 提供了密钥备份与密钥恢复机制：当用户证书生成时，加密密钥即被 CA 备份存储；当需要恢复时，用户只需向 CA 提出申请，

CA 就会为用户自动进行恢复。

4. 密钥和证书的更新

一个证书的有效期是有限的，这种规定在理论上是基于当前非对称算法和密钥长度的可破译性分析的；在实际应用中由于长期使用同一个密钥有被破译的危险，为了保证安全，证书和密钥必须有一定的更换频率。为此，PKI 对已发的证书必须有一个更换措施，这个过程称为“密钥更新或证书更新”。

证书更新一般由 PKI 系统自动完成，不需要用户干预。即在用户使用证书的过程中，PKI 也会自动到目录服务器中检查证书的有效期，当有效期结束时，PKI/CA 会自动启动更新程序，生成一个新证书来代替旧证书。

5. 证书历史档案

从以上密钥更新的过程，我们不难看出，经过一段时间后，每一个用户都会形成多个旧证书和至少一个当前新证书。这一系列旧证书和相应的私钥就组成了用户密钥和证书的历史档案。记录整个密钥历史是非常重要的。例如，某用户无法用现在的私钥解密几年前用自己的公钥加密的数据或者其他人用自己的公钥加密的数据，那么该用户就必须从他的密钥历史档案中，查找到几年前的私钥来解密数据。

6. 应用接口系统

PKI 的优势在于使用户能够方便地使用加密、数字签名等安全服务，因此，一个完善的 PKI 必须提供良好的应用接口系统，使得各种各样的应用能以安全、一致的方式与 PKI 交互。

为了向应用系统屏蔽密钥管理的细节，PKI 应用接口系统应该是跨平台的，同时 PKI 还应具备以下功能：

（1）完成证书的验证工作。

（2）以安全的方式与 PKI 的密钥备份及恢复系统交互。

（3）在所有应用系统中，确保用户的签字私钥始终只在用户本人的控制之下，阻止备份签字私钥的行为。

（4）为方便用户访问加密的历史数据，向应用提供历史密钥的安全管理服务。

（5）为所有应用访问统一的公共证书库提供支持。

（6）以可信、一致的方式与证书作废系统交互。

（7）支持多种密钥存放介质，包括 IC 卡、PC 卡、安全文件等。

（三）PKI 结构模型与层次模型

1. PKI 结构模型

PKI 框架有三类实体：管理实体、端实体和证书库。管理实体是 PKI 的核心，是 PKI 服务的提供者；端实体是 PKI 的用户，是 PKI 服务的使用者；证书库是一个分布式数据库，用于证书/CRL 存放和检索。

证书签发机构（CA）和注册机构（RA）是两种管理实体。CA 是 PKI 框架中唯一能够发布/撤销证书的实体，维护证书的生命周期；RA 负责处理用户请求，在验证了请求的有效性后，代替用户向 CA 提交。RA 可以单独实现，也可以合并在 CA 中实现。作为管理实体，CA/RA 以证书方式向端实体提供公开密钥的分发服务。

持有者和验证者是两种端实体。持有者是证书的拥有者，是证书所声明事实的主体。

持有者向管理实体申请并获得证书，也可以在需要时请求撤销或更新证书。持有者使用证书鉴别自己的身份，从而获得相应的权力。验证者通常是授权方，确认持有者所提供的证书的有效性和对方是否为该证书的真正拥有者，只有在成功鉴别之后才可授权对方。

证书库可由 WEB、FTP 或 X.500 目录来实现。由于证书库中存取对象是证书和 CRL，其完整性由数字签名保证，因此对证书库的操作可在无特殊安全保护的信道上传输。

不同的实体间通过 PKI 操作完成证书的请求、确认、发布、撤销、更新和获取等过程。PKI 操作分成存取操作和管理操作两类。前者涉及管理实体/端实体与证书库之间的交互，操作的目的是向/从证书库存放/读取证书和 CRL，后者涉及管理实体与端实体之间或管理实体内部的交互，操作的目的是完成证书的各项管理任务和建立证书链。

2. PKI 层次模型

PKI 框架可描述为三个层次。最低层是传输层，向上提供 PKI 操作报文的可靠传输，可以是运输层协议（如 TCP）或应用层协议（如 HTTP、SMTP、FTP）。中间层是密码学服务层，向上提供加解密、数字签名和报文摘要等基本密码学服务，可由 RSA、MD5 和智能卡接口等模块实现。最高层是证书服务层，使用下两层提供的加密和传输服务，向用户提供证书的请求、签证、发布、撤销和更新等服务。

PKI 的三类实体使用了三层服务。证书库无须特殊的安全交互措施，所以仅使用传输层服务分发证书和 CRL；管理实体和端实体使用证书服务层构造 PKI 证书操作报文，使用密码学服务层做鉴别和保护交互信息，使用传输层服务传送报文。

（四）PKI 技术的信任服务

PKI 安全平台能够提供智能化的信任与有效授权服务。其中，信任服务主要是解决在茫茫网海中如何确认“你是你、我是我、他是他”的问题，PKI 是在网络上建立信任体系最行之有效的技术。授权服务主要是解决在网络中“每个实体能干什么”的问题。在虚拟的网络中要想把现实模拟上去，必须建立这样一个适合网络环境的有效授权体系，而通过 PKI 建立授权管理基础设施 PMI 是在网络上建立有效授权的最佳选择。

到目前为止，完善并正确实施的 PKI 系统是全面解决所有网络交易和通信安全问题的最佳途径。根据美国国家标准技术局的描述，在网络通信和网络交易中，特别是在电子政务和电子商务业务中，最需要的安全保证包括四个方面：身份标识和认证、保密或隐私、数据完整性和不可否认性。PKI 可以完全提供以上四个方面的保障，它所提供的服务主要包括以下三个方面：

1. 认证

在现实生活中，认证采用的方式通常是两个人事前进行协商，确定一个秘密，然后，依据这个秘密进行相互认证。随着网络的扩大和用户的增加，事前协商秘密会变得非常复杂，特别是在电子政务中，经常会有新聘用和退休的情况。另外，在大规模的网络中，两两进行协商几乎是不可能的。透过一个密钥管理中心来协调也会有很大的困难，而且当网络规模巨大时，密钥管理中心甚至有可能成为网络通信的瓶颈。

PKI 通过证书进行认证，认证时对方知道你就是你，但却无法知道你为什么是你。在这里，证书是一个可信的第三方证明，通过它，通信双方可以安全地进行互相认证，而不用担心对方是假冒的。

2. 支持密钥管理

通过加密证书，通信双方可以协商一个秘密，而这个秘密可以作为通信加密的密钥。在需要通信时，可以在认证的基础上协商一个密钥。在大规模的网络中，特别是在电子政务中，密钥恢复也是密钥管理的一个重要方面，政府决不希望加密系统被犯罪分子窃取使用。当政府的个别职员背叛或利用加密系统进行违法活动时，政府可以通过法定的手续解密其通信内容，保护政府的合法权益。PKI 能够通过良好的密钥恢复能力，提供可信的、可管理的密钥恢复机制。PKI 的普及应用能够保证在全社会范围内提供全面的密钥恢复与管理能力，保证网上活动的健康有序发展。

3. 完整性与不可否认

完整性与不可否认是 PKI 提供的最基本的服务。一般来说，完整性也可以通过双方协商一个秘密来解决，但一方有意抵赖时，这种完整性就无法接受第三方的仲裁。而 PKI 提供的完整性是可以通过第三方仲裁的，并且这种可以由第三方进行仲裁的完整性是通信双方都不可否认的。例如，小张发送一个合约给老李，老李可以要求小张进行数字签名，签名后的合约不仅老李可以验证其完整性，其他人也可以验证该合约确实是小张签发的。而所有的人，包括老李，都没有模仿小张签署这个合约的能力。“不可否认”就是通过这样的 PKI 数字签名机制来提供服务的。当法律许可时，该“不可否认性”可以作为法律依据（美国等一些国家已经颁布数字签名法）。正确使用时，PKI 的安全性应该高于目前使用的纸质图章系统。

完善的 PKI 系统通过非对称算法以及安全的应用设备，基本上解决了网络社会中的绝大部分安全问题（可用性除外）。

PKI 系统具有这样的能力：它可以将一个无政府的网络社会改造成为一个有政府、有管理和可以追究责任的社会，从而杜绝黑客在网上肆无忌惮的攻击。在一个有限的局域网内，这种改造具有更好的效果。目前，许多网站、电子商务、安全 e-mail 系统等都已经采用了 PKI 技术。

（五）PKI 的标准

从整个 PKI 体系建立与发展的历程来看，与 PKI 相关的主要标准如下。

1. X. 209（1988）ASN. 1 基本编码规则

ASN. 1 是描述在网络上传输信息格式的标准方法。它有两部分：第一部分（ISO 8824/ITU X. 208）描述信息内的数据、数据类型及序列格式，也就是数据的语法；第二部分（ISO 8825/ITU X. 209）描述如何将各部分数据组成消息，也就是数据的基本编码规则。

ASN. 1 原来是作为 X. 409 的一部分而开发的，后来才独立地成为一个标准。这两个协议除了应用在 PKI 体系中外，还广泛应用于通信和计算机的其他领域。

2. X. 500（1993）

X. 500 是一套已经被国际标准化组织（ISO）接受的目录服务系统标准，它定义了一个机构如何在全局范围内共享其名字和与之相关的对象。X. 500 是层次性的，其中的管理性域（机构、分支、部门和工作组）可以提供这些域内的用户和资源信息。在 PKI 体系中，X. 500 被用来唯一标识一个实体，该实体可以是机构、组织、个人或一台服务器。X. 500 被认为是实现目录服务的最佳途径，但 X. 500 的实现需要较大的投资，并且比其他方式速度慢；而其优势为具有信息模型、多功能和开放性。

3. X.509（1993）

X.509 是由国际电信联盟（ITU－T）制定的数字证书标准。在 X.500 确保用户名称唯一性的基础上，X.509 为 X.500 用户名称提供了通信实体的鉴别机制，并规定了实体鉴别过程中广泛适用的证书语法和数据接口。

X.509 的最初版本公布于 1988 年。X.509 证书由用户公共密钥和用户标识符组成。此外还包括版本号、证书序列号、CA 标识符、签名算法标识、签发者名称、证书有效期等信息。这一标准的最新版本是 X.509 v3，它定义了包含扩展信息的数字证书。该版数字证书提供了一个扩展信息字段，用来提供更多的灵活性及特殊应用环境下所需的信息传送。

4. PKCS 系列标准

由 RSA 实验室制定的 PKCS 系列标准，是一套针对 PKI 体系的加解密、签名、密钥交换、分发格式及行为的标准，该标准目前已经成为 PKI 体系中不可缺少的一部分。

5. OCSP 在线证书状态协议

OCSP（Online Certificate Status Protocol）是 IETF 颁布的用于检查数字证书在某一交易时刻是否仍然有效的标准。该标准提供给 PKI 用户一条方便快捷的数字证书状态查询通道，使 PKI 体系能够更有效、更安全地在各个领域中被广泛应用。

6. LDAP 轻量级目录访问协议

LDAP 规范（RFC1487）简化了笨重的 X.500 目录访问协议，并且在功能性、数据表示、编码和传输方面都进行了相应的修改。1997 年，LDAP 第 3 版本成为互联网标准。目前，LDAP v3 已经在 PKI 体系中被广泛应用于证书信息发布、CRL 信息发布、CA 政策以及与信息发布相关的各个方面。

除了以上协议外，还有一些构建在 PKI 体系上的应用协议，这些协议是 PKI 体系在应用和普及化方面的代表作，包括 SET 协议和 SSL 协议。目前 PKI 体系中已经包含了众多的标准和标准协议，由于 PKI 技术的不断进步和完善，以及其应用的不断普及，将来还会有更多的标准和协议加入。

（六）PKI 的应用领域

1. 虚拟专用网络（VPN）

通常，企业在架构 VPN 时都会利用防火墙和访问控制技术来提高 VPN 的安全性，这只解决了很少一部分问题，而一个现代 VPN 所需要的安全保障，如认证、机密、完整、不可否认以及易用性等都需要采用更完善的安全技术。就技术而言，除了基于防火墙的 VPN 之外，还可以有其他的结构方式，如基于黑盒的 VPN、基于路由器的 VPN、基于远程访问的 VPN 或者基于软件的 VPN。现实中构造的 VPN 往往并不局限于一种单一的结构，而是趋向于采用混合结构方式，以达到最适合具体环境、最理想的效果。在实现上，VPN 的基本思想是采用秘密通信通道，用加密的方法来实现。具体协议一般有三种：PPTP、L2TP 和 IPSec。

其中，PPTP（Point-to-Point Tunneling Protocol）是点对点的协议，基于拨号使用的 PPTP 协议使用 PAP 或 CHAP 之类的加密算法，或者使用 Microsoft 的点对点加密算法。而 L2TP（Layer 2 Tunneling Protocol）是 L2FP（Layer 2 Forwarding Protocol）和 PPTP 的结合，

依赖PPTP协议建立拨号连接，加密的方法也类似于PPTP，但这是一个两层的协议，可以支持非IP协议数据包的传输，如ATM或X.25，因此也可以说L2TP是PPTP在实际应用环境中的推广。

无论是PPTP，还是L2TP，它们对现代安全需求的支持都不够完善，应用范围也不够广泛。事实上，缺乏PKI技术所支持的数字证书，VPN也就缺少了最重要的安全特性。简单地说，数字证书可以被认为是用户的护照，使得他（她）有权使用VPN，证书还为用户的活动提供了审计机制。缺乏数字证书的VPN对认证、完整性和不可否认性的支持相对而言要差很多。

基于PKI技术的IPSec协议现在已经成为架构VPN的基础，它可以为路由器之间、防火墙之间或者路由器和防火墙之间提供经过加密和认证的通信。虽然它的实现会复杂一些，但其安全性比其他协议都完善得多。由于IPSec是IP层上的协议，因此很容易在全世界范围内形成一种规范，具有非常好的通用性，而且IPSec本身就支持面向未来的协议——IPv6。总之，IPSec还是一个发展中的协议，随着成熟的公钥密码技术越来越多地嵌入到IPSec中，相信在未来几年内，该协议会在VPN世界里扮演越来越重要的角色。

2. 安全电子邮件

作为Internet上最有效的应用，电子邮件凭借其易用、低成本和高效的优势已经成为现代商业中的一种标准信息交换工具。随着Internet的持续增长，商业机构或政府机构都开始用电子邮件交换一些秘密的或是有商业价值的信息，这就引出了一些安全方面的问题，包括：①消息和附件可以在不为通信双方所知的情况下被读取、篡改或截掉；②没有办法可以确定一封电子邮件是否真的来自某人，也就是说，发信者的身份可能被人伪造。前一个问题是安全，后一个问题是信任，正是由于安全和信任的缺乏使得公司、机构一般都不用电子邮件交换关键的商务信息，虽然电子邮件本身有着如此之多的优点。

其实，电子邮件的安全需求也是机密、完整、认证和不可否认，而这些都可以利用PKI技术来获得。具体来说，利用数字证书和私钥，用户可以对他所发的邮件进行数字签名，这样就可以获得认证、完整性和不可否认性，如果证书是由其所属公司或某一可信第三方颁发的，收到邮件的人就可以信任该邮件的来源，无论他是否认识发邮件的人；另一方面，在政策和法律允许的情况下，用加密的方法就可以保障信息的保密性。

目前发展很快的安全电子邮件协议是S/MIME（The Secure/Multipurpose Internet Mail Extension），这是一个允许发送加密和有签名邮件的协议。该协议的实现需要依赖于PKI技术。

3. Web安全

浏览Web页面或许是人们最常用的访问Internet的方式。一般的浏览也许并不会让人产生不妥的感觉，可是当填写表单数据时，人们的私人敏感信息可能被一些居心叵测的人截获。如果个人或公司要通过Web进行一些商业交易，又如何保证交易的安全呢?

一般来说，Web上的交易可能带来的安全问题有：

• 诈骗——建立网站是一件很容易也花钱不多的事，有人甚至直接拷贝别人的页面。因此伪装一个商业机构非常简单，然后它就可以让访问者填一份详细的注册资料，还假装保证个人隐私，而实际上就是为了获得访问者的隐私。调查显示，邮件地址和信用卡号的泄漏大多是如此这般。

• 泄漏——当交易的信息在网上“赤裸裸”地传播时，窃听者可以很容易地截取并提取其中的敏感信息。

• 篡改——截取了信息的人还可以做一些更“高明”的工作，他可以替换其中某些域的值，如姓名、信用卡号甚至金额，以达到自己的目的。

• 攻击——主要是对 Web 服务器的攻击，例如著名的 DDOS（分布式拒绝服务攻击）。攻击的发起者可以是心怀恶意的个人，也可以是同行的竞争者。

为了透明地解决 Web 的安全问题，最合适的入手点是浏览器。现在，无论是 Internet Explorer 还是 Netscape Navigator，都支持 SSL 协议。这是一个在传输层和应用层之间的安全通信层，在两个实体进行通信之前，先要建立 SSL 连接，以此实现对应用层透明的安全通信。利用 PKI 技术，SSL 协议允许在浏览器和服务器之间进行加密通信。此外还可以利用数字证书保证通信安全，服务器端和浏览器端分别由可信的第三方颁发数字证书。这样在交易时，双方可以通过数字证书确认对方的身份。需要注意的是，SSL 协议本身并不能提供对不可否认性的支持，这部分的工作必须由数字证书完成。

结合 SSL 协议和数字证书，PKI 技术可以保证 Web 交易多方面的安全需求，使 Web 上的交易和面对面的交易一样安全。

4. 电子商务的应用

PKI 技术是解决电子商务安全问题的关键，综合 PKI 的各种应用，我们可以建立一个可信任和足够安全的网络。在这里，我们有可信的认证中心，典型的如银行、政府或其他第三方。在通信中，利用数字证书可消除匿名带来的风险，利用加密技术可消除开放网络带来的风险。这样，商业交易就可以安全可靠地在网上进行。

网上商业行为只是 PKI 技术目前比较热门的一种应用，必须看到，PKI 还是一门处于发展中的技术。例如，除了对身份认证的需求外，现在又提出了对交易时间戳的认证需求。PKI 的应用前景也决不仅限于网上的商业行为，事实上，网络生活中的方方面面都有 PKI 的应用天地，不只在有线网络，甚至在无线通信中，PKI 技术都已经得到了广泛的应用。

（七）PKI 的优势及其发展

1. PKI 的优势

PKI 的优点很多，主要包括以下方面。

（1）透明性和易用性。PKI 可以向上层应用屏蔽密码服务的实现细节。向上屏蔽复杂性的安全解决方案，使密码服务对用户而言简单易用，同时便于单位、企业完全控制其信息资源。

（2）可扩展性。PKI 的证书库等具有良好的可扩展性。

（3）可操作性强。PKI 建立在标准之上，这些标准包括加密标准、数字签名标准、密钥管理标准，证书格式、文件信封格式、SSL 协议、SET 协议等。

（4）支持多应用。PKI 能面向广泛的网络应用，提供文件传送安全、文件存储安全、电子邮件安全、电子表单安全、Web 应用安全等保护。

（5）支持多平台。PKI 应用接口系统是跨平台的，可以支持目前广泛使用的操作系统平台。

2. PKI 的发展

随着 PKI 技术应用的不断深入，PKI 技术本身也在不断发展与变化，近年来比较重要的变化有以下两方面。

1）属性证书

X. 509 V4 增加了属性证书的概念。提起属性证书就不能不提起授权管理基础设施（privilege management infrastructure，PMI）。PMI 授权技术的核心思想是以资源管理为核心，将对资源的访问控制权统一交由授权机构进行管理，即由资源的所有者来进行访问控制管理。

在 PKI 信任技术中，授权证书非常适合于细粒度的、基于角色的访问控制领域。X. 509 公钥证书原始的含义非常简单，即为某个人的身份提供不可更改的证据。但是，人们很快发现，在许多应用领域，比如电子政务、电子商务应用中，需要的信息远不止是身份信息，尤其是当交易的双方在以前彼此没有过任何关系的时候。在这种情况下，关于一个人的权限或者属性信息远比其身份信息更为重要。为了使附加信息能够保存在证书中，X. 509 V4 中引入了公钥证书扩展项，这种证书扩展项可以保存任何类型的附加数据。随后，各个证书系统纷纷引入自己的专有证书扩展项，以满足各自应用的需求。

2）漫游证书

证书应用的普及自然产生了证书的便携性需要，而到目前，能提供证书和其对应私钥移动性的实际解决方案只有两种：第一种是智能卡技术。在该技术中，公钥/私钥对存放在卡上，但这种方法存在缺陷，如易丢失和损坏，并且依赖读卡器（虽然带 USB 接口的智能钥匙不依赖读卡器，但成本太高）；第二种选择是将证书和私钥复制到一张软盘备用，但软盘不仅容易丢失和损坏，而且安全性也较差。

一个新的解决方案就是使用漫游证书，它通过第三方软件提供，只需在任何系统中正确地配置，该软件（或者插件）就可以允许用户访问自己的公钥/私钥对。它的基本原理很简单，即将用户的证书和私钥放在一个安全的中央服务器上，当用户登录到一个本地系统时，从服务器安全地检索出公钥/私钥对，并将其放在本地系统的内存中以备后用，当用户完成工作并从本地系统注销后，该软件自动删除存放在本地系统中的用户证书和私钥。

二、安全认证机构 CA

电子交易过程中，必须确认用户、商家及所进行的交易本身是否合法可靠。一般要求建立专门的电子认证中心（CA）以核实用户和商家的真实身份以及交易请求的合法性。认证中心将给用户、商家、银行等进行网络商务活动的个人或集团发电子证书。

电子商务中，网上银行的建立，CA 的建立是关键，只有建立一个较好的 CA 体系，才能较好地发展网上银行，才能实现网上支付，电子购物才真正实现。

（一）CA 的概念

电子商务授权机构（CA）也称为电子商务认证中心（certificate authority），是指受法律承认的可信任的权威机构，负责发放和管理电子证书，使网上通信的各方能互相确认身份。

在电子交易中，无论是数字时间戳服务还是数字证书的发放，都不是只靠交易的双方自己就能完成的，而需要有一个具有权威性和公正性的第三方来完成。中立的、权威的、公正的电子商务认证中心——CA 认证中心，它所承担的角色类似于网络上的“公安局”

和“工商局”，给个人、企事业单位和政府机构签发数字证书——“网上身份证”。由于电子商务是用电子方式和网络进行商务活动，通常参与各方是互不见面的，因此身份的确认与安全通信变得非常重要。

在电子商务的实际运作中，CA 可由大家都信任的一方担当。例如，在客户、商家、银行三角关系中，客户使用的是由某个银行发的卡，而商家又与此银行有业务关系或有账号。在这种情况下，客户和商家都信任银行，可由该银行担任 CA 角色，接收、处理它的客户证书和商家证书的验证请求。又如，对商家自己发行的购物卡，则可由商家自己担任 CA 角色。

在做交易时，双方都向对方提交一个由 CA 签发的包含个人身份的证书，使对方相信自己的身份。顾客向 CA 申请证书时，可提交自己的驾驶执照、身份证或护照；经验证后，CA 发放证书，证书包含了顾客的名字和他的公钥，可作为网上证明自己身份的依据。

（二）CA 的职能

认证机构的核心职能是发放和管理用户的数字证书。认证机构在整个电子商务环境中处于至关重要的位置，它是整个信任链的起点。认证机构是开展电子商务的基础，如果认证机构不安全或发放的证书不具权威性，那么网上电子交易就根本无从谈起。具体来说，CA 有四大职能，即证书发放、证书更新、证书撤销和证书验证。

1. 证书发放

认证中心接受和验证用户的数字证书的申请，将申请的内容进行备案，并根据申请的内容确定是否受理该数字证书的申请。如果认证中心接受了该数字证书的申请，则进一步确定给用户颁发何种类型的数字证书。新证书用认证中心的私钥签名以后，发送到目录服务器供用户下载和查询。为了保证消息的完整性，返回给用户的所有应答信息都要使用认证中心的签名。

用户申请证书有两种方法，即网上申请与离线申请证书。

方法一　网上申请

（1）Web 申请。申请者通过互联网用 Web 方法来申请证书，通过申请软件访问认证机构的网页，填写相应的表单表明自己的身份，并由认证机构来审核。审核通过后，CA 向申请者发放证书。申请者申请证书的流程如图 8－9 所示。

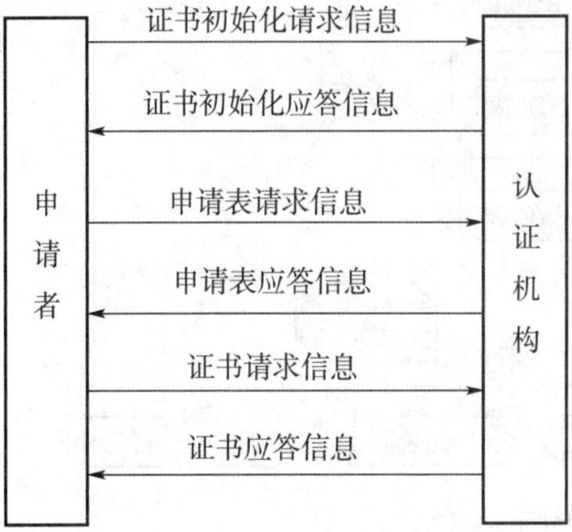

图 8－9　通过 Web 申请证书

图 8－10　通过 e-mail 申请证书

（2）e-mail 申请。申请者通过电子邮件向认证机构发送申请信息，由认证机构来审核，审核通过后，CA 向申请者发放证书，流程如图 8－10 所示。使用这种方法申请证书前，必须具备以下条件：

• 申请者知道 CA 认证机构的电子邮箱地址，并使用能被认证机构辨明和鉴别身份的信息申请证书。

• 申请者必须从认证机构下载对邮件加密、数字签名的软件，对交换的信息进行加密。

方法二　离线申请证书

申请者到认证机构申请证书，当认证机构审核通过后，将公钥证书和信息加密证书，并同申请者申请的证书以电子介质的方式交给申请者。若申请者是一商家，则认证中心还应同时在网上公布。

2. 证书更新

认证中心可以定期更新所有用户的证书，或者根据用户的请求来更新证书。

3. 证书撤销

证书的撤销可以有许多原因，例如私有密钥被泄露，身份信息的更新或终止使用等。对持卡人而言，他需要确认他的账户信息不会发往一个未被授权的支付网关。因此，被撤销的支付网关证书需包含在撤销清单中并散发给持卡人。由于持卡人不会将任何敏感的支付信息发给商家，因此，持卡人只需确认商户证书的有效性即可。对商户而言，需检查持卡人不在撤销清单中，并需与发卡行验证信息的合法性；同样支付网关需检查商户证书不在撤销清单中，并需与收单行验证信息的合法性。

4. 证书验证

SET 证书是通过信任分级体系（树状结构）来验证的，每一种证书与签发它的单位相联系，沿着该信任树直接到一个认可信赖的组织，我们就可以确定证书的有效性，信任树“根”的公用密钥对所有 SET 软件来说都是已知的，因而可以按次序检验每一个证书。

如图 8－11 所示，各级认证机构是按照根认证中心（root CA）、品牌认证中心（brand

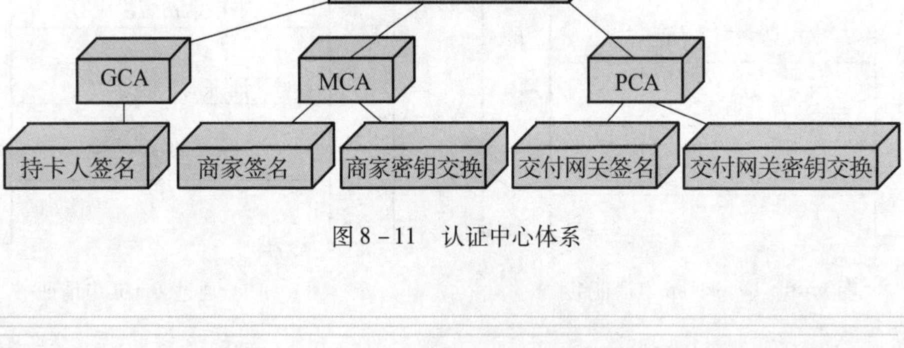

图 8－11　认证中心体系

CA）以及持卡人（holder card CA）、商户（merchant CA）或收单银行的支付网关认证中心（payment gateway CA）由上而下按层次结构建立的。

在双方通信时，可以通过出示由某个 CA 签发的证书来证明自己的身份，如果对签发证书的 CA 本身不信任，则可向该 CA 的上一级 CA 验证其身份，依此类推，一直到双方均信任的权威 CA 处，就可确信证书的有效性。例如，C 的证书是由 B 这个 CA 签发的，而 B 的证书又是由 A 这个 CA 签发的，A 是权威的机构，通常称为根 CA。验证到了根 CA 处，就可确信 C 的证书是合法的。

（三）招商银行 CA 方案

我国的电子商务正在发展，各种规范要求还没有形成。目前招商银行、中国银行、中国建设银行、中国工商银行等都在进一步开发网上银行业务。这里以招商银行为例介绍其 CA 方案。

招商银行 CA 系统用于 Web 服务器的 SSL 公开密钥证书，也可以为浏览器客户发证，在 SSL 协议的私有密钥交换过程中加密密钥参数。

CA 系统处于非联机状态，运行 CA 的系统在私有网上，用户不能通过 Internet 访问。CA 会在 Web 服务器上提供查询和客户证书申请接口，用户可以查询证书状态，提交证书请求。Web 服务器运行 CA 数据库的一个独立副本，与 CA 没有网络连接。

招商银行 CA 方案采用层次认证结构，层次设置采用 PEM 规定的认证层次，设置以下目标类型：

（1）IPRA（Internet policy registration authority）。IPRA 负责管理认证策略，认证 PCA，检查 PCA 运行与其策略的一致性。

（2）PCA（policy certification authority）。PCA 负责根据业务需求指定认证策略，交 IPRA 审批，根据认证策略认证下一级 CA，保证 CA 运行与策略的一致性。

（3）CA（certification authority）。CA 根据需要，选择相应的认证策略，提供用户公开密钥认证。

（4）用户。用户就是 X. 509 中的最终实体。

（5）RA（registration authority）。当用户与 CA 通信有困难时，CA 就不可能对用户进行身份鉴别，就由 RA 代替 CA，根据 CA 的业务要求进行用户身份鉴别。

CA 管理提供 CA 密钥管理，认证策略管理和配置，以及服务级别的管理。CA 管理的一个重要职能是 CA 密钥和策略管理。包括：生成新的密钥对、安装证书、撤销证书、备份 CA 的私有密钥、安装备份的 CA 私有密钥等。这些功能需要两个安全管理员同时注册才能完成。

目前，CA 支持的公开密钥算法有 RSA/DH/DSA，并可提供上述密钥的证书。此外，为了提高 CA 密钥的安全性，必须对 CA 密钥加密后保存，今后 CA 所有与密钥有关部门的操作将在 IC 卡中完成。

任务五　熟知电子商务安全认证协议

目前，在电子商务活动中被广泛运用的安全认证协议主要有安全套接层（SSL）协议和安全电子交易（SET）协议。除此以外，安全认证协议还包括 NetBill、Digicash、First

Virtual、iKP、STT 等。

一、安全套接层（SSL）协议

（一）SSL 的概念

安全套接层（secure sockets layer，SSL）协议是由网景公司（Netscape）于 1994 年开发的一套 Internet 数据安全协议。它已被广泛地用于 Web 浏览器与服务器之间的身份认证和加密数据传输。SSL 协议位于 TCP/IP 协议与各种应用层协议之间，为数据通信提供安全支持。

SSL 安全协议是国际上最早应用于电子商务的一种网络安全协议，由于它被 IE、NESCAPE 等浏览器所内置，实现起来非常方便，所以至今仍然有许多网上商店在使用。当然，在使用时，SSL 协议根据邮购的原理进行了部分改进。在传统的邮购活动中，客户首先寻找商品信息，然后汇款给商家，商家再把商品寄给客户。这里的商家是可以信赖的，所以客户须先付款给商家。在电子商务的开始阶段，商家也是担心客户购买后不付款，或使用过期作废的信用卡，因而希望银行给予认证。SSL 安全协议正是在这种背景下应用于电子商务的。

（二）SSL 协议提供的安全服务

SSL 协议对 TCP/IP 参考模型中的应用层协议均提供安全保护，它主要提供以下三方面的安全服务。

（1）加密处理。安全套接层协议所采用的加密技术既有对称密钥技术，如 DES，也有公开密钥技术，如 RSA。客户机与服务器进行数据交换之前，交换 SSL 初始握手信息，在 SSL 握手信息中采用了各种加密技术对其加密，以保证其机密性和数据的完整性，并且用数字证书进行鉴别。这样就可以防止非法用户使用 IP Packer Sniffer 工具进行窃听，尽管 IP Packer Sniffer 可能截取到通信内容，但无法对其进行破译。

（2）保证信息的完整性。安全套接层协议是采用 Hash 函数和机密共享的方法来提供完整信息性的服务，来建立客户机与服务器之间的安全通道，使所有经过安全套接层协议处理的业务能全部准确无误地到达目的地。

（3）提供较完善的认证服务。客户机和服务器都有各自的识别号，这些识别号由公开密钥进行编号，为了验证用户是否合法，安全套接层协议要求在握手交换数据进行数字认证，以此来确保用户的合法性。

（三）SSL 的协议规范

SSL 协议由 SSL 记录协议和 SSL 握手协议两部分组成。

（1）SSL 记录协议（SSL Record Protocol）。它建立在可靠的传输协议（如 TCP）之上，为高层协议提供数据封装、压缩、加密等基本功能的支持。在 SSL 协议中，所有的传输数据都被封装在记录中。所有的 SSL 通信包括握手消息、安全空白记录和应用数据都使用 SSL 记录层。SSL 记录协议包括了记录头和记录数据格式的规定。

（2）SSL 握手协议（SSL Handshake Protocol）。它建立在 SSL 记录协议之上，用于在实际的数据传输开始前，通信双方进行身份认证、协商加密算法、交换加密密钥等。SSL 握手协议包含两个阶段，第一个阶段用于建立私密性通信信道，即服务器认证阶段；第二个阶段用于客户认证，即用户认证阶段。

（四）SSL 协议的工作流程

SSL 采用了公开密钥和专有密钥两种加密：在建立连接过程中采用公开密钥；在会话过程中使用专有密钥。加密的类型和强度则在两端之间建立连接的过程中判断决定。它保证了客户和服务器间事务的安全性。

SSL 协议在运行过程中可分为六个阶段。

（1）建立连接阶段：客户通过网络向服务商打招呼，服务商回应；

（2）交换密码阶段：客户与服务商之间交换双方认可的密码；

（3）会谈密码阶段：客户与服务商之间产生彼此交谈的会谈密码；

（4）检验阶段：检验服务商取得的密码；

（5）客户认证阶段：验证客户的可信度；

（6）结束阶段：客户与服务商之间相互交换结束信息。

当上述动作完成之后，两者之间的资料传输就以对方公钥进行加密后再传输，另一方收到资料后以私钥解密。即使盗窃者在网上取得加密的资料，如果没有解密密钥，也无法看到可读的资料。

电子商务交易过程中，由于有银行参与，按照 SSL 协议，客户购买的信息首先发往商家，商家再将信息转发银行，银行验证客户信息的合法性后，通知商家付款成功，商家再通知客户购买成功，将商品寄送客户（如图 8－12 所示）。

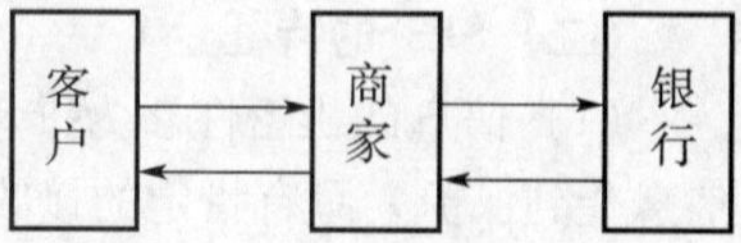

图 8－12　SSL 的工作流程

从 SSL 协议所提供的服务及其工作流程可以看出，SSL 协议运行的基础是商家对消费者信息保密的承诺，信息的保密性由商家决定，这就有利于商家而不利于消费者。在电子商务初级阶段，由于运作电子商务的企业大多是信誉较高的大公司，因此这问题还没有充分暴露出来。但随着电子商务的发展，各中小型公司也参与进来，这样在电子支付过程中的单一认证问题就越来越突出。虽然在 SSL3.0 中通过数字签名和数字证书可实现浏览器和 Web 服务器双方的身份验证，但是 SSL 协议仍存在一些问题。比如，只能提供交易中客户与服务器间的双方认证，在涉及多方的电子交易中，SSL 协议并不能协调各方间的安全传输和信任关系。在这种情况下，Visa 和 MasterCard 两大信用卡组织制定了 SET 协议，为网上信用卡支付提供了全球性的标准。

（五）SSL 协议的安全措施

该协议通过在应用程序进行数据交换前交换 SSL 初始握手信息来实现有关安全特性的审查，具体安全措施如下：

（1）加密算法和会话密钥。加密算法和会话密钥是在握手信息中协商指定的。

（2）认证算法。认证客户和服务器均采用 X. 509 的数字证书标准，通过使用公开密码技术实现数字签名来实现。

二、安全电子交易（SET）协议

（一）SET 的概念

安全电子交易（secure electronic transaction，SET）协议是 Visa 国际组织、MasterCard 国际组织创建，联合 IBM、Microsoft、Netscope、GTE 等公司制定的电子商务中安全电子

交易的一个国际标准。

随着电子计算机和网络经济的快速发展，利用电子手段进行支付与贸易正在逐渐走入我们的生活。安全电子交易（SET）是众多可以实现的电子支付手段中发展比较完善，使用广泛的一种电子交易模式。

安全电子交易协议是一个通过开放网络进行安全资金支付的技术标准。由于它得到了IBM、HP、Microsoft等很多大公司的支持，已成为事实上的工业标准，目前已获得IETF标准的认可。这是一个为Internet上进行在线交易而设立的一个开放的、以电子货币为基础的电子付款规范。

SET协议作为电子商务支付协议，主要用于信用卡进行网上的安全支付。SET采用RSA（ECC有可能进入到SET中来，其生成的签名快于RSA，但是验证签名会慢于RSA）双钥体系对通信双方进行认证，选用DES等标准对称密钥加密算法进行信息的加密传输，利用双重签名机制确保三方通信，使用HASH［SHA_1］算法来鉴别消息的真伪及有无篡改。SET支付系统主要由持卡人、商户、发卡行、收单行、支付网关及认证机构（CA）六部分组成。认证机构CA是SET体系中的关键，支付网关是传递信息支付的枢纽。

（二）SET的特征

（1）信息的机密性。为推动在线交易，卖方和银行必须使顾客相信自己提供的结算信息受到保护，只有指定的接收者才能访问到。结算卡账户和结算信息在网络上传输时必须得到安全措施的保护，防止结算卡号码和截止日期被未经授权的人截获。SET利用加密来保证其保密性。

（2）数据的完整性。SET确保消息的内容在生成者和接收者之间传输时，没有被人篡改。消费者发给卖方的结算信息包括订单信息、个人数据及结算指令，如果任何信息在传送中被篡改，交易将无法正确地进行。为消除潜在的欺诈，SET利用数字签名来确保收到的所有订单和结算信息内容都与发出的信息内容一致。

（3）消费者账户认证。卖方需要证明消费者是某个有效账户号码的合法使用者。数字签名和数字证书提供了一种将消费者与特定账户号码相连接的机制，以此来实现对消费者账户的认证。SET指定了一个可信第三方机构来对发送者和接收者进行认证。

（4）卖方认证。SET可以帮助消费者证实卖方与某个金融机构的关系，使其能够接受银行卡结算。SET利用数字签名和卖方证书实现卖方认证。

（5）互操作性。SET能在各种软、硬件平台上使用。使用适当软件的消费者都可与符合规定标准的卖方软件进行通信。SET利用标准的协议和信息格式来实现互操作性。

（三）SET协议的主要目标

（1）信息在Internet上安全传输，保证网上传输的数据不被黑客窃取。

（2）订单信息和个人账号信息的隔离，当包含持卡人账号信息的订单送到商家时，商家只能看到订货信息，而看不到持卡人的账户信息。

（3）持卡人和商家相互认证，以确定通信双方的身份，一般由第三方机构负责为在线通信双方提供信用担保。

（4）要求软件遵循相同协议和报文格式，使不同厂家开发的软件具有兼容和互操作功能，并且可以在不同的硬件和操作系统平台上运行。

SET协议提供的安全服务包括：

（1）保证在支付系统中支付信息和订购信息的安全性；

（2）保证信息在传输过程中的完整性；

（3）对持卡人身份的合法性检查；

（4）对商家身份的合法性检查；

（5）保护电子交易中的合法用户；

（6）保证采用的通信协议、信息格式和标准具有公共适应性。

（四）SET 的运作流程

电子商务的工作流程与实际的购物流程非常接近，使得电子商务与传统商务可以很容易融合，用户使用起来也没有什么障碍。从顾客通过浏览器进入在线商店开始，一直到所订购的物品送货上门或所订的服务完成，以及账户上的资金转移，所有这些都是通过公共网络（Internet）完成的。如何保证网上传输数据的安全和交易对方的身份确认是电子商务能否得到推广的关键。这正是 SET 所要解决的最主要的问题。如图 8－13 所示，一个完整的 SET 处理流程如下。

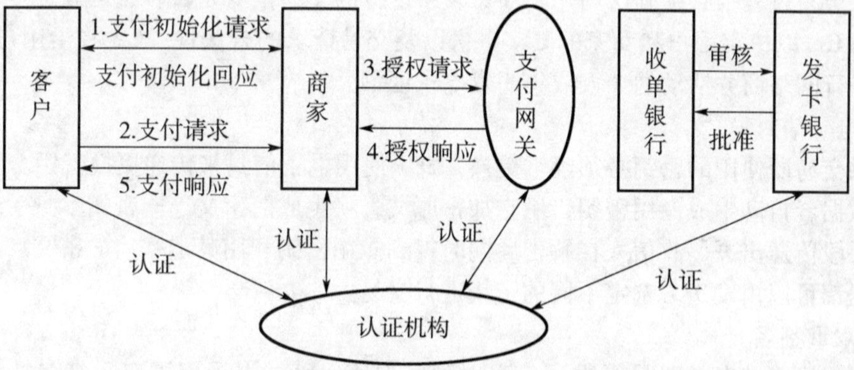

图 8－13　SET 的运作流程

（1）客户准备购买商家的商品并使用 SET 钱夹付钱时，商家服务器上 POS 软件发报文给客户的浏览器 SET 钱夹付钱，SET 钱夹则要求客户输入口令然后与商家服务器交换信息，使客户和商家相互确认，即客户确认商家被授权可以接受信用卡，同时商家也确认客户是一个合法的持卡人。

（2）客户向商家发送一个完善的订单以及要求付款的指令。在订单和支付指令中由客户进行数字签名，同时利用双重签名技术保证商家看不到客户的账号信息。

（3）商家收到订单后，POS 组织一个授权请求报文，其中包括客户的支付命令，发送给支付网关。支付网关是一个 Internet 服务器，是连接 Internet 和银行内部网络的接口。授权请求报文到达收单银行后，收单银行再到发卡银行确认。

（4）收单银行得到发卡银行的批准后，通过支付网关发给商家授权响应报文。

（5）商家发送订单确认信息给顾客，顾客端软件可记录交易日志，以备将来查询。同时商家给客户装运货物，或完成订购的服务。到此，一个购买过程已经结束。商家可以立即请求银行将钱从购物者的账号转移到商家账号，也可以等到某一时间，请求成批划账处理。

（五）SET所采用的安全措施

SET协议的安全基于密码技术，采用DES、RSA、SHA-1等密码算法以及有关的安全机制来提供所需的安全功能。

1. 加密技术

SET采用两种加密算法进行加密、解密处理，其中密钥加密是基础、公钥加密是应用的核心：用同一个密钥来加密和解密数据。主要算法是DES，例如加密银行卡持卡人的个人识别代码（PIN）。公开密钥要求使用一对密钥，一个公开发布，另一个由收信人保存。发信人用公开密钥加密数据，收信人则用私有密钥去解密。主要算法是RSA，例如加密支付请求数据。加密过程可保证不可逆，必须使用私有密码才能解密。

2. 数字签名

金融交易要求发送报文数据的同时发送签名数据作为查证。这种电子数字签名是一组加密的数字。SET要求用户在进行交易前首先进行电子签名，然后进行数据发送。

3. 电子认证

电子交易过程中必须确认用户、商家及所进行的交易本身是否合法可靠。一般要求建立专门的CA以核实用户和商家的真实身份以及交易请求的合法性。CA将给用户、商家、银行等进行网络商务活动的个人或集团发电子证书。

4. 电子信封

金融交易所使用的密钥必须经常更换，SET使用电子信封来传递更换密钥。其方法是由发送数据者自动生成专用密钥，用它加密原文，将生成的密文连同密钥本身一起再用公开密钥手段传送出去。收信人在解密后同时得到专用密钥和用其加密后的密文。这样保证每次传送都可以由发送方选定不同的密钥进行交易。

5. 双重签名

为了保证消费者的账号等重要信息对商家保密，SET中采用了双重签名技术，它是SET推出的数字签名的新应用。例如，王先生要买李小姐的一处房产，他发给李小姐一个购买报价单及他对银行的授权书的消息，要求银行：如果李小姐同意按此价格出卖，则将钱划到李小姐的账上。但是王先生不想让银行看到报价，也不想让李小姐看到他的银行账号信息。此外，报价和付款是相连、不可分割的，仅当李小姐同意他的报价，钱才会转移。要达到这个要求，采用双重签名即可实现。

具体的实现方法是首先生成两条消息的摘要，将两个摘要连接起来，生成一个新的摘要（称为双重签名），然后用签发者的私有密钥加密，为了让接收者验证双重签名，还必须将另外一条消息的摘要一块传过去。这样，任何一个消息的接收者都可以通过以下方法验证消息的真实性：生成消息摘要，将它和另外一个消息摘要连接起来，生成新的摘要，如果它与解密后的双重签名相等，就可以确定消息是真实的。拿上面的例子来说，如果李小姐同意，她发一个消息给银行表示她同意，另外通过报价单的消息摘要，银行能验证王先生授权的真实性，用王先生的授权书生成的摘要和李小姐消息中的报价单的摘要验证双重签名。银行根据双重签名可以判定报价单的真实性，但却看不到报价单的内容。

根据SET标准设计的软件系统必须经过SET验证才能授权使用。首先进行登记，再进行SET标准的兼容性试验，目前已经有多家公司的产品通过了SET验证。

（六）SET 的认证

1．证书

SET 中主要的证书是持卡人证书和商家证书。

1）持卡人证书

持卡人证书是支付卡的一种电子化的表示。持卡人证书不包括账号和终止日期信息，而是用单向哈希算法根据账号和截止日期生成的一个码，如果知道账号、截止日期、密码值即可导出这个码值，反之不行。

持卡人的证书必须由发卡行来颁发。在第一次上网购物之前，持卡人必须先在网上输入基本资料给发卡银行，包括姓名、卡号、卡片有效日期、邮寄地址等。可以确认持卡人的身份资料。这些资料一旦传送出来，就会立即被编成密码，安全地送至银行。步骤完成后，发卡银行确认此账户正确无误后，便会发给持卡人一张具有电子安全数字签章的证书。持卡人只要将证书储存在电脑上，即可电子购物。

2．商家证书

商家证书就像是贴在商家收款台小窗上的付款卡贴画，以表示它可以用什么卡来结算。在 SET 环境中，一个商家至少应有一对证书，与一个银行打交道；一个商家也可以有多对证书，表示它与多个银行有合作关系，可以接受多种付款方法。

特约商店也必须取得收单银行的电子证书。特约商店只要在电脑上输入商店身份号码等简单基本资料给收单银行，收单银行在确认无误后，就会发出一张数字证书，允许他们从事电子商业行为。

而当顾客在网上浏览购物时，如何确认商店不是“黑店”呢？特约商店必须提供它的信用卡组织之数字证书给顾客，利用许多不同的方式来展示证书。例如，通过电子邮件传送给持卡人证书影本，或是在 Internet 公开证书影本，如此持卡人就可以很容易地检视该商店是否合法有效。

除了持卡人证书和商家证书以外，还有支付网关证书、银行证书、发卡机构证书。

3．CA

持卡人可从公开媒体上获得商家的公开密钥，但持卡人无法确定商家不是冒充的（有信誉），于是持卡人请求 CA 对商家认证。CA 对商家进行调查、验证和鉴别后，将包含商家公开密钥的证书经过数字签名传给持卡人。同样，商家也可对持卡人进行验证。

CA 的主要功能包括：接收注册请求，处理、批准/拒绝请求，颁发证书。

在 SET 系统中 CA 扮演了重要角色，SET 标准着重的是其交易安全及隐秘性。其中，数字证书为其核心，因为在网络虚拟空间里它提供了简单的方法来确保进行电子交易的人们能够互相信任。信用卡组织提供数字证书给发卡银行，然后发卡行再提供证书给持卡人；同时，信用卡组织也提供数字证书给收单银行，然后收单银行再将证书发给特约商店。在进行交易的时候，持卡人和特约商店两边符合 SET 的规格软件，会在资料交换前分别确认双方的身份，也就是检查由授权的第三者所发给的证书。

4．证书的树形验证结构

SET 证书是通过信任层次来逐级验证的。

在网上购物的实现中，持卡人的证书与发卡机构的证书关联，发卡机构证书通过不同品牌卡的证书连接到根 CA，而根的公开密钥对所有的 SET 软件都是已知的，可以校验每一个证书。

（七）SET 安全协议的缺陷

从 1996 年 4 月 SET 安全协议 1.0 版面市以来，通过大量的现场实验和实施效果获得了商业界的支持，促进了 SET 良好的发展趋势。但人们也发现了一些问题，这些问题包括：

（1）协议没有说明收单银行给在线商店付款前，是否必须收到消费者的货物接受证书。那么，如果在线商品提供的货物不符合质量标准，消费者提出疑议，责任由谁承担?

（2）协议没有担保“非拒绝行为”，这意味在线商店没有办法证明订购不是由签署证书的消费者发出的。

（3）SET 技术规范没有提及在事务处理完成后，如何安全地保存或销毁此类数据，是否应当将数据保存在消费者、在线商店或收单银行的计算机里。这种漏洞可能使这些数据以后受到潜在的攻击。

（八）SET 与 SSL 机制的比较

SSL 和 SET 都是电子商务中的核心安全技术，但是，由于技术和人为的因素，这两种技术目前都存在着应用局限性。

（1）网络协议层次：SET 协议位于应用层，对其他各层也有涉及。SET 中规范了整个商务的活动流程。对于持卡人、商家、支付网关、结算中心、认证中心之间的信息流的加密、认证，SET 协议都制定了严密的标准。SSL 是基于传输层的通用安全协议，它只占电子商务体系中的一部分，可以看作是对数据传输那部分的技术规范。

（2）认证机制：SET 要求所有参与交易的各方均必须先申请数字证书以识别身份，而 SSL 中只有商家的服务器需要认证，客户端的认证是可选择的。

（3）设置成本：希望申请 SET 的交易者除必须申请数字证书之外，也必须在计算机上安装符合 SET 规格的电子钱包软件，而 SSL 交易无须另外安装软件。

（4）安全性：SET 的安全性比 SSL 高，SSL 的安全范围只限于持卡人到商家的信息交换。

（5）目前采用率：SET 的成本较高，而 SSL 的普及率较高。

三、其他安全协议

除了最常用的 SET 和 SSL 协议以外，还有其他的安全协议被应用到电子商务活动中。这些协议包括 NetBill、Digicash、FirstVirtual、*i*KP、STT 等。

1. NetBill 协议

卡内基梅隆大学的 J. D. Tygar 教授（现就职于加州大学伯克利分校）的研究组开发了 Netbill 协议，该协议已获得 CyberCash 的商业用途许可，CyberCash 的 CyberCoin 协议也使用 Netbill 的方法。

Netbill 协议涉及三方：客户、商家及 Netbill 服务器。客户持有的 Netbill 账号等价于一个虚拟电子信用卡账号。协议步骤如下。

（1）客户向商家查询某商品价格。

（2）商家向该客户报价。

（3）客户告知商家他接受该报价。

（4）商家将所请求的信息商品（例如一个软件或一首歌曲）用密钥 *K* 加密后发送给客户。

（5）客户准备一份电子采购订单（electronic purchase order，EPO），即三元式（价格、加密商品的密码单据、超时值）的数字签名值，客户将该已数字签名的 EPO 发送给商家。

（6）商家会签该 EPO，商家也签上 *K* 的值，然后将此二者送给 Netbill 服务器。

（7）Netbill 服务器验证 EPO 签名和会签，然后检查客户的账号，保证有足够的资金以便批准该交易，同时检查 EPO 上的超时值看是否过期。确认没有问题后，Netbill 服务器即从客户的账户将相当于商品价格的资金划往商家的账户，并存贮密钥 *K* 和加密商品的密码单据。然后准备一份包含值 *K* 的签好的收据，将该收据发给商家。

（8）商家记下该收据单传给客户，然后客户将第（4）步收到的加密信息商品解密。

Netbill 协议就这样传送信息商品的加密拷贝，并在 Netbill 服务器的契据中记下解密密钥。

2. Digicash 协议

Digicash 是一个匿名的数字现金协议。所谓匿名是指消费者在消费中不会暴露其身份，例如现金交易（虽然钞票有号码，但交易中一般不会加以记录）。该协议的步骤如下。

（1）消费者从银行取款，他收到一个加密的数字钱币（token），此 token 可当钱用；

消费者对该 token 作加密变换，使之仍能被商家检验有效性，但已不能追踪消费者的身份。

（2）消费者在某商家消费即使用该 token 以购物或购买服务，消费者进一步对该 token 用密码变换以纳入商家的身份。

（3）商家检验该 token 以确认以前未收到过此 token。

（4）商家给消费者发货。

（5）商家将该电子 token 送银行。

（6）银行检验该 token 的唯一性。至此消费者的身份仍保密。除非银行查出该 token 被消费者重复使用，消费者的身份将会被暴露，消费者的欺诈行为也暴露了。

在以上的第（3）步若发生了通信故障，则消费者无法判断商家究竟是否已收到该电子 token。此时消费者有两种选择：①将其电子 token 返回给银行或到另一商家处消费。如果消费者这样做了，而商家事实上在第（3）步已收到了该 token，则当商家去银行将该 token 兑现时会发现该 token 的重复使用。②消费者不采取行动，既不另行消费也不退还给银行。如果消费者这样做了，而商家在第（3）步事实上未收到该 token，则商家自然不会发货。这样一来，消费者既未收到所购之物，也未花费该电子钱币，肯定受到了损失。可见该数字现金协议是有缺陷的。

3. FirstVirtual 协议

FirstVirtual 允许客户自由地购买商品，然后 FirstVirtual 使用 e-mail 同客户证实每一笔交易。FirstVirtual 对通信安全持怀疑态度并采取某种加密形式，将每个电子商务交易转换为信用卡交易。FirstVirtual 比 Digicash 要好一些，但比其他电子商务系统要差。

4. *i*KP 协议

*i*KP（*i*-Key-Protocol，*i* =1，2，3）是一族安全电子支付协议，该族协议与现有的商

业模型和支付系统基础设施相匹配。

*i*KP 协议涉及三个成员，即付款人、收款人和认证机构（又称支付网关）。这点和 SET 协议相似。*i*KP 协议的特别之处在于它只关心支付而不涉及订货和价格协商。该协议也没有明确地提供对订购信息的加密措施，这种加密保护被假定由已存在的机构来完成，例如前面述及的 S-HTTP、SSL 等协议。

所有的 *i*KP 协议都基于公钥密码学，随着 *i* 的数值的增加，其安全性和复杂性也递增。

5. STT 协议

安全交易技术（secure transaction technology，STT）协议由 Microsoft 公司提出，STT 将认证和解密在浏览器中分离开来，以提高安全控制能力。Microsoft 公司在 Internet Explorer 中采用该项技术。

任务六　学会电子商务安全技术的应用

一、电子商务安全技术综合处理流程

数字摘要、数字签名、数字时间戳、数字证书、认证中心以及信息加密，是安全电子交易常用的六种手段。在现实中这些手段常常结合在一起使用，从而构成安全电子交易的体系，如图 8－14 所示。

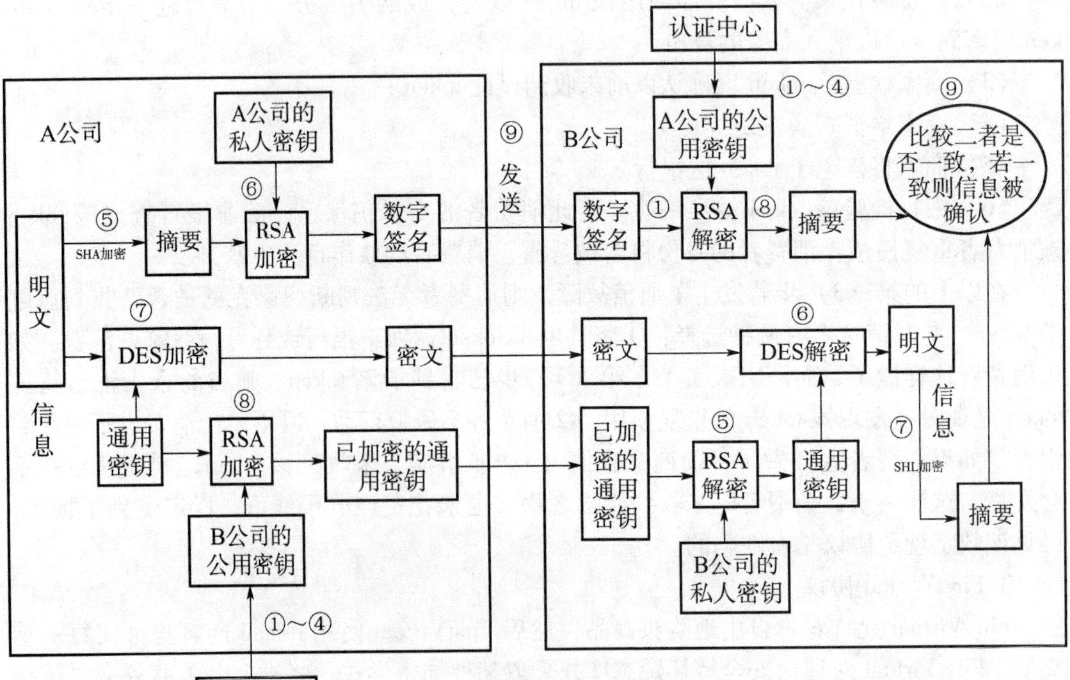

图 8－14　信息加密和数字签名的综合处理流程

结合图8－14，对信息加密和数字签名的综合处理流程说明如下。

处理的前提条件为：

- 由A用户往B用户发送信息。
- 认证中心CA的公共密钥，A公司和B公司均已掌握。

1．A公司相关流程

（1）A用户获取B用户的公共密钥：

①A用户从认证中心接收到B用户的数字证书，其中包括B用户的公共密钥和认证中心的数字签名。

②A用户使用Hash函数对用户B的数字证书做出摘要，数字证书中的数字签名同样使用的是Hash函数。

③A用户用认证中心的公共密钥，对数字证书解密得到摘要，将这个摘要与②中计算出的摘要进行比较。

④A用户如果认为上述比较的结果是一致的，则可确认数字证书上的B用户的公共密钥是合法的。

（2）A用户做出数字签名：

⑤A用户用SHA加密方法做出信息明文的摘要，此时使用被指定的Hash函数。

⑥A用户使用自己的私人密钥对摘要加密，得到的就是A用户的数字签名。

（3）A用户信息的加密：

⑦A用户使用某个任意的通用密钥以DES方式对信息的明文加密，得到密文。

（4）A用户通用密钥的加密：

⑧A用户将使用的通用密钥，用B用户的公共密钥以RSA方式加密。

⑨A用户把数字签名、密文，以及在③加密的通用密钥发送给B用户。

2．B公司相关流程

（1）B用户获取A用户的公共密钥：

①B用户从认证中心接收到A用户的数字证书，其中包括A用户的公共密钥和认证中心的数字签名。

②B用户使用Hash函数由数字证书做出摘要，数字证书中的数字签名同样使用的是Hash函数。

③B用户用认证中心的公共密钥，对数字证书解密得到摘要，将这个摘要与②中计算出的摘要进行比较；

④B用户如果认为上述比较的结果是一致的，则可确认数字凭证上的A用户的公共密钥是合法的。

（2）B用户通用密钥的解密：

⑤B用户用自己的私人密钥以RSA方式对加密的通用密钥解密。

（3）B用户信息的解密：

⑥B用户用在⑤解密的通用密钥，以DES方式对信息的密文解密，得到明文。

（4）确认数字签名

⑦B用户做出信息文的明文的摘要，此处使用指定的Hash函数。

⑧B用户用A用户的公共密钥将数字签名解密，得到摘要。

⑨比较在⑦和⑧计算出的摘要是不是同样的字符串，若二者一致，则 A 用户发送过来的信息是正确的；若不一致，则有两种可能，一是 A 用户的私人密钥不正确（与公共密钥不配对），二是可能在什么地方信息文被篡改过。

二、证书的应用

（一）确认证书已正确安装并有效

打开 IE 浏览器，点击“工具”→“Internet 选项”→“内容”→“证书”，双击证书，点击“常规”按钮，系统显示如图 8－15 所示的信息，表明证书已正确安装并且有效。

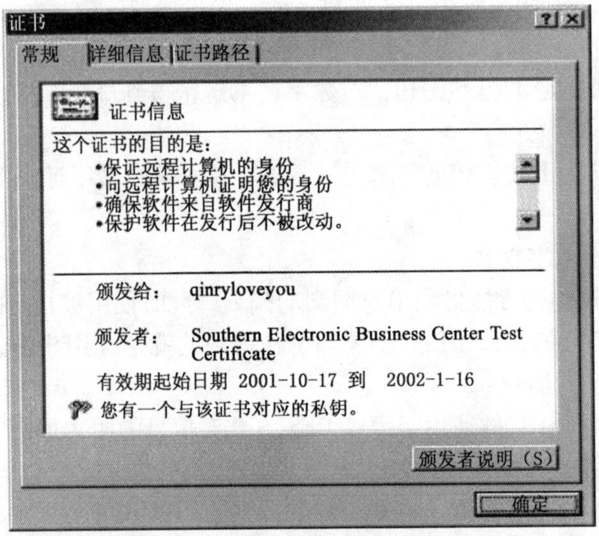

图 8－15　证书已正确安装并且有效信息

如果出现如下情况之一，表明证书安装有问题。

（1）打开 IE 浏览器，点击“工具”→“Internet 选项”→“内容”→“证书”，系统显示界面如图 8－16 所示，表明证书根本就没有安装，请安装数字证书。

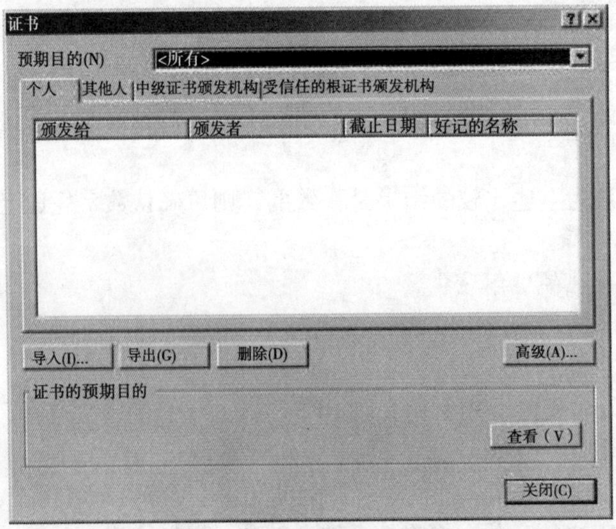

图 8－16　证书没有安装

（2）打开 IE 浏览器，点击“工具”→“Internet 选项”→“内容”→“证书”，双击证书，点击“常规”按钮，系统显示界面如图 8－17 所示，表明没有安装数字证书的根证书，请安装数字证书的根证书。

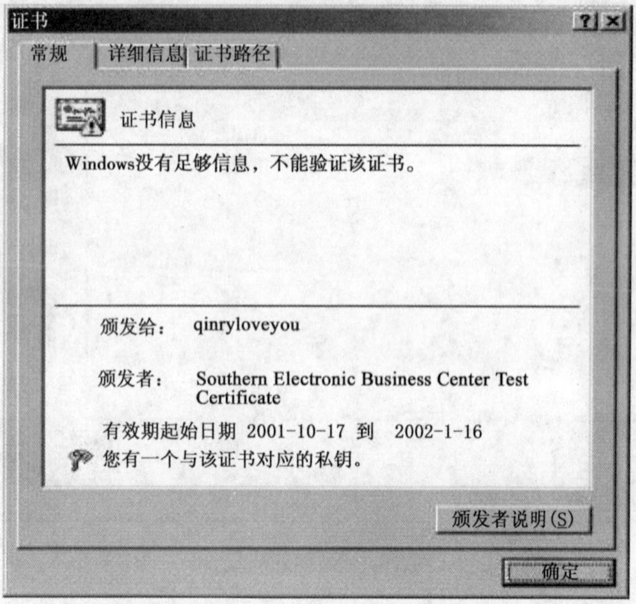

图 8－17　没有安装数字证书的根证书

（3）打开 IE 浏览器，点击“工具”→“Internet 选项”→“内容”→“证书”，双击证书，点击“常规”按钮，系统显示界面如图 8－18 所示，表明证书可能已经过期或者计算机系统时间不在证书的有效期内。请查看计算机的系统时间是否正确。如果证书已经过期，可联系广东省电子商务认证有限公司。

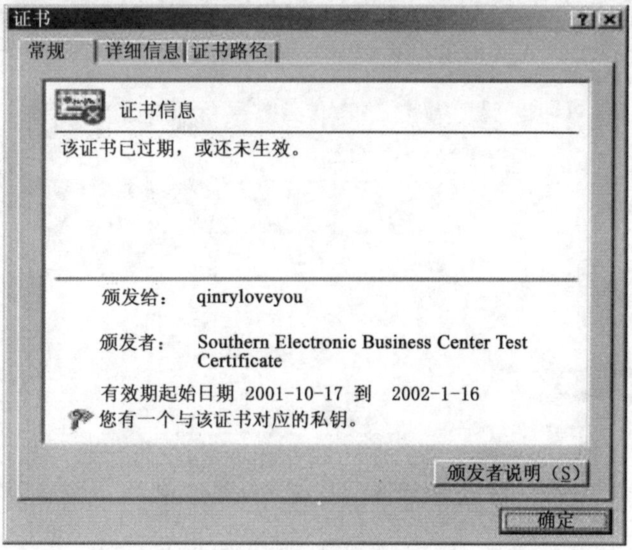

图 8－18　证书可能已经过期

（二）在 Outlook Express 中设置邮箱与数字证书的绑定

（1）在 Outlook Express 单击“工具”菜单中的“账号”，选取“邮件”选项卡中的用于发送安全电子邮件的邮件账号，然后单击“属性”，如图 8－19 所示。

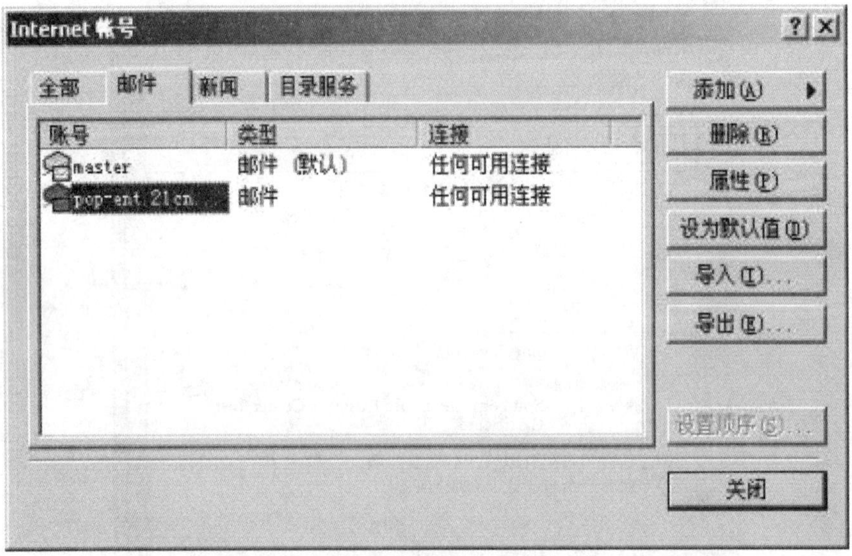

图 8－19 邮件账号属性

（2）选择“安全”标签，在签名标识项后，点击“选择”按钮，如图 8－20 所示。

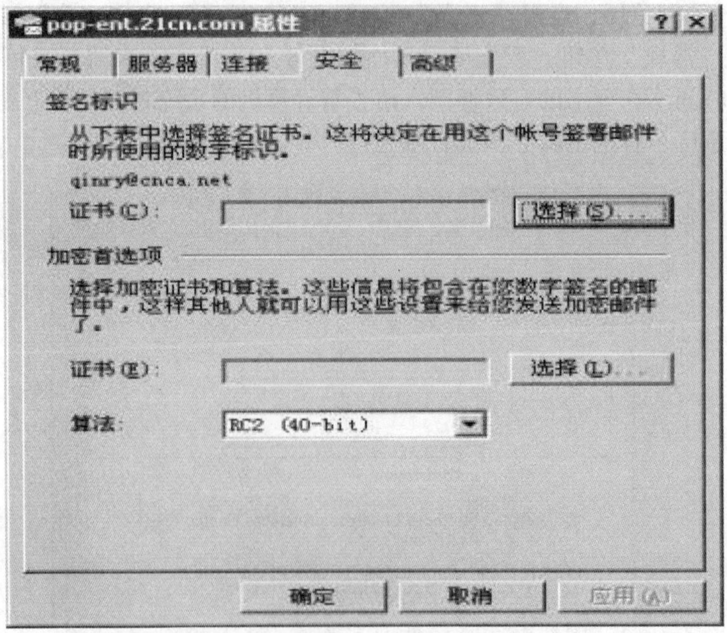

图 8－20　安全标签

（3）选择要使用的数字证书，点击“确定”完成邮箱与证书的绑定，也可以点击“查看证书”，了解证书的详细信息，如图 8－21 所示。

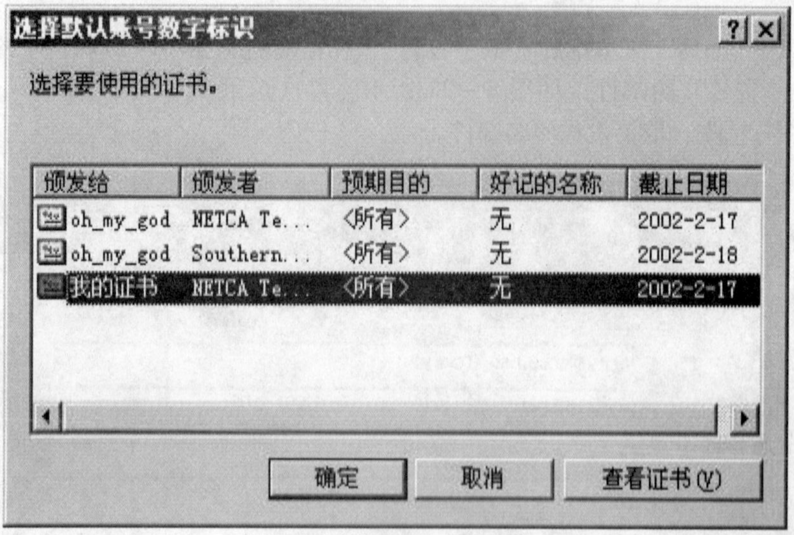

图 8－21　证书的详细信息

（4）此时可以看到签名标识已成功绑定数字证书。按照同样的方法，也可以在加密首选项中把邮箱与证书绑定以便能发送加密邮件。

（三）在 Outlook Express 中发送安全电子邮件

在发送安全电子邮件之前，必须先在 Outlook Express 将邮箱与数字证书绑定，发送加密邮件前必须先获得接收方的数字标识，可以首先让接收方发一份签名邮件来获取对方的数字标识。

（1）在 Outlook Express 中，点击“新邮件”，撰写新邮件，如图 8－22 所示。

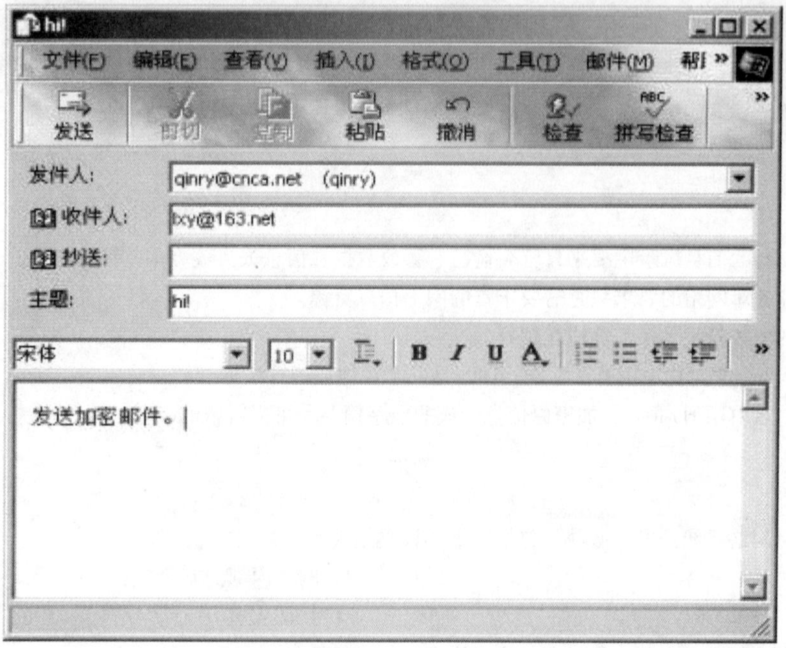

图 8－22　撰写新邮件

（2）选取“工具”菜单中的“数字签名”，在信的右上角将会出现一个签名的图标，即可以发送“签名”的邮件，如图8－23所示。再次选取“工具”菜单中的“数字签名”，签名图标消失，取消发送签名邮件。

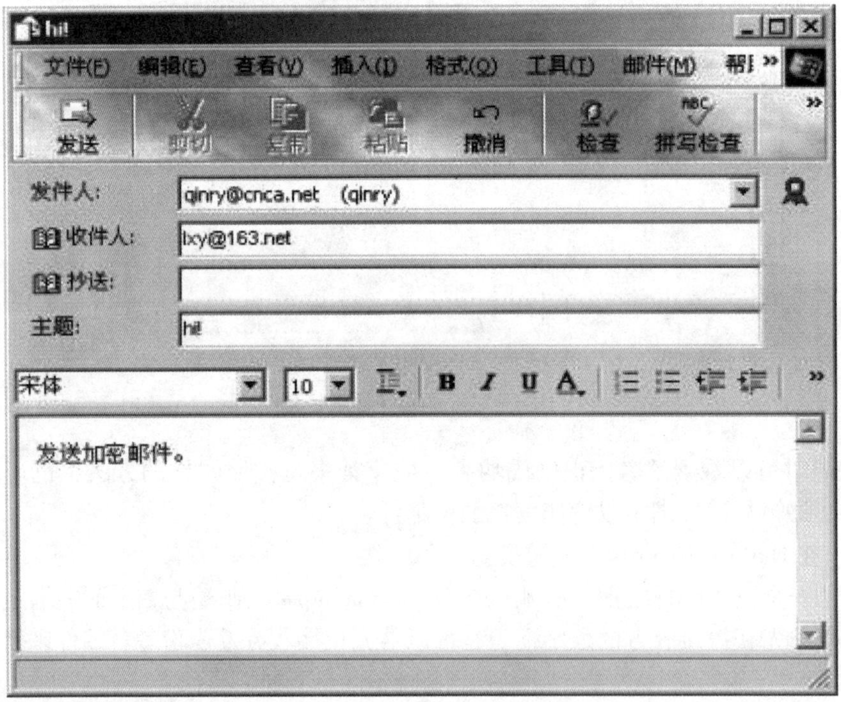

图8－23　发送“签名”的加密邮件

（3）点击“发送”，签名邮件发送成功。

【同步训练】

一、判断题

1. 网络交易的信息风险主要来自冒名偷窃、篡改数据、信息丢失等方面的风险。
2. 电子商务对网络的要求只是需要丰富的网上信息资源。
3. 密钥的位数越长，保密性能就越好。
4. RSA是一个非对称加密算法标准，DES是一个对称加密算法标准。
5. 数字签名中用Hash函数加密原信息生成的数字摘要是可以解密的。

二、单选题

1. 计算机网络系统的安全威胁不包括以下哪种类型（　　）。
A. 黑客攻击　　B. 网络内部的安全威胁
C. 病毒攻击　　D. 自然灾害
2. 下列哪项不属于保障电子商务的交易安全的技术措施（　　）。
A. 信息加密存贮　　B. 防火墙技术

C. 网络防毒　　D. 应急管理措施

3. 所谓对称加密系统就是指加密和解密用的是（　　）的密钥。

A. 不同　　B. 互补　　C. 配对　　D. 相同

4. 在互联网上，不单纯使用对称密钥加密技术对信息进行加密，是因为（　　）。

A. 对称加密技术落后　　B. 加密技术不成熟

C. 密钥难以管理　　D. 人们不了解

5. 在下面的选项中不符合非对称密钥体制特点的是（　　）

A. 密钥分配简单　　B. 密钥的保存量少

C. 密钥的保存量多　　D. 可实现身份识别

三、多选题

1. 电子商务的安全要求包括（　　）。

A. 完整性　　B. 加密性　　C. 不可否认性　　D. 完美性

2. 加密所必需的两个要素是（　　）。

A. 密钥　　B. 密文　　C. 明文　　D. 算法

四、问答题

1. 电子商务所面临的安全问题主要有哪些？
2. 什么是对称密钥加密，什么是非对称密钥加密，两者有何区别？
3. 安全认证技术主要有哪些？请分别简述之。
4. 什么是PKI？请简述PKI的主要组成部分。
5. 简述CA的各个职能。

五、实训题

（1）登录广东省电子商务认证中心（http：//www. cnca. net/），了解该中心的主要功能。

（2）在CNCA的主页上，点击“网证通数字证书”的任一类证书，了解该证书的特点。

（3）下载“个人证书”，并进行安装。

（4）登录广州市电子签名管理中心（http：//www. gzca. gd. cn/），了解该中心的主要业务职能。

（5）在GZCA的主页上，进入“下载专区”，并下载“自然人数字证书申请表”。了解数字证书申请表的主要内容及填写方法。

项目九　移动电子商务

【引例】2016 年中国移动电子商务发展

根据商务部发布的《中国电子商务报告（2016）》的数据，截至 2016 年 12 月，我国网民规模达 7.31 亿，手机网民规模达 6.95 亿，网民手机网上支付的使用比例由 57.7% 提升至 67.5%。我国网络购物用户规模达到 4.67 亿，其中手机网络购物用户规模达到 4.41 亿，占比 94.4%。2016 年全国网上零售交易额为 5.16 万亿元，同比增长 26.2%。移动网络市场规模继续保持高速增长，2016 年移动购物在整体网络购物交易规模中占比 70.7%，同比增长 15.3%。移动端购物正在成为网络消费的主要方式。

2016 年，阿里无线继续位列中国移动网购平台的首位，市场交易规模占比 82.6%。消费者向移动端转移趋势明显。唯品会、聚美优品、蘑菇街等时尚电商的移动端交易额在整体交易额占比中均超过八成。2016 年移动支付快速增长，电商、航旅、游戏等行业的支付渠道正在快速地向移动端转移。移动支付业务量和金额比 2015 年同期分别增长 85.82% 和 45.59%。越来越多的线下商家开始接入微信支付和支付宝支付，百度钱包、苏宁易付宝等也开始向线下渗透，甚至一些没有刷卡机的小商家也将二维码作为客户消费结账的支付方式。

（资料来源：商务部《中国电子商务报告（2016）》）

任务一　认识移动电子商务

一、移动电子商务的概念

移动电子商务（m-commerce）由电子商务（e-commerce）的概念衍生而来，是指利用手机、PDA 及掌上电脑等无线终端进行的 B2B、B2C、C2C 或 O2O 的电子商务活动。它将互联网、移动通信技术、短距离通信技术及其他信息处理技术完美结合，使人们可以在任何时间、任何地点进行各种商贸活动，实现线上线下购物与交易、在线电子支付以及各种交易活动、商务活动、金融活动和相关综合服务活动等。

作为一种新兴的电子商务交易形式，移动电子商务是电子商务发展到一定时期的一种高级形态，并不能将其简单地界定为传统电子商务的延伸和扩展。因此，移动电子商务从本质上说归属于电子商务，它的产生和形成依靠通信技术推动，是适应市场发展与变化而出现的新商务模式。

二、移动电子商务的特点

与传统的电子商务活动相比，移动电子商务具有如下几个特点。

（1）更具开放性、包容性。移动电子商务接入方式无线化，任何人都更容易进入互联网，从而使网络范围延伸更广阔、更开放；同时，网络虚拟功能更有现实性，因而更具有包容性。

（2）不受时间和地域限制。移动电子商务是商业发展中利用移动终端访问因特网的一种新技术。移动网络具有覆盖普遍性的特点，在网络覆盖区用户可以随时使用移动终端进行电子商务交易，可以根据用户的个人喜好而定，在技术上消除了时间和地域的限制，使信息流可以随着移动设备的移动而移动。

（3）能更好确认用户身份。对传统电子商务而言，用户消费信用问题一直是影响其发展的一大问题，而移动电子商务在这方面显然拥有一定的优势。每一个移动用户对应一个全球唯一的 SIM 卡或 USIM 卡，这是移动用户身份识别的标志。随着我国通信用户实名制的实行，以此进行身份验证将越来越易执行。对于移动商务而言，这就有了信用认证的基础。

（4）更好地提供个性定制化服务。由于移动终端具有比 PC 机更高的可连通性与可定位性，因此移动商务提供商可以更好地发挥主动性，为不同顾客提供定制化的服务。例如，开展依赖于包含大量活跃客户和潜在客户信息的数据库的个性化服务，以及基于移动用户当前位置信息的个性化服务等，移动商务提供商可以进行更有针对性的广告宣传和服务提供，从而满足客户的需求。

（5）能提供基于位置的功能与服务。移动用户可以通过智能手机的 GPS 定位功能或通信系统中的 LAC 定位技术，随时随地获取所在地周围的各种信息，如交通情况、美食与娱乐信息等。采用 GPS 全球定位技术，可以帮助服务提供商更准确地识别用户所在位置，从而向用户提供与其位置相关的信息，如附近的旅游景点、酒店、美食、电影院等。

（6）移动电子商务领域更易于技术创新。移动电子商务领域涉及 IT、无线通信、无线接入、软件等技术，并且商务方式更具多元化、复杂化，因而在此领域内很容易产生新的技术。随着我国 4G 甚至 5G 网络的兴起与应用，这些新兴技术将转化成更好的产品或服务。所以移动电子商务领域将是下一个技术创新的高产地。

任务二 掌握移动电子商务的技术基础

一、移动通信技术

（一）移动通信的产生

移动通信是指移动体之间的通信，或移动体与固定体之间的通信。移动体可以是人，也可以是汽车、火车、轮船、收音机等在移动状态中的物体。简单来说，移动通信就是指移动用户与固定点用户之间或移动用户之间的通信方式。

1837 年，世界上第一台电磁式电报机的出现，宣告人类从此进入电通信时代。1844 年，莫尔斯利用“莫尔斯电码”发出了人类历史上的第一份电报，标志着长途电报通信开始进入历史舞台。1864 年，麦克斯韦提出的电磁理论预言了电磁波的存在。1888 年，赫兹用实验证明了麦克斯韦的电磁理论。电磁波的发现成为近代科学技术史上的一个重要里程碑。此后，俄国的波波夫、意大利的马可尼分别发明了无线电报，实现了信息的无线电传播，在人类通信领域产生了根本性的巨大变革，促进了无线电的诞生和电子技术的发展。从此，电信号作为人类信息传递的新载体，为人类的通信媒介和通信方式带来了巨大的技术革新，开启了人类通信的新时代。

20 世纪 20 年代初，美国底特律警察局将 2MHz 频段的无线电台安装在警车上做调度通信。1922 年，船舶上使用了无线电话。第二次世界大战后期，出现了将超短波电台装在指挥车上的单工通信系统。1946 年，美国建立了公用汽车电话网。接着，西德、法国、英国等国家都相继研制了公用移动电话系统。20 世纪 50 ～ 60 年代，我国主要在航空、海上、军事、铁路列车无线调度等领域使用短波波段开展专用移动通信。

20 世纪 70 年代，美国开始使用第一代无绳电话系统。1976 年，美国发射了 MARISAT 海事卫星，海上移动通信开始使用微波频段和卫星通信技术。20 世纪 70 年代末，美国、日本研制了服务范围划分为若干基站覆盖区的模拟蜂窝式移动电话通信系统。1979 年成立国际海事卫星组织，该组织的全球卫星系统于 1982 年开始向船舶、海上石油钻台等水上目标与岸站间提供通信业务。20 世纪 70 ～ 80 年代初，我国各种专用移动通信系统相继投入使用。

20 世纪 80 年代中期以后，移动通信得到了飞速发展；80 年代末，数字式无绳电话（CT2）系统在英国投入商用。接着北美的 CT2、瑞典的 CT3 等相继问世。西欧国家组成的移动通信特别小组（GSM）提出了窄带 TDMA 数字移动电话系统的标准，泛欧国家于 20 世纪 90 年代初开通数字蜂窝式移动电话通信系统。1991 年，我国开始使用北京海事卫星通信岸站。1992 年，数字式无绳电话（CT2）在深圳开通。集群调度系统也在北京、上海等城市投入运营。自此，移动通信技术在全球范围内迅速普及应用，开始了不断更新换代的新发展历程。

（二）移动通信的特点

移动通信主要有如下几个特点。

（1）移动通信必须利用无线电波进行信息传输。移动通信中，基站与用户之间必须靠无线电波来传送消息。这种传播媒质允许通信中的用户可以在一定范围内自由活动，其位置不受束缚。移动通信的运行环境十分复杂，电波不仅会随着传播距离的增加而发生弥散损耗，并且会受到地形、地物的遮蔽而发生“阴影效应”，而且信号经过多点反射，会从多条路径到达接收地点。此外，移动通信常常在快速移动中进行，这会使得电波传播特性发生快速的随机起伏，严重影响通信质量。

（2）移动通信是在复杂的干扰环境中运行的。除去一些常见的外部干扰，如天电干扰、工业干扰和信道噪声外，系统本身和不同系统之间，还会产生这样或那样的干扰。因为在移动通信系统中，常常有多部用户电台在同一地区工作，基站还会有多部收发信机在同一地点上工作，这些电台之间会产生干扰。

（3）移动通信可以利用的频谱资源有限。如何提高通信系统的通信容量，始终是移动通信发展中的焦点。为了解决这一问题，一方面要开辟和启用新的频段；另一方面要研究各种新技术和新措施，以压缩信号所占的频带宽度和提高频谱利用率。

（4）移动通信网络的管理和控制要求高。移动通信网络必须具备很强的管理和控制功能，诸如用户的登记和定位，通信（呼叫）链路的建立和拆除，信道的分配和管理，通信的计费、鉴权、安全和保密管理以及用户过境切换和漫游的控制等。

（三）几代移动通信技术

1．第一代移动通信技术（1G）

第一代移动通信技术（1G）是指最初的模拟、仅限语音的蜂窝电话标准，制定于 20 世纪 80 年代。1978 年底，美国贝尔实验室研制成功了全球第一个移动蜂窝电话系统即先进移动电话系统（advanced mobile phone system，AMPS）。5 年后，这套系统在芝加哥正式投入商用并迅速在全美推广，获得了巨大成功。

中国的第一代模拟移动通信系统于 1987 年 11 月 18 日在广东第六届全运会上开通并正式商用，采用的是英国 TACS 制式。从中国电信 1987 年 11 月开始运营模拟移动电话业务到 2001 年 12 月底中国移动关闭模拟移动通信网，1G 系统在中国的应用长达 14 年，用户数最高曾达到了 660 万。如今，1G 时代那像砖头一样的手持终端——“大哥大”，已经成为了很多人的回忆。

由于采用的是模拟技术，1G 系统的容量十分有限。此外，安全性和干扰也存在较大的问题。1G 系统的先天不足，使得它无法真正大规模普及和应用，价格更是非常昂贵，成为当时的一种奢侈品和财富的象征。与此同时，不同国家的各自为政也使得 1G 的技术标准各不相同，即只有“国家标准”，没有“国际标准”，国际漫游成为一个突出的问题。这些缺点都随着第二代移动通信系统的到来得到了很大的改善。

2. 第二代移动通信技术（2G）

自 20 世纪 90 年代以来，以数字技术为主体的第二代移动通信系统得到了极大的发展，短短的 10 年，其用户就超过了 10 亿。在中国，以 GSM 为主、窄带 CDMA 为辅的第二代移动通信系统只用了 10 年的时间，就发展了近 2.8 亿用户，并超过固定电话用户数，成为世界上最大的移动经营网络。

与第一代模拟蜂窝移动通信相比，第二代移动通信系统提供了更高的网络容量，改善了话音质量和保密性，并为用户提供无缝的国际漫游。具有保密性强、频谱利用率高、能提供丰富的业务、标准化程度高等特点。

第二代移动通信替代第一代移动通信系统完成模拟技术向数字技术的转变，但由于第二代采用不同的制式，移动通信标准不统一，用户只能在同一制式覆盖的范围内进行漫游，因而无法进行全球漫游。由于第二代数字移动通信系统带宽有限，限制了数据业务的应用，也无法实现高速率的业务如移动的多媒体业务。

3. 第三代移动通信技术（3G）

第三代移动通信系统的概念最早于 1985 年由国际电信联盟（International Telecommunication Union，ITU）提出，是首个以“全球标准”为目标的移动通信系统。第三代移动通信系统以宽带 CDMA 技术为主，能同时提供话音和数据业务，即可以提供包括语音、数据、视频等丰富内容的移动多媒体业务。2000 年 5 月，国际电信联盟确定了 3G 系统的三大主流标准分别是 WCDMA（宽带 CDMA）、CDMA2000 和 TD－SCDMA。

WCDMA 是当前世界上采用的国家及地区最广泛的、终端种类最丰富的一种 3G 标准。WCDMA 技术由 GSM 发展而来，在全球范围内已经得到了超过 60 个国家的应用，主要分布在欧洲、东南亚、中东、日本、韩国等地区或国家，是目前占据 3G 市场份额最大的技术。

CDMA2000 是目前商用的第二大 3G 通信技术，由美国高通北美公司为主导提出，是从窄频 CDMA One 数字标准衍生出来的。该技术并没有得到广泛的发展，CDMA2000 目前使用的地区只有日、韩、北美和中国，所以相对于 WCDMA 来说，CDMA2000 的适用范围要小些。

2000 年，我国的大唐电信公司提出了 TD－SCDMA 技术，TD－SCDMA（time divisionsynchronous code division multiple access，时分同步码分多址）是以我国知识产权为主的、被国际上广泛接受和认可的无线通信国际标准，是我国电信史上重要的里程碑。

4. 第四代移动通信技术（4G）

第四代移动通信技术（4G）又称“移动通信超级高速公路”，是在传统移动通信技术的基础上，运用OFDM（正交频分复用）等核心技术手段，进一步提高无线通信质量和效率的新兴通信技术。

4G集3G与WLAN于一体，能够快速传输数据，高质量音频、视频和图像等。4G能够以100 Mbps以上的速度下载，比目前的家用宽带ADSL快25倍，并能够满足几乎所有用户对于无线服务的要求。此外，4G可以在DSL和有线电视调制解调器没有覆盖的地方部署，然后再扩展到整个地区。因此，为用户提供超高的数据传输速度和高水平的通话服务质量是4G通信技术最大的优势特点。

2012年1月，国际电信联盟在国际无线通信年会上确立4G通信IMT－Advanced的国际标准，4G通信产业开始迅猛发展。我国于2013年12月正式向中国电信、中国移动和中国联通发放4G牌照，中国4G网络商用时代就此开启。截至2017年8月，我国移动宽带用户（即3G和4G用户）总数达到10.7亿户，其中4G用户总数达到9.3亿户，占移动电话用户的67.2%。

5. 第五代移动通信技术（5G）

第五代移动通信技术（5G）是新一代移动通信技术发展的主要方向，是未来新一代信息基础设施的重要组成部分。与4G相比，不仅将进一步提升用户的网络体验，同时还将满足未来万物互联的应用需求。从全球的发展态势来看，5G目前还处于技术标准的研究阶段，今后几年4G还将保持主导地位、实现持续高速发展，但5G有望在2020年正式商用。

2017年12月21日，3GPP国际标准组织在葡萄牙里斯本召开的5G国际标准全会上正式宣布：面向非独立组网的第一版5G新空口国际标准按计划完成。中国电信成为完成5G新空口标准的重要成员之一。在关键技术层面，为了完成5G国际标准制定的艰巨任务，中国电信自主研发了5G技术和系统仿真验证平台，为5G关键技术的深度探讨、选择和标准制定，提供了必要的科学依据与评判标准。

5G是我国实施“网络强国”“制造强国”战略的重要信息基础设施，更是发展新一代信息通信技术的高地。5G具有高速率、大容量、低时延的特性，其在物联网、智慧家居、远程服务、外场支援、虚拟现实等领域的应用，将开启一个万物互联的全新时代，对经济社会数字化、网络化、智能化发展意义重大。

（四）无线网络技术

广义的无线网络（wireless network）是指采用无线通信技术实现的网络，既包括允许用户建立远距离无线连接的全球语音和数据网络，也包括为近距离无线连接进行优化的红外线技术及射频技术，狭义的无线网络则主要是指后者。无线网络与有线网络的用途十分类似，最大的不同在于传输媒介的不同，利用无线电技术取代网线。目前与移动电子商务直接相关的，同时也是应用最普遍的无线网络技术主要有两种：无线局域网络（WLAN）和无线个域网络（WPAN）。

1. 无线局域网络（wireless local area network，WLAN）

WLAN是相当便利的数据传输系统，它利用射频技术和电磁波，在空中进行通信连接，通过简单的存取架构让用户达到“信息随身化、便利走天下”的理想境界。在无线局域网WLAN发明之前，人们要想通过网络进行联络和通信，必须先用物理线缆组建一个电子运行的通路，为了提高效率和速度，后来又发明了光纤。当网络发展到一定规模后，人们又发现，这种有线网络无论组建、拆装还是在原有基础上进行重新布局和改建，都非常困难，且成本和代价也非常高，于是WLAN的组网方式应运而生。

目前，无线局域网WLAN主要使用Wi-Fi技术。Wi-Fi是IEEE定义的无线网络技术，在1999年IEEE官方定义802.11标准的时候，IEEE选择了澳洲政府研究机构CSIRO发明的无线网技术并认定其是世界上最好的无线网技术，因此CSIRO的无线网技术标准就成为了2010年Wi-Fi的核心技术标准。

在实际应用中，WLAN的接入方式很简单，以家庭WLAN为例，只需一个无线接入设备——路由器，一个具备无线功能的计算机或终端（手机或PAD），没有无线功能的计算机只需外插一个无线网卡即可。有了以上设备后，具体操作如下：使用路由器将热点（其他已组建好且在接收范围的无线网络）或有线网络接入家庭，按照网络服务商提供的说明书进行路由配置，配置好后在家中覆盖范围内（WLAN稳定的覆盖范围大概在20～50 m之间）放置接收终端，打开终端的无线功能，输入服务商给定的用户名和密码即可接入WLAN。

无线局域网的不足之处主要在于：

（1）性能。无线局域网是依靠无线电波进行传输的。这些电波通过无线发射装置进行发射，而建筑物、车辆、树木和其他障碍物都可能阻碍电磁波的传输，所以会影响网络的性能。

（2）速率。无线信道的传输速率与有线信道相比要低得多。无线局域网的最大传输速率为1 Gbit/s，只适合于个人终端和小规模网络应用。

（3）安全性。本质上无线电波不要求建立物理的连接通道，无线信号是发散的。从理论上说，很容易监听到无线电波广播范围内的任何信号，造成通信信息泄漏。

2. 无线个域网络（wireless personal area network，WPAN）

WPAN是一种采用无线连接的个人局域网。它被用在诸如电话、计算机、附属设备以及小范围（个人局域网的工作范围一般是在10 m以内）内的数字助理设备之间的通信。支持无线个人局域网的技术包括：蓝牙、ZigBee、超频波段（UWB）、IrDA、HomeRF等，其中蓝牙技术在无线个人局域网中的使用最广泛。

蓝牙（bluetooth）是由东芝、爱立信、IBM、Intel和诺基亚于1998年5月共同提出的近距离无线数字通信的技术标准，是一种支持设备短距离通信（一般是10 m之内）的无线电技术。能在包括移动电话、PAD、无线耳机、笔记本电脑、相关外设等众多设备之间进行无线信息交换。透过芯片上的无线接收器，配有蓝牙技术的电子产品能够在10 m的距离内彼此相通，传输速度可以达到1 MB/s。

蓝牙有很多优点：支持语音和数据传输；传输范围大，可穿透不同物质以及在物质间扩散；采用跳频展频技术，抗干扰性强，不易窃听；使用在各国都不受限制的频谱，理论上不存在干扰问题；功耗低；成本低。当然，蓝牙也有劣势：传输速度慢；传输距离有限；存在易受病毒攻击、窃听、消息修改等安全问题。

蓝牙可应用于很多产品中，如电话、平板电脑、媒体播放器、机器人系统、手持设备、笔记本电脑、游戏手柄，以及一些高音质耳机、调制解调器、手表等。蓝牙技术在低带宽条件下临近的两个或多个设备间的信息传输十分有用。蓝牙最常用于电话语音传输（如蓝牙耳机）或手持计算机设备的字节数据传输（文件传输）。

二、移动通信终端

（一）移动通信终端设备

常见的移动通信终端设备包括手机、笔记本电脑、平板电脑、可穿戴设备等。

1．手机

手机也称为移动电话或无线电话，早期又有大哥大的俗称，是可以在较广范围内使用的便携式电话终端，最早是由美国贝尔实验室在1940年制造的战地移动电话机发展而来。手机从性能上来说可以分为智能手机和非智能手机。目前在市场上普及的基本上以智能手机为主。

智能手机是指像个人电脑一样，具有独立的操作系统和运行空间，可以由用户自行安装软件、游戏、导航等第三方服务商提供的程序，并可以通过移动通信网络来实现无线网络接入的手机类型的总称。随着超级快充、增强现实、人工智能、生物识别等新技术的突破，加上新材料、处理器及显示屏技术的进一步发展，智能手机将具备更多更新的属性，这将极大地提高用户体验。

根据相关市场调查数据，2017年在全球市场上销售量和利润领先的国际智能手机品牌主要是苹果和三星，此外，中国智能手机品牌发展迅猛，也获得了不俗的业绩。以往全球智能手机产业的利润主要被苹果和三星电子两家公司瓜分，如今中国华为、小米、OPPO、vivo等厂商已能够分得一杯羹。这主要得益于中国智能手机厂商精简供应链，以及中高端产品所占产品线的比例有所上涨。

2．笔记本电脑

笔记本电脑亦称笔记型、手提或膝上电脑，是一种小型、可方便携带的个人电脑。笔记本电脑的重量通常为1～3 kg。其发展趋势是体积越来越小，重量越来越轻，而功能却越来越强大。笔记本电脑跟PC的主要区别在于其便携性。

根据用途的不同，目前笔记本电脑主要分为游戏型笔记本、轻薄型笔记本和商务型笔记本这几种类型。其中，游戏型笔记本更注重游戏体验，轻薄型笔记本更注重便携属性，商务型笔记本更注重办公体验。

3．平板电脑

平板电脑的概念由微软公司在2002年提出，但由于当时的硬件技术水平还未成熟，而且所使用的Windows XP操作系统是为传统电脑设计，并不适合平板电脑的操作方式。2010年1月27日，在美国苹果公司发布会上，首席执行官史蒂夫·乔布斯发布了传闻已久的第一代iPad。iPad重新定义了平板电脑的概念和设计思想，取得了巨大的成功，从而使平板电脑真正成为了一种带动巨大市场需求的产品。2012年6月19日，微软在美国洛杉矶发布Surface平板电脑，由于Surface可以外接键盘，因此微软称这款平板电脑接上键盘后可以轻松变身为“全桌面PC”。

微软 Surface 结合了笔记本电脑和平板电脑的功能，因此又被称为“二合一”平板电脑。目前，许多国内外厂商都推出了这类二合一设备，二合一平板电脑现已非常常见。

4. 可穿戴设备

2012 年谷歌眼镜亮相，被称作“智能可穿戴设备元年”。在智能手机的创新空间逐步收窄和市场增量接近饱和的情况下，智能可穿戴设备作为智能终端产业下一个热点已被市场广泛认同。

可穿戴设备多以具备部分计算功能、可连接手机及各类终端的便携式配件形式存在，主流的产品形态包括手戴式（包括手表和腕带等产品），脚穿式（包括鞋、袜子或者将来的其他腿上佩戴产品），头戴式（包括眼镜、头盔、头带等），以及智能服装、书包、拐杖、配饰等各类非主流产品形态。

（三）移动通信终端操作系统

本书主要介绍两大操作系统：Google（谷歌）公司开发的 Android 系统和苹果公司开发的 iOS 系统。

1. Android 操作系统

Android 是谷歌于 2007 年 11 月 5 日发布的基于 Linux 平台的开源手机操作系统，该平台由操作系统、中间件、用户界面和应用软件组成。

2007 年 11 月 5 日，谷歌公司正式向外界展示了这款名为 Android 的操作系统，并且在这天宣布建立一个全球性的联盟组织。该组织由 34 家手机制造商、软件开发商、电信运营商以及芯片制造商共同组成，并与 84 家硬件制造商、软件开发商及电信营运商组成开放手持设备联盟来共同研发改良 Android 系统，这一联盟将支持谷歌发布的手机操作系统以及应用软件。谷歌以 Apache 免费开源许可证的授权方式，发布了 Android 的源代码。

Android 操作系统的平台优势主要有如下几点。

（1）开放性。Android 平台的优势首先就是其开放性，允许任何移动终端厂商加入到 Android 联盟中来。显著的开放性可以使其拥有更多的开发者，随着用户和应用的日益丰富，一个崭新的平台也将很快走向成熟。开放性对于 Android 的发展而言，有利于积累人气，这里的人气包括消费者和厂商，而对于消费者来说，最大的受益正是丰富的软件资源。开放的平台也会带来更大竞争，如此一来，消费者将可以用更低的价位购得心仪的手机。

（2）丰富的硬件。这一点还是与 Android 平台的开放性相关，由于 Android 的开放性，众多的厂商会推出千奇百怪、各具功能特色的产品。而这些功能上的差异和特色，却不会影响到数据同步，甚至软件的兼容。

（3）方便开发。Android 平台提供给第三方开发商一个十分宽泛、自由的环境，不会受到各种条条框框的阻挠。但这也有其两面性，涉及血腥、暴力、情色的程序和游戏如何控制正是留给 Android 难题之一。

（4）Google 应用。从搜索巨人到全面的互联网渗透，Google 服务如地图、邮件、搜索等已经成为连接用户和互联网的重要纽带，而 Android 平台手机将无缝结合这些优秀的 Google 服务。

2. iOS 操作系统

iOS 是由苹果公司开发的移动操作系统。苹果公司最早于 2007 年 1 月 9 日的 Macworld

大会上公布这个系统，最初是设计给 iPhone 使用的，后来陆续套用到 iPod touch、iPad 以及 Apple TV 等产品上。iOS 与苹果的 Mac 操作系统一样，属于类 Unix 的商业操作系统。原本这个系统名为 iPhone OS，因为 iPad、iPhone、iPod touch 都使用 iPhone OS，所以 2010 年在 WWDC 大会上宣布改名为 iOS。

iOS 操作系统的设计特点主要体现在如下方面。

（1）安全。iOS 专门设计了低层级的硬件和固件功能，用以防止恶意软件和病毒；同时还设计有高层级的功能，有助于在访问个人信息和企业数据时确保安全性。为了保护隐私，从日历、通讯录、提醒事项和照片获取位置信息的 app 必须先获得许可。iOS 支持加密网络通信，它可供 app 用于保护传输过程中的敏感信息。如果设备丢失或失窃，可以利用“查找我的 iPhone”功能在地图上定位设备，并远程擦除所有数据。一旦 iPhone 失而复得，还能恢复上一次备份过的全部数据。

（2）商务使用。iOS 兼容 Microsoft Exchange 和标准服务器，可发送无线推送的电子邮件、日历和通讯录。iOS 在传输、设备内等待和 iTunes 备份三个不同阶段为信息分别加密，确保数据安全。可以安全地通过业界标准 VPN 协议接入私人企业网络，公司也可以使用配置文件轻松地在企业内部署 iPhone。

（3）学习。有了 iOS，iPhone、iPad 和 iPod touch 即可变为出色的学习工具。可使用日历来追踪所有的课程和活动，提醒事项发出的提醒，准时赴约并参加小组学习，还可利用备忘录 app 随手记下清单内容。可以借助内置 WLAN 功能在网上进行研究或撰写电子邮件，甚至还可以添加照片或文件附件；使用语音备忘录录制采访、朗读示例、学习指南或课堂讲座。无论是查找单词定义、练习法语词汇，还是查找腰脊柱的位置，都能在 app store 里找到相应的 app。

三、移动电子商务安全

（一）移动电子商务的安全威胁

由于无线通信数据传输的开放性和共享性，网络安全比较脆弱，很容易被木马入侵、黑客攻击；使用人员使用不当，也会导致安全机制被破坏，从而导致信息的泄漏。移动电子商务的安全威胁主要包括以下方面。

（1）无线窃听。在无线网络中，传输的所有内容是在无线信道上进行的，无线信道又是一个开放的信道，因此在传输过程中很容易被拦截解码和监听。无线窃听可以导致通信信息和数据的泄漏，而移动用户身份和位置信息的泄漏可以导致移动用户被无线追踪。这些对于无线用户的信息安全、个人安全和个人隐私都构成了潜在的威胁。

（2）假冒攻击。攻击者利用之前截获到的合法用户身份进行商业诈骗，发送伪造通知、欺骗短信，伪装成用户来获取商业信息，并修改用户相关信息。攻击者还可以将收到的有用信息延时传给信息接收端，获得网络授权。

（3）病毒与黑客。病毒不仅仅存在于有线网络中，在无线网络中的移动终端同样会被感染，而且传播速度更快。手机病毒要传播和运行，必要条件是移动服务商提供数据传输功能，而且手机需要支持 Java 等高级程序写入功能。具备上网及下载等功能的手机都可能会被手机病毒入侵。黑客通过技术手段或利用无线接收器侵入网络，非法获取或破坏源数据和系统资源。目前，大部分网络系统还是使用口令来防止黑客的非法访问，口令一旦被盗取，安全就有问题了。

（4）数据篡改。当攻击者获得了通信信道后，可以在原数据上进行恶意的修改和插入、伪造信息等，从而对信息造成破坏。甚至利用虚假连接，让服务商和客户端以为已连接上，而拒绝客户端的正常访问，破坏正常通信。

（二）移动电子商务的安全需求

安全的移动电子商务系统应能够确保交易安全可靠，包括网络通信系统安全和数据完整，从而避免移动电子商务交易过程中遭受黑客或木马攻击。一个安全完整的移动商务系统应该做到以下几点。

（1）数据保密性。信息访问需要用户拥有相关权限，授权后，能够访问相应范围内的信息数据，在传输过程中也要有绝对的保密性，即使在中途被截获也不能让人破解传输的数据流。

（2）数据完整性。确保数据信息在传输和存储过程中的完整程度，不允许非授权用户进行修改。

（3）数据可用性。数据资源对授权用户是开放的，能够随时进行使用。

（4）数据真实性。数据本身要确保真实，同时使用者身份也必须是真实的。

（5）身份认证。由于网络的开放性及无门槛性，更应对用户进行身份认证以确保移动电子商务交易过程中的安全性、有效性，使得每次交易都具备法律效力。

（三）WPKI 技术

PKI 即公开密钥体系，是利用公钥理论和技术建立的提供信息安全服务的基础设施。它是国际公认的互联网电子商务的安全认证机制，利用现代密码学中的公钥密码技术在开放的 Internet 网络环境中提供数据加密以及数字签名服务的统一的技术框架。目前，公钥体系广泛用于 CA 认证、数字签名和密钥交换等领域。

WPKI 即“无线公开密钥体系”，它是将互联网电子商务中 PKI 安全机制引入到无线网络环境中的一套遵循既定标准的密钥及证书管理平台体系，用它来管理在移动网络环境中使用的公开密钥和数字证书，有效建立安全和值得信赖的无线网络环境。

WPKI 并不是一个全新的 PKI 标准，它是传统的 PKI 技术应用于无线环境的优化扩展。它采用了优化的 ECC 椭圆曲线加密和压缩的 X. 509 数字证书。它同样采用证书管理公钥，通过第三方的可信任机构——认证中心（CA）验证用户的身份，从而实现信息的安全传输。WPKI 主要应用于移动电子商务和网上银行等领域。

任务三 掌握移动电子商务的主要应用

一、社交类移动商务应用

（一）社交网络的发展阶段

社交网络即社交网络服务，源自英文 SNS（social network service）。

社交网络大体经历了以下发展过程。

1. 早期概念化阶段

最早出现的社交网站之一——六度（six degree）创建于 1997 年。六度网站的创建是基于这样的理念：世界上任何两个陌生人之间只需不到六个人就能彼此相识。由于网站不能产生足够的利润支撑运营，网站于2000年关闭。

1967年，美国哈佛大学的心理学教授Stanley Milgram想要描绘一个连结人与社区的人际联系网，做过一次连锁信实验，结果发现了“六度分隔”（six degrees of separation）现象。六度分隔现象（又称为“小世界现象”，small world phenomenon），可通俗地阐述为：“你和任何一个陌生人之间所间隔的人不会超过六个，也就是说，最多通过六个人你就能够认识任何一个陌生人。”“六度分隔”说明了社会中普遍存在的“弱纽带”，但是却发挥着非常强大的作用。有很多人在找工作时会体会到这种弱纽带的效果。通过弱纽带，人与人之间的距离变得非常“近”。

2. 结交陌生人阶段

Friendster网站由乔纳森·艾布拉姆斯于2002年创立，是第一个包括了今天所有社交网站所具有大部分功能的网站。到了2004年，该网站的注册人数超过了软件可以负载的规模，结果导致网站运行速度变得很慢，MySpace、Facebook等竞争对手乘机取而代之。2009年底，Friendster被马来西亚网络支付巨头MOL Global收购。2011年7月，社交网站Friendster完成重大改版后重新上线。

3. 娱乐化阶段

MySpace是一个集结交、个人信息同享、即时通信等多种功用于一体的互动路径，其产品形状跟QQ空间差不多。与腾讯不同的是，MySpace的诞生只是因为推行公司的一个项目。2003年，由两名热爱音乐的员工用10天的时间仿照Friendster做出后，立马就被母公司的管理层看中并期望它能吸引用户，方便他们更好地推销产品。

2005年春天，MySpace创始人兼CEO德沃尔夫访问了扎克伯格和他的团队，并透露出收购Facebook的意向。扎克伯格给出了7500万美元的报价，德沃尔夫拒绝了，而当他们第2次谈论这个问题时，Facebook已经是7.5亿美元的报价。同样是在2005年，MySpace以5.8亿美元的报价被默多克的新闻集团收购。2011年6月，MySpace被新闻集团以最初收购价的6%，3500万美元转卖给媒体和广告公司Specific Media。

4. 社交图阶段

2004年2月，当扎克伯格还是一名哈佛大学学生时，创办了Facebook。到当月月底，半数以上的哈佛本科生已经成了注册用户。之后网站开始推广，Facebook扩展到麻省理工学院、波士顿大学和波士顿学院；扩展一直持续到2004年4月，包括了所有常春藤院校和其他一些学校。网站的名字Facebook来自传统的纸质“花名册”。通常美国的大学和预科学校把这种印有学校社区所有成员的“花名册”发放给新来的学生和教职员工，帮助大家认识学校的其他成员。

5. 云社交阶段

随着移动互联网的发展，用户的需求不断增加，数据存储问题纷至沓来，如果将数据存储在移动终端，庞大的数据库无疑将成为移动终端的累赘，也非常不利于用户之间的信息分享，而这也将直接影响着用户的体验。微信作为时下最流行的社交平台，借助腾讯的庞大用户数据，已形成近乎完美的社交关系链，而且实现了多平台的共享，但在移动互联网，数据存储也成为影响用户体验的最大桎梏。

微云收藏功能整合进微信，相当于在微信客户端开放了“云服务器”的入口。此功能的实现，不仅成功解决了用户的数据存储问题，而且让用户之间的数据分享、资讯搜索都变得非常方便；不仅解决了移动社交的数据存储问题，也成为微信从即时社交应用跨越到全方位社交平台的最佳契机。微信改革与创新，将打造“云社交”模式而重新定义移动社交新概念。

（二）我国主要移动社交 APP

1. 腾讯微信

腾讯公司成立于1998年11月，是目前中国领先的互联网增值服务提供商之一。微信是腾讯公司于2011年1月推出的一个为智能终端提供即时通信服务的免费应用程序。截至2017年第一季度，微信和“WeChat”（海外版微信）的合并月活跃账户数达到9.38亿，成为目前国内最为流行的、普及面最广的社交软件。

从2011年上线至今，微信用一种纯粹的创新理念，为数以亿计用户的生活带来改变。综合即时沟通、娱乐社交和生活服务为一体的新移动生活方式在微信里逐步形成。用户可以通过发送语音、图片和文字信息实现多种形式的即时沟通；“摇一摇”及“附近的人”创造了一种全新的社交体验；“朋友圈”分享生活点滴，带动熟人社交；“游戏中心”及“表情商店”提供更多娱乐休闲生活体验；“公众平台”让每一位用户都能打造自己的品牌，也让更多的创新不断涌出；微信支付更是开启了移动生活的大门；小程序连接更多线下商家与线上用户。

2. 腾讯 QQ

QQ 是腾讯公司1999年2月推出的一款横跨 PC 和移动互联网时代的即时通信平台。截至2017年第一季度，QQ 月活跃账户数达8.61亿，最高同时在线账户达到2.66亿。

丰富的功能和趣味的玩法，让 QQ 成为中国年轻用户最喜爱的社交平台之一。用户可以随时随地与好友聊天、视频、斗图，用主题、气泡、挂件等个性装扮让自己与众不同，在这里结交趣味相投的新朋友；用厘米秀开启年轻人专属的个性化聊天模式；畅游在动漫、文学、手游的娱乐海洋里；体验 QQ 钱包带来话费充值、网购、转账收款的全新移动支付方式。

3. 新浪微博

新浪微博是一个为大众提供娱乐休闲生活服务的信息分享和交流平台，于2009年11月由新浪公司正式推出和上线。截至2017年第一季度，新浪微博月活跃用户达3.4亿。

凭借用户规模的优势，新浪微博成为内容生产者传播信息和与粉丝互动的重要平台，明星名人和媒体也普遍将新浪微博作为信息首发平台，不断增加的优质内容又吸引了更多用户使用新浪微博。这样的正向循环不但使新浪微博的用户规模和活跃度持续增长，还推动了新浪微博内容生态的优化。随着短视频成为重要的信息消费和社交互动载体，新浪微博也大力推动垂直领域意见领袖加强视频生产，推动视频消费活跃。随着企业用户对于社交营销的理解日渐成熟，对社交广告传播性、互动性，以及关系沉淀的使用逐渐熟练，社交营销的魅力也逐渐展现。

4. 百度贴吧

百度贴吧由百度公司开发，是一个结合搜索引擎建立的在线交流平台，于2003年12月正式上线。百度贴吧的创意是：让那些对同一个话题感兴趣的人们聚集在一起，方便地展开交流和互相帮助。

百度贴吧是一种基于关键词的主题交流社区，它与搜索紧密结合，准确把握用户需求，为兴趣而生。贴吧的组建依靠搜索引擎关键词，不论是大众话题还是小众话题，都能精准地聚集大批同好网友，展示自我风采，结交知音，搭建别具特色的“兴趣主题”互动平台。百度贴吧目录涵盖社会、地区、生活、教育、娱乐明星、游戏、体育、企业等方方面面，它为人们提供一个表达和交流思想的自由网络空间，并以此汇集志同道合的网友。

（三）我国移动社交电商发展

社交电商指利用社交媒体帮助消费者作出决策及获取产品和服务的电子商务活动。具体而言是指基于人际关系网络，借助社交媒介（微博、微信等）传播途径，以通过社交互动、用户自生内容等手段来辅助商品的购买，同时将关注、分享、互动等社交化的元素应用于交易过程之中，是电子商务和社交媒体的融合，以信任为核心的社交型交易模式，是新型电子商务重要表现形式之一。简单地说，就是企业通过社交网络推广产品、提供信息服务，用户则从社交网络平台获取信息资源、购买商品。

根据中国电子商务研究中心《2016 年中国消费者网络购物消费洞察报告与购物指南》，微信、微博等社交媒体在消费者购物信息的获取中扮演了非常重要的角色，并已成为淘宝、天猫、唯品会等电商网站的消费者了解购物网站的最主要途径。移动社交平台成为主要流量入口，也让社交商业异军突起。除了用户的基数庞大，社交电商的火爆还依托于社交电商“流量场景碎片化、推荐信息内容化、推广渠道媒体化、用户管理大数据化”的优势。这些优势并不是一朝一夕出现的，而是随着市场的发展、用户的积累，逐渐累积起来的。

二、出行类移动商务应用

（一）移动打车 app

移动互联网的发展彻底改变了人们的出行方式，与传统的电话召车与路边招手相比，移动打车 app 的诞生改变了传统打车市场格局，颠覆了路边拦车的概念。它利用移动互联网特点，将线上与线下相融合，从打车初始阶段到下车使用线上支付车费，画出一个乘客与司机紧密相连的 O2O 完美闭环。同时最大限度优化乘客打车体验，改变传统出租司机等客方式，让司机师傅根据乘客目的地按意愿“接单”，节约司机与乘客沟通成本，降低空驶率，最大化节省司乘双方资源与时间。

在目前的打车 app 排行榜里，“滴滴出行”以明显优势排名第一。2012 年 7 月 10 日，北京小桔科技有限公司成立，经过 3 个月的准备与司机端的推广，“滴滴打车”9 月 9 日在北京上线；2015 年 9 月 9 日，“滴滴打车”更名为“滴滴出行”，并启用新 logo——一个扭转的桔色大写字母 D。

根据“滴滴出行”官网介绍，滴滴在中国 400 余座城市有近 3 亿用户，提供出租车召车、专车、快车、顺风车、代驾、试驾、巴士和企业级等全面出行服务。第三方数据显示，滴滴拥有 87% 以上的中国专车市场份额，99% 以上的网约出租车市场份额。“滴滴出行”致力于以共享经济实践响应中国互联网创新战略，与不同社群及行业伙伴协作互补，运用大数据驱动的深度学习技术，解决中国的出行和环保挑战；提升用户体验，创造社会价值，建设高效、可持续的移动出行新生态。

（二）移动租车 app

移动互联网的发展也推动了汽车租赁市场向智能终端应用发展。用户只需打开租车app 移动端，就可以完成从下单、付款到还车的全部过程，汽车租赁行业将汽车租赁和O2O 电子商务模式整合，从而更好地为客户提供服务。

神州租车成立于2007 年9 月，是中国汽车租赁行业的领跑者。神州租车积极借鉴国际成熟市场成功的汽车租赁模式，并结合中国客户的消费习惯，提供短租、长租及融资租赁等专业化的汽车租赁服务。根据神州租车官网数据，截至2015 年12 月，神州租车在国内74 个主要城市设有738 个服务网点，服务个人客户过百万、企业客户近万家，是目前中国最大的全国性大型连锁汽车租赁企业。

神州租车 app 可确定用户所在位置并查找附近的租车门店，方便用户查找最近的门店，享受租车服务；同时用户可以在地图中查看所有可提供服务的神州租车门店信息，还可以选择所有神州租车可提供出租的车辆，并选择最近的门店进行租车。

（三）共享单车 app

共享单车是指企业在校园、地铁站点、公交站点、居民区、商业区、公共服务区等提供自行车（单车）共享服务，属于分时租赁模式。

中国共享单车市场经历了三个发展阶段。2007—2010 年为第一阶段，由国外兴起的公共单车模式开始引进国内，由政府主导，单车多为有桩单车。2010—2016 年为第二阶段，专门经营单车市场的企业开始出现，但公共单车仍以有桩单车为主。2016 年至今为第三阶段，随着移动互联网的快速发展，以摩拜为首的互联网共享单车应运而生，更加便捷的无桩单车开始取代有桩单车。

共享单车具有自由度高、低价格、低碳环保等特点，使用频率较高，颇受年轻人青睐。自 2016 年开始，互联网共享单车如井喷一般出现在国内各大城市的大街小巷，到年底已出现摩拜、ofo、小蓝、小鸣、骑呗、一岁单车、Hello 单车、永安行、智享单车、优拜等众多共享单车公司进入市场角逐。互联网共享单车大都采用手机 app 扫码开锁、计费、付费的形式，甚至有些公司与支付宝、微信合作，不用下载 app 就能使用，给共享单车用户带来了极大的便利。根据相关调查数据显示，2016 年中国共享单车市场用户数量已达到2800 万人。2016 年中国共享单车知名度分布中，摩拜单车以44. 6% 的知名度占比居于首位，其次为 ofo 共享单车和优拜单车。摩拜单车以及 ofo 共享单车在知名度的领先，主要源于两家平台在市场先入的优势以及投放覆盖地域的广度。然而，尽管用户数量庞大、知名度高，各共享单车企业几乎都仍处在不断投入、未见盈利的亏损阶段。2017 年下半年，共享单车行业进入洗牌期，市场份额进一步集中到摩拜和 ofo 两家名下，同时多家共享单车企业因经营不善导致停止运营、倒闭或者被收购。2018 年，摩拜被美团收购，ofo 负责累累、濒临倒闭，这一曾经发展过快、竞争异常激烈的行业如无法改变以融资维持资金链的“烧钱”发展模式，行业的寒冬仍将持续。

三、服饰类移动商务应用

随着移动互联网的发展，人们开始追求更便利的购物方式。相较于传统的服装零售业，移动服饰 app 具有明显优势：①方便快捷，无须到实体店去，可随时查看商品，多方比价；②有专人教穿搭，根据穿衣风格和穿衣需求搜索衣服，和众多品味相近的陌生人分享穿搭经验；③即使不购物，也可以随时关注时尚潮流的方向，满足众多消费者只逛不买的爱好。

服饰类 app 的类型主要包括综合购物型、主营服饰型、服饰穿搭型。

（一）综合购物型 app

作为国内最早推出移动 app 的电商企业，手机淘宝/天猫在移动服饰销售领域无疑是领军企业，开创了移动服饰销售的先河，成为国内移动服饰销售领域最有影响力的 app。天猫服饰在服装服饰 B2C 中占有近八成市场份额，一直在服饰时尚保持绝对领先。除此之外，京东、当当等综合型购物平台也占据较大市场份额。

天猫服饰结合大数据，从消费者购衣诉求的角度，将服饰类消费者分为以下四类。

第一类是潮流引领者。关注时尚走秀、国外的街拍、各种潮流的资讯，买的商品都是最顶尖、最好、最早上市的。

第二类是品质用户。只买好的，不一定买贵的，关注材质、版型、包装、配送等，对服务要求苛刻。

第三类是实用主义者。这是数量最多的人群，非常关注实穿性和满足不同场景需要，比如合身、显瘦，比如运动、登山等。

第四类是价格敏感型。每一次大促、商场打折就会产生购买。

（二）主营服饰型 app

从 2011 年开始，许多主营服饰销售的企业也争相登上移动电商的舞台，如唯品会等进行品牌服饰销售的移动 app。由于其销售对象的专一性和专业性，受到了服饰消费人群的喜爱。

唯品会信息科技有限公司（VIPS）成立于 2008 年 8 月，总部设在广州，旗下网站于同年 12 月 8 日上线。唯品会的主营业务为互联网在线销售品牌折扣商品，涵盖名品服饰鞋包、美妆、母婴、居家等各大品类。唯品会率先在国内开创了特卖这一独特的商业模式，加上其“零库存”的物流管理以及与电子商务无缝对接的模式，唯品会得以在短时间内在电子商务领域生根发芽。2009 年 10 月，掌上唯品会上线（唯品会手机版）。2013 年 1 月，唯品会正式定位为一家专门做特卖的网站，更明确地诠释了唯品会的经营模式和内容。2013 年 9 月，唯品会上线腾讯微信支付功能。2017 年 6 月，唯品会正式宣布将定位语从“一家专门做特卖的网站”升级为“全球精选 正品特卖”。

（三）服饰穿搭型 app

在移动购物十分普及的环境下，人们购衣不再满足于自己穿搭，而是希望更多地听取他人的意见，跟上流行的趋势。服饰穿搭类 app 应运而生，为消费者介绍时尚的穿衣风格，推荐潮人的搭配方案。目前在市场上排名靠前的主要有蘑菇街、美丽说等。

蘑菇街 2011 年 2 月上线，创立宗旨是：为所有女性消费者提供更多更好的购物决策。蘑菇街在导购领域有很高的用户粘度和购买转化率。2011 年 7 月和 8 月，蘑菇街分别推出移动端 iOS 版本和 Android 版本。自成立以来，蘑菇街开创了全新的社交电商商业模式，聚合社交生活、娱乐资讯、互动直播、时尚购物，为新一代年轻时尚女性用户提供从美妆、穿搭分享到时尚购物的一站式消费体验。

美丽说 2009 年 11 月创立，几年间快速吸引了上千万年轻时尚爱美的女性用户，成为中国年轻女性最青睐的时尚风向标。在这个垂直的时尚领域中，爱好时尚的人可以聚在一起分享包括服饰、美容等时尚话题的内容，并评论相关商品。美丽说于2011年4月正式启动移动互联网战略，之后陆续推出iOS及安卓平台的客户端。

2016年6月15日，蘑菇街和美丽说合并，联合其他产品方，成立了美丽联合集团，覆盖时尚消费的各个领域，满足不同年龄层、消费力和审美品位的女性用户日常时尚资讯与时尚消费所需。

四、游戏类移动商务应用

根据艾媒咨询的研究数据，2016年中国手机游戏市场，用户规模达5.23亿人，市场规模783.2亿元。2017上半年中国手游发行商市场份额占比中，腾讯占比最大，达到41.2%，其次网易达到28.5%，第二梯队领先者三七互娱位于腾讯和网易之后，占比5.1%。排名第一的腾讯拥有渠道优势，不仅发行自研产品，还与众多研发商合作，代理发行；排名第二的网易凭借研发与流量优势，占比接近三成。2017年，腾讯公司推出的"王者荣耀"手机游戏火速成为最热手游，激发了中国手游市场的活力。但上线以来大量未成年人沉迷其中，引来社会和媒体质疑。之后，腾讯游戏宣布推出防沉迷系统，但防沉迷系统的效果仍然受到质疑。

未来中国手机游戏市场的发展趋势主要体现在以下方面。

（1）手游呈现精品化与重度化趋势，棋牌类手游热度将延续。未来手游厂商需重点提升产品品质，往精品化、重度化方向进化发展，打造更多现象级品牌吸引用户关注，引领行业良性发展。棋牌类手游作为一款休闲益智的游戏，一直深受中老年用户的青睐，随着中国网民数量的持续攀升，智能手机的普及与中国人口老龄化的速度加快，棋牌类手游热度将延续。

（2）有望调整行业手游渠道的垄断现状。目前，中国手游渠道被腾讯、百度和360垄断，尤其是腾讯集游戏发行与渠道分发于一身。渠道垄断抬高了手游发行商成本，不利于行业良性发展。阿里巴巴入局手游行业，各大厂商尝试自身官方渠道下载手游的方式有望打破渠道垄断，再加上中国精品手游的缺乏将降低渠道商话语权。

（3）泛娱乐或将成为手游厂商营收的重要增长点。泛娱乐以IP为核心，基于互联网与移动互联网的多领域共生，打造明星IP的粉丝经济，可以是一个故事、一个角色或者其他任何大量用户喜爱的事物，手游厂商的泛娱乐化不仅指将影视、小说和动漫等制作成手机游戏，同时也包括将游戏改编成影视，围绕IP手游生产周边产品等。中国网民数量庞大，而且还在继续增长。随着手游厂商的泛娱乐化布局逐渐完善，泛娱乐或将成为手游厂商营收的重要增长点。

（4）手游厂商的地域集中度将进一步提高。手游厂商选择公司地址时，会更多地考虑离流量源近的地方，北京、上海、广州、杭州和成都是全国手游玩家最密集、付费最多的几个城市，大部分手游厂商集中在这几个城市；基于手游产业的发展基础与资源，未来手游厂商的地域集中度将进一步提高。

五、教育类移动商务应用

随着移动互联网的发展，人们的学习习惯也随之改变。移动智能终端的普及和移动数据网络基础的完善，为移动教育的发展提供了技术条件，日趋成熟的互联网技术加快了移动教育市场的发展，移动教育以便捷、高效的特点不断获得用户的青睐。根据相关监测数据显示，2016 年中国移动教育用户规模达到 3.5 亿人，市场规模为 23.6 亿元。用户的不断增加，无疑证明了移动教育市场巨大的发展空间。

根据艾瑞咨询的研究报告，目前我国移动教育的形式已经渗透到教育行业的各个细分领域，其发展特点体现在以下几个方面。

（一）移动教育 app 的产品类型

在四大身份主体——学习者、教师、家长、教学机构——之间，移动教育领域内出现了五种基本产品类型：内容型、工具型、平台型、管理型和社区型。其中内容型产品最为传统和主流，也孕育出了目前相对成熟（可盈利）的商业模式：B2C 直播教学。而工具型产品最易爆红，可迅速获得客户但后续盈利转化存在挑战。总体来看，目前市场上热门的产品多为优质内容型（知识/资讯、真人课程）或实用工具型（搜题答疑、词典、口语练习），且均以手机 app 为载体。

（二）移动教育 app 的应用场景

在现有技术条件下，轻量化、碎片化、结构化的学习需求更容易在移动端上实现，如家校沟通、费用支付等学习辅助需求；而越是接近于学习的核心环节，知识越复杂、越具有系统性，就越难以承载在移动端上。从这个角度来看，学前启蒙和语言学习领域因知识难度小（轻量）、知识间的联系相对不紧密（碎片）、更易实现结构化，而天然具有强移动属性。目前，已有企业意识到这一点，致力于把知识拆解成最小单元再做重组，降低学习的难度，以期优化用户在移动端的学习体验。然而总体来看，受知识本身难以结构化和人类大脑学习节奏的限制，移动产品现阶段并不适合进行复杂、系统的学习。

（三）移动教育 app 的流量偏好

如果把在线教育产品的线上流量来源分为 PC 端和移动端，那么目前来看，越是学习外围环节，由于其轻量化、碎片化的属性，来自移动端的流量就越多，来自 PC 端的流量就越少。目前在最外围的学习过程辅助环节，各个企业的在线产品几乎全部在从 PC 端向移动端迁移，甚至彻底放弃 PC 端的开发运营，仅支持手机端使用，移动端的流量占比总体高于 80%。而在核心学习环节，由于学习时间较长，PC 端的大屏幕易于观看、且不需要用户手持设备并保持设备稳定，符合用户过往习惯，所以用户仍倾向于使用 PC 端进行学习，目前移动端流量占比总体在 30% 左右。

六、金融类移动商务应用

移动金融是以移动互联网为基础，以移动终端和应用为载体的金融服务的总称。从内容上看，包含移动银行、移动支付、移动证券和移动理财等方面。

（一）移动银行

移动银行（mobile banking service）也可称为手机银行，主要功能是利用移动通信网络及终端办理相关银行业务。作为一种结合了货币电子化与移动通信的崭新服务，移动银行业务不仅可以使人们在任何时间、任何地点处理多种金融业务，而且极大地丰富了银行服务的内涵，使银行能以便利、高效而又较为安全的方式为客户提供传统和创新的服务。

根据中国金融认证中心（CFCA）发布的 2017 年数据显示，随着移动趋势持续深化，手机银行用户比例首度与网上银行持平。同时，网上银行和手机银行的进一步普及也大大蚕食了电话银行的用户比例。通过拥抱互联网、物联网、人工智能、大数据等最新科技成果，中国的金融机构们即将奔向智慧化发展的浪潮。

（二）移动支付

移动支付（mobile payment），也称为手机支付，是指交易双方为了某种货物或者服务，使用移动终端设备为载体，通过移动通信网络实现的商业交易。

目前移动支付的使用方法主要有短信支付、扫码支付、指纹支付、声波支付和刷脸支付等。

（1）短信支付。手机短信支付是手机支付的最早应用，将用户手机SIM卡与用户本人的银行卡账号建立一种一一对应的关系，用户通过发送短信的方式，在系统短信指令的引导下完成交易支付请求，操作简单，可以随时随地进行交易。

（2）扫码支付。扫码支付是一种基于账户体系搭起来的新一代无线支付方案。在该支付方案下，商家可把账号、商品价格等交易信息汇编成一个二维码，用户通过手机客户端扫描二维码，便可实现与商家账户的支付结算。

（3）指纹支付。指纹支付即指纹消费，是采用目前已成熟的指纹系统进行消费认证，通过指纹识别即可完成消费支付。

（4）声波支付。声波支付则是利用声波的传输，完成两个设备的近场识别。其具体过程是，在第三方支付产品的手机客户端里，内置有“声波支付”功能，用户打开此功能后，用手机麦克风对准收款方的麦克风，手机会播放一段“咻咻咻”的声音。

（5）刷脸支付。刷脸支付，是基于人工智能、生物识别、大数据风控技术，最新实现的新型支付方式。目前包括支付宝、微信、京东以及银行机构都在尝试刷脸支付方式。

（三）移动证券

移动证券是指基于移动通信网的数据传输功能，来实现用手机等智能移动终端进行信息查询和交易的新一代无线应用炒股系统。

随着移动互联网技术的发展，移动端app已成为券商竞争的焦点之一。一方面，券商app可通过提供标准化服务降低交易成本，另一方面，也提升了用户体验。如今，国内券商都在加快手机app平台的建设和优化。根据2017年8月数据显示，在证券服务应用app的榜单上，华泰证券的“涨乐财富通”、国泰君安的“君弘”和平安证券的“平安证券”分别以555.91万、362.50万、357.09万的月活跃用户数，占据行业前三位。

（四）移动理财

移动互联网的发展对理财领域影响也日益显著，目前互联网理财一大趋势便是通过移动端理财，移动端理财已经逐渐超过PC端。相较于PC端，移动端应用从便利性、灵活性、即时性等用户体验上都使得以往看上去“高高在上”的各类金融机构变得更加具有“亲和力”，并因此在近几年开始成为主要的用户流量入口。金融行业各巨头，不论传统金融还是新兴的互联网金融平台都纷纷布局移动端应用开发，以期在移动理财市场占据一席之地。

2015年8月15日，腾讯旗下微众银行上线微众银行app；3天后，阿里巴巴旗下蚂蚁金服推出了蚂蚁聚宝app，聚焦的同样是移动端；就在蚂蚁金服推出蚂蚁聚宝同一天，京东金融宣布，京东金融app 3.0将于近期改版上线，提出大数据理财和社交理财战略。

任务四 认识移动电子商务的发展趋势

一、我国移动互联网发展趋势

目前我国移动互联网进入平稳发展期，未来将体现以下发展趋势。

1. 基础设施建设红利向农村快速释放、延伸

随着国家扶贫攻坚战的全面展开，移动互联网在精准扶贫中将起到至关重要的作用。未来网络基础设施的全覆盖将为农村地区旅游、电商等方向的创业扶贫打下坚实基础。“三农”创业浪潮方兴未艾，阿里巴巴、京东、苏宁等互联网企业都积极布局农村电商市场。

2. 创新“移动互联网 +”，与实体经济深度融合发展

移动互联网与第三产业融合发展将实现较大的跨越发展，移动电子商务、网约车等对整个产业的结构调整、创造利润、吸纳就业具有非常重要的作用。与第二产业的融合将进一步推进，主要是在生产环节，推动智能制造、智慧制造，提高生产效率；与第一产业的融合蓄势待发，主要在流通环节，通过配套金融、物流产业链，创新发展绿色农业、生态旅游、特色文化等产业。

3. 构建大平台生态圈，向海外市场延伸

微信、支付宝的生态圈覆盖了社交、金融、支付、电商、出行等各个场景服务，两者的竞争将是两大生态圈的竞争。在国家政策鼓励下，中国企业将更积极向海外拓展，将技术能力、服务能力与海外本土化需求相结合，创造更大价值。

4. 带动智慧产业发展，促进基本公共服务均等化

移动互联网在民生领域的普及和应用，把“人与公共服务”通过数字化的方式全面连接起来，通过政务微博、政务微信、政务 app 等载体形式，到达公共服务的“最后一公里”，有利于大幅提升社会整体服务效率和水平。

此外，随着我国移动互联网进入稳健发展期，行业整体向内容品质化、平台一体化和模式创新化方向发展。首先，各移动应用平台进一步深化内容品质提升，专注细分寻求差异化竞争优势；其次，各类综合应用不断融合社交、信息服务、交通出行及民生服务等功能，打造一体化服务平台，扩大服务范围和影响力；最后，移动互联网行业从业务改造转向模式创新，引领智能社会发展，从智能制造到共享经济，移动互联网的海量数据及大数据技术的应用，为社会生产优化提供更多可能。

二、我国移动电子商务发展趋势

近年来，我国移动电子商务发展迅速，发展趋势主要体现在以下几个方面。

1. 全渠道、线上线下融合发展

在移动电商时代，一方面，消费者的需求和网购发展环境均有较大改变，用户希望随时随地精准购买到所需的商品和服务；另一方面，由于商品供大于求，单一渠道发展的增量空间有限，线上和线下均在布局全渠道发展。线下消费体验和线上购物便利的双向需求将带来线上和线下购物期望值的融合，未来线上线下融合是新零售时代的重要发展趋势。

2. 社交化分享是移动电商时代新营销方式

与传统电子商务企业通过一个平台聚集所有商家和流量的中心化模式不同，去中心化的电子商务模式是以微博、微信等移动社交平台为依托，通过自媒体的粉丝经济模式的分享传播来获取用户，消费者的购买需求会在人们碎片化的社交场景中被随时激发。

3. 内容化、粉丝化、场景化成为发展新方向

移动电商时代，用户的消费路径和习惯发生了很大的变革，消费需求场景化，移动购物模式多样。内容化、粉丝化和场景化成为吸引流量的新方式。各大移动电商网站纷纷布局内容营销。垂直品类经济或人群经济成为发展新趋势。

4. 移动电商将提供愈加精准的服务

随着国民经济快速发展，人民生活水平提高，各方面消费力量兴起。一方面，“90后用户”“女性用户”等从不同角度细分的用户群体成为消费新动力；另一方面，用户更加注重商品品质，更多选择符合自身特征的商品。在此基础上，基于特定品类和特定人群的垂直经济成为新的发展趋势。

5. 大数据将成为移动电商核心驱动引擎

美国互联网数据中心指出，互联网上的数据每年增长50%，且增速仍处于逐渐升高状态。随着互联网计算处理技术的逐渐成熟，大数据开始应用到各行各业。移动电商流量红利渐失，大数据将成为新的利益推动点，在精准匹配供求信息、个性化推荐、用户偏好预测、优化页面等方面发挥作用，提升运营效率。

【同步训练】

一、选择题

1. （　　）年，世界上第一台电磁式电报机的出现，宣告人类从此进入电通信时代。

A. 1888　　B. 1922　　C. 1864　　D. 1837

2. 当前世界上采用的国家及地区最广泛的、终端种类最丰富的一种3G标准是（　　）。

A. TD－SCDMA　　B. WCDMA　　C. GSM　　D. CDMA2000

3. 我国的大唐电信公司提出了（　　）技术，这是以我国知识产权为主的、被国际上广泛接受和认可的无线通信国际标准。

A. TD－SCDMA　　B. WCDMA　　C. GSM　　D. CDMA2000

4. （　　）是我国实施“网络强国”“制造强国”战略的重要信息基础设施，更是发展新一代信息通信技术的高地。

A. 5G　　B. 2G　　C. 3G　　D. 4G

5. 一个安全完整的移动商务系统应该做到（　　）。

A. 数据保密性　　B. 数据完整性　　C. 数据可用性　　D. 数据真实性

6. QQ是腾讯公司（　　）年2月推出的一款横跨PC和移动互联网时代的即时通信平台。

A. 2009　　B. 2011　　C. 2001　　D. 1999

7. 移动教育领域内出现的基本产品类型包括（　　）。

A. 内容型　　B. 工具型　　C. 管理型　　D. 平台型

二、填空题

1. 中国的第一代模拟移动通信系统于________年在广东第六届全运会上开通并正式商用。

2. 与第一代模拟蜂窝移动通信相比，第二代移动通信系统具有________、________、________、________等特点。

3. 第三代移动通信系统的概念最早于1985年由国际电信联盟提出，是首个以“________”为目标的移动通信系统。

4. 4G集________与________于一体，能够快速传输数据、高质量、音频、视频和图像等。

5. 应用最普遍的无线网络技术主要有两种：________和________。

6. 社交网络的发展经历了________；________；________；________；________等五个阶段。

7. 微信是腾讯公司于________年1月推出的一个为智能终端提供即时通信服务的应用程序。

8. 除了用户的基数庞大，社交电商的火爆还依托于社交电商“________、________、________、________”的优势。

9. 移动打车app利用移动互联网特点，将线上与线下相融合，从打车初始阶段到下车使用线上支付车费，画出一个乘客与司机紧密相连的________完美闭环。

10. 共享单车具有________、________、________等特点，使用频率较高颇受年轻人青睐。

11. 2017年6月，唯品会正式宣布将定位语从“________”升级为“________”。

三、简答题

1. 移动电子商务的特点有哪些?
2. 移动通信的特点有哪些?
3. Android操作系统的平台优势主要体现在哪些方面?
4. iOS操作系统的设计特点主要体现在哪些方面?
5. 移动电子商务的安全威胁主要有哪些?
6. 什么是WPKI技术?
7. 中国共享单车市场经历了哪三个发展阶段?
8. 天猫服饰将服饰类消费者分为哪四种类型?
9. 中国手机游戏市场的发展趋势主要体现在哪些方面?
10. 移动支付的使用方法主要有哪些?
11. 我国移动互联网的发展趋势主要体现在哪些方面?
12. 我国移动电子商务的发展趋势主要体现在哪些方面?

四、实践题

1. 手机登录微信或支付宝，总结分析其各项功能的作用和影响。
2. 从你的手机下载的app中，选择你最常用的一个或多个，详细阐述其特点和用途。

项目十　电子商务网站建设

【引例】中国服装网

中国服装网（www. efu. com. cn）成立于2001年7月，是国内领先的服装行业门户网站、主流网络媒体；提供专业的B2B电子商务、网络营销等互联网应用服务；创建网上虚拟服装产业链，在服装上下游产业之间搭建桥梁和纽带；主营网络营销推广、网络广告发布、电子商务交易、企业网站建设、诚信会员服务等五大业务。服装品牌包括LOIS、GUESS、卓凡妮·华伦天奴、梦特娇、海澜之家、富贵鸟、杉杉、雅戈尔、庄吉、七匹狼、艾格、欧时力、高邦、美国U牌、哈根、波司登、帕兰朵等等，为相关企业提供了专业的互联网应用服务。

中国服装网的成功因素分析如下。

首先，在2001年以前，服装专业网络销售这一领域在中国网络上是空白，而中国服装网恰恰填补了这一空白。

其次，成功的盈利模式是其持续发展的保障。该网站的盈利模式为“会员+广告”，通过收取会员费和投放广告费，网站取得了很好的收益。成功招商是品牌服装企业迅速构建全国营销网络、抢占市场份额、降低市场费用、提高营销效率的有效办法。专业的电子网络是品牌服装企业解决这一问题的有效途径，这些企业也就成为其会员，带来会费和广告收入。

一个好的网站能为企业客户提供完善的服务，加强企业与客户的联系，不仅能提高企业的运营效率，还能大大提高企业的经济效益。进入21世纪后，随着电子商务的日益发展，企业商务网站能使企业如鱼得水，商务网站的建设在企业的电子商务活动中起着举足轻重的作用。建设一个好的电子商务网站，将会是企业在商务活动中的一个新的制胜法宝。

【学习目标】

- 认识电子商务网站建设
- 掌握电子商务网站系统分析与规划
- 掌握电子商务网站的设计
- 熟知电子商务网站实现技术
- 熟知电子商务网站的管理与维护

任务一 认识电子商务网站建设

一、电子商务网站的定义

电子商务是通过信息网络来实现产品和服务的交换的活动，而在Internet上建立商务网站是电子商务目前主要的实现形式。企业电子商务站点是企业在互联网上设立的一个商业系统，它由众多网页（包括主页和普通页面）、后台数据库等构成，并具备一定的电子商务功能。

电子商务网站是树立企业形象和实现现代化办公的标志，是与用户交流及沟通的窗口，是买方与卖方信息交汇与传递的渠道，是企业或商家展示其产品与服务的舞台，是企业或商家体现其形象和经营战略的载体。它具有对网站进行在线管理的功能，如对产品图片和文字进行编辑、修改、删除、替换，能及时反映公司最新动态和新产品；还能收集新老客户资料，进行等级管理，实现对一些保密资料的分级浏览；为方便客户在线订购，可以开辟网上咨询订购系统，让客户像在超市一样把所有产品放入购物车中进行在线订购；也可以开辟商务洽谈室，在线进行洽谈；可以由公司设置一些主题进行网上调查，也可由访客提交一个主题来开展讨论。

对于一个企业来说，电子商务网站就是“工厂”“公司”或“经销商”；对于一个商家来说，电子商务网站就是“商店”“商场”或“门市部”；对于一个政府机构来说，电子商务网站就是“宣传窗”“接待处”或“办公室”。

电子商务网站是在软硬件设施基础上，通过Internet相互连接起来，为用户提供网页服务、文件传输服务、邮件服务、数据库服务等多种服务的信息载体。它通过虚拟主机或主机托管的方式进行存放和运作，网站一般拥有固定的域名。

总之，电子商务网站是一个真正的符合国际商务惯例，具有国际商务功能的先进国际电子商务平台，能够展现一个公司全方位的动态信息，帮助企业管理者建设一个具有国际商务能力的现代化公司。

二、电子商务网站建设的必要性

Internet在全世界正以几何级速度发展，据统计，截至2018年12月，我国网民规模达8.29亿，互联网普及率为59.6%，是世界第一大网络人口国家。同时，我国网络购物用户规模达6.10亿，网民使用率为73.6%。这么惊人的增长趋势，将给企业带来无限的发展空间。在互联网不断普及与发展的同时，互联网正以其独特的方式逐渐改变着企业的经营模式、运作模式。在现代激烈的竞争下，企业通过建立Web站点，作为对外宣传、提供企业服务和业务咨询的窗口，并由此树立企业的良好形象，已经成为时代发展的必然。

（1）树立企业的形象。企业电子商务网站有利于树立和提高企业形象，增强企业与客户之间的亲和力，提高企业对客户的服务水平及客户服务效率，同时大幅提高企业员工的信息化水平。

（2）增强客户与企业的交流与沟通。企业的电子商务网站能很好地为客户提供在线咨询及反馈，把企业的客户服务提高到一个新的高度，增强客户与企业的交流与沟通，帮助企业以更快的速度了解客户需求，同样客户也能从企业的电子商务网站快捷地获得企业对产品的售前及售后服务。

（3）发展更多的潜在合作伙伴。企业建设电子商务网站一个重要的目的就是提供在线交易服务，让客户实现足不出户完成对产品的浏览、购买意向的确定以及与企业进行产品交易行为。为客户与企业之间形成互通及企业内部办公自动化，最终构建企业电子商务打下坚实基础。利用网站“无处不在，无时不在”的优势，企业可以与全国乃至全世界的潜在客户建立超商业沟通与联系。企业网站可以帮助企业把握广阔的国际发展空间，开拓企业的业务空间。

（4）减少业务开支经费。广播、报纸、电视等传统媒体以及传统的通信工具，如电话、传真等，不但昂贵，并且受到时间、空间等多方面的限制，大大影响了企业的经营效率与经营效益。信息网络正成为人们获得信息、实现社会多种功能的主要载体，因而抓住时机实施企业电子商务，可以改善企业的信息化建设、产品销售和客户服务在传统方式下资源比重失调的问题，极好地扩大企业在行业领域的知名度及企业的信息资源。

三、电子商务网站的建设流程

商务网站的建设一般分成六个阶段来进行。它们分别是前期工作、总体规划、网站设计、技术实现、测试发布、网站维护，如图10－1所示。

（1）前期工作。包括资料收集和注册域名。

（2）总体规划。网站的总体规划是一个企业网站的灵魂所在，这对于企业网站的建设乃至日后的运作、维护和更新都是至关重要的。

（3）网站设计。网站设计是在总体规划的基础上进行的。

（4）技术实现。在网站总体规划和设计的基础上，企业相关人员就可以结合一定的技术开始整个网站的建设了。

（5）测试发布。对网站的前后台开发都完成后，需要对两者进行整合和测试。

（6）网站维护。网站的维护主要包括对前台网页的更新和后台数据库的管理和维护。

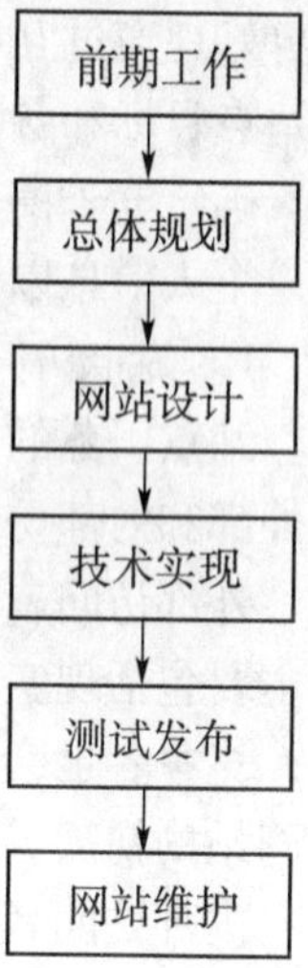

图10－1　网站的建设流程

任务二　掌握电子商务网站的系统分析与规划

电子商务网站的设计与管理是一项复杂的系统工程，是企业对内部业务流程进行整合、对内部信息资源与外部信息资源进行集成、更有效地开展经营与管理的过程。电子商务网站建设的系统分析与规划不仅是企业电子商务战略管理的需要，还可以促进企业基础管理的信息化和经营管理现代化，从而调动企业员工投入电子商务的积极性。

一、网站需求分析

（一）网站需求分析的必要性

对于商务网站来说，确定网站的目标客户十分重要。只有清楚地确认谁是站点的客户，他们需要什么，他们的兴趣何在……企业才可能在站点上提供他们所需要的内容和信息。只有让企业的站点吸引目标客户，并用站点所提供的信息留住他们，企业的站点才可能取得成功。

网站的需求分析主要是指在充分了解企业客户的业务流程、所处环境、企业规模、行业状况的基础上，分析客户表面的、内在的、具有可塑性的各种需求。对客户进行需求分析有如下优点。

（1）有了客户需求分析，企业可以了解潜在客户在需求信息量、信息源、信息内容、信息反馈等方面的要求。

（2）有了客户需求分析，企业网站能为客户提供最新、最有价值的信息。

（二）确定网站的目标客户

公司需要明确站点的服务对象，从中确定关键人物。这些关键人物既包括公司内部主要机构人员，也包括供应商和大客户，甚至在某些情况下还包括政府部门。设立站点是为了更好地通过互联网将价值链上下游更紧密地联合在一起，因此必须考虑他们的意见，保证站点目标和各有关方面需求之间的无摩擦联接。

确定电子商务站点的服务对象，必须对访问者有清晰的定义。详尽的访问者定义包括用户个人信息以及他们的访问目的。确定电子商务站点的访问者需要采取以下两个步骤。

1．确定访问者的范围

站点服务的关键人物显然包含在访问者之中。公司电子商务站点的访问者可以分为公司外部和内部访问者。

外部访问者的存在是显而易见的，为他们服务本来就是建立网站目标所在。外部访问者主要包括现实或潜在客户、供应商、政府以及其他组织和个人。在竞争激烈的市场环境中，竞争者也会访问公司的商务网站了解公司的竞争战略，虽然这种情况可能有违公司设立网站的初衷。股东作为特殊的群体，也是不可忽视的访问者。

内部访问者要么被忽略，要么网站仅仅反映参与站点建设的部门的需求。长时间以来，信息系统部门负责建设公司的网站，以至于这样的网站仅仅是反映了他们的意志，却忽略了其他重要的部门（如市场部）的需求。事实上，公司组织结构图上的每个部分的需求都要得到反映，而不仅仅是总裁办公室或者市场营销部门。

在确定访问者范围时，设计人员要着眼于公司整个大的经营环境，同时又不能仅仅向外看而忽略了内部访问者，比较好的方法仍然是选择关键人物，充分倾听各方需求，以价值链和组织机构图为起点，将每一个节点具体化为一类访问者。

2．确定访问者的访问目的

通常来说，不同访问者具有不同的访问目的。

公司的主顾可能通过访问网站，了解产品和服务的种类和价格情况，进行在线采购，也可能因为偶然购买了劣质产品而在网站上大吐苦水，提出刻薄意见。供应商也许通过定期访问网站以了解公司产品生产计划，并推测库存情况，调整相应的产品生产计划。竞争者肯定会通过网络试图了解公司战略。其他外部访问者也许碰巧通过其他厂商提供的链接进入，如果公司的站点确实有值得一看的信息，那么他们还会再来的。如果商务站点可以做出相应对策，提供与公司战略相匹配的信息，很显然，公司可以从外部竞争中获益。

内部访问者同样将通过站点获取所需信息。比如，制造部员工可以得知客户对产品的评价，研发部可以了解客户的技术偏好，市场部将利用反馈信息制定特别的促销方案，各个部门可以通过站点了解其他部门的处境，以更好地进行协调。

在确定了访问者后，分析他们的访问目的是比较容易的。通过召开由各类型访问者组成的讨论会，或者采用市场调查中经常采用的电话访问、邮寄问卷等方法，设计人员可以获得大致印象，再根据需要对个别类型做进一步了解。有时，如果同行业中有竞争者建立了较为成熟的站点，设计人员也可以借鉴，再按照公司实际情况加以调整和改善。

显然，要满足所有访问者的所有访问目的，不仅效率低下，同时也是不可行的。但关键一点是，要在倾听各方意见后，根据重要性程度的不同加以协调，而不是在站点设计之初就武断地将一部分访问者拒之门外，不论是有意的还是无意的。

二、技术可行性分析

技术方面的可行性分析，就是根据现有的技术条件，分析所提出的要求能否达到。通过与相关人员的沟通，把企业拟建站点的目的清楚地记下来。当网站设计人员初步确定后，项目负责人必须安排合适的时间和计划来进行正式的准备工作。在大量基础性准备工作完成后，可以提炼出关键问题的清单，以帮助企业确定网站的任务和目标。

（一）公司的任务或目标

任务或目标是公司之所以存在的根本原因。在公司决定改变经营模式之前，公司的任务和目标一直是明确的；在运用流行的高效率的电子商务模式时，它们也许可以改变，但不应该模糊。如果无法明确公司的任务和目标，公司商务站点就不能给访问者以清晰的结构，妨碍他们获得正确信息。这样的商务站点注定是要失败的。

当然，在转向电子商务模式时，很多公司会发现他们不得不重新设计公司的任务和目标，以适应网络时代的特征，并因此对他们的传统业务进行重组。

（二）站点的近期目标和远期目标

企业网站能帮助企业提高运作效率，但不可能一步到位，因此，公司必须区分网站近期目标和远期目标。一个简单的例子是，初期提供公司产品和服务的种类与价格的在线查询和订购，以后根据市场供求状况提供实时定价。任何事先定义的远期目标，在更长时期内看来也不过是近期目标，但它提供了未来发展的方向，并易于实现从近期目标到远期目标的平稳过渡。

（三）站点的访问者

正如无法提供市场上所有的产品那样，公司不能指望在互联网上获得所有用户的欢心。公司所能做的，就是像它在传统业务领域里对市场进行细分那样，对用户分类，寻找符合公司战略发展的访问者，即网站营销对象，优先满足他们的信息和服务需求。

如前所述，电子商务包括 B2B 和 B2C 等不同的模式。公司营销对象可以由此分为组织和个人，但这种初步分类是远远不够的。针对前者，可以按地域、经济、文化等进行细分；针对后者，可以按年龄、性别、收入等进行细分。公司营销对象不同，商务站点所要到达的目标和呈现的风格就不同。对营销对象进行识别和归类，并以此为根据设立商务站点，就可以更好地为目标受众服务，提供更相关的产品和服务，从而更易取得电子商务的竞争优势。当然，公司应该从擅长的产品和服务出发来界定访问者，而不能为增加访问者而改变在传统市场上的制胜法宝。

（四）站点提供的信息

商务站点的设立，在很大程度上就是让现实和潜在的消费者在线获得公司产品和服务的相关信息，以便为其消费决策提供依据。相关信息越丰富、越详细，访问者在线购物的体验越接近真实状态，访问者会对公司在线销售的产品和服务更加了解，也更愿意购买。因此，公司在建设商务站点时，必须根据提供的产品和服务为访问者提供尽可能详细的资料，并在成本与效益的平衡中做出决定。

三、经济可行性分析

经济可行性分析主要是对开发项目的成本与效益做出评估，即分析新系统所带来的经济效益是否超过开发和维护网站所需要的费用。

网站费用包括设备费用、开发费用、运行费用、维护费用、培训费用等。

网站收益主要包括直接收益和间接效益。

直接效益：是指网站系统交付使用后，在某一时期能产生的明显经济效益。一般来说，网站投入使用后，只有通过一段时间的运作、维护和宣传后，才可能逐步产生效益。

间接效益：企业内部站点的建设，特别是那些大量从事数据处理的信息系统，目前表现出的是间接的经济效益，主要包括：①工作效率提高，从而提高了企业管理水平；②节省人力，减轻了有关业务人员手工处理的工作负担；③及时给企业领导提供决策信息；④提高了企业素质，例如在人员培训方面的作用，促进业务的规范化、程序化，促使有关管理方式与体制的合理改革。

任务三　掌握电子商务网站的设计

一、网站的实施方式

通过系统分析，企业首先可确定商务网站的实施方式。商务网站的实施主要有外包、租借和自行建立三种方式。

（一）外包

有许多专业化的公司可以帮助企业迅速建立电子商务网站体系。在互联网上，速度就是胜利。企业如果能先于竞争对手建立自己的电子商务网站，就可以取得在互联网上的优势。比较而言，将电子商务网站的实施工作外包出去，有如下好处。

1）迅速建立电子商务网站

速度也意味着减少花费。专业公司有专业人员负责网站的策划、设计、开发、维护和推广，他们有着丰富的经验，使用专业化工具，与同业有着密切的工作联系和技术交流，可以及时解决开发过程中意想不到的问题。在很多情况下，企业自行建立电子商务网站，可能要花上6个月甚至更多，而专业公司可以在几天之内完成主页的设计制作。

2）获得定制的电子商务方案

与单纯购买电子商务软件包不同，将任务外包出去，可以要求专业公司根据企业的实际需要定制专用的电子商务解决方案，比如在方案中集成自动付费、税收和运输跟踪等功能。如果企业的运作方式与软件包提供的功能很匹配，购买软件包固然可以实现电子商务，但是这样的系统不能提供企业所要求的一些特征，即使方案现在可能很适用，但是将来也可能过时。而承担建设网站的专业公司则不同，会根据企业不同时期的需要对电子商务网站进行调整甚至重新设计，这在提倡增值服务的今天是一种流行趋势。

3）可以节省开发费用

专业公司有许多完善的通用模块，可以很方便地根据客户需要调整，因而减少了开发设计的工作量。同时，他们有一套比较成熟的开发程序、方法，避免了自行设计时的弯路。在需要其他同行协助的情况下，他们可以凭借自身对行业的了解，以比较合理的价格获取服务，因此有助于整体费用的节约。

4）可以获得专业化的服务

或许获得专业化的服务才是企业将电子商务网站的实施外包出去的关键原因。

企业的电子商务网站建设是一个系统，不仅仅是主页、电子邮件和在线订购。将电子商务网站的实施外包，更重要的是要获得专业公司提供的网上支付和物流配送服务。对于很多打算进行电子商务的公司来说，最大的问题不是建立网站或接受订单，运输和生意的完满结束才是企业面临的最大困难。通过将工作外包出去，公司可以不需自己的卡车，只需将客户订购的货物委托给专业运输公司。例如，联合包裹运输公司（UPS）和联邦快递（FedEx）能够与电子商务伙伴商议，帮助建立运输系统。而且他们将数据库开放，使得客户可以在网上查询包裹的去向。类似地，通过专业公司，可以在电子邮件处理、建立虚拟销售网点等方面获得专业服务，大大提高了工作效率。

许多公司都可以提供这类服务。如IBM公司目前提供网上银行、网上订票、网上邮政超市等一系列成套电子商务解决方案。IBM针对中国企业的实际情况推出的电子商务解决方案如下：硬件，即RS/6000服务器（43P150），是Unix系统首选的运行平台，具有优异的稳定性与可扩展性；软件，即Web Sphere Application Server 2.02标准版，可以帮助客户建立由点到线成面的大型销售渠道。

中国东方航空公司是这方面的成功案例之一，在IBM及其业务合作伙伴的共同开发下开通了中国第一个完整的网上订票与支付系统。该系统包括基于SET标准的支付网关、认证中心及电子钱包等项目，同时使用工商银行牡丹卡可以实现在线支付和购票功能。

（二）租借

企业也可以在由所谓的门户网站提供的电子商务方案中租用甚至免费获得空间。这是一种最简单的电子商务建设方案，企业只需要提供企业及产品的资料，其余如网站的维护等技术性事务，甚至促销、收款以及物流配送均可由门户网站提供。

例如，阿里巴巴网站（1688.com）提供给注册会员免费空间建立样品房。一旦有了自己的样品房，企业可以展示产品并提供企业信息，满足最基本的电子商务需要。当然企业需要先申请成为它的会员。通过注册成为会员，可以获得诸如免费《商情特快》、公司链接等其他服务。中国制造网则为试图进入电子商务领域的经营实体提供更进一步的服务。凡是依法注册、现实存在的经营实体，都可以在该网站免费注册。网站将按照商家的意愿为商家设计图文并茂的网页，免费上载所有商品的目录、价格与图片，免费登录分类广告。此外，电商网站为登录的“在线商店”提供统一的包装与宣传、统一的数据库管理、统一的目录分类和搜索，并负责网页技术支持与维护。在配送方面，该网站与中国邮政合作。此外，该网站与招商银行合作，使用“一卡通”为支付工具，保障客户付款的安全性。企业打算在该网站开设在线商店，需要注册成为会员，具体步骤如下：①完整填写用户资料表格；②查收确认邮件，电商网站会将用户代码和临时密码用电子邮件通知企业；③使用用户名和临时密码完成注册确认；④交纳信用保证金。如果企业希望成为高级、VIP 会员，还需按汇款单格式汇款。

租借方案通常成本较低，风格简洁，而且包括很多常用的特征。整个商店通过 Web 进行管理。企业不必安装任何软件，只需查看一下，配置一些设置，输入产品信息，然后就可以继续进行在线商务了。这种方式很适合小型企业甚至由个人经营的虚拟企业。选择电子商务门户网站时，考虑的因素主要是租金和网站的访问量。

租借方案的缺点是这样的服务可能不支持企业想要的视觉效果。为了避免安装和配置的复杂性，门户网站一般只提供几种方式。如果企业有特殊需要，则不宜选择这种方案。此外，以这种方式开设的电子商务，企业没有独立的 T1 地址和域名，进一步发展将受制约。

（三）自行建立

规模较大的企业都有自己的信息部门。自行开发就是使用企业自身的技术力量，按照电子商务网站的计划书，设计、开发、维护和推广网站。这种方法可以实现企业想要的方案，但是需要经验、时间和相当大的预算。优点是企业可以建立独特和有竞争力的特征和功能。

有很多应用程序引擎可以帮企业实现这些特征，几乎可以用任何程序语言建立商业程序。很多早期的基于 Web 的商业界面是用 Perl 或 C++ 编制的。最近，很多工作是用微软的 Active Server Pages 和 Allaire 的 ColdFusion 开发环境开发的。此外，Pandesic 发布了一个基于可以通过 Active Server Page 技术访问的一套电子商务对象的新平台。

以这种方式自建电子商务网站，企业只需要设计数据库，然后把配套的税收、付费的处理软件模块与主程序集成到一起。ASP 和 ColdFusion 可以与最流行的第三方方案合作来帮助理顺事务处理需求，但是要保证能顺利地开发应用程序。

香港 I-Engine 公司向打算自行建设电子商务网站的企业提供免费的拍卖引擎。企业只需填写表格，下载相应的拍卖引擎，就能为企业的网站增加拍卖和直销功能，实现在线拍卖和销售企业产品。目前，该公司免费提供的产品有 q-Auction、q-Trading 和 q-Ordering，分别是双向、单向拍卖引擎和直销引擎。

上述三种方案对于企业建立电子商务网站都是可行的。评价这些不同的方案时，企业不应该只考虑方案的直接标价，而要考虑到进行二次开发（满足企业特殊需求）的代价。通常在开始时很便宜的方案，往往在其中增加新功能的代价却很大。因此必须在实施方案前斟酌各种因素，再最终确定网站的实施方案。

根据上述的三种网站实施方案，企业进行电子商务站点的建设，其内部组织结构也要相应有所调整，相应地有以下几种类型。

（1）如果将站点建设和维护的工作外包出去，企业并不需要在组织结构上进行改变，只需指定专门人员负责与专业公司的协调工作。

（2）对于大型企业，可设网络资源管理部门（Web/Internet resource executive，WIRE）实现公司整体协调。美国Maloff营销战略咨询公司主席Joel Maloff认为，设立WIRE部门来管理公司网络资源并协调其他部门是一个有创意的观点，只要一开始就明确其目的、地位和职能，可以起到协调公司发展、提高公司整体效率的作用。当然，WIRE的合格人选要具备以下条件：优秀的处理人际关系的能力；较广的网络和电子商务知识；一定的商业知识；经得起考验的项目管理和协调能力；有效地配合高层管理层的工作能力；同时担任领导者和促进者两种角色的能力；优秀的倾听意见、吸取有用信息的能力。

（3）如果企业自行建设商务站点，同时企业的规模不大，维护站点的工作量不大也不复杂，企业可以设置网络管理员（Web master）一职。根据加拿大酿酒业龙头企业Molson网络项目负责人的观点，网络管理员的工作权限与杂志编辑类似。网络管理员应具备如下基本素质：同时处理多项任务/品牌/创新的能力；财务预算管理和规划能力；对各种Web设计语言和工具较为熟练；能与企业的信息系统相协调；较强的设计能力；较强的沟通能力；良好的人际关系。

二、虚拟主机和服务器托管

企业建设自己的Web服务器时需要投入很大资金，包括架设网络、安装服务器，运转时还需要投入很大资金租用通信网络。因此，一般企业建设Web服务器时，都是采取服务器托管、虚拟主机、租用网页空间、委托网络服务公司代理等方式进行的。这让一些目前没有条件或暂时没有建立网站的企业也可以马上开展网络营销。对于企业建设自己的Web服务器方法见前面介绍，这里主要介绍目前常用的造价较低的几种形式。

（一）虚拟主机

对于希望在Internet网上拥有自己的Web站点，但不愿支付数据专线通信费用及配置Web服务器的软硬件费用的企业或个人，可以选择虚拟主机的方式。虚拟主机是指在ISP或ICP的服务器硬盘上开辟出一块空间存放用户的网页，即在Web服务器的Root目录下建立用户的私人目录，并通过域名解析把该目录作为用户网站的根目录。这样，用户只需要设计好自己的网页并发布到服务商的网站上，就可以共享服务商的网络出口带宽、网络设备、服务器空间等资源，建立自己的主页，供世界各地的Internet用户访问。

虚拟主机服务商一般能为用户提供5～100MB的硬盘空间，允许企业通过FTP对站点进行不限次数和流量的远程管理，并可免费为企业提供电子邮件信箱。虚拟主机一般是通过附属于服务商的域名来访问，少数服务商能够提供CGI目录、数据库及ASP运行权限等服务，以支持动态网页的运行。

申请虚拟主机服务只需支付服务器空间的租用费，没有流量费用，是成本最低的建网方式。年租费一般为1000～10000元，视申请的站点空间数量、服务商的网络出口带宽等的不同而不同。但是虚拟主机的方式有着致命的弱点，首先是难以对数据库应用提供有效的支持，在开通了ASP、CGI等运行权限的主机上，用户也只能进行诸如Access等简单的文件型数据库操作；其次是用户自行设计的网页受到服务商系统平台环境的限制，经常遇到不能正常运行的情况，如ASP网页不能发布在Unix服务器上，PHP网页不能直接发布在Windows NT服务器上；由于不拥有IP地址，不能通过独立的域名来访问虚拟网站，商业运作困难。另外，还存在虚拟主机服务提供商为追求经济效益，不控制虚拟网站数量，造成 Web 服务器访问瓶颈。所以，虚拟主机适合用于个人或企业建立信息量较少、信息管理不复杂的“静态”网站，不适合用于电子商务网站。

（二）服务器托管

服务器托管，又称为主机托管，是指用户将自己的 Web server 等服务器设备托放在托管商的机房里，使用托管商提供的 IP 地址，通过托管商的局域网连上 ChinaNet 等 Internet 骨干网。这是托管商针对拥有自己的独立域名和服务器，但没有管理和维护能力或没有租用通信线路的用户所提供的业务。所托管的服务器设备由托管商代为管理和维护，其内容由用户通过远程登录来维护。托管商一般是各地的数据通信营运部门，他们的网络出口带宽有富余，可以提供给普通用户使用。用户选择服务器托管的目的是共享高速网络传输带宽（10 M，甚至 100 M），花较少的钱提升网站访问速度。由于托管是自行准备服务器设备，用户可以按照需要建设自己的网站，如灵活选用操作系统、数据库系统、动态网页设计技术等，因而适合于中小企业开展电子商务活动。

服务器托管的费用要高于虚拟主机服务，但是要低于用户申请使用 DDN 专线的费用。托管商要收取安装调测费、端口费和机位费，具体情况根据网络共享方式、出口带宽和机器尺寸的不同而有很大差异。对于 10M 共享带宽方式，一个标准机位的托管费为约 2000 元/月；100 M 共享带宽的托管费为约 5000 元/月；对于 10 M 独享带宽方式，一个标准机位的托管费为约 8 万元/月，100 M 独享带宽为约 26 万元/月，价格已经不低了。同时，服务器的外观尺寸也是影响费用的一个因素，托管商一般都是按照标准机架式专用服务器的尺寸来设计机位，每个机位的宽度和深度的标准尺寸为 45 cm（宽）×51. 5 cm（深），用户服务器的宽度和深度不得超出这个尺寸。由此可以看出，服务器托管的一个缺点是对服务器尺寸要求严格，一般购买的品牌服务器往往超出了该尺寸，需要付多个机位的费用。很多用户为了降低机位费用，不惜牺牲运行性能，按照机位尺寸组装 PC 机充当服务器使用。业务繁忙的商务网站往往需要 3 ～ 5 台服务器，费用加起来也不少。

与虚拟主机方式相比，服务器托管可以拥有独立的 IP 地址和使用独立的域名。IP 地址由托管商提供：对于共享带宽方式，每个端口免费送一个 IP；独享带宽方式的情况是 10 M 独享带宽免费送 16 个 IP，100 M 独享带宽免费送 32 个 IP，以后每增加一个 IP 需要额外支付约 100 元/月的费用。在域名解析方面，托管商一般免费为主机托管用户解析一级域名。

企业通过服务器托管可以降低开展电子商务活动的成本，但是在 Web 系统的维护、数据库的管理、数据安全性等方面存在着不便。服务器托管会造成 Web 系统与企业内部信息处理系统的隔离，信息传递和更新不流畅。对于大中型企业来说，这种方式仍然不是开展电子商务的理想形式。

三、网站运行平台的选择

由于 Web server 产品均是针对某类网络操作系统设计的，相互之间不具有兼容性，而动态网页由 Web server 解释执行，动态网页设计技术由 Web server 决定。因此，电子商务网站应用环境的建设依赖于所选定的网络操作系统。以下主要介绍几种主流的 Web 应用环境的建设方法。

（一）网络操作系统概述

在 Internet 环境下，Windows Server、Linux、UNIX 是三大主流网络操作系统。UNIX 是老资格的网络操作系统，由于性能稳定以及身为多数高档服务器产品的专用操作系统等原因，占据了高端产品的市场份额。

1. Windows Server 操作系统

Windows Server 是微软在 2003 年推出的 Windows 服务器操作系统，其核心是 Microsoft Windows Server System（WSS），每个 Windows Server 都与其家用（工作站）版对应。

随着 Windows 10 October 2018 更新重新推送，微软也重新发布了 Windows Server 2019/1809 版本。Windows Server 2019 的四大特色为混合云、安全、应用程序平台及超融合基础架构，在混合云上，微软打造了 Windows Admin Center（原为 Honolulu 项目），这是个基于浏览器的图形使用界面与工具组。为简化 Windows 10 与 Windows Server 的管理，它针对 Windows Server 2019 进行了最佳优化，能轻易将既有的 Windows Server 部署连结至云端的 Azure 服务。Windows Server 2019 所强调的安全性则是以保护、侦测与响应为三大主轴，其中的保护是把 Shielded VMs 对虚拟机的安全支持扩大至 Linux VMs，也允许管理员加密网段；在侦测与响应上则是整合了能侦测零日攻击的 Windows Defender Advanced Threat Protection（ATP），也能利用 Defender Exploit Guard 来提升企业 IT 环境的安全。作为一个应用程序平台，Windows Server 2019 把 Server Core 容器镜像的规格从目前的 5GB 缩减了 2/3，以加速镜像的下载，并改善程序的兼容性，也支持 Service Fabric、Kubernetes 与 Linux 容器。时下的超融合基础架构则具备弹性部署能力，可从只有 2 个节点扩展至 100 个服务器，让该架构的部署更经济实惠。

2. Linux 操作系统

在网络操作系统中已经基本上形成了两大阵营：高端应用的 UNIX 阵营和以 ServerNT/2000 为代表的 PC LAN 阵营。近年来，Linux 异军突起，向 UNIX 和 NT 两大系统发起了冲击。Linux 是网络时代的产物，它是一种自由软件。所谓自由是指用户可以免费获取程序及其源代码，并可方便地加上自己编制的扩充功能。Linux 由许多优秀的程序员共同完成设计和开发，无数用户参与了测试和除错，经过七八年的发展，终于得到用户的肯定。Linux 继承了 UNIX 的优秀设计思想，与 UNIX 完全兼容，是一个多用户、多任务的操作系统，内置网络支持，能与 Netware、NT、UNIX 等无缝连接。Linux 可以运行于多种硬件平台，对硬件要求较低，同时系统的稳定性和可靠性较高，具有很高的性价比。

3. UNIX 操作系统

在众多的网络操作系统中，UNIX 在安全性和稳定性等方面都有非常突出的表现，例如使用 UNIX 的服务器很少出现死机、系统瘫痪等现象，它对文件和目录权限、用户权限及数据都有非常严格的保护措施。此外，UNIX 长盛不衰的一个重要原因是它一开始就使用了 TCP/IP 作为主要的通信协议，从而使它与 Internet 之间最早建立了紧密的联系，并且也体现出了自己的优势。然而，UNIX 也有其不足之处。从应用的角度来看，UNIX 的缺点是操作和管理复杂，一般用户很难掌握。因为 UNIX 系统自身庞大，不同功能之间的关联性很强，对没有网络安装和维护经验的一般用户来说，如果要在短时间内掌握 UNIX 是非常困难的。UNIX 另外一个突出问题是版本繁多，与机器设备关联强。例如，在 IBM 小型机上使用的是 AIX，在 SUN 小型机上使用 Solaris，而在 DEC 小型机上则使用 Digital

Unix 等。总的来说，UNIX 与普通中小网络用户之间存在着一定的距离，在中小型网络中应用较少。UNIX 应用的重点是大型的高端网络应用领域，如建立 Internet 网站、组建广域网或大型局域网等。

在电子商务应用领域 UNIX、Windows Server、Linux 都有自己完全的解决方案，占据着各自的市场份额。UNIX 基本上垄断了小型机等高端产品的配套市场，给人的感觉是高高在上，并且各大服务器生产商都各自为政，兜售着自己的 UNIX 产品。如果说 UNIX 被束之高阁与它的版本过于繁多以及不同版本之间互不兼容有直接关系的话，那么 Linux 也存在同样的弊病。目前，Linux 的版本少说也有百余种，并且大量的不同版本之间互不兼容，造成应用上的困难。由于微软的强大实力和加大向电子商务应用市场的拓展的思想，Windows Nt/2000 稳稳控制了中小应用的市场份额，用户数量庞大。同时，Windows Nt/2000 在与 Linux 的竞争中仍然保持着优势。

（二）Microsoft Web 构架

与 Windows Server 捆绑的 Web server 是 IIS（Internet information server），它由微软免费提供。

1. IIS 的安装设置

在 Windows Server 中，放入 Windows Server 系统安装盘，依次执行“开始”→“设置”→“控制面板”→“添加/删除程序”菜单命令，按照图 10－2 进行选择操作。

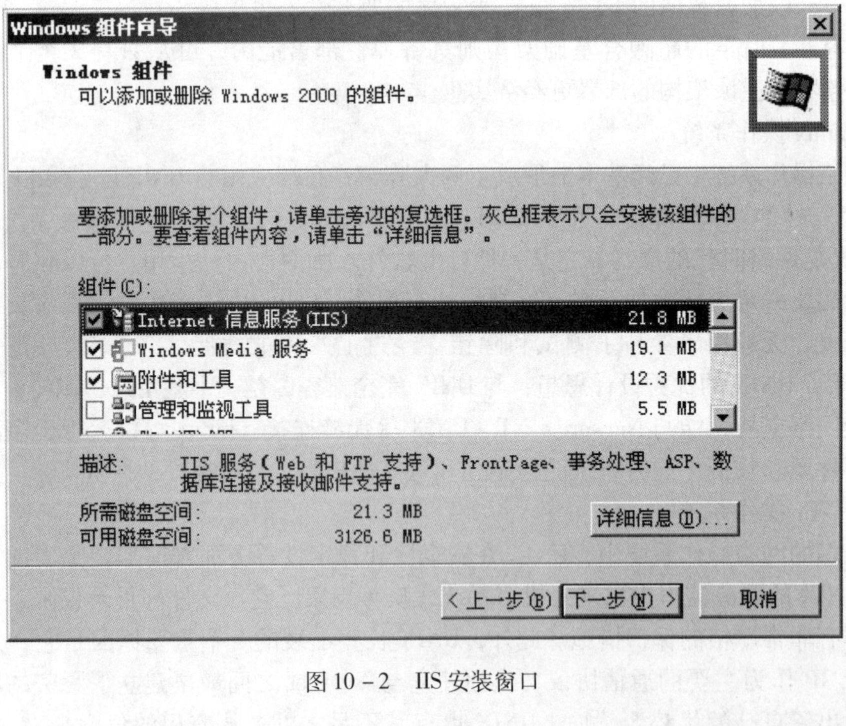

图 10－2　IIS 安装窗口

安装完毕，在浏览器中输入“http://localhost”，能够显示欢迎字样，表示安装成功。依次执行“开始”→“程序”→“管理工具”→“Internet 服务管理器”菜单命令就可以进入 IIS 管理窗口（见图 10－3）。

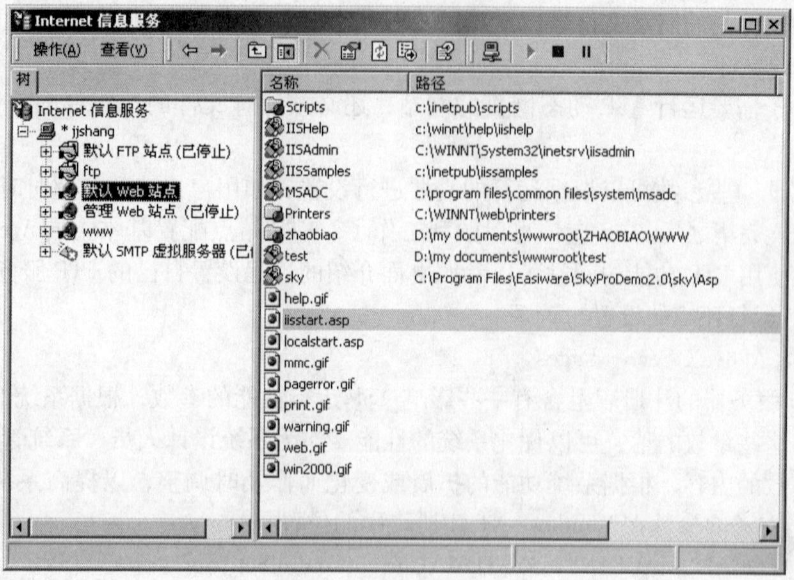

图 10－3　IIS 管理窗口

接下来，需要设置 Web 站点的属性，方法是右击 Web 站点，选择“属性”便进入网站属性窗口（见图 10－4）。

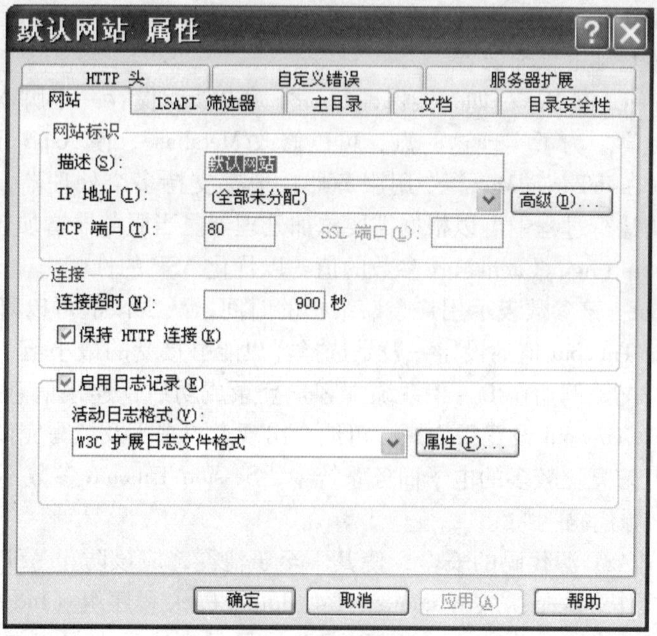

图 10－4　网站属性窗口

在“网站”选项中，主要可以配置 Web 站点的如下信息。

（1）默认的 Web 用户访问端口是 80，也可以定义虚拟站点，使用别的端口。

（2）设置网站的工作文件目录，默认目录是“C：\intpub\wwwroot”，可以修改成别的目录。

（3）设置网站的启动文件名，默认的文件是 Default. html 和 Default. asp，可以将启动文件改为别的文件。

（4）对于需要运行 ASP 动态网页的网站，还必须设置文件的执行权限，使之允许执行脚本程序。

（5）其他一些参数可以根据运行的需要进行设置，如用户连接数、超时时间等。

以上设置完毕之后，IIS 应该可以顺利工作了。FTP 站点配置基本上同 Web 站点设置相同，需要使用 FTP 功能的网站可以参照上面介绍的过程设置自己的 FTP 服务器。

2. ASP 运行环境的设置与管理

1）优化 ActiveX Server Pages

在 Web 服务器的注册表上含有一些影响 ASP 运行性能的参数，根据系统的具体情况，合理地调整这些参数的值，可以优化系统的性能。作为系统设计人员、系统管理员，应该了解这些参数的内容，根据系统功能的扩展或变化而作及时调整，以提高系统的性价比。与 ASP 性能有关的参数在 Windows NT 注册表中的位置是：

HKEY_LOCAL_MACHINE \SYSTEM \CurrentControlSet \Services \W3SVC \ASP \Parameters

结合工作实际，在优化 ASP 性能方面常用的参数说明如下。

ProcessorThreadMax：降低该参数的值，可以减少分配到 MTS（Microsoft transaction server）的线程数量，提高 ASP 运行性能。但是，对于大量采用 COM 技术进行商务逻辑计算的新一代电子商务系统，降低该参数的值似乎不利于 MTS 对 COM 组件的调度，应该在充分进行分析的基础上合理设置。

AspScriptEngineCacheMax：如果能保证每一个 ASP 线程储存一个脚本引擎，ASP 脚本的运行性能就会提高。为了实现这一点，可以修改 Metabase，使 AspScripEngineCacheMax 属性的值等于 ProcessorThreadMax。专用服务器一般都支持多个处理器，最初的配置为 1 个处理器，在系统运行过程中可以根据需要添加处理器。当服务器增加新的处理器时，可以考虑修改 AspScriptEngineCacheMax 参数的值，以优化 ASP 的性能。

Session Timeout：该参数表示用户会话维护的时间，减少该值可以降低与维护会话相关的资源。Session Timeout 值的设定一般是选择客户能够接受的最小值，也需要考虑系统商务功能的执行情况。例如在 B－B 系统中客户登录成功后，连接信息保存在 Session 变量中，如果 Session Timeout 设置得太短，可能会出现客户来不及填写完商品信息表就超时的情况。对于交互信息比较多的电子商务系统中，Session Timeout 参数不宜定义得太小。

2）保护 ASP 源代码

为了网站系统 ASP 源代码的安全，使其不至于泄漏，应该防止 ASP 源代码所在目录被索引。具体的操作方法是：从 Windows NT 4. Option Pack 程序组（Index Server 插件）中启动 Index Server Manager；右击包含 ASP 脚本的目录，然后选择删除，使该目录不被索引。

3）访问权限的设定

在 IIS 中通常有两种权限：访问权限（Access Permission）和脚本运行权限（Script Permission）。访问权限有 Read 和 Write 复选框，脚本权限则包括 None、Script 和 Execute 三部分。这两种权限都可以在与 Web 站点或目录相关的属性页中设置。如果网页设计中含有ASP脚本，则在指定站点的属性页中需要开启Access Permission部分的Read权限，在Script Permission部分中选择Script或Execute权限。在网页发布过程中，还需要开启Access Permission的Write权限。

（三）Linux/Unix Web构架

Linux操作系统下可以使用的Web服务器种类很多，如Apache Http Server、AOL Server、NCSA Httpd Server、Zeus Web Server、W3C Http Server等，商业化的、安全级别高的产品中，比较有名的有Netscape FastTrack Web Server、Apache商业版等。用户在选择Linux Web Server产品时，要详细了解各产品的性能，如响应速度、同时处理的用户请求数、软硬件环境的要求等。在实际应用中，Apache是一种使用较为广泛的Web服务器，可以运行在Linux/Unix平台上，下面介绍它的配置方法。

1. Apache Web服务器的安装与配置

很多Linux产品中已经附带有某个Web server产品，安装Linux的同时完成了Web server的安装，接下来的工作是进行系统配置（包括Web server的配置）。这一点与Windows 2000类似。

Open Linux Lite产品中附带了标准版Apache Web Server，使用默认选项，安装完Open Linux Lite系统后，就已经完成了Apache服务器的安装。在Open Linux Lite的默认安装中，所安装的与Apache服务器相关的文件、目录和组件如表10－1所示。

表10－1　Apache主要文件及目录说明表

文件或目录	说　明
/etc/httpd/apache/conf	配置文件所在目录
/etc/httpd/apache/logs	运行记录所在的目录
/home/httpd	Web服务器的初始路径
/usr/doc/apache-httpd-1. 1. 1-11	对诸如许可号、帮助文件等信息进行基本的文件编制操作的路径
/usr/man/man8/htpd. 8	Web服务器程序的参考文件
/usd/sbin	该标准程序路径中安装了很多公用程序，如dbmanage，htdigest，httpd-monitor，log-server-status，httpd. apache，logresolve，rotatelogs等
/var/log/httpd/apache	日志文件所在的目录
/home/httpd/apache/doc/manual. ps. gz	Apache Server的使用手册

每次引导进入Open LinuxUte之后，Apache Web Server都将启动并运行。实际工作中，可以经常使用PS命令或者RPM工具检查Apache的运行状态或安装参数。

Apache Web Server使用三个配置文件（Httpd. conf、srm. conf和access. conf）来控制所有基本的系统设置选项，其他一些选项由附加的公用程序（在/usr/sbin目录下）或者一些功能部件来进行处理。上述三个配置文件可以在目录etc/httpd/apache/conf中找到，它们的作用如表10－2所示。

表 10-2 Apache 配置文件说明表

配置文件	说 明
Httpd. conf	包含 Web 服务器的一些核心设置，如用户使用服务器的情况、记录文件应该存储的位置等
srm. conf	包含相关说明资料，如 Web 信息的存储位置、如何处理浏览器发出的请求信息等
access. conf	包含 Web 服务器的访问权限控制和安全信息

通过在 access. conf 中进行有关设置可以设定一个目录的各种访问权限。Apache 的核心配置文件是 Httpd. conf，需要定义的参数如下。

（1）在 ServerName 项目下定义网站的域名。

（2）在 ServerAdmin 项目下输入 webmaster 的 e-mail 地址。

（3）在 DocumentRoot 项目下指定网站路径，也就是主页放置的目录。注意，路径的分隔符在 Apache Server 里写成“/”（这与 Windows 系统明显不同）。

（4）在 DirectoryIndex 项目下设置网站第一个显示的主页，如 index. html、default. htm 等。

在/conf 目录里还有一个文件 mime. types，用来定义所有能被 Web 服务器识别的文件数据类型。MIME 是指多用途 Internet 邮件扩展协议（multipurpose Internet mail extensions），用于定义需要在 Internet 传输的文件类型，以便浏览器选择打开文件的方式。例如，在 mime. types 文件中加入如下一行文本：

```
Video/quicktime qt mov
```

当引用一个指向有后缀名 . qt 或 . mov 的文件的链接时，Web 服务器会在头信息中加上一些标识信息，表明“这个文件的类型是 Video/quicktime”。如果配置文件中包含有这个数据类型，并且在客户端又下载了相应的应用程序，浏览器就会知道该选择这个程序来查看此文件的内容。当我们需要将一些新的数据类型加入到 Web 应用时（如在 Web 页中播放 Flash 动画或 Authorware 应用），就需要经常更新 mime. types 文件。

在配置和维护 Apache 服务器过程中，经常需要调整一些系统参数，以改善系统的性能，常做的工作有两项。

（1）设置 TimeOut 参数。当数据在浏览器与 Web 服务器之间的连接传输时，Web 服务器需要在一定的时间片段（以秒为单位）内等待，超过设定时间就判定连接失败或超时。这个时间由 TimeOut 设定。使用时，需要根据具体应用下用户和网络的情况决定参数的值，由于 httpd 进程在等待的同时不能提供别的服务，设置较长的超时时间对于普通窄带用户来说是方便的，但会占用较多的 Web 服务器资源。

（2）设置 KeepAlive 参数。设定同时允许的持续连接数。KeepAlive TimeOut 指令决定了 httpd 服务在结束并停止运行前等待请求的时间。

Apache 允许利用一台计算机为不同域名提供 Web 服务，即虚拟主机服务。为此，需要做的工作是设置域名服务器和 IP 路由，使这些不同的域名和不同的 IP 地址指向同一个计算机，具体方法如下。

（1）在 httpd. conf 中使用 listen 指令。该指令允许给出另外的 IP 地址和端口，使 Apache 服务器能够侦听到需要服务的 Web 请求。如：

Listen 202. 23. 56. 3: 80

（2）在 httpd. conf 中增加 VirtualHost 容器，将别的域名或主机名作为值加入到容器中，下面是一个例子：

```
<VirtualHost myweb. com. cn >
ServerAdmin webmaster@ myweb. com. cn
DocumentRoot www/docs/myweb. com. cn
ServerName myweb. com. cn
Errorlog logs/myweb. com. cn - error - log
Transferlog logs/myweb. com. cn - access - log
</VirtualHost >
```

2. 建立 JSP 运行环境

在使用 JSP 技术之前，需要建立运行环境。

1）JSP 运行环境需要的组件

首先，需要 Java2 软件开发工具箱（J2SDK）。然后，还需要安装 JavaServer 网络开发工具箱（JSWDK）、Tomcat 或者其他支持 JSP 的 Web 服务器。

2）J2SDK 及 JSWDK 的安装和配置

Java2 软件开发工具箱（J2SDK）以前称为 Java 开发工具箱（JDK）。J2SDK 可以在 http://Java. sun. com/jdk/处下载。该软件提供一个彻底的 Java 开发环境，支持任何基于 Java 并利用了其核心 API 的解决方案。

Web 服务器使用 JSP 的前提条件是要有 Java 编译器。需要让 Web 服务器知道编译器的位置，方法是将 Java_ HOME 环境变量设置为 J2SDK 安装目录。如果是在 Windows 9X 系统中进行了安装并且接受了默认目录，需要将“set Java_ HOME = ［X］: \path”增加的新环境参数“CLASSPATH = ［x］: \path \lib \tools. jar”添加到 autoexec. bat 文件中，其中“［x］: \path”为 J2SDK 的安装目录。Windows 2000 下，可在“系统特性”对话框中的“环境变量”设置窗口选择加入一个新系统变量 CLASSPATH，值为［x］: \path \lib \tools. jar。

Java Server 网络开发工具箱（JSWDK）是 JSP 最容易使用的 Web 服务器，它可以在 Sun 的网站上下载。JSWDK 的安装需要将 jswdkl_0_1. 1 - win. zip 带目录释放到硬盘根目录下，然后就可以在硬盘上找到 \jswdk - 1. 0 \目录。不需要使用 JSWDK 时，只要删除这个目录即可，不会造成任何遗留问题。

3）服务器参数设置

JSWDK 的 Web 服务器参数保存在 \jswdk - l. 0. 1 \Webserver. xml 中，编辑这个文件就可以修改默认设置值。

JSWDK 默认的文档目录是 \jswdk - 1. 0. 1 \Webpages，在此目录下建立子目录，就可以在浏览器访问这个子目录，并且执行其中的 JSP 程序。JSWDK 主文档在默认状态下为

index. htm 和 index. jsp。也就是说，访问 http：//localhost：8080 等于访问 \jswdk - 1. 0. 1 \Webpages \index. html。

4）JSWDK 的启动和停止

以 Windows NT 环境为例，在 \jswdk - 1. 0. 1 \目录下执行 startserver. bat，就可以启动一个支持 JSP 网页技术的 Web 服务器。为了不与现有的 Web 服务器（IIS）冲突，JSWDK 的 Web 服务器使用了 8080 端口。要关闭 Web 服务器，运行 stopserver. bat 即可。

（四）两种 Web 系统环境的比较

中小型电子商务系统采用的运行环境主要是 Windows NT/2000 和 Linux。下面对两者的性能、特点和应用情况加以比较。

1. 投资成本

Linux 自带了大量的服务器软件，也就是说只需要购买一套 Linux 光盘（如 RedHat Linux）就可以建立完整的服务器解决方案。Apache + PHP + MySQL 是 Linux 环境下建立 Web 服务器的理想组合。

如果使用 Windows 2000/NT 还须额外购买邮件服务器、数据库等系统软件。另外 Windows 有许可证的限制，对于 Web 服务器同时上线的用户数有限制。Linux 则没有该限制，就算同时上线几百人也是允许的。

从系统软件的投入来看，Windows 系统的开销要比 Linux 稍大。

2. 安全性能

当一个企业的内部网络接上 Internet 之后，架设防火墙和代理服务器就显得很重要了。在 Linux 中已经内置了 IPCHAINS 和 SQUID 软件，而且 Linux 是一个很安全的操作系统。

由于 Linux 是开放源代码的系统，系统程序员可以对它的代码进行完全解析，所以其中的很多错误和可能带有不安全因素的代码可以被及时发现并更正。而 Windows 操作系统的源代码则是完全封闭的，其中存在的缺陷，如果开发人员不能发现，就可以被黑客所利用。近年来，Windows 操作系统时常有引起安全问题的 bug 被发现，而 Linux 则很少，所以，Linux 系统的应用有稳步增长的趋势。

3. 商业化程度

在这方面，Windows 系统体现出明显的优势。经过多年耕耘，微软产品的市场占有率较高，拥有众多商业客户。并且微软的产品线宽广，从操作系统到浏览器，从数据库产品到应用开发工具都有强势产品。使用微软的环境，开发、集成较为容易。

从应用的角度来看，现阶段 Linux 还存在不足，短时间内难以改观。当然，Linux 仍然会有自己的市场空间，开放源码带来的利弊依然值得人们关注和投入，假以时日，Linux 一定会成熟起来。

四、电子商务网站的整体设计

（一）确定网站的内容和功能

弄清了网站的目标、访问者及其访问目的，进行了竞争性分析之后，电子商务网站的设计人员基本上可以描绘出未来网站的框架，现在需要做的就是确定内容和功能。

1. 网站的内容

电子商务网站的内容可以划分为静态和动态两类。静态内容是一些一般性的、常规的信息，比如公司的历史、文化、所属行业、交易规则等，通常只在网站建立初期编制，而在比较长的时期内不需修改。提供这样的信息，主要是在访问者心目中形成认同感、亲切感。试想一下，如果有一天某个代表美国文化的公司在它的网站上宣称其代表源远流长的东方文化，访问者也许会猜测该网站被黑客入侵了。

动态内容则是经常变动，以提供诸如公司最新产品和服务的种类与价格等方面信息的部分。比如，各大软件公司在推出正式版本之前，通常会在网站上提供试用版本。动态内容通常被用作促销手段，以不断变化的内容，在互联网上营造进取姿态，吸引访问者。如果商务网站没有动态内容，原有的访问者也会慢慢地厌倦。

2. 网站的功能

网站的功能可以分为主要和辅助两类。主要功能是电子商务网站的关键所在，提供诸如信息发布、在线交易等符合设立商务网站本意的功能。辅助功能是为实现主要功能而设置的，如拍卖网站通常要求访问者在线竞价前进行用户注册，以保证交易的严肃性和真实性。这样的功能虽然不是建立网站的目的，却是必不可少的。

对照得出访问者分析和竞争性分析框架后，设计人员可以通过满足相应需求确定网站所要提供的内容和功能。同样，想要提供完善的内容和功能是不大现实的，并且内容和功能之间也会存在冲突。比如说，网站允许访问者在发出订单后反悔，若非在技术上可以实现这样的功能，在内容上就要实现将交易规则交代清楚。因此，必须在内容和功能的完善与技术可行之间进行权衡，放弃复杂且华而不实的内容和功能。

确定内容和功能还意味着对它们进行分类和整理。确定众多内容之间的逻辑联系，并按照这种联系对内容分组和标记。根据标记，可以在草图上搭起网站的具体框架。然后，在相应内容的页面记录需要的功能。

（二）确定网站的风格

网站的整体风格及其创意是人们最希望掌握的，但也是最难以把握的。因为设计风格没有固定的程式可以参照或模仿。给定一个主题，设计出来的网站风格可以各不相同。

风格是抽象的，是指站点的整体形象给浏览者的综合感受。整体形象包括网站的CI设计（标志、色彩、字体、标语）、版面布局、浏览方式、交互性、文字、内容价值等诸多因素。例如，“网易”的风格平易近人，“迪斯尼”的风格生动活泼，“IBM”的风格是专业严肃的。独特的风格，是一个站点不同于其他站点的地方。

1. 树立网站风格的步骤

（1）确信风格是建立在有价值的内容之上的。

（2）确定站点给人的印象是什么。可以从表10－3所示的几方面去着手。

表10－3　站点风格内容示例

序号	问　题	内容分类
1	站点描述	• 创意性 • 专业性 • 有美感 • 有冲击力

续上表

序号	问　题	内容分类
2	站点色调	• 热情的红色 • 充满幻想的蓝色 • 聪明的金黄色
3	站点印象	• 一杯香茗 • 一辆法拉利跑车 • 人群拥挤的广场 • 杂货店
4	站点个性	• 活泼可爱的儿童 • 热情奔放的青年人 • 自信踏实的创业者

2. 网站的装饰风格

一般来说，网站有三种装饰风格：组织性装饰风格、功能性装饰风格和可视性装饰风格。

1）组织性装饰风格

组织性装饰风格依赖于已经存在的小组、系统或组织的结构。例如，要建一个卖百货的网站，网站的装饰风格应该像一个超市，产品按类型逻辑分类排放。

2）功能性装饰风格

功能性装饰风格涉及的任务与在其他环境实现的任务相似。例如，图形软件 Photoshop，可以依赖于很多功能性装饰风格，如象征性地在计算机上剪切、拷贝和粘贴图形，就像在现实生活中使用剪刀和胶水一样。

3）可视性装饰风格

可视性装饰风格基于多数人熟悉的常用图形元素。例如，设计一个音乐网站，可用视频播放器上的“开始”“停止”“暂停”标志作为界面中的图标。

（三）确定网站的导航系统

互联网极其方便的一点就是超文本链接，访问者借助网站提供的导航系统，很容易在不同页面间切换。但是，这有赖于设计者对导航系统的定义。定义网站的导航系统解决的问题是：访问者如何访问网站？如何从一个页面跳转到另一个页面？怎样防止他们在浩瀚的网络世界中迷失？

网站的导航系统可以分为全局和局部导航系统。全局导航系统出现在网站的每个页面，通过全局导航将网站的各主要部分联系起来，可以使访问者清楚网站的内容结构，方便他们在不同部分之间跳转。局部导航使得访问者可以在相关页面间跳转，也可以在同一页面内跳转，具有不同的形式，如主题的列表、选项菜单、相关条目的列表等等。

确定网站的导航系统，就是在对网站内容和功能的确立和分类的基础上，将内容、功能之间的逻辑联系通过导航工具连接起来。导航系统设计时常用的术语是链接和书签。全局导航在网站的每页中保持一致。尽量减少全局导航标志，以便于访问者进行选择；同时使用网站图标，作为访问者返回网站首页的链接，使他们无论在哪个页面上，都可以迅速返回首页。

五、电子商务网站的模板设计

通过设计网站模板，我们不但可以实现网站风格的一致性，还可以提高 Web 页的制作效率。

1. 制作网站的布局网格

布局网格是描述网页的模板。内容是最重要的因素。回顾内容的分类，确定两种或三种一般的页面类型，从设计这些页面类型开始，并把它们作为所有其他页面类型的基础。所有页面主要部分的形式应该很相似，应考虑的其他元素包括商标、广告和赞助、导航、页标题、顶端图形、脚标（包括版权）。商标在每页中起重要作用，因为它告诉用户是否还在网站上，商标一般放在页的左上角，广告和赞助可以以多种方式结合在一起。导航也很重要，局部导航系统可以根据内容有所变化，但尽可能保持一致。

2. 设计网站的框架

设计网站的框架就是建立网站统一的整体结构和外观，比如网站的功能布局、网站的图形尺寸和风格。设计合理的网站框架可以保证网站中所有页面风格的统一，网站的框架应与修饰风格或网站结构基本原理结合起来设计。

设计网站框架并不是必须单独进行，通常此项工作可以与其他信息结构建设过程同时进行，以节省时间。

3. 设计网站的页面模型

设计网站的页面模型即通过把设计框架和布局网格结合起来，实现真正的网站。一种方法是用比较顺手的图形软件建立网站的框架，在布局网格的不同部分之间剪切和粘贴组件。另一种选择是用 HTML 做页面模型，把设计框架的组件作为图形。

六、电子商务网站的内容设计

企业电子商务网站一般分为主页、新闻页面、产品服务页面、企业信息页面、帮助页面、相关的虚拟社区等等。

下面进行介绍并简单讨论各部分相应的开发要点。

（一）主页

主页也称为首页（见图 10－5），是访问者访问企业网站时浏览的第一个页面。访问者对于企业网站的第一印象就是由主页造成的，因此主页是企业的形象页面，企业必须对主页的设计给予重视。

图 10－5　网站主页

目前，主页的设计有两种风格：导航型和内容展示型。导航型主要是为访问者提供企业网站结构信息，按信息类型和内容的不同，将网站分为若干较大部分，如新闻页面、产品页面、参考页面等等，在主页上为它们做链接，如东南大学的主页上提供校园信息、学校概况、人才培养、科学研究、公共服务、合作交流、网络中心等七大部分的导航，其网站结构清晰可见。而海尔的主页则属于内容展示型，以较大的页面空间展示海尔在线销售的产品目录，并为访问者提供直接到达目的信息的链接。这两种主页设计风格各有优点。导航型有助于为访问者提供较为简洁清晰的网站结构，同时由于页面空间较为简洁，企业可以借助图像树立企业的网上形象，传统的大企业拓展网上业务时常常选择这种风格，以便与企业以往的 CIS 风格紧密结合；而内容展示型显然为访问者查询所需信息提供了直接、快捷的链接方式，可以一步到位而无须层层点击，节省了访问时间，因此具有大量分散商业信息的网上拍卖、商店基本采用这种风格。但不论导航型和内容展示型的风格有多大的不同，一般来说，主页应包括如下内容：企业名称、标志、网站图标（logo）等 CIS 要素；企业网站的网址；企业网站的导航系统；企业产品和/或服务最新的信息、有关新闻；企业的联系方式，如 e-mail、电话、传真等；相关网站的链接。

另外，就主页设计的视觉效果来看，又可以分为文本型与图片型两种。文本型是指主要使用 HTML 语言编制的、通过 HTML 语言的标准元素达到预期效果的方式。文本型的最主要的优点是形成的页面空间不大，下载速度较快。许多访问量比较大的商务网站采用这种方式编制主页。图片型是指整个主页页面由一张或多张图片形成，通过在图片上设置热区建立链接，达到与文本型类似的效果。其优点是可以显示企业网站与众不同的形象，给访问者深刻印象；缺点是占用的空间一般较文本型大，下载速度慢，要达到相同的访问速度，需要熟练的图形制作、压缩技巧。当然，这样分类的界限并不明显。文本型主页中为了达到形象生动的效果，常常插入比较小的图片；而图片型页面设计方式也主要运用在主页上，其他页面绝大多数使用文本型，毕竟，在互联网上速度是决定一切的因素！

（二）新闻页面

在新闻页面中，企业可以给予访问者有关企业的最新信息，这样的最新信息包括：产品/服务的最新信息，如品种、价格、实现方式等等；新项目的进行情况；企业的内部变动情况；行业的最新动态；相关行业情况。

新闻页面可以作为企业的自有媒体，为企业的发展树立有利的公共形象。新闻页面也是企业网站的重要页面，同时也是网站维护和更新的关键页面。原因很简单，网站要保持吸引力，必须及时更新，作为企业发布最新信息的页面，新闻页面的维护和更新的必要性更加凸显。

新闻页面设计的步骤是：收集新闻资料，按新闻制作的标准编制新闻稿件，将新闻稿件转换成可以用浏览器访问的形式。

（三）产品/服务页面

产品/服务页面是企业设立电子商务网站和进行在线业务的关键所在。根据在线业务的特点，该页面一般包括如下内容（见图10－6）。

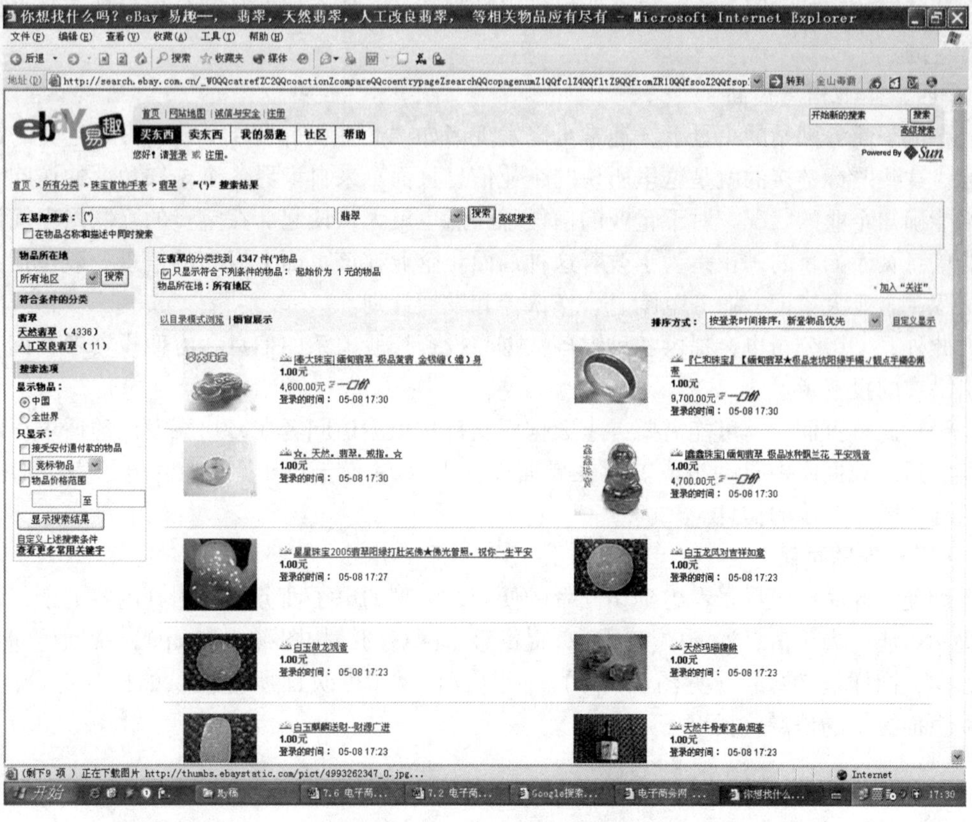

图10－6　产品/服务页面

（1）产品/服务目录。产品/服务目录所要提供的信息有：规格、尺寸、性能、价格、使用说明。成功的电子商务网站可以通过各种超媒体手段提供图片、音频、视频信息，而不仅仅是产品/服务的报价单。

（2）访问者或客户对于产品/服务的评价。通过互联网的超级链接特性，可以将企业为客户设立的虚拟社区同特定产品/服务相关的评价链接进来，增进潜在客户对产品/服务的了解和购买信心。同时可以将以往的客户信息发布在该页面。

（3）在线订购和支付。企业设计商务网站，归根到底是为了开展网上商务，因此在产品/服务页面提供便利、安全的在线订购、定制、支付功能，是最为关键的。各大商务网站均设置了如“购物篮”“购物车”等形象的订购系统，方便客户选取、检查打算购买的产品和服务，并提供了货款、运费、手续费等的计算功能。

（4）与产品和服务密切相关的信息。如海尔就在产品页面提供了“产品小知识”频道，并为其厨房产品专门开辟了“整体厨房展示区”。这样的信息，有利于增加网站的吸引力，提高网站的访问量。企业应当根据产品和服务的特性，提供特色信息。互联网时代是开放的时代，及时与客户分享企业有关产品和服务的信息，将能显著地改变企业的竞争环境。

以上是产品/服务页面应该提供的内容或功能。在实际设计时，企业可以根据产品和服务范围规模的大小，按不同的产品和服务类别提供由粗到细的若干层页面，逐步引导客户到达特定的产品和服务。如果企业提供多品牌产品，那么根据品牌分层设计产品页面也是可行的。

（四）企业信息页面

在电子商务网站的主页上，通常可以发现诸如“企业简介”“关于我们”之类的链接图标。这些图标链接的就是这里所说的企业信息页面。来自世界各个未知角落的访问者可能不能确知企业的状况，对于企业的信任感当然也就无从谈起。在宝贵的互联网空间设立企业信息页面的目的，正是为了改善这种局面。企业在该页面上发布的信息一般包括：发展历程、企业大事记、业务范围、合作伙伴和发展计划。

此外，上市公司也会提供各种财务数据与投资控股关系的信息，方便投资者查询，并吸引潜在的投资者。

设计此类页面时，可能需要寻求数据库支持，根据访问者在客户端发出的请求，由服务器从后台数据库中自动生成。而在界面设计上，力求与访问者熟悉的电子表格形式一致，提供图文并茂的信息。

（五）帮助页面

即使设计时已经尽量考虑到访问者的便利，大型的电子商务网站因其内容庞杂，访问者仍然可能迷失于信息沙漠中。因而，提供整个网点的结构图（site map），帮助访问者找到方向，同样是必要的（见图10-7）。但这仅仅是帮助页面所应提供的极少部分内容。帮助页面提供的信息包括以下几方面。

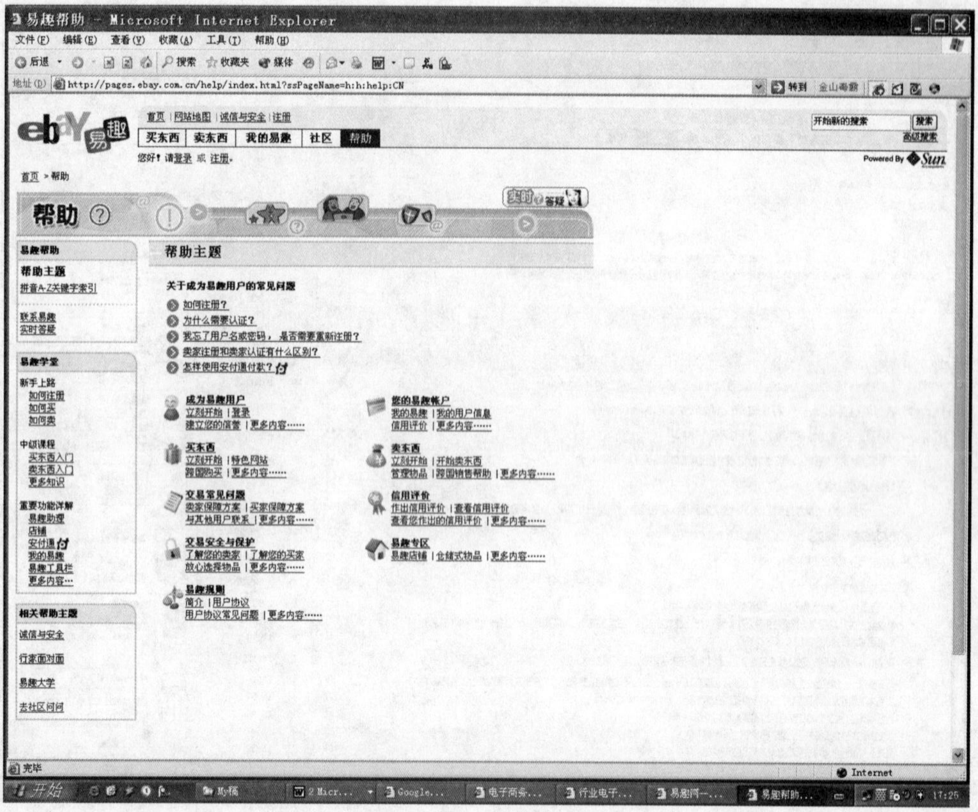

图 10－7　帮助页面

（1）网站结构图。网站结构图提供关于企业网站的简洁图示，将网站的各大主要部分的关系与链接情况展现于访问者终端上，可以使其迅速到达目的页面。

（2）在线订购、定制的规则。电子商务是一种全新的商业模式。一方面从整体上看，电子商务与传统商务的交易过程截然不同；另一方面，不同的企业都在探索电子商务具体模式，因此在各个企业网站上进行在线订购、定制的规则和程序不同，这一点在涉及不同行业时将更为明显。因此，企业有必要为其独有的在线订购、定制的规则和程序进行说明。

（3）在线支付的方式和具体方法。

另外，帮助页面还应包括物流配送方式和网站内容搜索等方面的说明内容。一些网站的电子商务只对注册会员进行，因此相应提供了注册的帮助。

（六）虚拟社区页面

提供虚拟社区页面（见图 10－8），主要是为了留住访问者。通过建立访问者之间直接的群体联系，形成虚拟社区，交流选择产品和服务的经验和网上购物体验，可以增加网站的人性化氛围，聚集人气，为网站自身的推广和电子商务的远期利益奠定基础。

图 10－8　虚拟社区页面

虚拟社区可提供的功能有：个人电子信箱、电子布告栏、BBS 自动转信、在线聊天室和在线实时通信等。

虚拟社区的建立要点包括两方面：第一，选择独具特色的话题。话题的选择要与企业的产品、服务、经营方式相关，这样才能与企业设立电子商务网站的初衷相吻合。第二，选择合适的论坛主持人。论坛要能长期维持下去，必须有能干的主持人，由他来带动论坛的发展，引领论坛话题以配合网站拓展业务的需要。

以上简要介绍企业电子商务网站各种类型页面的设计。不同类型页面包括不同的内容，各有相应的设计开发方法，但仍然具有共同之处，主要有五方面的原则：①网站页面的设计和开发要与企业 CIS 系统中的 VI 相一致；②使用模板和风格表来确保网站整体形象的统一，并简化开发和以后的维护工作；③尽量使用成熟的技术，并使用多种浏览器进行检验，确保使用不同的浏览器浏览时没有太大反差；④精简页面，提高访问速度；⑤尽量为访问者和在线购物者提供方便。

任务四　熟知电子商务网站的实现技术

一、Web 技术

电子商务网站的设计一般包括两部分内容：静态页面制作和动态页面设计。静态页面通常事先存放在 Web 服务器的文件系统中；而动态页面是由 Web 服务器根据客户的请求在运行时产生的 Web 页面。与静态页面相比，动态页面的生成需要服务器做更多的事情。电子商务应用系统通常需要 Web 服务器提供动态内容，如股票交易和航班时刻表。目前，支持动态页面生成的主要技术包括 CGI（公共网关接口）、服务器端脚本语言和 JSP 技术等等。

（一）Web 页的编辑设计

1. Web 页面

当浏览 Web 时所看到的文件称为 Web 页面。Web 页面是使用 HTML 语言建立的。任何一种有 Web 浏览器的计算机都能解释 HTML 语言，Web 浏览器把 HTML 语言翻译成为多媒体 Web 文件的可视化表现形式，包括预先设计背景主题样式、页面标题、动画等等。

这些 HTML 代码（或称标记）告诉浏览器如何显示 Web 页面上的文本、图片和动画文件。HTML 标记在浏览器中是不可见的，但是页面上的文本和图像是可见的。我们在 Web 页面中见到的图片、声音或动画元素都是相互独立的文件。这些文件的名称，以及有关如何打开该文件，如何下载该文件和应把该文件放到 Web 页面什么地方的信息，都由 HTML 标记提供。

典型的例子是，当在浏览器中查看一个 Web 页面时，页面上的元素按时间延迟的顺序显示出来：最先显示文字，接着是图片、动画和与页面相连的声音。延迟的时间取决于调制解调器的速度和在 Internet 上浏览期间的通信总量。页面下载的时间是设计 Web 页面所要考虑的一个关键因素，如果 Web 页面打开非常缓慢，人们将不愿意访问它。

2. Web 页面的制作工具

常用的网页制作编辑软件有 Frontpage、Dreamweaver 等，常用的多媒体软件有 Photoshop、Fireworks、Coreldraw 等图像处理软件，甚至也可以使用 Flash 等软件来制作动态的构件，使网页页面效果更加生动。

Web 页面制作工具分成两类：一类是所见即所得，如 Netscape Navigator Golden、FrontPage、Dreamwaver（见图 10－9）等，这类软件使用较简单，适合初学者；另一类是文本编辑类，Hotdog、Homesite、Webedit 等都是不错的软件，适合已掌握一定 HTML 语法的制作者，其中 Hotdog 3.0 专业版更附有一些 Java 及 ActiveX 的程序，能制作出相当具有效果的主页。

无疑，FrontPage、Dreamwaver 等是现在最流行的 Web 页面的制作工具，这是因为：

（1）提供众多的向导（wizard）。使用 FrontPage 自带的许多向导，制作人员可以轻而易举地创建 Web 网站的框架，然后在这个框架的相应位置填入企业特定信息。

（2）提供“机器人向导”。有了机器人向导，设计人员可以在网站加入计数器、搜索引擎、CGI 等比较高级的功能。

（3）提供网站的管理工具 Explorer。使用这个工具，可以大大减轻设计人员开发、发布、维护网站的工作量，极大地提高工作效率。

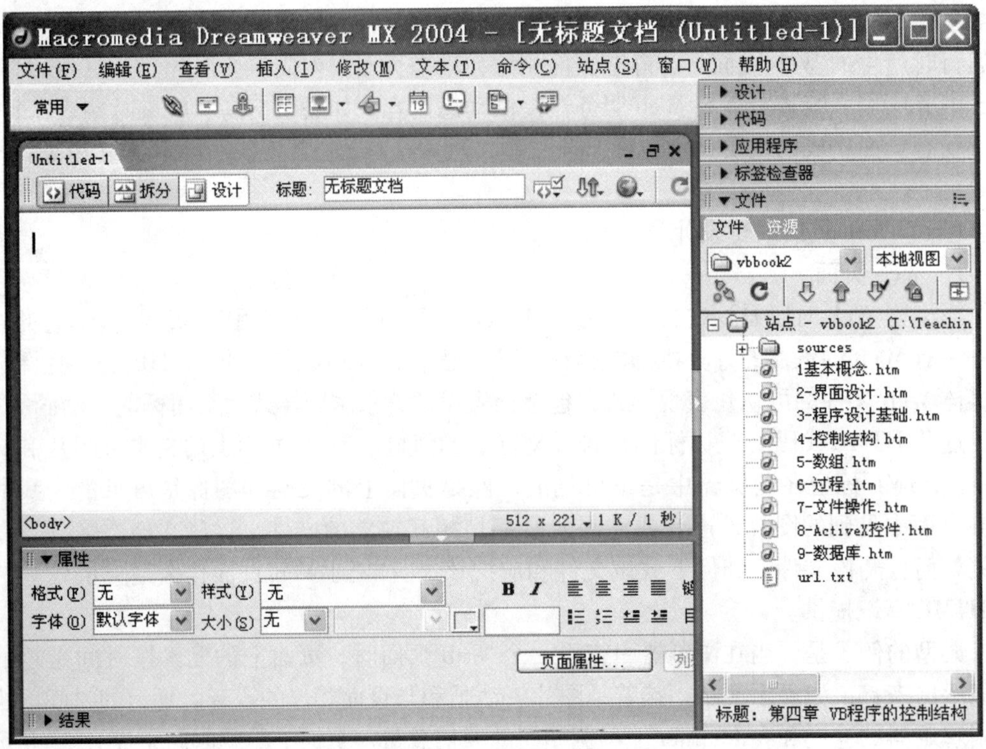

图 10－9　Dreamweaver MX 2004

除此之外，建设网站需要处理大量的图片，因此图形处理软件如 Photoshop，也是必备的 Web 页面的制作工具。

2. Web 页面的编辑制作步骤

使用上述提到的制作工具，编制 Web 页是比较简单的。在制作 Web 页时，会受到的制约主要来自两方面。第一，空间。对于访问者来说，网站就是一个窗口，无论网站提供多么丰富的内容，都要受到计算机屏幕的约束。因此，在有限的视觉空间里，如何提供更丰富的内容，是设计人员必须考虑的。第二，速度。在互联网上无论何时，速度都是很关键的因素。因此，设计人员要在提供丰富的多媒体信息与访问速度间进行权衡。

制作 Web 页面的一般步骤是：

(1) 使用诸如 FrontPage、Dreamweaver 之类的软件建立网站的框架。

(2) 在 Web 页面的单个页面中添加各种信息资料，如文字、图片、音频、视频等。

(3) 修改某些细节的 HTML 语言源程序。

(4) 在各个页面之间加入链接。

(5) 测试及发布。

4. 网页图像处理软件

目前用于 Web 页制作上的图像处理软件主要是 Photoshop、Fireworks 等。

(1) Photoshop：是目前最流行的平面图像设计软件，是针对位图图形进行操作的绘画程序。它的工作主要是进行图像处理，而不是图形绘制。Photoshop 属于位图图像处理软件，当处理位图图像时，可以优化微小细节，进行显著改动，以及增强效果。位图图像，亦称为点阵图像或绘画图像，是由称作像素（图片元素）的单个点组成的。这些点可以进行不同的排列和染色以构成图样。当放大图时，可以看见构成整个图像的无数单个方块。扩大位图尺寸的效果是增多单个像素，使线条和形状显得参差不齐。然而，如果从稍远的位置观看它，位图图像的颜色和形状又显得是连续的。由于每一个像素都是单独染色的，可以通过以每次一个像素的频率操作选择区域而产生近似相片的逼真效果，诸如加深阴影和加重颜色。

（2）Coreldraw：是一个基于矢量的绘图程序，可用来创作专业级美术作品，无论是简单的公司标志还是复杂的技术图例，都不在话下。Coreldraw 的加强型文字处理功能和写作工具也很强大，使用户在编排大量文字版面时轻松自如。

（3）Fireworks 4：提供专业网络图形设计和生产解决方案。使用一整套的位图及矢量工具创建，可以编辑并且动态生成网络图形，配置可配置的功能，优化图像，增加互动效果并输出到 Macromedia Dreamweaver 及其他 HTML 代码编辑软件中。我们可以通过在 Dreamweaver 或 Macromedia Flash 中直接对 Fireworks 进行调用编辑图形来实现流畅的工作流程。

（4）Ulead cool 3D：是目前制作 3D 图文动画的经典工具之一，内建完整的矢量绘图工具组，可以让使用者自由发挥创意，制作成果与专业级动画软件相比毫不逊色。

（二）Web 页设计语言

Web 页的设计使用的语言主要包括 HTML 语言、Java、JavaScript、VBScript、CGI 和 XML 等。下面逐一介绍这些常用的语言。

1. HTML 语言

Web 由无数彼此相互链接的页面组成。为了确保所有的用户都能阅读并浏览每个页面的内容，Web 设计人员利用一种称为 HTML（hyper text markup language，超文本标识语言）的专用格式化语言设计有关页面。HTML 是用于 World Wide Web 的语言，Web 上的每个网站都用 HTML 显示有关信息。HTML 于 20 世纪 80 年代末、90 年代初由 CERN 开发。

Web 页面是一种纯文本文件（即 ASCII 文件），可用任何文本编辑器阅读和编辑。页面中包含一系列的 HTML 指令，以指示浏览器如何显示 Web 页面。当用户用浏览器访问某个网站时，Web 服务器通过网络把相应的 HTML 文档发送到浏览器。HTML 的优势在于跨平台，即任何可以运行浏览器的计算机，不管是运行 Windows 的 PC 机，还是运行 Unix 的系统，甚至是 Macintosh 机都可以阅读并显示 HTML。

一般来说，HTML 文档包含两种类型的信息：①标记信息，该部分信息用来控制文档内部的显示方式，并允许 Web 设计人员指定与其他文档的链接；②内容信息，该部分信息就是浏览器显示的文本、图形、音频和视频等。

HTML 页面的建立不需要用任何专门的软件，只需要一个文字处理器（如 SimpleText、BBEdit、Microsoft Word）以及 HTML 的工作常识。

HTML 是组合成一个文本文件的一系列标记。HTML 标记通常是英文词汇（如块引用）或缩略语（如“p”代表 paragraph），但它们与一般文本有区别，并被放在小三角括号里，如 paragraph 标记是 <p>，块引用标记是 <blockquote>。有些标记说明页面如何被格式化（例如，<p>开始一个新段落），其他则说明这些词如何显示（例如，<b>使文字变粗），还有其他标记提供在页面上不显示的信息（例如，标题）。

需要注意的是，标记是成双出现的。每当使用一个标记，如 <blockquote>，则必须以另一个标记，</blockquote>将它关闭。注意“blockquote”前的斜杠，就是关闭标记与打开标记的区别。

基本 HTML 页面以 <html>标记开始，以 </html>结束。在它们之间的文件有两部分：标题和正文。标题，夹在 <head>和 </head>标记之间，包含一个不在自己页面上出现的信息，例如标题名称。正文则夹在 <body>和 </body>之间，即内容所在。页面上显示的任何东西都包含在这两个标记之中。例如：

```
<html>
    <head>
        <title>
          在浏览器上显示的标题
        </title>
    </head>
    <body>
          浏览器显示的正文内容
    </body>
    </html>
```

显示的结果如图 10－10 所示。

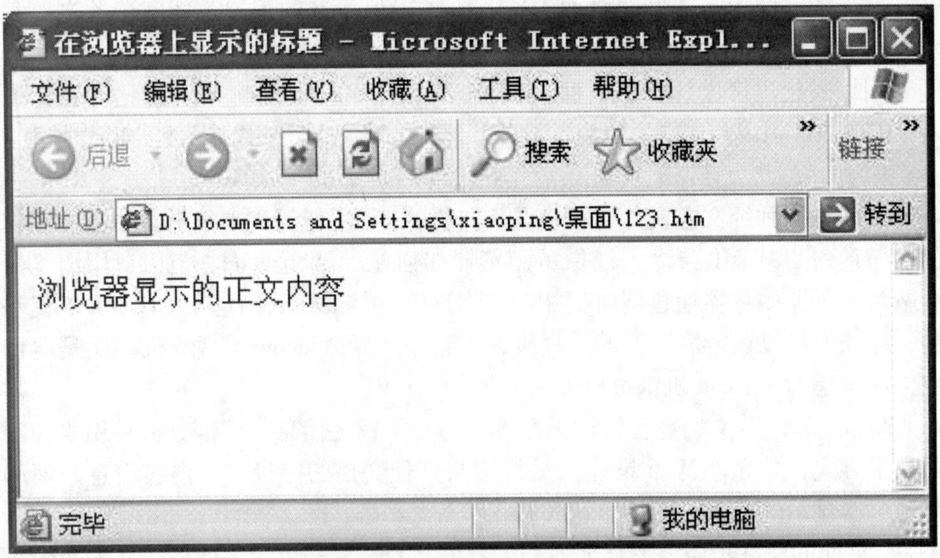

图 10－10　一个简单的 HTML 例子

2. Java

Java 既是一种编程语言，又是一个平台。

1) Java 编程语言

Java 作为一种程序语言，具有以下特征：简单、面向对象、可分布、可解释、安全、结构化、功能强大、多线程、动态。

Java 既可以被编译，也可以被解释。通过编译器，可以把 Java 程序翻译成一种中间代码，称为字节码，是可以被 Java 解释器解释的独立于平台的代码。通过解释器，每条 Java 字节指令被分析，然后在计算机上运行。只需编译一次，程序运行时解释执行。可以把 Java 字节码看作运行在 Java 虚拟机（Java VM）上的机器代码指令。不管是 Java 开发工具还是可以运行 Java 小应用程序的 Web 浏览器，都是一种 Java VM 的实例。Java VM 也可以由硬件实现。

Java 字节码使“写一次，到处运行”成为可能，可以在任何有 Java 编译器的平台上把 Java 程序编译成字节码，这个字节码可以运行在任何 Java VM 上。例如，同一个 Java 程序可以运行在 WindowsNT、Solaris 和 Macintosh 上。

2）Java 平台

Java 作为平台，是程序运行的硬件或软件环境。Java 平台与大多数其他平台不同之处在于它是运行于其他基于硬件的平台的纯软件平台，而大多数其他平台是硬件和操作系统的结合。

Java 平台由两部分组成，Java 虚拟机（JavaVM）和 Java 应用程序界面（Java API）。Java VM 是 Java 平台的基础，可以移植到各种基于硬件的平台上。Java API 是软件组件的集合，它们提供了很多有用的功能，如图形用户界面（GUI）。Java API 被分组为相关组件的库（包）。Java API 和 Java VM 把 Java 程序从硬件依赖中分离出来。作为一种独立于平台的环境，Java 比本地代码慢一些。然而，聪明的编译器、很好地调制过的解释器和即时字节码编译器可以在不牺牲可移植性的条件下使 Java 的表现接近本地代码。

3）Java 程序类型

最常见的 Java 程序类型是小应用程序和应用程序。小应用程序（Applet）是遵循一定的规则，运行在支持 Java 的浏览器上的 Java 程序。然而 Java 不只用来为 WWW 写聪明的、娱乐性的小应用程序，它还是一个通用的高级程序语言和强大的软件平台。使用通用的 Java API，可以写很多种程序。Java 应用程序是直接运行在 Java 平台上的独立的程序，是一种特殊的称为“服务器”的应用程序，可以支持网络上的客户。服务器的应用程序，包括 Web 服务器、代理服务器、邮件服务器、打印服务器和导入服务器。另一种特殊的程序是 Servlet，它与小应用程序类似，用在应用程序的实时扩展方面。Servlet 不运行在浏览器中，运行在 Java 服务器上，配置或裁剪服务器。

Java API 通过软件包提供各种功能来支持各种程序的运行。核心 API（core API）是实现 Java 平台功能的 API。Java 不仅有核心 API，还有标准扩展。标准扩展定义了 3D、服务器、合作、电话、演讲、动画等的 API。

4）Java 的使用步骤

在 Web 页面上使用 Java 的步骤是：编辑 Java 源代码；使用 Java 开发环境对源代码进行调试和编译；在 HTML 文档中使用 <applet code ="Java 文件 . class">和</applet>标记引用编译后的 Java 程序。

3．JavaScript

JavaScript 语言的前身是被 NETSCAPE 开发者称之为“MOCHA”的语言。当开始在网

上进行 β 测试时，名字改为“LIVESCRIPT”。直到发行 NETSCAPE 2.0 β 测试版时才被称为“JavaScript”。

JavaScript 是一种脚本语言。所谓脚本语言，是指一种能够完成某些特殊功能的小“程序段”。这些小的“程序段”并不是像一般的程序那样被编译，而是在程序运行过程中被逐行解释。在脚本中使用的命令与语句集称为脚本语言。JavaScript 在标识符形式上与 C、C ++、PASCAL 和 DELPHI 十分相似，是面向非程序设计人员的编写 Web 页面、增加页面交互性的语言。

JavaScript 是一种基于客户端浏览器的语言，用户在浏览时填表、验证的交互过程是通过浏览器对调入 HTML 文档中的 JavaScript 源代码进行解释执行来完成的。即使必须调用 CGI 的部分，浏览器也只将用户输入验证后的信息提交给服务器。

使用 JavaScript 设计 Web 页面，除了可以增加页面的交互性、完成一些初步功能外，还可以节省浏览者的访问时间和网络流量。同时，JavaScript 是安全的语言。原因是它被设计为通过浏览器来处理并显示信息，但不能修改其他文件中的内容。也就是说，它不能将数据存储在 Web 服务器或用户的计算机上，更不能对用户文件进行修改或删除操作。JavaScript 并不依赖于具体的计算机平台，它只与解释它的浏览器有关，因而它具有平台无关性。此外，JavaScript 的编制，同样只需文本编辑器，无须附加软件。

虽然 JavaScript 与 Java 语言在名字上有些相近，但它们还是存在如下差异。

（1）JavaScript 不是 Java 的替代语言。Java 面向计算机程序设计人员；而 Java Script 面向非程序设计人员。二者相互支持、相互补充。

（2）JavaScript 源代码无须编译。装入 HTML 文档中的 JavaScript 源代码实际上作为 HTML 文档 Web 页面的一部分存在。访问者在浏览 Web 页面时，由浏览器对 HTML 文档进行分析、识别、解释并执行 JavaScript 的源代码。而 Java 的源代码必须进行编译，成为服务器中的代码，通过 HTML 文档中的 <applet>标记，经过 HTTP 的连接、加载后才能运行。

（3）JavaScript 无须特殊开发环境。一般的文本编辑器就可以进行 JavaScript 代码的编制，其开发较 Java 相对快捷。

JavaScript 的使用很简单，只需在使用 JavaScript 的 HTML 文档中，用 <script language = " JavaScript" >和 </script>将 JavaScript 源代码标识出来。

4. VBScript

Script 中，与 JavaScript 功能和运行机制相类似的是由微软公司推出的另一种脚本语言 VBScript，它是基于非常流行的 Visual Basic 开发的。

JavaScript 可以在大多数的平台上运行，而 VBScript 目前只能在 Windows 环境下的浏览器运行。由于大多数用户使用 Windows 操作系统，因此许多 Web 网站使用 VBScript。VBScript 流行的原因在于它将 ActiveX 对象的使用变得非常简单。

使用 VBScript，与使用 JavaScript 类似，只需在 HTML 文档中用 <script language = " VBScript" >和 </script>将 VBScript 源代码标识出来。

5. CGI

CGI 代表通用网关接口（common gateway interface）。本质上，CGI 是运行在服务器上的程序。它可以用任何语言编写，只要能够在服务器上运行。Perl 之所以能够成为 CGI 编程的首选，是因为它可以适应所有的平台，而且拥有很多对 Web 来说非常理想的工具。访问者在一个网页上填充一个 Form 并按“Submit”时，有三件事在服务器上发生：

（1）敲入或选择的所有信息被拷贝到服务器。

（2）服务器寻找在 Form 顶部确定的程序，然后运行之。

（3）服务器将结果返回客户端浏览器。

程序做的事情通常是请求网页 Form 中的内容，把它赋给变量，然后程序可以查询数据库、发送一封电子邮件或加入留言板等。

6．XML

以往的 HTML 由于难以扩展、交互性差、语义性差以及单向的超链接等缺点，在电子数据交换、数据库与搜索引擎等领域的应用存在着障碍。为解决这些问题，XML（extensible markup language，扩展标记语言）应运而生。

XML 有三个主要的设计目标：

（1）XML 可直接在 Internet 上使用。

（2）XML 应支持广泛的不同类型的应用。

（3）XML 应与 SGML 兼容。

XML 主要应用于文档的制作和发布。具体来说，XML 可广泛应用于互联网、出版业、电子商务等行业。每个行业的组织和开发人员都可用 XML 创建自己的标识语言，用于各自领域以实现信息的交互。

二、数据库技术

几乎所有的电子商务应用都离不开数据库的支持。例如，当客户订购了某种商品，应该将其订单保存起来，以便送货部门按照订单送货，同时还能让财务部门统计销售额，让销售部门统计每种商品的销售情况等，这些操作都需要数据库的支持。

（一）商务网站设计常用数据库

电子商务系统设计过程中，数据库的选择是十分重要的环节，选择数据库管理系统时应考虑以下几个原则。

• 易用性。易用性是指数据库管理系统的管理语句应该符合通用标准，要便于系统的维护、开发和移植；要有面向用户的简易开发工具；具有非过程语言的设计方法，用户无须编写复杂的过程性代码；应该有对多媒体数据类型的支持。

• 分布性。分布性是指数据库管理系统应该有对分布式应用的支持，包括数据透明与网络透明程度。数据透明是指用户在应用中无须指出数据在网络中的什么节点上，数据库管理系统可以自动搜索网络、提取所需数据；网络透明是指用户在应用中无须指出网络所采用的协议，数据库管理系统自动将数据包转换成相应的协议数据。

• 并发性。对于分布式数据库管理系统，面临的是多任务分布环境，可能会有多个用户点在同一时刻对同一数据进行读或写操作，为了保证数据的一致性，需要由数据库管理系统的并发控制功能来完成。

当前比较流行的 Web 数据库主要有 SQL Server、MySQL 和 Oracle。这 3 种数据库适应性强，性能优异，容易使用，在国内得到了广泛的应用。

1．SQL Server

SQL Server是微软公司从Sysbase获得基本部件的使用许可后开发出的一种关系型数据库。目前最新的版本是SQL Server 2017。由于均出自微软之手，SQL Server和Windows、IIS等产品有着天然的联系。事实上以Windows为核心的几乎所有微软的软件产品都采用了一致的开发策略，包括界面技术、面向对象技术、组件技术等，这样在微软的软件中很多都可以相互调用，而且配合得非常密切。因此如果用户使用的是Windows操作系统，那么IIS、SQL Server就应该是最佳的选择。

2. MySQL

MySQL是当今UNIX或Linux类服务器上广泛使用的Web数据库系统。它于1996年诞生于瑞典的TcX公司，支持大部分的操作系统平台。MySQL的设计思想快捷、高效、实用。虽然它对ANSI SQL标准的支持并不完善，但支持所有常用的内容，完全可以胜任一般Web数据库的工作。由于不支持事务处理，MySQL的速度比一些商业数据库快2～3倍，并且MySQL还针对很多操作平台做了优化，完全支持多CPU系统的多线程方式。在编程方面，MySQL也提供了C++、Java、Perl、Python和TCL等API接口，而且有MyODBC接口，任何可以使用ODBC接口的语言都可以使用它。更重要的是，MySQL的源代码是公开的，可以免费使用，这就使得MySQL成为许多中小型网站、个人网站追捧的明星。

3. Oracle

Oracle是Oracle公司开发出的一种面向网络计算机并支持对象关系模型的数据库产品。它是以高级结构化查询语言为基础的大型关系数据库，是目前最流行的客户/服务器体系机构的数据库之一。目前最新的版本是Oracle 18c。它之所以备受用户喜爱是因为它具有以下突出的特点。

（1）支持大型数据库、多用户和高性能的事务处理。Oracle支持最大数据库，其大小可达到几百千兆，可充分利用硬件设备；支持大量用户同时对数据库执行各种数据操作，并使数据征用最小，保证数据一致性；系统维护具有很高的性能，Oracle每天可连续24 h工作，正常的系统操作（后备或个别系统故障）不会中断数据库的应用；可在数据库级或子数据库级上控制数据的可用性。

（2）Oracle遵守数据库存取语言、操作系统、用户接口和网络通信协议的工业标准，所以它是一个开放系统，保护了用户的投资。美国标准化和技术研究所（NIST）对Oracle Server进行过检验，完全与ANSI/ISO SQL89标准相兼容。

（3）实施安全性控制和完整性控制。Oracle为限制系统对各监控数据库的存取提供可靠的安全性，并为可接受的数据指定标准，保证数据的完整性。

（4）支持分布式数据库和分布式处理。Oracle为了充分利用计算机系统和网络，允许将处理分为数据库服务器和客户应用程序处理，所有共享的数据管理由数据库管理系统的计算机处理，而运行数据库应用的工作站集中于解释和显示数据。通过网络连接环境，Oracle将存放在多台计算机上的数据组合成一个逻辑数据库，可被全部网络用户存取。分布式系统像集中式数据库一样具有透明性和数据一致性。

上面介绍的3种数据库产品是目前最常用的大型关系数据库系统，它们虽然在体系结构和操作方法上有许多相似的地方，但是在应用环境上还是各有侧重的。一个应用系统在选用数据库时，性能和价格是首先要考虑的两个因素。

（二）数据库访问技术

1．ASP

ASP（Active Server Pages）是一套微软开发服务器端脚本环境，ASP内含于IIS 3.0及以后版本之中，通过ASP可结合HTML网页、ASP指令和ActiveX组件建立动态、交互且高效的Web服务器应用程序。ASP应用程序可以手工编码制作，也可以通过Dreamweaver MX等可视化工具创作生成。

- 服务器端：Windows Server + IIS、Windows + PWS；
- 客户端：普通浏览器即可；
- 特点：将VBscript或JavaScript嵌入到HTML中；
- 优点：简单易学、容易上手；
- 缺点：不能跨平台。

2．PHP

PHP是一种用来制作动态网页的服务器端脚本语言。通过PHP和HTML创建页面，当访问者打开网页时，服务器端便会处理PHP指令，然后把其处理结果送到访问者的浏览器上面，就好像ASP或者是ColdFusion一样。然而，PHP跟ASP或ColdFusion不一样的地方在于，它是跨平台的开放源代码。PHP可以在Windows NT以及很多不同的UNIX版本中执行，它也可以被编译为一个Apache模块，或者是一个CGI二进制文件。当被编译为Apache模块时，PHP尤其轻巧方便。它没有任何繁琐程序所产生的负担，因此可以很快地返回结果，同时也不需为了保持较小的服务器内存映象，而去调整mod_perl。

除了用来产生网页的内容之外，PHP也可以用来传送HTTP头。可以设定cookies，授权管理，并将使用者重定向至新的页面。它也能访问很多数据库及ODBC。另外还可与各式各样的外部库集成，由此可以做从创建PDF文件到解析XML等的几乎任何事情。

PHP（Hypertext Preprocessor，超文本预处理器）是由Rasmus Lerdorf于1994年提出，经过其他人参与，共同开发而成。PHP除了能够操作页面，还能发送HTTP的标题；它不需要特殊的开发环境和IDE；它不仅支持多种数据库，还支持多种通信协议；另外，PHP还具有极强的兼容性。

- 服务器端：Unix，Linux，或者Windows操作系统；
- 客户端：普通浏览器；
- 优点：免费、开放源代码；
- 缺点：缺乏大公司的支持。

3．JSP

JSP（Java Server Pages）是由Sun Microsystems公司倡导、许多公司参与一起建立的一种动态网页技术标准。JSP技术是用Java语言作为脚本语言的，JSP网页为整个服务器端的Java库单元提供了一个接口来服务于HTTP的应用程序。

在传统的网页HTML文件（＊.htm，＊.html）中加入Java程序片段（scriptlet）和JSP标记（tag），就构成了JSP网页（＊.jsp）。Web服务器在遇到访问JSP网页的请求时，首先执行其中的程序片段，然后将执行结果以HTML格式返回给客户。程序片段可以操作数据库，重新定向网页以及发送e-mail，等等，这就是建立动态网站所需要的功能。所有程序操作都在服务器端执行，网络上传送给客户端的仅是得到的结果，对客户浏览器的要求最低，可以实现无 Plugin，无 ActiveX，无 Java Applet，甚至无 Frame。

JSP 的优点：

- 用户界面的更新其实就是由 Web Server 进行的，所以给人感觉更新很快。
- 所有的应用都是基于服务器的，所以它们可以时刻保持最新版本。
- 客户端的接口不是很繁琐，对于各种应用易于部署、维护和修改。

4. ASP. NET

微软公司推出了 ASP. NET，ASP. NET 又叫 ASP +，它不是 ASP 的简单升级，而是 . NET 体系的一部分。如果互联网是一个信息海洋，那么每一个网站就是信息海洋中的"数字孤岛"，如何将这些"数字孤岛"有机地联系起来，将是下一代网络的核心所在。. NET 的核心内容之一就是要搭建第三代互联网平台，这个网络平台将打破不同的上网设备、不同的操作系统、不同的网站以及各大机构和工业界之间的网络障碍，将实现网站之间的协同合作，使网站之间形成自动交流，从而最大程度地共享资源。

（1）. NET 框架见图 10 – 11。

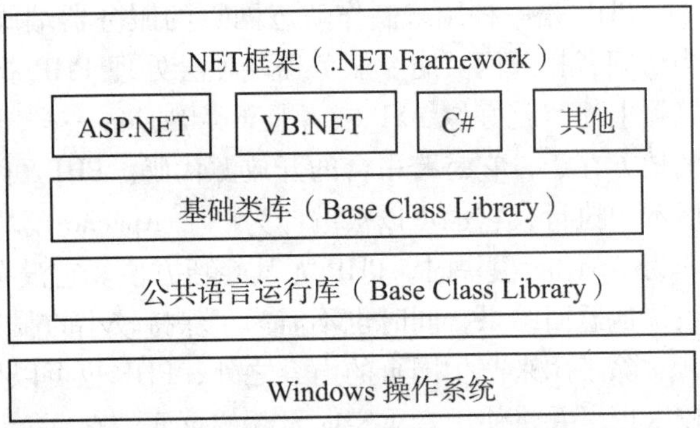

图 10 – 11　. NET 框架图

（2）ASP. NET 的功能和特点如下。

- 效率增强。ASP. NET 采用编译后运行的方式，速度大大提高。
- 顶级开发工具支持。ASP. NET 可以在 Visual Studio. NET 中开发，支持所见即所得、拖放控件和自动部署等功能。可以使开发效率大大提高。
- 程序结构清晰。ASP. NET 可以将程序代码和 HTML 标记分开，使得程序结构更清晰。
- 开发简单。ASP. NET 中的很多特性使得开发更简单，如验证控件。
- 移植方便。在 ASP. NET 中，可以向目标服务器直接复制组件，当需要更新时，重新复制一个即可。ASP. NET 会自动逐步用新的组件替换旧的组件。
- Web 服务。所谓 Web 服务，就是一种特殊的 Web 组件，该组件有一些属性和方法，其他网上应用程序或传统应用程序可以远程调用这些属性和方法，并返回一个简单的结果。

（3）ASP. NET 的运行环境。

- 服务器端：Windows Server、IIS 5. 0/6. 0、. NET Framework SDK（. NET 框架开发工具 SDK）、Microsoft Data Access Components 2. 7。
- 客户端：IE 浏览器。

（三）Web 程序与数据库的连接技术

在 Web 程序，连接数据库的常用方法有：ODBC、DAO、RDO、ADO、ADO. NET 和 JDBC 等。

1. ODBC

ODBC（open database connectivity，即开发式数据库连接）是微软开发的一套统一的程序接口。通过这个接口可以存取不同厂商生产的数据库。经过多年的改进，它已成为存取服务数据库的标准。事实上，ODBC技术成了后来DAO、RDO及ADO等数据库访问技术的基础。

ODBC是一个存取数据库的通用标准，它是独立于IIS之外的。Microsoft IIS提供了一个IDC（Internet database connector）连接器，也有人称为ODBC连接器，把IIS与经过ODBC注册的数据库关联起来，实现基于Web的数据库操作。在这个过程中，IIS包含的ODBC连接器（IDC）起到如下三方面的作用。

（1）执行ActiveX Data objects（ADO）数据对象。这属于最上面的应用层次的功能，Web页面通过脚本程序请求ADO对象，IDC负责启动和执行ADO对象的方法和属性，以响应用户的请求。

（2）调度OLE DB，实现ADO与OLE DB的交互。上一层的ADO对象被执行后，ActiveX调用由OLE DB接收并被翻译成数据库驱动器能够明白的语言及数据格式，然后与下一层的ODBC驱动器交互。同时，OLE DB要把数据库操作的结果返回给上一层的ADO对象。

（3）调用ODBC Drivers，实现与OLE DB进行交互以及与实际的数据库进行交互。接收由OLE DB传送来的信息，并负责把这些信息解释翻译成与之相连的数据库可以理解的语言，通过ODBC API调用具体的数据库驱动程序，完成数据库的访问操作。数据库操作的结果同样需要返回给OLE DB。

由于ODBC可以通过ODBC API与各个数据库产品提供的专用ODBC驱动接口相连，因此大部分的数据库产品都可以作为Web数据库实现与IIS的集成。在电子商务系统中一般需要选择一些数据处理能力强大、性能稳定的大型关系数据库产品，如Oracle、Sybase、SQL Server等产品。

为了实现Web与数据库的连接，需要在IIS服务器上配置ODBC数据源（DSN），这可以通过ODBC管理器来完成。ODBC管理器可以配置三种类型的数据源，它们分别是用户DSN、系统DSN和文件DSN。需要说明的是，与一般的数据库应用系统设计不同，由于用户DSN只对当前的用户有效，不适合面向广大客户的Internet应用，而系统DSN使得服务器上连接的所有用户都能够使用，对于Internet连接性而言是最好的和最通用的DSN。在Web系统中，利用ADO对象访问数据库都需要先建立系统DSN，以Sybase system 11为例，建立系统DSN的步骤为：通过IIS服务器所在机器上的数据源管理器，在System DSN栏目下，选择Sybase system 11的ODBC驱动程序，创建一个新的DSN，输入数据库服务器的名称、用户名称及密码，就完成了系统DSN的配置。

在设置ODBC数据源的过程中，普遍的做法都是选择TCP/IP协议建立与数据库的连接。为了提高数据的安全性，防止从IIS客户端或Internet客户端发来的攻击，放弃使用TCP/IP协议，改用IPX协议建立与数据库服务器的连接可以收到较好的效果。这是因为由于Interent使用IP协议，黑客的攻击方法多数是基于TCP/IP协议的，如果电子商务系统内部Web服务器与数据库服务器之间使用IPX等非IP协议建立连接，那么来自Internet的黑客攻击就难以获得对数据库服务器的连接。在某电子商务系统的建设中，就进行过这方面的试验，利用几种常见的黑客工具和手段对系统进行抗攻击测试。试验结果表明，系统内部不同产品之间采用一些非 IP 协议建立连接可以提高整个系统的安全性。尤其在运作初期，网络安全产品不是重点的投资项目，这些做法值得参考。

2. DAO

DAO（data access objects，即服务器访问对象）是微软公司开发的一套主要应用程序及开发工具，用它可以访问数据库的标准对象，如 Access、VB、Excel、Word 等。

3. RDO

RDO（remote data objects，即远程数据库访问对象）是微软公司为增强 DAO 的功能而推出的新产品。该产品强化了 SQL Server 的访问功能，提高了它的执行效率。

4. ADO

ADO（ActiveX data object，ActiveX 数据对象）是 DAO/RDO 的后继产物。ADO 2.0 在功能上与 RDO 更相似，而且一般来说，在这两种模型之间有一种相似的映射关系。ADO“扩展了”DAO 和 RDO 所使用的对象模型，这意味着它包含较少的对象，更多的属性、方法（和参数）以及事件。

作为新的数据库访问模式，ADO 也是简单易用，所以微软已经明确表示今后将把重点放在 ADO 上，对 DAO/RDO 不再作升级，ADO 已经成为了当前数据库开发的主流。ADO 涉及的数据存储有 DSN（数据源名称）、ODBC（开放式数据连接）以及 OLE DB 三种方式。要使用 ADO，必须清楚 ADO 的对象层次结构，其大体上分为以下 7 个对象层次。

（1）Command 对象。包含关于某个命令，例如查询字符串、参数定义等的信息。Command 对象在功能上和 RDO 的 rdoQuery 对象相似。

（2）Connection 对象。包含关于某个数据提供程序的信息。Connection 对象在功能上和 RDO 的 rdoConnection 对象是相似的，并且包含了关于结构描述的信息。它还包含某些 rdoEnvironment 对象的功能，例如 transaction 控件。

（3）Error 对象。包含数据提供程序出错时的扩展信息。Error 对象在功能上和 RDO 的 rdoError 对象相似。

（4）Field 对象。包含记录集中数据的某单个列的信息。Field 对象在功能上和 RDO 的 rdoColumn 对象相似。

（5）Parameter 对象。包含参数化的 Command 对象的某单个参数的信息。该 Command 对象有一个包含其所有 Parameter 对象的 Parameters 集合。Parameter 对象在功能上和 RDO 的 rdoParameter 对象相似。

（6）Property 对象。包含某个 ADO 对象的提供程序定义的特征。没有等同于该对象的 RDO，但 DAO 有一个相似的对象。

（7）Recordset 对象。用来存储数据操作返回的记录集。此对象和 Connection 对象是所有对象中最重要的两个对象。

5. ADO. NET

微软最新的 .NET 框架提供了 ADO. NET，利用它可以更方便高效地存取数据库。ADO. NET 是由很多类组成的一个类库，包括 Connection、Command、DataReader、DataAdapter、DataSet。

利用 Connection、Command 和 DataReader 对象组合方式，只能读取数据库，也就是说不能修改记录。

利用 Connection、Command、DataAdapter 和 DataSet 对象组合方式，可以灵活地对数据库进行各种操作。

ADO. NET 针对不同数据库有两套方案。

第一套类库可以存取所有基于 OLE DB 提供的数据库：

```
<%@ Import Namespace = " System. Data" % >
<%@ Import Namespace = " System. Data. OleDb" % >
```

第二套类库专门用来存取 SQL Server 数据库：

```
<%@ Import Namespace = " System. Data" % >
<%@ Import Namespace = " System. Data. SqlClient" % >
```

6. JDBC

JDBC 是一种可用于执行 SQL 语句的 JavaAPI（application programming interface，应用程序设计接口）。它由一些 Java 语言编写的类和界面组成。JDBC 为数据库应用开发人员、数据库前台工具开发人员提供了一种标准的应用程序设计接口，使开发人员可以用纯 Java 语言编写完整的数据库应用程序。

通过使用 JDBC，开发人员可以很方便地将 SQL 语句传送给几乎任何一种数据库。也就是说，开发人员可以不必写一个程序访问 Sybase，写另一个程序访问 Oracle，再写一个程序访问 Microsoft 的 SQLServer。用 JDBC 写的程序能够自动地将 SQL 语句传送给相应的数据库管理系统（DBMS）。不但如此，使用 Java 编写的应用程序可以在任何支持 Java 的平台上运行，不必在不同的平台上编写不同的应用。Java 和 JDBC 的结合可以让开发人员在开发数据库应用时真正实现“Write once，run everywhere!”

Java 具有健壮、安全、易用等特性，而且支持自动网上下载，本质上是一种很好的数据库应用的编程语言。它所需要解决的是 Java 应用如何同各种各样的数据库连接，JDBC 正是实现这种连接的关键。

JDBC 扩展了 Java 的能力，如使用 Java 和 JDBCAPI 就可以公布一个 Web 页，页中带有能访问远端数据库的 Applet。或者企业可以通过 JDBC 让全部的职工（他们可以使用不同的操作系统，如 Windows，Machintosh 和 UNIX）在 Intranet 上连接到几个全球数据库上，而这几个全球数据库可以是不相同的。随着越来越多的程序开发人员使用 Java 语言，对 Java 访问数据库易操作性的需求越来越强烈。

三、网站硬件服务器的选择

现在，随着 Internet 应用的不断深入发展，企业门户网站已发展成为企业对外的重要窗口。通过企业网站，不仅可以让外界更全面地了解企业，同时也能够为用户和合作伙伴提供更完善的服务，增强企业与用户和合作伙伴之间的关系。因此，构建企业门户网站是企业用户特别是大中型企业信息化建设的重要环节。那么，企业需要选择怎样的服务器为企业门户网站提供动力呢？

（一）应用需求分析

目前，主流的企业门户网站通常采用以下应用模式：配置两台服务器，一台作为前端 Web 服务器，另一台作为后端数据库服务器。前端 Web 服务器需要承载实现 Web 应用的软件及中间件，后端数据库服务器主要承载数据库应用，实现访问时的数据库调用。

企业用户希望门户网站能够提供多种网站内容，包括各种典型的应用：搜索、论坛、购物行为、访问网站的用户调查等等；企业门户网站系统的后端，应拥有一台性能优异的数据库服务器和强大的跨平台数据库软件，提供动态的数据库访问链接。

由于Web服务器为其用户提供的数据类型通常都是机密的，对解决方案安全性要求很高；而在处理能力的要求方面，由于静态Web目录页面与大多数要求根据需要进行更新的动态页面相比，对CPU的处理能力要求较低，例如微软的Active Server Pages（ASP），选择Web服务器首先要考虑的部件是多网卡优化和高速磁盘I/O优化。因为访问Web页面需要牵扯到文件系统缓存对服务器内存子系统的影响，以及动态Web页面和后端数据库服务器之间构成的标准应用三层架构中的前两层，所以用户在制定服务器的选型方案时，需要考虑CPU配置对当前网络带宽的影响、网络资源（包括网络结构）对应用访问的影响、磁盘I/O和随机读写比率的峰值对实际应用中客户端Web点击的影响、优化的网络对提高应用系统的实际效益的影响、并发交易对于系统资源的占用和成功率的影响、可管理性等因素。不同的应用对CPU处理能力、内存、硬盘容量、网卡速度有着不同的要求，因此，企业Web服务器的配置要求为：处理器为双路以上至强处理器，2.4GHz主频；内存至少2GB ECC；硬盘配置3块以上SCSI硬盘，可做RAID5，硬盘转速10 000 r/min以上；网络配置双千兆网卡，最好支持捆绑。由于Web服务器应用范围广，从个人到小型企业到大中型企业都覆盖，因此，用户需要根据Web服务器所运行的应用、面向的对象，以及用户的点击率等诸多因素来综合考虑其配置。

Web服务器的性能可以通过衡量指标来测试，例如单位时间TCP连接总数、TCP连接建立时间、HTTP响应时间、单位时间HTTP成功响应数目、吞吐量以及HTTP交易的成功比例。但在实际中，让用户以这种标准来选购产品是不可能的。因此对Web服务器性能的考察，主要还是集中在服务器系统的硬件配置和可扩展性等方面。为了能让用户了解透彻，以下为根据对系统的影响程度列出的关联的瓶颈。

1. 网络带宽

可用的带宽对于那些主要由静态页面构成的站点来说，也许是最关键的因素，因为静态的HTML页面严格地由标准的HTML语言构成，并不需要服务器端即时运算生成，服务器只是简单地将该HTML文档传输到客户端。整个过程占用的CPU的资源很小，所以对于静态HTML，瓶颈是网络带宽。尽管现在完全采用静态HTML来搭建的网站已经越来越少，但几乎所有站点均不同程度地大量采用这种“元素”。所以对Web服务器首先要解决的瓶颈就是网络带宽。

然而事实上，问题往往并不如想象的那么简单。撇开网络的吞吐总量以及响应速度不讲，在高负载的环境下，系统的突发传输速率是非常重要的。尽管现在IDC托管商骨干网络传输速率提供的总带宽对一个特定的站点而言也许绰绰有余，但有时其最大的传输速率也可能不足以应付系统的高峰传输负载。在用户访问的高峰期，某些站点也许根本无法访问。这样的站点在用户企图访问它时显得慢如蜗牛，而服务器自身却仍旧非常空闲。对于托管的企业用户，必须考虑好需要独享还是共享带宽。共享100M和独享10M是有很大的区别的，两者是完全不同的两个概念。因此，要成功搭建一个Web主机，考虑清楚到底需要多大的带宽显然是非常重要的。

2. 内存

可用的物理内存是另外一个重要因素，这是因为对内存的占用率会直接随着对服务器请求数量的增加而增加。计算分配给每个并发用户的内存数量以及并发用户的平均数量，只是要考虑的事情中的一部分。文件缓冲区也是非常重要的，因为它能将磁盘的使用频率降到最低程度，明显加快事务处理的总体速度。

对内存的需求很大程度上取决于在特定服务器上使用的软件的具体情况。除了操作系统的管理能力和文件系统的缓冲区大小之外，还需要将所选择的 Web 服务器软件对硬件的特殊要求调查清楚。举个简单的例子，每款 Web 服务软件对每个 TCP 的请求的响应方式以及速度都有所不同。有的软件系统是在客户端还没有发出请求时，就已经预先执行好每个 TCP 要回复的程序，这样必然提高 HTTP 的响应时间，但也占用了更多的内存。特别是每款 Web 软件在应付高峰传输负载的情况下，处理的方式都有所不同，这都会造成内存占用率的变化。而且对于动态网页而言，内存的占用率会加倍地变化，因为对于一个动态的页面，客户端虽然只点击发送一次 TCP 请求，但实际上，每个动态网站里面存在多少个动态对象，就得接收多少次服务器端的回复再发请求。这样的话，我们以一个动态网站有 N 个对象来计算，整个动态网站的响应时间就是 $2（N+1）\times$TIME（TIME 为一次回来请求的响应时间）。

由上述内容可知，动态网页对内存的需求比静态网页要求更高。一般情况下，可以认为 200 次/秒的访问情况需要 256 ～ 512MB 的内存，500 次/秒需要 512MB ～ 1GB 的内存，而 1000 次/秒则需要 1 ～ 8GB 的内存。

3. 存储

和存储介质有关的读写时间指标也是非常重要的，对大型文件库和数据库（文件缓冲区的作用在这明显削弱）而言，尤其如此。在多设备协同工作的条件下，Web 服务器的磁盘系统必须有卓越的性能，推荐采用 SCSI 硬盘或 RAID 阵列。对于那些主要放开了“只读”权限的站点（用户不能上传数据），RAID 是最佳的解决方案。这是因为，在 RAID 阵列中存在多个硬盘磁头，能明显提升读取操作的数据吞吐量。

尽管如此，文件缓冲区大小对于应付动态网站被访问高峰也有限制作用。一般情况下，都可以认为 200 次/秒访问情况需要 50GB 的硬盘容量，500 次/秒的访问需要 100GB，而 1000 次/秒的访问则需要 500GB 的内存。

4. 中央处理器

对于那些主要由静态页面构成的站点来说，CPU 只是需要考虑的最次要的一个因素。这是因为，即便是一个非常低端的 PC 电脑也能充分发掘 T1 通道的传输速率。但是，对于服务器端运行的代码，这种 HTML 页面是 CGI 程序的升级版本（因为它的执行效率更高）。目前，内嵌的服务器端扩展集，比如 ASP、PHP3，或是普通的服务器端支持的扩展集，已得到了非常普遍的使用。开发这种扩展集的目的是要使网站上的内容更生动活泼，更模块化，以利于维护。此外，服务器解析文档改善了性能相对低下的客户端工作模式，将客户端的负载降低到最低程度，同时也降低了数据传输对带宽的要求。很显然，要得到这一切，就必须付出金钱的代价。因为服务器解析文档必须在其传输到客户端前就通过服务器来进行解释，所以要给服务器添加额外的 CPU。但是，当有多个用户同时对大批量的页面提出访问请求时，在这种情况下（尤其在这些页面均以独立的进程或线程模式打开的情况下），多CPU系统（即使这些CPU的速度都很慢）也许更为管用。

比如Apache是以进程为基础的结构，进程要比线程消耗更多的系统开支，不太适用于多处理器环境。因此，在一个Apache Web站点扩容时，通常是增加服务器或扩充群集节点而不是增加处理器数。

（二）提高Web服务器性能的方法

其实很多企业用户并不能十分准确地预测将来面临的需求。随着企业迅速发展，突发情况往往会让Web服务器面临高峰瓶颈的现象。此时，企业用户可以采取以下的几种方案提高Web服务器的性能。

（1）集群。在系统运行时，Web服务器往往要支撑大量密集的用户点击和对动态内容的需求，所以就算是再高档的服务器设备，面对不断增加的用户，单位时间内所支持的访问量也会有一个限度，尤其是对于动态内容较多的情况。因为动态内容的应用需要频繁地调用数据库的数据和应用程序，会占用大量的服务器资源。这时就需要在多个服务器设备之间或多个站点之间分散服务器的负载。

（2）代理缓存。这是一种简便易行的办法，代理截获客户端的请求，把请求转发给Web服务器，再把服务器的回复传给客户端并把内容放入自己的缓存里。这样，同样内容的访问就不必直接由服务器处理，可以在很大程度上减轻服务器的负担。代理缓存根据存放位置的不同，分为正向代理、反向代理和透明缓存三种。

（3）专业应用器。对于专注于一种功能而又很耗系统资源的应用（如加密/解密工作），可以把这部分工作分离出来，由专门的产品承担，如浪潮英信的功能服务器SSL加速器、XML加速器系列等。

任务五　熟知电子商务网站的管理与维护

一个网站建设完毕，并不意味着网站工作的结束，恰恰相反，这才是网站工作的开始。网站建设不是一劳永逸的事情，网站建设固然重要，但后期的网站测试与维护同样不可轻视。在现实的情况中，一些企业普遍存在“重建设，轻管理”等各种各样的网站管理问题。事实上，企业网站是否能产生预期的效益，很大程度上依赖于网站的丰富程度、网页的更新程度。因此，企业在网站运作后还要积极投入日常性和阶段性的网站维护工作。

一、电子商务网站的测试

在网站的前后台开发都完成后，需要对两者进行整合测试。在整合过程中，开发人员使用前台程序调用后台的构件，这就需要后台构件提供良好的接口和详细文档说明。

（一）网站测试的内容

网站整合之后，在发布Web网站之前，必须对网站进行测试。网站测试的内容可以概括为以下几点。

（1）界面测试。界面测试主要对页面内容进行测试，包括网页结构设计风格是否一致、提供的信息是否正确、页面链接是否正常、是否存在错误的脚本程序。测试Web网站的一种方法是检查内部和外部的链来确认目标文件是否存在。有时一个目标文件被删除了，链就被破坏了。检查链时，一般的网站管理软件，如 FrontPage，将检查链所描述的位置是否存在相应的目标文件。

（2）功能测试。功能测试主要是测试网站是否能正确实现所提供的业务和功能。

（3）客户端测试。由于用户使用的操作系统、浏览器等都各不相同，而这些因素都会影响到客户端运行 Web 程序的结果，因此在 Web 系统发布之前，需要在各种操作系统和浏览器及其版本下对 Web 系统进行兼容性测试。

（4）数据库测试。数据库测试主要是对后台数据库进行测试，数据库的错误一般表现在两方面：一是数据一致性错误，主要是由用户提交的表单信息不正确造成的。二是数据输出错误，主要是由网络速度或程序设计问题等引起的。

（5）安全测试。安全测试要求将测试相关信息写进日志文件，以备追踪。当使用了安全套接层时，还要测试加密是否正确，检查信息的完整性，检查服务器端的脚本潜在的安全漏洞是否能不被黑客利用。

（二）网站测试阶段

测试可分为两个阶段，即开发人员测试阶段和客户测试阶段。

（1）开发人员测试阶段。在测试的第一阶段，开发人员参照企业网站的规划说明书和结构设计图，对网站的各个功能模块进行数据测试，及时修补程序开发过程中存在的错漏。

（2）客户测试阶段。第二阶段，企业客户作为网站的用户进行测试。可以使用浏览器测试站点，如微软的 Internet Explorer，通过它可以确认链接是否将访问者带到正确的网页。还可以通过浏览器检查网页上图形和文本的格式，这是一种更节省时间的方法，但只有确认站点的文本、声音和图像都是正确的，且每条链接都跳跃到正确的网页才有效。因为不同的浏览器在显示网页时采用不同的方法，用几种常用的浏览器去浏览 Web 站点不失为一个好办法。

二、电子商务网站的发布

当测试并修改完毕，就可以将网站发布。网站的发布就是将设计好的网页存放到 Web 服务器，供用户浏览使用。网页的发布一般可以大致分为三种形式：即 e-mail、FTP 和 WWW。它们分别使用相应的软件，如以 FTP 上传可使用 CuteFtp 等，只要在 host 后填上注册的网页所放的主机、user ID 和密码（这些资料在申请网页空间后，ISP 会以 e-mail 的形式给你），就能把主页上传到指定的目录。完成上传后，首先要自己浏览一下，并检查相应的链接。

在 FrontPage 上发布企业的网站较为简单，即使通过 ISP 发布 Web 网站，也只需链接 ISP，然后使用 Publish FrontPage Web 命令将 Web 网站复制到 ISP。FrontPage 检查在 ISP 服务器上是否安装了 FrontPage Server Extension（FrontPage 服务器扩展）。这些扩展是支持 FrontPage 和个人 Web 服务器的程序和副本。如果 FrontPage 探测到在要发布网站的服务器上并没有安装 FrontPage 服务器扩展，它将启动 Microsoft Web Publish Wizard（发布向导）来帮助发布 Web。一旦将网站发布到服务器上，那么全世界都将看到。

三、电子商务网站的维护

在完成网站的创建之后，所要做的工作就是维护网站，尤其对于较大和较复杂的网站，一定要检查是否存在孤立文件断链，避免意料不到的错误影响企业的形象。网站维护的主要任务如下。

（1）发现并修改失效链接，维持网站内各种链接的有效性。人们对一个 Web 网站的最大抱怨也许就是它的失效链接。在将每个链接放到主页上之前，应该对其有效性进行验证，但由于 Web 网站经常会发生变化，因此 Web 管理员在将其放到 Web 网站上之后不能就此不管了，还必须定期对其进行检查，以确定它们目前还有没有效。要想完全避免这样的情况可能会有一些困难，但如果每一个 Web 网站都很注意这一点，整个情况可能就会大为改观。在一些网站上有的内容到了一定的时间将会自动失效，其超链接也会在一定的时间之后自动失效。

（2）及时更新信息。国内许多网站的一个通病就是网站内容不及时更新，有的网站建成一两年了，一次也没有修改过，这样的 Web 网站应该说是一种“信息垃圾”。网站管理员应该定期对网站进行必要的更新和维护，并且注明最后一次修改或更新的时间，这样访问者就可以知道网站内容的及时性和可靠性。

（3）确保页面内容和语句、字词的正确，维护企业网上形象。确保页码上的语句、字词正确也是十分重要的，不仅因为会影响访问者阅读，更重要的是可能导致搜索引擎错误地索引企业的网站。在电子商务网站发布之后，需要进行定期的维护。每次更改网站上的信息，都增加了出错的可能性。因此，要在第一次发布新的网站和每次修改网站之前检查是否存在这些问题（如在修改过的页面上有语句、字词错误，或者是存在无效的链接，或者存在多余的孤立的文件），以免让这些不必要的错误弄乱企业的网站，并且确保网站的专业形象。

（4）维持与访问者的良好关系，及时反馈 e-mail。有家旅游公司，其网站设计优良，但在线业务不如人意，在邮箱发生故障进行检查时才发现邮箱已经堆满了上百封来自世界各地的电子邮件。这样的例子不是唯一的。这样的工作效率和管理效率，不能适应互联网时代的要求，企业的电子商务得不到有效发展。企业应该如同设立服务热线电话那样，有专人负责访问者的 e-mail，对收到的 e-mail 进行分类，转交相应部门处理。而更为专业的方法是，在页面提供相应部门或人员的 e-mail，这样可以缩短传递时间，加速反馈。此外，使用自动回复程序，可以在保持发信人热情的同时，减少工作量。

有许多软件可以协助网站维护人员维护网站，比如前面提到的 FrontPage，可以大大减轻工作人员的负担。

四、电子商务网站的推广

建立电子商务网站后，除了拥有很不错的内容，企业还必须让更多的人访问网站。电子商务网站要实际运营起来，首先要对网站本身进行推广。

在设计推广策略之前，企业必须先对自己网站的目前情况有一个确切的了解，即网站目前的访问率是多少，人们浏览了网站中的多少网页，浏览了哪些网页，他们通过什么途径进入网站，等等。所有这些信息都存储在服务器的 log 文件中。此外，企业还应该了解网站在一些著名的搜索引擎中的位置和排列，可以通过免费的Web tool做这些调查。另外，有两种方法可以增加网站访问率，即吸引新用户访问网站和让访问企业网站的用户浏览更多的网页。网站推广的方式主要有如下几种。

1. 利用搜索引擎进行推广

人们常常通过搜索引擎来寻找感兴趣的网站。有许多访问率非常高的网站，例如百度、搜狗、必应等都提供引导人们访问各种网站的服务。据报道，有95%的访问来自主要的搜索引擎。

因此，最首要的是将网站提交给搜索引擎。这些搜索引擎有时甚至为企业提供免费链接，或只收很少的钱。提交网站之后，搜索引擎将把企业网站的内容做成各种索引数据，供人们查询。无论这些索引及分类方法听起来多么科学，其实网站在他们的名单中的位置完全靠Meta标签进行控制。提交的方式及Meta标签应该使网站能最大限度地列在搜索结果中。企业可以在网站内容中加入一些免费的精彩游戏、屏幕保护以及软件下载等内容吸引访问。

如果不能通过使用Meta标签这样的方式增加访问率，还有一种更灵活的方法：同其他和企业网站有密切关系的网站联系。同样，企业需要进行必要的搜索和分类查询，找到和企业有关的网站。在查到这些网站之后，企业可以给其联系人发电子邮件，用非常友好、诚恳的语气邀请对方服务企业的网站，并向其介绍企业网站的内容如何与他们有关，以引起他们的兴趣。经常联系其他网站的好处还在于企业可以看到他们采取何种办法来增加访问率，甚至可以发现他们正在进行的某些项目正是解决企业的某些问题的方法，或者他们的做法会给企业很多启发。

2. 利用广告联盟进行推广

LinkExchange为中等规模的网站提供了免费的促销途径。企业可以为LinkExchange提供一块旗帜广告区域；作为交换，LinkExchange也将为企业提供一块旗帜广告区域（该公司主要通过在所有联网的2500个网站为其他公司提供广告服务）。Recipe ring是另一种提供同样服务的网站。他们都是通过同其他网站联网来促进本身内容的发展。其实互联网就是这一系列小的网站联合之后发展而来的庞大体系。

3. 利用电子邮件进行推广

寻找与企业产品和服务相关的访问者群，将企业网站的URL、内容简介以及更新消息定期发送至他们的信箱，同样可以对网站进行推广。不过，使用这样的方式要格外小心。目标访问者的识别、确认是至关重要的一环。对于迫切需要企业产品和服务的人群，这样的e-mail无疑是雪中送炭；反过来，则可能适得其反。如果企业网站提供免费邮箱，这种方式将非常适合。

4. 参加相关的论坛

比如，生产渔具的企业可以参加诸如“钓鱼爱好者协会”论坛，遵循网络礼仪，使用恰当的文字对企业提供的钓竿、鱼钩作知识性的描述。

5. 建立网络联盟

互联时代的重要特征之一就是开放性。商务网站可以与门户网站结盟，利用门户网站的品牌知名度和大量的访问流量，可以博得大量的“眼球”，从而扩大商务网站的知名度与访问量。

6. 新媒体推广

新媒体包括很多的平台，现在微信、微博、今日头条等各种新媒体聚集了大量的流量人群，在这些平台开通相关账号，通过文章、视频宣传的方式为网站引流，也是当前比较流行的推广方式。

7. 运用传统媒体进行推广

在美国，大多数的互联网公司会在多种媒体上展开广告闪电战：利用广播获得及时的关注；通过电视推广品牌、确立形象；而纸介媒体则用来填补两者的空隙。通过这样的立体广告，来吸引华尔街的金融和投资者。

其实，完全可以将网站本身当成商品，运用市场营销的各种手段加以推广。当初8848不就是通过众说纷纭的“网络72小时生存测试”引起媒体极大关注而一举成名的吗？同样的，企业也可以将这些工作外包出去。

通常评价网站推广效果的指标有：

（1）访问量。可以委托第三方，如CNNIC进行，也可以自行在页面设置计数器，来确认一定时间访问网站的流量。

（2）在线交易的数量与金额。

（3）请求主页链接的数量。

（4）网络广告的买主。

（5）媒体关注率。

企业在进行网站推广时，要经常比较这些指标，以及时调整网站内容和推广策略。

【同步训练】

一、简答题

1. 请描述电子商务建设的整个流程。
2. 如何进行建设网站前的系统分析？
3. 网站风格指的是什么？如何确定网站设计的风格？
4. 什么是网站模板？模板设计能实现哪些功能？
5. 如何进行电子商务网站的维护工作？
6. 简述电子商务网站的推广方法。

二、实训题

1. 登录中国互联网络信息中心的主页（http：//www. cnnic. net. cn/），了解中文域名注册方法。

2. 在CNNIC的主页中，找到“域名注册信息查询”，进入域名查询服务，并且输入你试图申请的域名，检查你准备注册的域名是否已被注册。

3. 在CNNIC的主页中下载域名注册申请表。

4. 参照电子商务网站的建站方法，建立一个自定主题的商务网站。

5. 通过互联网上的搜索引擎（如百度），申请一个免费的主页空间。

6. 上传个人制作的商务网站。

参考文献

[1] 朱其慧. 我国大型 B2C 电子商务企业的物流模式研究 [D]. 苏州: 苏州大学, 2013.
[2] 卢金钟, 雅玲. 电子商务概论 [M]. 北京: 清华大学出版社, 2015.
[3] 梁冰, 李燕. 电子商务概论 [M]. 广州: 华南理工大学出版社, 2014.
[4] 许国柱, 王剑峰. 电子商务教程 [M]. 广州: 华南理工大学出版社, 2012.
[5] 张书利. 4G 环境下的移动电子商务模式研究和创新 [D]. 济南: 山东师范大学, 2014.
[6] 卜远芳. 基于专利信息分析的我国 4G 移动通信技术发展研究 [D]. 洛阳: 河南科技大学, 2015.
[7] 钟元生, 黄婧. 移动商务 [M]. 北京: 清华大学出版社, 2016.
[8] 徐晓娟. 指纹识别技术在移动电子商务安全中的应用研究 [D]. 南昌: 南昌大学, 2014.